U0145939

国家出版基金项目
NATIONAL PUBLICATION FOUNDATION

"十三五"国家重点
图书出版规划项目

中国古代服饰文献

图解

上册

主编——谢大勇

副主编——周锦 郑嵘

岳麓书社·长沙

本书编撰委员会名录

顾 问

李之檀

主 编

谢大勇

副主编

周 锦 郑 嵘

编撰者

（按姓氏笔画排列）

刘 琦 闫兰兰 李丹灵 李晨溪

何倩倩 唐志强 崔 岩 温少华

李之檀

中国国家博物馆研究员。曾作为沈从文先生的助手参与《中国古代服饰研究》一书的绘图工作。著有《中国服饰文化参考文献目录》《中国版画全集·佛教版画》《中华历代服饰泥塑》等，主编国家重大文化出版工程《中华大典·艺术典·服饰艺术分典》。

谢大勇

北京市东城区图书馆副研究馆员。《中华大典·艺术典·服饰艺术分典》副主编。本书主编。

周　锦

山东太阳鸟服饰董事长，山东省服装设计协会会长，中国知名服装品牌"德锦"创始人。山东尼山书院邀聘教师，东华大学校外导师。第26届中国十佳时装设计师。曾开办济南"淑女课堂"，讲授服饰美学、色彩、着装礼仪等课程。

郑　嵘

香港理工大学哲学博士。东华大学上海国际时尚科创中心教授，首席研究员。曾任北京服装学院服装艺术与工程学院副院长、院长，康奈尔大学访问教授，北服·爱慕人体工学研究中心负责人，"中国传统服饰文化抢救传承与设计创新"博士项目导师。主要研究方向为（服装）哲科思维与人因设计，发表论文近百篇，出版专著、译著5部，2008年至今主持航天员在轨飞行及空间站舱内用鞋设计工作。

刘琦

北京服装学院副教授，中国艺术研究院博士生。主要从事民族民间服饰文化的教学和研究工作。著有《哈木尔图案研究》《布纳巧工——拼布艺术展》《汉族传统服饰图案经典》，译著《时装画：17位国际大师巅峰之作》。作品曾获2013年度纺织工业联合会优秀出版物二等奖。

闫兰兰

东华大学博士、爱丁堡大学访问学者。上海工程技术大学纺织服装学院教师。研究领域为服装史、服装艺术理论、服装社会心理学；曾主持和参与近十项科研项目，并在国内外学术期刊上发表论文十余篇。

李丹灵

专业硕士研究生，毕业于北京印刷学院艺术设计系。本科就读于浙江大学宁波理工学院工业设计专业，在校期间多次获得院级奖学金。作品获2016年红点设计奖，2018年北京大学生工业设计大赛一等奖。

李晨溪

艺术学博士，浙江理工大学服装学院教师。
研究方向为中国传统服饰艺术、现代服饰艺术设计方法与跨领域创新实践。作品曾参与英国伦敦、爱丁堡等地的国际时尚展览。参与本书撰稿并担任图片编辑工作。

何倩倩

毕业于北京教育学院中文系。人社部中国就业培训技术指导中心高级礼仪培训师，致力于礼仪培训工作。将中华传统礼仪文化与现代职场礼仪相结合，总结出一整套商务和政务礼仪的教学体系。长期于国家安全局培训中心、中国交通投资有限公司、国家外汇管理局、中国农业出版社、北京知识产权局、北京市安全局培训中心等单位担任礼仪培训讲师。曾任《健康》《中国化妆品》《科学健身》《东方模特》等杂志专栏作者。

唐志强

本科和硕士分别就读于华南农业大学蚕桑专业和对外经济贸易大学工商管理专业。参与国家重大文化出版工程《中华大典·农业典·蚕桑分典》，著有《中华蚕桑文化图说》《中国桑蚕丝绸文化大观》《五千年农耕的智慧》等十多部论著，发表研究论文十余篇。

崔岩

北京服装学院敦煌服饰文化研究暨创新设计中心助理研究员，博士。研究方向为敦煌服饰文化和传统染织工艺。著有《敦煌五代时期供养人像服饰图案及应用研究》《红花染料与红花染工艺研究》等。

温少华

故宫博物院博士后，韩国檀国大学传统衣裳系博士。主要从事明代宫廷服饰与礼仪的相关研究，博士论文为《明代翼善冠服研究》。

前 言

接到这个课题的时候，我已经正式退休了。不记得曾经报过的选题，甚至不相信已经列入国家重点出版项目。在出版社编辑来京登门拜访申报项目的主编李之檀老先生时，我也一起去探望，谈到这个选题时，老先生觉得力不从心。可是出于一种责任感老先生还是答应下来，我自然也无法推托了。

其实在前些年整理服饰文献资料的过程中，对于带有线刻图的文献也进行了简单的梳理，可是真的要动手做这个课题还需要重新考虑许多问题，例如文献的选择、图像的选取、资料的编排、文字的风格、全书的体例等等。李之檀先生曾数次与我谈到在服饰古籍整理工作中，应该做一个有关服饰形象方面的专题，以此与文字资料相互印证和补充。在一次大部分听众为业内人士的讲座以后，大家提出许多关于图像解读与资料线索查找方面的问题并讨论，看来在这些方面的确有许多探讨的价值。

我照例还是从目录入手，用了两个月时间整理了一份"服饰文献线刻图目录"，结果让我有些吃惊，自汉代到清代、民国，大约遴选出六十余部文献，大致有几千张图像，内容十分庞杂。这还不包括一些文学作品的插图以及类似历代仕女图的艺术作品。就在这时，李先生忽然病倒了，医生和家人都说老先生已经不适宜再做文献的整理工作了。我期盼着李先生身体安康，同时感到有些茫然不知所措。李先生打电话告诉我已经准备了一些资料要移交给我，这让我更觉得负担沉重。

我知道这是一条充满艰辛困苦的道路，我和李之檀老先生都是信奉"人无信不立，业无信不兴，国无信则衰"道理的人，或许我也会迷失在这条路上，可无论如何我要走下去。

迟迟未能动笔，心中却不曾忘记。其原因不外乎《中华大典·艺术典·服饰艺术分典》的后续工作一直牵扯着我很大精力，其间李之檀先生的过世几乎让我放弃。直到2018年春节前夕大典工作有了落实，这项目也迫使我不得不重新思考做还是不做，假如做又应该怎么去做呢？这样的专题实在是太大了，涉及文献的分类、图像的解读等种种困难，特别是对搞服饰专业的人来说历史研究确实是软肋。我们报送的课题是"中国古代服饰文献图会"，而领回来的是"中国古代服饰文献图解"，首先是范围扩大了，其次需要对图像进行解释，难度也大大地增加了。不过此前的研究大多是把图像作为古代服饰文献研究的注脚和参照物，如果能在文献图像研究上有所突破，将会极大地方便读者，对古代服饰研究也是一个相辅相成的结果，同时也应该给出版社前期的选报工作做一个交代。为此我愿意做出努力。

2018年底前我们开始了写作。我们主要从三个方面着手开展工作。

首先是调整好图像与文献的关系。

图像的重要是不言而喻的，往往洋洋数千字描述让你头昏眼花不得要领，可一幅图却能使你豁然开朗，图像的具体和直观对于服饰研究实在是事半功倍。可是对于图像也需要具体分析，例如对于古代绘画研究者来说，图像就是第一手资料，而对于服装服饰，我们还必须解读出图像背后的历史信息。不讲秦灭六国，怎么理解屈原？

不讲鸦片战争，怎么理解魏源？文史哲不分家，服饰研究也同样应该是多角度全方位的，博文通史本来就是研究者的本分。而要对图像进行解读就需要两方面的功夫，一个是对原文献的认真解读，另一个就是对原著所处时代背景资料的掌握。同样是解读，有时候就图说图容易陷入就事论事的窠臼，而根据图像联系当时的时代背景则能够更深刻地理解服饰所包含的多重内容。

当然无论怎样都需要先看图。看不等于看见，看见不等于看懂。看也是一门学问和技巧，甚至可以说是一种认识的方法论，一种美学观念、哲学思考。古人云：澄怀观道，卧以游之。坐卧观画亦可心游万里。观看之看不同于心灵之看，带有心灵的参与则能够关联物我，洞察古今。同样是山水，有可行者，有可望者，有可游者，有可居者。小观以目，大观于心。同样的文献和图像有实录的、有抄录的、有道听途说的、有信手拈来的，需要研究者耐心细致地去甄别和研判。

对于古代文献及图像要正确、客观、完整地理解，离不开对原文及图像的解读，离不开对前人成果的学习，更离不开对于所讨论问题的思考与把握。这是因为，其一，古人的记载与描述受到个人因素的制约，其二，解读文献也受到解读研究者条件的局限和认知的制约。这方面的例子很多，例如《御制耕织图》的作者就出现了将农具"碌轴"绘制成"耙"的疏漏。因此随着更多考古发掘成果的公布，以及对文献的持续深入研读，人们的认识是不断深入与刷新的。

古代的冕服是十分烦琐而复杂的，在理论上没有人能够说清楚各种细节，故此争议不断；在实践上冕服穿着的机会甚少，以至于穿冕服时还需要歌谣，边唱边穿，以免颠倒。文献中就记载皇帝与官员穿着冕服时，因配饰相勾连缠绕不得不在众目睽睽之下用牙啮断得以解脱，以及服饰错穿、冠冕倒戴的尴尬事情。我们在图解冕服时遇到冕旒有前无后以及前后俱存的两种情况，而且双方各执一词，各有所据。我国古代服装制度早在西周就已经确立，可是作为其标志——带有冕旒的冕服直到如今却在先秦考古中未得到实物的证实，而同时代同材质的组玉佩却不断发现出土，这不是非常奇怪吗？对于这类问题有图未必是真相，有文或许是假说。这时候就需要我们核查原始文献，根据现有材料，结合出土实物，做出我们自己的判断，拿出自己的观点。

与浩如烟海的古代文献相比，其中有关服饰的分量并不突出，在与服饰相关的古籍之中，带有线刻图的也不占多数。带有插图的古代文献大约从宋代开始才大规模流行起来，这与中国绘画史以及印刷术有关。即使如此，要想把这些线刻图梳理一番也不是那么容易的，可是这种文献的梳理工作又是服饰文化研究最基础的工作。

其次是处理好服饰史与社会生活史的关系。

服装从本质上说是物质文明的一部分，向内探究是服饰—身体—内心的自我表达，往外扩展则是与古代中国社会形态、经济发展、科技进步、百姓生活、审美观念等发生千丝万缕的互动关系，我们力图以服饰为切入点，使读者窥见彼时社会的全貌，引发读者对于物质文明的进程与成果的关注和思考。虽然可能没有确定的答案，却一定有一个开放式的结论。至于能否达到这样良好的目的，我十分憧憬，十二分努力，却也全无把握。

以前做服饰文化研究，大多以服装历史为主线，聚焦于服饰的形制、款式、色彩等，叙述服饰的历代变迁与沿革。所以遇到把服饰融入历史大环境之中的时候，往往会听到人们的质疑：这个与服饰有什么关系啊？如今我们不但要研究服饰与哪些方面有关系，更要探讨的是，都有哪些方面与服饰有关联。随着对物质文明的认识，我们试图将服饰作为一个棱镜，通过历史的光线折射出政治变革、军事演进、经济前行、技术进步、宗教发展、民俗渐变、社会改良的七彩光芒。服饰是历史的细节，是物质文明的轮廓，我们应该让人们了解到原来这么多东西都与服饰相关联。服饰研究是整个历史图像中的几块拼图，我们应该把它放到正确的位置以还原或接近历史的轮廓。

我们可以看到古代织机是那么多样，而我们完全可以通过织工的坐姿一眼就分辨出哪个是织云锦哪个是织宋锦的机械；令我们难以想象的是一百多年前古人对于藏族居住、穿衣习俗的描述，居然在现代得到不差分毫的印证；历来人们以为缠足是汉族的专利，殊不知少数民族也有缠足的习惯，只是汉人把缠足发挥到扭曲的极致。仅凭一句"缠足亦同民妇"，你能分辨这种缠足是保护性的方式，还是具有审美性的陋习吗？幸好有"其妇女汉装弓足者，与汉人通婚姻"的记载，让我们得知少数民族也缠足的史实，而且在当时缠足是与读书一样为世人所崇尚的事情。你了解珍珠的贵重，不一定知道古代采珠人的艰辛，而古代到近代潜水服是如何演变的呢？服饰因为历代的不同形制在历史研究中具有辨识作用，这在古画鉴赏中是有先例的，同样通过对雕版印刷以及古代文字发展的研究也可以对古代服饰文献起到识别作用，这是历史知识与服饰文化的互动……

最后是把握研究与普及的关系。

我认为本书内容虽然范围扩大了，难度提高了，可是我们还是应该坚持选择有代表性的服饰图像资料，尽可能将反映历史真实情形的图像呈献给读者。对于大多数读者来说，古代文献还是比较陌生的，我们在文中尽可能多地提供文献原有的图像，以便于读者通过本书更多地了解古代文献。对于图解，我们将尽力写出我们对图像的解读，而不是给读者一个看似简单的答案，虽然给出一个固定的答案可能是我们力所不及的。我主张不采用看图说话的方式去完成这本书，过去有些服饰图像研究更多地给出一个符号化的答案，却限制了读者的思考。我们力图找出历史中服饰文化的种种线索与现象，与读者分享我们的剖析方法和分析思路。

本书采用"说人""说书""说图"的结构，将作者和成书背景与叙事部分分离，采用这种方式的一个原因是适应本书为多名作者集体创作的情况，另一个原因就是方便读者阅读。近年来服饰文化研究的影响逐渐扩大，逐步为外界所重视，这与服饰文化的普及是密不可分的。我和李之檀先生一直认为普及才是提高的关键，因此我们力图用通俗易懂的语言来叙述我们的观点。学术问题大众化和普及化对一个领域研究水平的提高应该是有推动作用的。

药无贵贱，愈病则良；法无高下，应机则妙。我们的研究既有形而上的观念叙述，也有形而下的细节探究，这在专业人士眼中或许是常识，带给普通读者却是知识。研究古代服饰离不开尺度，可是你知道尺度的由来吗，知道尺度由小变大的规律吗，知道度量衡之间的联系吗；你听过"铁杵磨成针"的故事，却未必想过针眼是怎么制作出来的，在古代甚至有七孔针、九孔针的记载；深衣是传统的汉服形制，我们应该如何看待深衣与深衣制的关系；佛教服饰并非照搬古代印度，实在是本土化最真实的标本，那么汉地佛教保存了汉族大领衣的原型则是顺理成章的事情；中国自古重孝道，事死如事生，丧葬服饰包含了祭服和敛服，而敛服层数之多是超出你想象的；古代军服给洋人留下的印象就是戏装，在古代军服向近代转变的过程之中，到底是哪些人做出了哪些举动促进了这种转化，由此你可以发现从古至今区分等级、防护自身才是官服与军服的主要功能……这一切你都能在书中看到细节。

学术不应该以深涩面对大众,学术也可以很有趣。我们争取做到：大背景，小细节，讲故事，接地气，有依据，有趣味，让本书真实可信并具有可读性。唯愿我们所做的能引起您的兴趣、引发您的思考和联想，能够到达探索古代服饰文化底蕴的彼岸。应该说明的是，我们只是在研读中国古代文献、汲取前人研究成果的基础上，对传统服饰文化做一番粗浅的研究工作，为读者打开一扇读图的小窗户。或许我们的研究还不到位，或许您没找到需要的答案，或许我们还应该有更符合逻辑的推断，但是只要能引起读者些许的共鸣与启迪，哪怕是很小的一点点，也是我们的最大快慰。让服饰文化贴近社会、贴近生活，使读者接近、喜欢、认同服饰文化，是我们的宗旨，也是服饰文化持久深入社会生活的根本。

本书也提供了一些我们在研究过程中所做的手绘图表以及古代文献专题篇章目录，其目的是为读者今后的学习、整理、查找资料提供便利。任何一种研究都是接力赛，我们希望通过我们的努力使得接棒人能够跑得更顺畅、更快速。

最后感谢唐志强老师为本书桑蚕部分所做的补充与修改，感谢所有作者的付出，感谢两位副主编的组织工作与图像处理工作。

谢大勇

目录

I

目录

目
录

目
录

目录

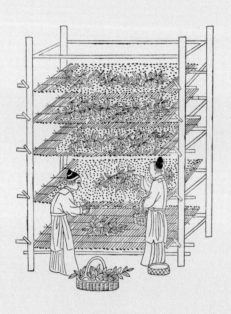

一

桑蚕织染

中国是世界上最早栽桑养蚕、缫丝织绸的国家。华夏民族的祖先对蚕丝的利用可上推到新石器早期，科学家在河南中部的贾湖两处墓葬人的遗骸腹部土壤样品中检测到了蚕丝蛋白的残留物。

引言

　　中国是世界上最早栽桑养蚕、缫丝织绸的国家。华夏民族的祖先对蚕丝的利用可上推到新石器早期，科学家在河南中部的贾湖两处墓葬人的遗骸腹部土壤样品中检测到了蚕丝蛋白的残留物。根据遗址中发现的编织工具和骨针综合分析，表明约8500年前的贾湖居民可能已经掌握了基本的编织和缝纫技艺，并有意识地使用蚕丝纤维制作丝绸。考古发现的新石器中期和后期的丝织遗存比较丰富，在浙江余姚河姆渡遗址发现了距今近7000年的蚕纹牙雕小盅，在山西夏县西阴村遗址发现了距今6000多年的半割桑蚕茧壳，在河南青台遗址发现了距今5000多年的罗织物，在河南双槐树遗址发现了距今5300年的脱胶染色罗织物和骨雕家蚕，在浙江余姚钱山漾遗址发现了距今4200多年的丝线、丝带和没有炭化的绢片等实物，这些考古发现从不同角度证明了我国在新石器早期就已经利用野蚕茧进行缫丝织绸，在新石器中期已经学会人工饲养家蚕，在新石器晚期已经形成了原始蚕桑业。

　　根据《农政全书》等古代农书记载，《淮南子》所引的《蚕经》，对蚕桑丝绸起源于黄帝时代已有明确的说明，云"黄帝元妃西陵氏始蚕"。

　　嫘祖为中华人文始祖黄帝元妃，相传是她发明了养蚕，教民育蚕，治丝茧以供衣服并献给黄帝，"黄帝尧舜垂衣裳而天下治"，开创了男耕女织的中华农耕文明。

　　到了夏代，已有"摄桑委杨……妾子始蚕，执养宫事"的记录。说明上古先民已经懂得对桑树进行修剪，并且已在室内养蚕。蚕事被列入农事历，表明当时植桑养蚕已经十分普遍。《禹贡》中全国管辖的地域分成九个州，其中有六个州每年都向朝廷上贡蚕丝或丝织品。

商代出现的与桑、蚕、丝、帛相关的甲骨文，仅以"糸"为偏旁的就有一百多个。商代末年的纣王宫中"妇人衣绫纨者三百余人"，充分说明了商代桑蚕业之发达，丝织业之兴旺。春秋时期《管子·轻重甲》中有这样的记载：

> 昔者桀之时，女乐三万人，端噪晨乐，闻于三衢，是无不服文绣衣裳者。伊尹以薄之游女工文绣，篡（纂）组一纯，得粟百钟于桀之国。

周代，发展桑蚕成为富国强民的重要国策，形成了"天子亲耕，王后亲蚕"的礼制。西周时期，统治者对于丝织品的喜爱更甚。西周初年设立了专门的机构，从原料供应到织造加工均有详细的分工设置，如，在"天官"下设有典妇功、典丝、典枲、内司服、缝人、染人等六个生产部门。纺织已经成为社会生产的主要方式，纺织生产的比重在不断扩大的同时，工艺技术也有了明显的提升，同时在丝绸的品种和色彩上都有所提升。丝帛上已经出现花纹，多为简单的几何图案，如云纹、勾连雷纹、回纹等。陕西宝鸡市发掘的西周奴隶贵族强伯和他妻子井姬的墓中的丝织品中已经出现通过提花机织出的斜纹提花织物。《国风·豳风·七月》中"春日载阳，有鸣仓庚。女执懿筐，遵彼微行，爰求柔桑。……蚕月条桑，取彼斧斨，以伐远扬，猗彼女桑。七月鸣鵙，八月载绩。载玄载黄，我朱孔阳，为公子裳"的诗篇，形象地描绘了当时桑蚕生产的田园春色。由此可以推断，当时中原地区处处可见成片的桑林，既有人工种植的，又有自然植被。《诗经·卫风·氓》也有"抱布贸丝"之章句，此处"布"非纺织品，而是古代货币。可以看出，此时的丝制品已经成为可以进行交换的商品。

春秋时期，管仲为齐国相，曾发布政令："民之通于蚕桑，使蚕不疾病者，皆置之黄金一斤，直食八石。"孟子认为桑蚕是天下老百姓最重要的四件大事之一。《孟子》中有"五亩之宅，树之以桑，五十者可以衣帛矣"。在战国时期，齐国丝织品举世闻名，能"织作冰纨绮绣纯丽之物，号为冠带衣履天下"。越国的丝织业也很发达。相传西施就是越国的一个缫丝织绸的能手，她在若耶溪畔临江浣纱（即漂洗丝织物）时，被士大夫文种、范蠡发现并重金聘之，据说溪边有一块浣纱石是西施和村里的姑娘们常漂洗绢纱的地方。

汉代的丝织纺织花色品种更加丰富，罗、纨、绮、绢、绫、锦、绣、缎、縠等已经大量出现。据《古今图书集成·食货典》卷三一八所引《西京杂记》记载：汉成帝曾令益州留下三年税输，为宫廷织造"七成锦帐，以沉水香饰之"。用一州三年的赋税织造一床锦帐，其精致豪华可想而知，亦反映丝织工艺水平之高。汉代在织物上的一项突破是出现了采锦，这是一种经线起花的彩色提花织物，花纹多样且生动，还能在锦上织入文字。锦是古代丝织品中最为贵重的品种，更有"一寸锦，一寸金"的比喻，《释名·释采帛》中对于锦的解释为："锦，金也。"

西汉文学家扬雄写的《蜀都赋》里赞美成都所产的蜀锦"阿丽纤靡"，已行销全国，为各地人们所喜爱。襄邑（河南境内）西汉置服官，以织锦为主，所谓"襄邑俗织锦，纯妇无不巧"，产品专供宫廷皇室享用。不仅如此，汉代丝织品已经传播到世界各地，古希腊和罗马人则根据汉语"丝"的译音称中国为 Seres，即丝国。

三国时期，曹植随军来到蓟城（今北京广安门一带）看到风湖池桑树葱郁，乃作《艳歌行》："出自蓟北门，遥望胡地桑。枝枝自相值，叶叶自相当。"表明当时华北一带蚕桑丝织业发达。晋人陆翙在《邺中记》中这样记载道："织锦署在中尚方，锦有大登高、小登高、大明光、小明光、大博山、小博山、大茱萸、小茱萸、大交龙、小交龙、蒲桃文锦、斑文锦、凤凰朱雀锦、韬文锦、桃核文锦，或青绨，或白绨，或黄绨，或绿绨，或紫绨，或蜀绨，工巧百数，不可尽名也。"

可见这时华北地区的丝织技术已经十分高超了。

到了北朝时期，统治者崇尚奢华服饰，对于丝织物的需求更甚。

各朝政府一般要求农民在向统治者交纳租粟的同时还要交纳绢布。这种绢布，是一种用平纹或是平纹变化组织为地组织的一种丝织物。其具有轻薄细密、平滑光洁、坚固硬挺等特点，多用于士庶男女的巾帽衣履。与其他织物相比，绢的生产工艺简单，产量较高，所以一直是丝织物中的主要品种。

唐代可谓是丝织品的"黄金时代"，这个时期的丝绸品类已经多得不胜枚举，其中绫盛极一时。这是一种在斜纹地上起斜纹花的提花织物，在绮的基础上发展而来。由于采用了斜纹组织，其纹理犹如冰凌，故称之为"绫"。唐代官服主要采用的是绫，并用不同纹样加以区别等级。《旧唐书·舆服志》中有相关记载：

三品已（以）上，大科紬绫及罗，其色紫，饰用玉。

五品已（以）上，小科紬绫及罗，其色朱，饰用金。

在众多花绫中以缭绫为最。这种花绫质地柔软，织物出奇地精美，流光溢彩，花纹繁多。白居易的《缭绫》一诗对于缭绫有着形象生动的描述：

缭绫缭绫何所似？不似罗绡与纨绮。应似天台山上明月前，四十五尺瀑布泉。中有文章又奇绝，地铺白烟花簇雪。织者何人衣者谁？越溪寒女汉宫姬。去年中使宣口敕，天上取样人间织。织为云外秋雁行，染作江南春水色。广裁衫袖长制裙，金斗熨波刀剪纹。异彩奇文相隐映，转侧看花花不定。昭阳舞人恩正深，春衣一对直千金。汗沾粉污不再着，曳土蹋泥无惜心。缭绫织成费功绩，莫比寻常缯与帛。丝细缲多女手疼，扎扎千声不盈尺。昭阳殿里歌舞人，若见织时应也惜。

汉唐时期，丝绸贸易成为对外文化交流的重要内容。"无数铃声遥过碛，应驮白练到安西。"中国蚕丝与丝绸，源源不断地输往中亚、西亚，并到达欧洲。在丝绸贸易的推动下，各朝政府更加重视蚕桑业，多以"农桑并举，耕织并重"为立国之策。《资治通鉴》

中描述陇西南一带富庶的原因时写道："桑麻翳野，天下称富庶者无如陇右。"

唐代孟郊《织妇词》云："夫是田中郎，妾是田中女。当年嫁得君，为君秉机杼。"不仅北方地区桑树甚多，而且南方的江浙和四川地区蚕桑业也发达起来，吴丝、蜀锦逐渐名扬天下。汉唐织绣纹样融合了传统与外来文化的精华，更显得雍容华贵、绚丽多彩，唐代诗人窦巩赞叹道："东风雨洗顺阳川，蜀锦花开绿草田。"丝绸成为当时国家的重要经济支柱，成为强国富民的"国宝"。

宋元时期，桑蚕丝绸业的重心已经由黄河流域转移到了长江流域，无论产量、质量和品种都达到了前所未有的鼎盛时期。南宋杨万里有诗《桑茶坑道中》云："田塍莫道细于椽，便是桑园与菜园。"陆游在《山南行》诗中如此描述："平川沃野望不尽，麦陇青青桑郁郁。"南宋于潜县令楼璹首创《耕织图》，"图绘以尽其状，诗歌以尽其情"。这部美丽画卷首次完整记载了我国养蚕织绸生产的全过程。这一阶段大致保持了华北、江南及四川三大全国性桑蚕丝织中心的格局，创造了闪亮柔软的缎、豪放华美的织金锦，胜于书画的缂丝和仿摹名作的画绣，可谓人世间绝妙的心灵之花。

宋代虽不如唐代的华丽奔放，但在唐代的织造技艺的基础上又有了很大的发展，花纹和色彩上可以说是较前朝更甚。罗的织造在宋代可谓达到了高峰。罗，一种由绞经组织织成的透空织物。因其质地轻薄、牢固耐用，常被作为帐幔、衬衣、鞋袜和裤裙。宋代出现了四经绞提花罗，花纹十分复杂，如《嘉泰会稽志》所记载："近时翻出新制，如万寿藤、七宝火、齐珠、双凤，绶带纹皆隐起，而肤理尤莹洁精致。"元代统治阶级崇尚金织物，并以织金多少分贵贱，带动了织金织物的大量盛行，促进了加金技术的大发展。用缕金法织成的织金锦，元代称为"纳石矢"。纳石矢织金锦最早由波斯传入中国，隋代开始仿效，到唐宋时期织造精美的程度已逐渐胜过波斯，到了元代达到了历史上登峰造极的阶段。这种织物关键在于制作金缕丝线做纬线，一种是以金箔黏附薄皮，再切割成极窄的长片，制作成显花的金纬线，另一种是把片金线搓捻在丝线上制作成显花的金纬线。

为了缓解棉花的冲击，大明王朝采取了鼓励植桑养蚕的政策。明初，朝廷规定每一农户，头年种桑枣二百株，次年四百株，三年六百株。凡不种桑的要交纳绢一匹。明代，丝织品已经趋于成熟。丝织品的品种的划分更是数不胜数，当时已经有了罗、纨、绮、绢、绫、锦、绣、缎、縠、绒、绸等种，每一种下又可划分为多种，如：罗，可分为花罗、素罗、刀罗、河西罗等。"妆花"是明代丝织工艺高度发展的代表。其织法精美，色彩富丽，运用范围广泛，缎、纱、罗、绢等均可以用"妆花"织成，而这种丝织品一般使用花楼机织造而成。

这一时期，与锦、缎一同有着显著发展的还有绒，一种毛丝织物。其质地厚实，多用于制作御寒的冬衣。明代的织造工艺是在元代的漳绒的基础上发展而来的。漳绒，因其产地在福建漳州而得名，织物上有绒毛、绒圈，利用二者纹理的差异制作花纹，多用于贵族礼服，被誉为"天鹅绒"，是不可多得的珍品。与漳绒一同流行起来的还有大绒以及卫绒，但都是用于贵族，庶人均不得使用。叶梦珠在《阅世编》中这样记载道：

> 大绒，前朝最贵，细而精者，谓之姑绒，每匹长十余丈，价值百金，惟富贵之家用之，以顶重厚绫为里，一袍可服数十年，或传于子孙者。自顺治以来，南方亦以皮裘御冬，袍服花素缎，绒价遂贱。今最细姑绒，所值不过一二十金一匹，次者八九分一尺，下者五六分而已。年来卖者绝少，贩客亦不复至，价日贱而绒亦日恶矣。

清代集历代之大成，桑蚕丝绸业形成了以江南为中心的密集生产区域，其中苏、杭、松、嘉、湖为五大丝绸重镇。江宁织造、苏州织造与杭州织造并称"江南三大织造"，为宫廷织绣的主要来源。此外，民间丝织业在整个行业中也占了很大的比重，主要集中在江、浙、川、粤等地。各地的丝绸出品形成了一定的区域专门化趋势，如，江宁盛产缎、吴江以绫为名、广州的纱、遵义的绸等。此时的工艺、色彩、纹样可以说已经达到传统工艺技术给予的极限，如果想要有所突破则需要新鲜血液的注入。清代在大量丝织品输出的同时，也引入许多新的技术，因此在晚清时期，中国丝织品中出现了西洋风格的织物，这无疑是一个新的突破。

古代桑蚕丝织历史进程中，留下了丰厚的古籍文献。华德公先生对养蚕相关的古籍进行研究，编著了《中国蚕桑书录》，共收录了从西汉末期至清朝后期包括蚕桑内容的综合性古农书五十六种、蚕桑专著二百一十种，共计二百六十六种。绝大部分都是属于清代时期。明代以前的古蚕桑书录占五分之一，其中元、明两代所占比重较大。这些书籍既有文字的详尽记载，又有画面的形象表达，在历史上曾为我国蚕业发展做出过重大贡献，在现在和将来也会继续发挥其重要的作用，充分显示着灿烂的蚕文化是祖国的瑰宝和人类的遗产。

唐代以前北方是我国蚕桑业的主产区域，大概是因为养蚕为千百年来因因相袭之业，汉唐时期记载种桑养蚕的书籍凤毛麟角，除在诗词歌赋中涉及了蚕桑外，把蚕业的生产状况和技术作为重要内容的农书十分稀少。汉唐时期记述蚕业有关的古籍有《蚕经》《种树藏果相蚕》《蚕织法》等，可惜现已失传。现存有关蚕业的记载，除《四民月令》外，主要集中在《氾胜之书》《齐民要术》《四时纂要》等古书中。

宋、辽、金、西夏时期的丝绸生产技术已臻于完善，形成了一整套从栽桑、养蚕至牵经、络纬、上机织造的过程，生产工具已有脚踏缫车、高楼提花绫机、罗机等，为明清丝绸生产技术奠定了基础。这一时期较唐代发展的一个重要方面是出现了不少关于蚕织生产的专著，如传世的有秦观的《蚕书》和陈旉的《农书》，未传世的有《淮南王养蚕经》和《耕桑治生要备》等；而且在金人统治的中国北方地区也出现了大量农桑著作，有些著作的部分内容见于元代的著作。

元代由司农司编撰和发行了《农桑辑要》。同时，民间也有丝绸生产技术著作问世，目前还能看到的包括《王祯农书》、鲁明善的《农桑衣食撮要》等农桑著作和《梓人遗制》《多能鄙事》等著作中谈到纺织机械和染色的部分，它们较为详细地记载了当时的栽桑、养蚕、织造和染色等方法。

明代记载了种桑养蚕技术的农书有《天工开物》《种树书》《便民图纂》《蚕经》《吴中蚕法》《农政全书》《沈氏农书》《蚕桑志》等数十种，其中《农政全书》《天工开物》等都堪称不朽之作。

入清以后，蚕桑著作明显增多。据不完全统计，有清一代出版的蚕桑著作有一百七十四种。这些著作主要可以分为几个大类：一是对于以前蚕桑著作中提及的知识进行汇编，如《钦定授时通考》中的蚕桑门，卫杰的《蚕桑萃编》《蚕桑说》及其增补；二是对著名蚕乡养蚕技术的详细记录，如汪曰桢的《湖蚕述》、高铨的《吴兴蚕书》、俞塘的《蚕桑述要》；三是在任职地区内为推广蚕桑技术而整理的有针对性的科普著作，如杨屾的《豳风广义》、陈斌的《蚕桑杂记》和沈秉成的《蚕桑辑要》；四是西方近代的蚕桑技术新法的介绍性书籍，如郑恺的《饲蚕新法》、薛晋康与梁作霖的《最近实验蚕桑学新法》、倪绍雯的《鲁桑湖桑栽培新法》、陈淳的《实验蚕桑简要法》和陈祖善的《中西蚕桑略述》等；五是关于野蚕知识的著作，如张崧的《山蚕谱》、郝敬修的《养山蚕说》、刘祖宪的《橡茧图说》、郑珍的《樗茧谱》、江国璋的《教种山蚕谱》、增韫的《柞蚕杂志》、夏与赓的《山蚕图说》、林肇元的《种橡养蚕说》、徐矩易的《山蚕演说》、孙尚质的《橡蚕刍言》、董元亮的《柞蚕汇志》、许鹏翊的《橡蚕新编》和《柳蚕新编》、余铣的《山蚕讲义》、秦聃的《枫蚕通说》等。

本篇章遴选了《王祯农书》《便民图纂》《农政全书》《御制耕织图》《钦定授时通考》《豳风广义》《蚕桑图说合编》《蚕桑萃编》《棉花图》《授衣广训》十部代表性古籍，从说人、说书和说图三个方面，对桑蚕丝绸代表性古籍进行深入解读，对种桑、养蚕、缫丝、织绸以及丝绸服饰进行阐释，希望能得到各位读者的认可。

《王祯农书》[元]

说人

　　历史上关于王祯的记载并不多，翻阅史料，对于他生平的记载只有寥寥几句，但他却给后世留下一笔宝贵的财富，那就是《农书》，同时他还有一项伟大的贡献——对活字印刷技术的改进。

　　王祯（1271—1368），字伯善，元代东平（今山东东平）人。王祯一生在两个地方任过县尹，关于王祯的任职情况《旌德县志》中有相关的记载："莅任六载，山斋萧然，尝著《农器图谱》《农桑通诀》，教民勤树艺，又兼施医药，以救贫疾。……后调永丰。"可以得知，他先任职于宣州旌德县（今安徽旌德），后调任信州永丰县（今江西广丰）。王祯受传统"农本"思想的影响，深知"农，天下之大本也"。在县尹任内，一直过着极为俭朴的生活，还捐出自己的部分薪俸，办学校、建坛庙、修桥梁，兴办了不少造福于民的公共事业，深受当地人民的称赞；一直积极推动农业的发展，改良农具、传播先进技术、劝导农桑。有一年碰上旱灾，眼看禾苗都要旱死，农民心急如焚。王祯看到旌德县许多河流溪涧有水，想起从家乡东平来旌德县的时候，在路上看到一种水转翻车，可以把水提灌到山地里。王祯立即开动脑筋，画出图样，又召集木工、铁匠赶制，组织农民抗旱，就这样，水转翻车使旌德县几万亩山地的禾苗得救。王祯在长期的实践研究中积累了丰富的农业知识，在担任县尹期间对以往的农业生产的经验进行了系统的归纳和总结，并从中提出了新的见解，这为他撰写《农书》打下了夯实的基础。王祯大约在任职旌德县县尹期间开始着手撰写《农书》（以下称《王祯农书》），历经十多年，当他调离永丰县时已经脱稿，于仁宗皇庆二年（1313）刻印发行。

王祯博学多识，才华横溢，不仅是一位出色的农学家，而且是一位精巧的机械设计制造家和印刷技术的革新家。他针对毕昇发明的胶泥活字印刷术"难于使墨，率多印坏，所以不能久行"这一不足之处，自己反复多次试验，把印刷的活字由原来的胶泥改造为木质，并设计制造了活字板韵轮（图1），

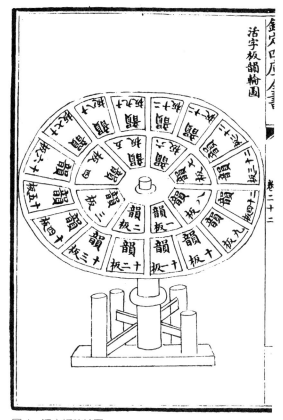

图1 活字板韵轮图

即转轮排字盘，可以做到"以字就人，按韵取字"，按照古代韵书的分类法，将字一个个依次放入两个大轮盘中的格子内，排字工人坐于两个大轮盘中间，转动轮盘找字，这样极大地提高了排字的效率，也减轻了排字工人的负担。王祯用两年的时间制作出了两万多木活字，在元成宗大德二年（1298）首先试印了他主编的《旌德县志》，一本六万多字的书，不到一个月就印了一百部，可见效率之高。王祯根据经验将木活字的刻字、修字、选字、排字、印刷等方法记录了下来，写成了《造活字印书法》《写韵刻字法》《锼字修字法》《作盔嵌字法》《造轮法》以及《取字法》《作盔安字刷印法》等数篇文章，均附在《王祯农书》内。木活字印刷在此后得到了极大的推广，明清时期的书籍大多采用的是木活字印刷。

说书

我国农书撰述起始于春秋战国，当时诸子百家中有农家，《汉书》记载的《神农》《野老》是最古老的农书。秦汉至南北朝时期的农业重心在黄河流域，重要农书有《氾胜之书》《四民月令》和《齐民要术》。隋唐宋元时期的农业重心转移到长江以南，重要农书有：韩鄂《四时纂要》、《陈旉农书》、《王祯农书》、《农桑辑要》等。明清时期精耕细作的技术体系继续推广和改良，农书的撰述空前繁盛。重要农书有《便民图纂》《群芳谱》《天工开物》《农政全书》《授时通考》等。在众多古农书中，《氾胜之书》《齐民要术》《陈旉农书》《王祯农书》《农政全书》统称五大农书，这五大农书是我国现存的古代农学专著中的杰作，其中《王祯农书》和《齐民要术》并称我国古代农书的双璧，在我国古代农学遗产中占有重要地位。

《王祯农书》在自序中记载："为集三十有七，为目二百有七十。"（图 2）但书中的"目"实际为三百有七十，计《农桑通诀》共六集、二十六目，《百谷谱》为十一集、八十三目，《农器图谱》有二十集、二百六十一目，全书正文共计三十七集，三百七十目，约十三万字。

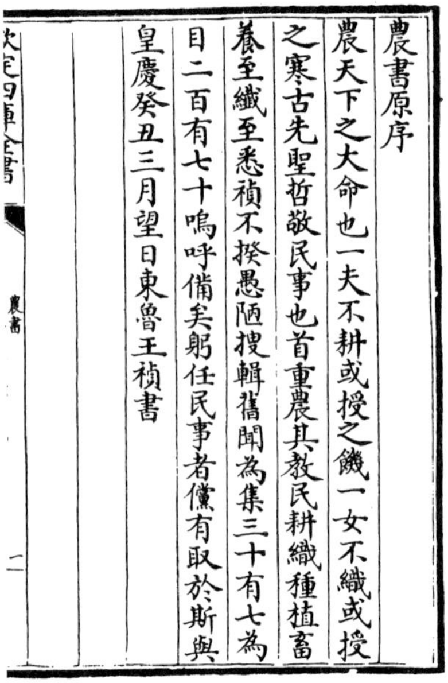
農書原序
農天下之大命也一夫不耕或授之饑一女不織或授之寒古先聖哲敬民事也首重農其教民耕織種植畜養至纖至悉禎不揆愚陋搜輯舊聞為集三十有七為目二百有七十嗚呼備矣躬任民事者儻有取於斯與
皇慶癸丑三月望日東魯王禎書

图 2 《农书》原序

《王祯农书》一共由三个部分构成，即《农桑通诀》《百谷谱》和《农器图谱》。第一部分《农桑通诀》相当于农业总论，对农业、牛耕、养蚕等的历史渊源做了概述；又以《授时》《地利》两篇来论述农业生产的关键是《时宜》和《地宜》问题；再就是以从《垦耕》到《收获》等七篇来论述开垦、土壤、耕种、施肥、水利灌溉、田间管理和收获等农业操作的基本原则和

图 3　水转翻车

措施，体现了作者的农学思想体系。第二部分《百谷谱》则似栽培各论，分述粮食作物、蔬菜、水果等的栽种技术，较为详尽地描述各作物的性状，已基本具有农作物分类学的雏形。第三部分《农器图谱》是全书的重点所在，占全书80％的篇幅，几乎包括了所有的传统农具和主要设施，收录的农器数量达一百多种，绘图三百零六幅。这是整本书的一大特色，堪称我国最早的图文并茂的农具专书。《农器图谱》是在南宋曾之谨所撰《农器谱》的基础上编写的。《农器谱》对于农具有着详细描述但没有图，而王祯不仅在《农器图谱》中绘制大量的图画，且还添加了不少新内容。王祯在《灌溉门》的序中这样地写道："今特多方搜摘，既述其旧以增新，复随宜而制物"，例如《灌溉门》中水栅、水闸、陂塘、浚渠、阴沟等可能都是王祯新增的内容，水转翻车（图3）、牛转翻车、水转高车等有关灌溉工具的记载也皆是王祯新加内容。而且《农器图谱》中与缫丝、蚕桑、麻苎等相关的纺织农具，也是《农器谱》所没有的，在很大程度上填补了其空缺。

在写作手法上，王祯采用先事后诗的形式，即先引经据典再陈述自己所见的实际情况。这是一种从宋朝时期沿袭下来的写作手法，与北宋苏轼《秧马歌》如出一辙。《农器图谱》中共二百零七首王祯自撰的诗、词、歌、赋等韵文形式的作品。通过这些诗歌可以更好领略王祯的农学思想。同样的王祯的农学思想贯穿其他两部分内容中，《农桑通诀》就如同一个总论，将前人的文献资料进行了综合，以一个宏观角度，总体概括地讲述了农业的起源、农作物栽培的条件与方法以及相应的农业政策，告诉人们要顺应天时、因地制宜，同时也要勤于劳作。而《百谷谱》则是从一个微观的视角去仔细讲述每一类粮食作物、蔬菜、瓜果等以及它们的栽培方法。

在元代初期的四十余年间就有三本著名的农书问世。最先出现的《农桑辑要》是司农司为推广先进的农耕技术而编撰的，《王祯农书》和《农桑衣食撮要》是在《农桑辑要》出现之后相继出现的。《王祯农书》相较于它的前一本《农桑辑要》而言内容上更为丰富，不再仅仅局限于北方地区的农耕技术的总结，而是针对南北地区不同的土壤、气候等条件下的农业技术以及农具的功能进行了分析比较，体系更加完整，内容更加丰富。《王祯农书》首次全面系统地论述了广义农业的概念，明确表明广义农业包括粮食作物、蚕桑、畜牧、园艺、林业、渔业；首次兼论南北农业技术，将南北农业的异同进行比较分析；首次将农具列为综合性整体农书的重要组成部分。

现存的《王祯农书》有两个版本体系：一个是明代刻本体系，另一个是清代四库本体系。目前保存的版本中最早的是嘉靖本，每页十一行，每一行共二十一个字，原题"东鲁王祯撰"，含《农桑通诀》六卷、《农器图谱》二十卷、《百谷谱》十卷，计三十六卷。值得注意的是，万历本也是三十六卷，但是在清代四库本体系中，全书共三十七卷，在《永乐大典》中所记录的王祯自序中也表明"为集

图4　明刻本体系的蚕神图　　　　　　图5　四库本体系的蚕神图

三十有七"。那明代的版本中缺少了哪一卷呢？通过对比两个版本
体系发现，在《百谷谱》中本应该为十一卷，而实际只有十卷，未
将《备荒》置于三十七卷之中。两个版本体系中最为明显的差异就
在于文章中的插图，上图中左图为明刻本体系的插图（图4），右图
为四库本体系插图（图5）。清代四库本的插图更为精美，较明代版
本加入了许多的背景，人物刻画也更为细致，好似工笔画，正因如
此反倒是失去了《王祯农书》本身所带有的质朴感。这里要特别说
明本篇文章中所分析的图，均来自四库本体系中的插图。

说图

　　《王祯农书·农器图谱》的出现，是元中期图学发展的一个高峰，
各种图样共计二百八十余幅，差不多把作者所能看到的一切与农业

有关系的工具和各种实用物，以及若干基本农业设施的图样，全部用图说的形式记录下来，可谓踵事增华，图文并茂，条理井然，绘制精细，主题鲜明。图和说的页数，几占全书篇幅的五分之四，显示了《农器图谱》在《王祯农书》中占有重要地位，也是其列入我国古代第一流的综合性农书之一的重要原因。《王祯农书·农器图谱》的十六至二十为《蚕缫门》，共五十二幅图样，是反映当时蚕桑丝织的珍贵图样资料。以下仅就《王祯农书·农器图谱》中的"蚕神"和"先蚕坛"图样揭开蚕神及先蚕礼的秘密。

我国古代对于蚕神最早的记载见于商代的甲骨卜辞中，其文曰："贞元示五牛，蚕示三牛，十三月。"这里的"蚕示"即为蚕神，"元示"指的是商部族的第六任首领上甲微，将蚕神与上甲微并祭，可见古人对蚕神的重视。《山海经·海外北经》中有一句话是关于蚕桑的记载："欧丝之野在大踵东，一女子跪据树欧丝。"

《荀子·赋篇第二十六》中对蚕的相貌进行了细致的描写："此夫身女好而头马首者与？"这里的"女好"为"柔婉"之意，这一描述更是将女性与蚕联系在了一起。但将蚕与女性相联系绝非偶然，因为中国自古以来就是男耕女织的社会形态，养蚕历来都是女性的事。在已发现的新石器时代的墓葬中，纺织工具一般都出现在女性的墓葬中。由此可见女性与蚕联系的密切程度，这些都为后世蚕神形象的产生提供了线索。

蚕神究竟是谁，大家各执一词，有的人认为是马头娘，有的人认为是嫘祖，还有的人认为是菀窳妇人，民间对于蚕神的称呼也是十分多样，有蚕女、马头娘、马明王、马明菩萨、蚕花娘娘、蚕丝仙姑、蚕皇老太等多种称呼。《王祯农书·农器图谱·蚕缫门》中的"蚕神图"，可以说是蚕神的大合集，汇集了各种蚕神（图5）。位于天驷星正下方的是最为人所熟知的黄帝的元妃西陵氏嫘祖，坐在嫘祖左边的就是马头娘（头后方有马首的女子）以及蚕母，嫘祖右边坐的依次是菀窳妇人、寓氏公主以及三姑。这样的绘制安排并非是王祯一时兴起而为之，而是客观存在的反映，因为关于蚕神的记载分歧众多，民间与皇家所祭拜的对象也有所不同，民间多以蚕母、马头娘以及三姑等为祭祀的蚕神(图6)，而嫘祖、菀窳妇人、寓氏公主多为皇家祭祀的对象。

所以王祯将来自不同阶层文化中的蚕神都聚集在这一幅"蚕神图"中，形成一幅多神并存的图绘。接下来将对这些人物逐一进行介绍。

马头娘是民间所祭拜的蚕神，在民间的影响最为深远，古籍中有许多关于她的记载，如东晋时期的干宝所著的《搜神记·女化蚕》。我们在冯至诗歌《蚕马》"附注"中见到一段文字：

图6 《豳风广义》中的《祀先蚕图》

> 传说有蚕女，父为人掠去，惟所乘马在。母曰："有得父还者，以女嫁焉。"马闻言，绝绊而去。数日，父乘马归。母告之故，父不可。马咆哮，父杀之，曝皮于庭。皮忽卷女而去，栖于桑，女化为蚕。

在《蜀图经》《太平广记》《汉唐地理书钞》中也有类似的故事，故事的情节大同小异，大抵都是讲有一位少女，他的父亲被人掠走，她的母亲答应谁要是能救回少女的父亲就将自己的女儿嫁给他，父亲的马救回了父亲，但是少女一家并没有履行自己的诺言，马十分生气，做了惹怒少女的父亲的事情，少女的父亲便杀了这匹马，剥

图7　蚕神图中的马头娘形象

图8　蚕神图中的菀窳妇人、寓氏公主形象

了它的皮，怎料有一天，马皮卷起少女飞走了，十天之后，马皮又挂在了树上，但此时的少女与马皮一起化成了吐着丝的蚕。这个神话故事并不美好甚至可以说是充满了悲情，这也许与现实生活中蚕妇们的劳苦不无关系，因为养蚕治丝是一项十分辛苦的工作。从这则故事中我们可以得知马头娘是一个身披马皮的女性形象，但也有些地区的马头娘是一女子骑马的形象（图7）。

那故事中为什么会使用马这个形象呢？这就要谈及蚕与马的关系了，古人认为蚕与马同属一个星座，《周礼·夏官·马质》曰："掌质马，马量三物……禁原蚕者。"郑玄注曰："原，再也。天文，辰为马；蚕书，蚕为龙精，月直'大火'，则浴其种：是蚕与马同气。物莫能两大，禁再蚕者，为伤马与？"

马属大火，《晋书·天文志》中提到："大火，于辰（指十二辰）在卯。"卯在历法上指的是二月，是浴蚕种的月份，故有了"蚕马同气"的说法。唐代杜佑所著的《通典》卷四十六就有相关的记录："周制……王后享先蚕。先蚕，天驷也……蚕与马同气。"这种说法正是人们在对蚕神的敬仰与阴阳五行说的相互作用下所创造出来的，是天人合一思想的反映。

历史上有关于菀窳妇人、寓氏公主（图8）这两位蚕神的记载并不多，最早的记载见于东汉时期，卫宏的《汉官旧仪·中宫及号位》有一段这样的记录：

皇后春桑，皆衣青，手采桑，以缲三瓮茧，群臣妾从。春桑生而皇后亲桑于苑中，蚕室养蚕千薄以上。祠以中牢羊豕，祭蚕神曰菀窳妇人、寓氏公主，凡二神。

群臣妾从桑，还献于茧观；皆赐从采桑者乐，皇后自行。
凡蚕丝絮织室，以作祭服。祭服者，冕服也。天地宗庙群
神五时之服，皇帝得以作绣缝衣，皇后得以作巾絮而已。
置蚕官令丞，诸天下官下法，皆诣蚕室，与妇人从事。故
旧有东西织室作治。

在其他的文献上对于这两位蚕神的描述也十分的简短，有的
甚至一两句直接概括，宋代秦观的《蚕书·祷神》曰："卧种之日，
升香以祷天驷，先蚕也。割鸡设醴，以祷菀窳妇人、寓氏公主，盖
蚕神也。毋治堰，毋诛草，毋沃灰，毋室入外人，四者，神实恶之。"
对于这两位蚕神的身份众说纷纭，李玉洁教授认为，"菀"通"苑"，
意指养殖动植物的地方；"窳"与"㾕"相通，孔颖达在《毛诗正义》
中解释"㾕"称："《说文》云：'㾕，懒也。草木皆自竖立，唯瓜
瓠之属卧而不起，似若懒人常卧室。'"所以他认为菀窳妇人是瓜
田间劳作的妇人。李玉洁教授认为"寓氏"应是《尚书·尧典》中
的"嵎夷"。"嵎夷"是古代东夷地区，今山东的东部滨海地区，"寓
氏公主"应是东夷地区一位公主。而伏元杰教授则认为"菀窳妇人"
是《山海经·北山经·北次一经》中的窫窳，"有兽焉，其状如牛，
而赤身、人面、马足，名曰窫窳，其音如婴儿，是食人"。他认为《山
海经》的作者之所以将窫窳描绘成异兽是因为不认识远古民族的图
腾，"菀窳妇人"应该是部落的首领，而"寓氏公主"则是"嵎夷"
地区的部落首领。《中国农业通史·原始社会卷》中提出了另一种
说法，"菀"通"苑"，应该取宫室之意，"窳"应指低洼，低洼地
多低温潮湿，符合蚕的生长环境，所以"菀窳妇人"是一位在有湿
气的蚕室中养蚕的妇人。"寓"有寄居之意，所以"寓氏公主"可
以理解为蚕室的公主。妇人代表已婚，而公主则表示未婚，分别代
表了成蛾的蚕和幼年的蚕，是蚕的不同生长阶段，这大约也是分二
神祭拜的原因。

嫘祖大约是最为人们所了解的，她是黄帝的元妃，被华夏人民

图9　蚕神图中嫘祖形象　　　图10　蚕神图中三姑、蚕母的形象

奉为先蚕（图9）。其实嫘祖一开始与蚕神并无关系，嫘祖是蚕神的说法出现得较晚，在《史记·五帝本纪》《大戴礼记》《通志·氏族》等史料记载中嫘祖是以黄帝元妃的身份出现的，丝毫没有提及嫘祖是蚕神之事。《史记·五帝本纪》中记载：

　　　黄帝居轩辕之丘，而娶于西陵之女，是为嫘祖。嫘祖
　　为黄帝正妃，生二子，其后皆有天下：其一曰玄嚣，是为
　　青阳，青阳降居江水；其二曰昌意，降居若水。"

　　直到北周的《隋书》才将嫘祖与蚕神联系在一起，《隋书·礼仪志》有这样的记述："每岁季春，谷雨后吉日，使公卿以一太牢祀先蚕黄帝轩辕氏于坛上。"此后嫘祖为蚕神的说法日益盛行。

　　三姑、蚕母都是民间所祭拜的蚕神（图10），大约正是这个原因，史料有关于这两位蚕神的记载实在是不多。清代翟灏在《通俗编·禽鱼》中对三姑有这样的记述："凡四孟年，大姑把蚕，四仲年，二姑把蚕，四季年，三姑把蚕。"明代姚士麟《见只编》卷中有关于蚕

母的记载："祈谷父，禳蚕母，助之导利农桑。"在嫘祖还未被史书记载为蚕神之前，皇室所祭拜的是菀窳妇人、寓氏公主这两位蚕神。《汉官旧仪》中记录："祭蚕神曰苑窳妇人、寓氏公主，凡二神。"但后来嫘祖渐渐代替了这两位蚕神，成为皇族祭祀蚕桑的主神。嫘祖为何被皇室奉为正统的蚕神呢？大抵是受嫘祖身份的影响。嫘祖是众多蚕神中地位最高的，无论是马头娘还是三姑亦或者是蚕母，其最初的身份都是平常百姓，纵使是寓氏公主的身份也仅仅只是一个蚕室的公主，而嫘祖则不同，她是华夏民族的共主黄帝的正妃，所以嫘祖成为皇室承认的先蚕。

　　我国自古就十分重视桑蚕，所以历代王后或皇后都会进行先蚕礼（图11），祭祀蚕神。殷商祖庚、祖甲时有一卜辞为"蚕示三宰，八月"，另一卜辞为"蚕示三牛，十三月"，即宰杀了三对雌雄羊或三头牛来祭祀蚕神。"三宰"礼，在商代也算是很隆重的祭祀了。周代继承殷商每年祭祀"蚕示"的典礼，在养蚕前也进行着隆重的祭蚕神典礼。《周礼·天官下·内宰》曰，"中春，诏后帅外内命妇，始蚕于北郊，以为祭服"。《礼记·祭统》云："天子亲耕于南郊，以共齐盛。王后蚕于北郊，以共纯服。"祭祀后，奴隶们住到桑田中去从事繁忙的养蚕劳动。《诗经·周颂·丝衣》："丝衣其紑，载弁俅俅。自堂徂基，自羊徂牛，鼐鼎及鼒。兕觥其觩，旨酒思柔。不吴不敖，胡考之休。"大意是：我穿着洁净的绸衣，恭敬地戴上小帽，来把蚕神祭。又用羊，又用牛，从前堂祭到屋基，大大小小各式各样的酒具都齐备。今日的

图11　先蚕坛

安乐来之不易，不吵闹不骄傲，定能长寿无比。自商周历秦汉以迄明清，蚕神祭祀均被列入国家祭典。

先蚕礼是中国古代由皇后主持的最高的国家祭祀活动，由皇后亲自祭先蚕、躬桑、养蚕、缫丝，意在教育百姓要树立种桑养蚕的意识。这个盛大的皇家祭祀有着严格的等级制度，无论是在礼器、礼乐还是在服饰上都有着众多的要求。《隋书》在追记南北朝后齐、后周的礼制时，提到京城中有皇后的蚕坛与蚕殿，每年春季先定吉日，皇后要亲率贵妇们祭祀蚕神帝和西陵氏，用的祭品是"一太牢"，即一头牛。在唐代先蚕礼已经发展得十分完备了，唐代《大唐开元礼》卷四十八中完整阐述了先蚕礼典章共有"斋戒""陈设""车驾出宫""馈享""亲桑""车驾还宫""劳酒"七个方面的具体规章，可见其祭祀仪式的复杂程度。元朝建立初期为了稳固政权也曾修建先蚕坛，可见先蚕祭祀在当时的社会中意义非凡。《王祯农书》中有关于蚕坛规模的描述："晋制先蚕坛高一丈，方二丈，四出陛，陛广五尺。"《元史》卷七十六中关于先蚕坛的修建时间、位置以及规格都有明确的记载：

> 武宗至大三年夏四月，从大司农请，建农、蚕二坛。博士议：二坛之式与社稷同，纵广一十步，高五尺，四出陛，外墙相去二十五步，每方有棂星门。今先农、先蚕坛位在籍田内，若立外墙，恐妨千亩，其外墙勿筑。是岁命祀先农如社稷，礼乐用登歌，日用仲春上丁，后或用上辛或甲日。

北京城中最早的先蚕坛修建于元朝，今日的北海公园北门东侧便是原来的蚕坛所在。到了清朝时期，先蚕礼逐渐又受到了统治者的重视，祭祀过程中的要求也变得更加细致、繁复。在《清史稿》卷九十四中明确记载了对于乐器的使用要求：

> 又定祀先蚕乐章器用方响十有六，云锣、瑟、杖鼓、拍版各二，琴四，箫、笛、笙各六，建鼓一。皇后采桑歌器用金鼓、拍版二，箫、笛、笙六。遣官致祭乐章与群祀同。

先蚕礼在服饰方面,据西汉戴圣编纂的《礼记·祭统第二十五》载:

> 外则尽物,内则尽志,此祭之心也。是故,天子亲耕
> 于南郊,以共齐盛,王后蚕于北郊,以共纯服。诸侯耕于
> 东郊,亦以共齐盛;夫人蚕于北郊,以共冕服。天子诸侯,
> 非莫耕也;王后夫人,非莫蚕也。身致其诚信,诚信之谓
> 尽,尽之谓敬,敬尽然后可以事神明。此祭之道也。

这里的"纯服"是指王后(秦以后则为皇后)所穿黑色祭服,而"冕服"是指各诸侯夫人穿的上衣为黑色的祭服,下裳为红色或黄色。商周时期,祭服一般为黑色,"天玄而地黄"这是古人对于天地的理解,天在上而地在下,所以祭服上衣为黑色、下裳为黄色。先蚕礼的祭服不仅对于颜色有要求,在服饰上也有着严格的等级制度,《隋书》中记载:"皇后因亲桑于桑坛。备法驾,服鞠衣……内命妇人以次就桑,鞠衣五条,展衣七条,襚衣九条,以授蚕母。"王(皇)后必须身穿鞠衣,"鞠衣,黄桑服也,色如鞠尘,象桑叶始生"。世妇及卿大夫妻穿展衣,"展衣,白衣也"。而士人的妻只能穿着襚衣,"黑衣裳,赤缘之"。所有材质中以丝为贵,这些都佐证了蚕丝的重要地位。

在采桑的工具上也十分讲究,皇后为金钩,嫔妃的是银钩,皇后与妃嫔所用于装桑叶的筐均为黄筐,公主、夫人、命妇均铁钩朱筐。

但查阅史料不难发现,自西汉以来到清朝乾隆时期之前祭祀的次数仅有二十次,先蚕礼作为礼仪虽然进入了国家祭祀典礼行列却并没有受到足够的重视。究其原因,一是因为通常先蚕坛修建在城郊,皇后等各妃子出宫不便;二是因为先蚕礼是以女性为主体的祭祀活动,在当时的社会环境中自然是无法与其他的祭祀活动相提并论的。乾隆时期为了更加稳固政权,让满汉文化更好地融合,先蚕礼才逐渐被重视了起来。孝贤皇后的亲蚕礼是在乾隆九年(1744)三月举行的。当天,先蚕坛上支起黄色幕帐,帐内供奉蚕神的神位及牛、羊、猪、酒等各种祭品。孝贤皇后在妃嫔、公主、福晋和女官等人的陪

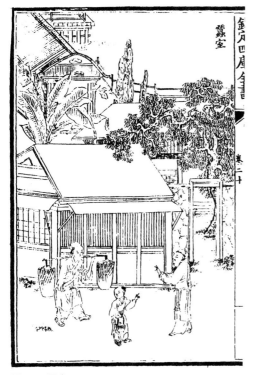

图 12　蚕室

同下来到祭坛，要进行跪拜、上香、献祭品等程序。在先蚕礼举行后第二天还要行采桑礼，也叫作"躬桑"。皇后手持金钩与黄筐，在蚕坛内的桑林中亲自采桑。桑林旁被布置得彩旗招展，太监们还要鸣响金鼓，高唱采桑歌。虽然采桑礼如此隆重，但皇后"采桑"也只是象征性的，仅采桑叶三片，之后就登上观桑台的宝座，看众妃嫔宫女等采桑。采桑活动结束后，所采桑叶被送到蚕室喂蚕，整个祭礼结束。

一匹绸缎的形成，不单单是依靠蚕吐丝作茧这么简单，古代专门用于养蚕的场所叫蚕室（图 12），蚕室又分为公蚕室与民间蚕室，天子诸侯都是公蚕室。公蚕室往往都建造在靠近河流的区域，而民间蚕室则多选择在地势平坦、坐北朝南、阳光充足的地方。对于蚕室的选择，古人也十分讲究，以正室为最佳，南、西次之，东为最次，同时在使用的过程中，注意室内卫生安全，以防火灾。

但"蚕室"与"茧馆"是否是一处地方呢？答案是否定的，上引《汉官旧仪》中有记载：

> 皇后春桑，皆衣青，手采桑，以缲三瓮茧，群臣妾从。
> 春桑生而皇后亲桑于苑中，蚕室养蚕千薄以上。祠以中牢羊豕，祭蚕神曰苑窳妇人、寓氏公主，凡二神。群臣妾从桑，还献于茧观；皆赐从采桑者乐，皇后自行。

这里的"观"通"馆"，即为茧馆（图 13）。从这段话中我们可以知道，皇后在"蚕室"中养蚕，将茧放置在"茧馆"中。汉代蔡

图 13　茧馆

邕的《汉交趾都尉胡府君夫人黄氏神诰》也可以证明二者并非是一个地方，而是两个不同的处所："采柔桑于蚕宫，手三盆于茧馆者，盖三十年。"

桑蚕文化贯穿着整个中国历史，随着时间的推移，文化积淀愈发厚重，在这漫长的发展史中，历代王朝所奉行的桑蚕祭祀活动变得更加礼制化、模式化。无论是皇室还是民间所记录的神话传说、风俗习惯抑或是礼仪制度，这些都成为了中国农业文化中不可忽视的一笔财富。冯友兰先生曾说过："中华民族的古老文化虽然已经过去了，但它也是将来中国新文化的一个来源，它不仅是过去的终点，也是将来的起点。"当再次回望桑蚕丝绸历史时，我们不得不感叹古人的智慧。古人对于一项技艺的专研程度，是现在大部分人所不能达到的，究竟有多少人能够做到"一生只做一件事"？

参考文献：

[1] 王春宇.蜀地蚕神研究综述 [J].重庆文理学院学报（社会科学版），2019,38（02）:70—84.

[2] 丁建川.释《王祯农书》词语四则.山东农业大学学报(社会科学版),2018,20(04):10—12+19.

[3] 陈剑.传统农耕器具散论——以湖南地区为例 [J].民艺，2018（01）:49—54.

[4] 张维慎.说蚕神"嫘祖" [J].陕西历史博物馆馆刊，2017（00）:193—197.

[5] 郭超.关于嫘祖及其"蚕神"问题的考辨 [J].河南师范大学学报（哲学社会科学版），2017，44（06）:95—100.

[6] 王妍.蚕神考 [J].淮南师范学院学报，2017，19（01）:88—90.

[7] 李玉洁.古代蚕神及祭祀考 [J].农业考古，2015（03）:310—315.

[8] 孟凡梅.《王祯农书》农业俗语词研究 [D].南京：南京师范大学，2015.

[9] 颜峰.《王祯农书》词语札记 [J].语言研究，2014，34（03）:104—106.

[10] 吴天钧,张双婷.王祯《农书》的农学思想探赜 [J].鄂州大学学报,2014,21（04）:32—33.

[11] 吴霏.王祯《农书》蕴含的天人和谐思想考 [J].兰台世界，2014（08）:78—79.

[12] 吴天钧.王祯《农书》的农学思想及其当代价值 [J].安徽农业科学,2013,41(36):14152—14155.

[13] 宗宇.先蚕礼制历史与文化初探 [J].艺术百家，2012，28（S2）:95—98.

[14] 蒋成忠.秦观《蚕书》释义（二）[J].中国蚕业，2012，33（02）:79—82.

[15] 刘瑞明.古代蜀地蚕桑经济及蚕神话考辨 [J].成都大学学报（社会科学版），2012（02）:43—47.

[16] 曾令香.王祯《农书》农具名物词一器多名现象 [J].求索，2011（11）:191—193.

[17] 陈红彦.王祯《农书》与木活字印刷术 [N].人民日报海外版，2011-06-10（011）.

[18] 陈艳静.《王祯农书·农器图谱》古农具词研究 [D].西宁：青海师范大学，2011.

[19] 沈克.元代王祯《农书》异版插图考辨 [J].新美术，2008（05）:95—97.

[20] 潘云.王祯《农书》农业生态思想研究 [D].南京：南京农业大学，2007.

[21] 曾雄生.《农器图谱》和《农器谱》关系试探 [J].农业考古，2003（01）:152—156.

[22] 游修龄.蚕神：嫘祖或马头娘?[J].古代文明（辑刊），2002，1（00）:298—309.

[23] 孙先知.蚕神马头娘 [J].四川蚕业，2001（03）:51—53.

[24] 周德华.蚕神崇拜与祀蚕神祠 [J].江苏地方志，2000（03）:52—53.

[25] 肖克之，曹建强.《王祯农书》明清版本之比较 [J].农业考古，1999（03）:289—290.

[26] 肖克之，李兆昆.王祯《农书》版本小考 [J].古今农业，1992（01）:56—57+63.

[27] 李洵.从王祯《农书》到徐光启《农政全书》所表现的明代农业的生产力水平 [J].明史研究论丛，1991（01）:225—242.

[28] 郝时远.元《王祯农书》成书年代考 [J].中国农史，1985（01）:95—98.

《便民图纂》[明]

说人

　　《便民图纂》的编者究竟是谁，这是一个在学术界一直存在争议的问题。有的人认为是无名氏编写的，如清代钱曾认为"不知何人所辑"；而有的人认为邝璠是编者，如章珏坚持认为"是书为璠撰无疑"；更有人认为《便民图纂》并非一个人编写，而是多人共同编纂完成。近人王毓瑚认为："像这一类的通书，大约都不是成于一时一人之手，撰人只好题'无名氏'或者假托某个人……"时至今日，这依旧是一个谜题，需要人们不断地去考证。不过现在一般还是认为编纂者为邝璠。

　　邝璠，何许人也？在费宏撰写的《故中宪大夫瑞州府知府赠江西布政使司左参政邝公墓表》中有关于邝璠的详细介绍。邝璠的出生不同于常人，其母尹氏怀孕时，曾梦到"异人以犊角马蹄麕身牛尾书其门"。众所周知，犊角、马蹄、麕身、牛尾，这些正是麒麟的特征，麒麟有吉祥之意，也常用来比喻杰出之人。纵观邝璠的一生，不难看出他是一个德才兼备之人。邝璠，今河北任丘人，从小就聪明好学，对于古籍更是烂熟于心，于明弘治六年（1493）考中进士，次年任苏州府吴县（今江苏苏州吴中、相城二区）知县。初到吴县当官时，当地的"华林团"企图占领吴县。邝璠毫无畏惧，率领家人及随从人员，指挥城防兵及民众困守城池，终于击退来犯者。随后，他又组织力量搜捕"华林团"成员，稳定了社会秩序，受到民众的称赞。任职期间，他勤政为民，《苏州府志》中有这样的描述，

"聪察勤政，无绩不兴"。他一直致力于改善百姓的基本生活，如奏免关税、兴修水利、打击违法犯罪、兴办学校等。邝璠为人正直，因为忤逆权贵，一直官位不高，弘治十二年（1499）才做到了徽州同知这样的位置。在之后的岁月里，邝璠不断在各地辗转任职，任职期间清正廉洁，爱民如子，深受百姓爱戴。邝璠因重视农业生产、关心人民生活，曾搜集许多农业生产技术知识、食品加工生产技术、简单医疗护理方法以及农家用具制造修理技艺等，写成了《便民图纂》一书。

说书

《便民图纂》是中国明代反映苏南太湖地区农业生产的著作（图1），是一部供农民使用的百科全书，内容丰富，图文并茂，记述了吴地（今苏南太湖流域、浙北地区和皖南地区）农业生产、食品、医药、日常生活以及风俗民情等各个方面的情况，出色地代表着明代以农村生活为主题的通俗类农书。

全书共十六卷。前两卷为图画部分，第一卷为《农务之图》，绘有水稻从种至收十五幅图；第二卷为《女红之图》，绘有下蚕、纺织、制衣图十六幅。这两卷图系以南宋《耕织图》为蓝本，由名家所刻。后十四卷为文字部分。第三卷为《耕获类》，介绍包括以水稻为主的粮食、油料、纤维作物的栽培、加工和收藏技术。其中关于水稻的栽培，他从耕垦、治秧田起，到施肥、准备种子、插秧、除草、收割、贮藏、舂米等，都做了全面简明的叙述。第四卷《桑蚕类》，介绍栽桑和养蚕的技术。第五、六卷《树

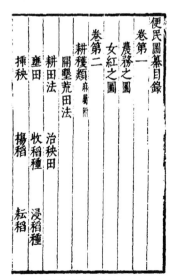

图1 《便民图纂》书影

艺类》，记载了不少有关果树、花卉、蔬菜的实践经验，常为之后的农书所引述。第七卷《杂占类》，属于气象预测的农谚，部分录自《田家五行》。第八卷《月占类》、第九卷《祈禳类》和第十卷《涓吉类》则多属迷信内容。第十一卷《起居类》，介绍饮食起居的宜忌。第十二、十三卷《调摄类》，讲医药卫生，收集了治病的食疗药方二百五十剂，分内科、外科、妇科和儿科，有风、寒、湿、暑等十三门。所载药方大部摘自宋、元、明的医书，在当时广大农村医药短缺的情况下，它具有宝贵的实用价值和"便民"意义。第十四卷《牧养类》，叙述家畜家禽的鉴别、饲养和疾病防治。第十五、十六卷《制造类》，录自《多能鄙事》，其中关于酒、醋、酱、乳制品、脯腊、腌渍、烹调、晒干鲜食物和食物贮藏等的论述，科技内容相当丰富，不但厘清了元朝"三部农书"的紊乱叙述，而且还做了许多补充，尤其是在食物贮藏方面创新甚多，十分宝贵。总之，《便民图纂》虽不能涵盖日常生活的全部内容，但确均为农民日常生活所需，能有效指导民间百姓的日常起居生活。

　　因《便民图纂》介绍了较多与农业生产相关的知识，故诸多书目在著录的时候将此书划分为农家类。书中关于农业耕织的内容的比例虽然占很大部分但非全部。清代《续修四库全书》以及范懋柱的《天一阁书目》都把《便民图纂》划为杂家类。《四库全书总目提要》中说明此书不宜划为农书的缘由是："其书本农家者流，然旁及祈福择日及诸格言，不鸣一家，故附之杂家类焉。"因此，就书的性质而言，此书应为邝璠编撰的综合型日用类书。

　　《便民图纂》以《便民纂》为祖本，但基于祖本进行了改良提炼，精简了大部分内容。同一生产技术描写的手法内容相似但作者加以概括整理，力求简洁精炼，只保留生产技术的精髓部分，省去前人无关的叙述。对内容的筛编使得《便民图纂》达到了便于检索和理解的效果，更加适于民间日用，这主要表现在三个方面：第一，《便民图纂》在《便民纂》的基础上增加了南宋楼璹旧制的《耕织图》，在内容上更加丰富，其中最为重要的改良是将《耕织图》原来的五言诗改为吴语的竹枝词，体现出编者充分为识字都困难的农民群体考虑，将内容改编成浅显易懂的吴歌，便于学习和在江、浙一带民间传播。第二，将《便民纂》的阴阳占卜起首改为农业起首，体现出编者轻迷信、重农业的思想。第三，《便民纂》在《辨识类》中大篇幅谈论琴棋书画的收藏考据，于民间而言这些都是不实用的东西，编者把它们全部压缩到《制造类》。可见，《便民图纂》比其祖本更为精炼合理，更利于平民百姓理解接受。

说图

蚕丝被认为是最纤细、最匀称、最坚韧，也是最光亮的纤维，是其他天然纤维和化学纤维所不及的，被人们称为纤维皇后。丝绸以其轻盈、华丽、高雅的风姿，令人着迷。这里我们结合《便民图纂》中的女红图介绍蚕桑生产的全过程，顺便给大家介绍桑蚕丝绸的前世今生，揭开"衣冠王国"的神秘面纱。

《便民图纂》（明嘉靖二十三年刻蓝印本）中附有《农务女红之图》三十一幅，其中桑蚕图占十六幅，可见到了明代，桑蚕丝绸依然是女红的要务，在生产生活中占据重要地位。图样从"下蚕""喂蚕""蚕眠""采桑""大起""上簇""炙箔""窖茧""缫丝""蚕蛾""祀谢""络丝""经纬""织机""攀花"直到"剪制"，描绘养蚕至缫丝再剪裁制衣服的全过程。养蚕就是为了得丝，从"下蚕"到"缫丝"的每个环节都有劳动人民千百年来总结出的高超而又宝贵的经验，从中我们可以直观地了解我国桑蚕生产过程中成熟和精细的技艺。

"下蚕"，也就是现在的收蚁，是蚕农把刚刚孵化出来的蚁蚕收起来饲养的过程（图2）。最早的收蚁方法是"羽扫法"，接着出现了"打落法"，后来发展到"网收法"和"吸引法"。"羽扫法"是把蚕种纸

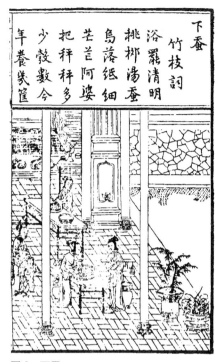

图2 下蚕

上孵化的蚁蚕,用鹅毛或鸡毛扫落下来,宋代徐照《春日曲》中曰:"中妇扫蚕蚁,掣篮桑叶间。""打落法"是在蚕匾内摊一张收蚁纸,将蚕种纸反过来,有蚁蚕的一面朝下,用蚕筷在蚕种纸的背面轻轻敲打振落。"吸引法"是将桑叶切成长条形,直接撒在蚕纸上,蚁蚕嗅到桑叶香味便爬上去,待蚁蚕爬上条形叶后,再将桑叶拣到收蚁纸上。"网收法"是将蚕卵倒在摊卵纸上,收蚁前在其上放两只一龄小蚕网,在网上撒上桑叶,待蚁蚕爬上桑叶后,将上面的一只小蚕网抬到收蚁匾内即可。"羽扫法"容易损伤蚕体,特别是对尚未完全出卵壳的蚕损伤更大。"打落法"也易使蚕蚁受跌落之伤。"网收法"和"吸引法"的优点是卵壳和少许未孵化的蚕卵被隔留在原摊卵匾的纸上,既不伤蚁蚕,又不使卵壳与蚁蚕混在一起,还能够淘汰苗蚁(最早孵化的蚁蚕)及不上叶的蚁。蚕种为散卵后,普遍采用"网收法"收蚁。北魏收蚁前,要在屋内四角点火加温,使室内温度适宜。北宋有"自从蚕蚁出,日日忧蚕冷"的诗句。元代明确收蚁时,室内温度应加到让蚕母着单衣感觉适宜为止。

"喂蚕",就是给桑饲养(图3)。北宋秦观《蚕书》中详细记述不同龄期的给桑次数。小蚕期切细长的叶条,每天喂六顿。大眠过后,前三天把叶切成对半,一天给桑八次,此后喂全叶,一天给桑十次。南宋蚕农在缺叶情况下创造了添食饲养的方法,以甘草水洒于桑叶,次米粉掺之,待晾干后喂养。元代根据蚕的体态、体表颜色来判断蚕食欲的强弱,决定给桑量。特别是记载了"多回薄饲法"和"抽饲断眠法","多回薄饲法"是增加给桑次数,使蚕饱食,又节约用桑量。

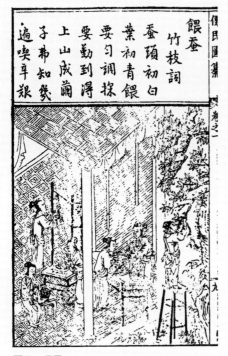

餵蠶
竹枝詞
蠶頭初白
葉初青餵
要勻調探
要勤到得
上山成繭
子弟知幾
遍喚辛勤

图3 喂蚕

採桑
竹枝詞
男子圍中
去採桑只
閨女子餵
蠶忙蠶要
餵時桑要
採事頃分
曾兩相當

图4 采桑

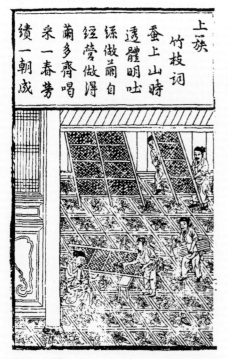

上蔟
竹枝詞
蠶上山時
透體明吐
綵做繭自
經營做得
蒲多齋唱
采一春勞
績一朝成

图5 上簇

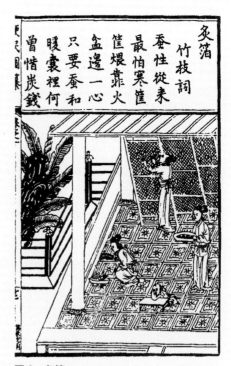

炙箔
竹枝詞
蠶性從來
最怕寒筐
筐煨靠火
盆邊一心
只要蠶和
暖裹裡何
曾惜炭錢

图6 炙箔

"抽饲断眠法"，是根据蚕体色的变化减少给桑量，即如果有十分之三的体表黄光的蚕，就减三分叶子，并把叶切细薄饲，给桑的次数要增加；如果十分之八的蚕体表黄光入眠，则减去八分的桑叶，把叶切得更细，撒叶更薄，给桑更频繁。明代起养蚕技术更加细腻，饲养日趋精细。讲究桑叶新鲜，表面干净且不潮湿。饲养过程中强调勤于清理蚕的粪便、勤于换匾。

"蚕眠"，就是蚕蜕去旧皮，长出新皮，不吃不动的时候。小蚕期即将入眠时，室内宜温暖，新眠起时怕有风；大蚕期入眠和眠起时宜凉爽，给桑喂食宜有风。刚入眠时蚕室应当暗淡，眠起后要明亮。《蚕经》说"眠起不齐丝减半"。催眠蚕室升温，除沙饱饲，然后渐住食;起蚕待其起齐后进行喂食，不能饱饲，只能慢慢饲叶，这些"眠起"措施,目的都是使蚕的眠起的日子保持统一。眠中要确保蚕座(蚕箔）干燥，其做法：一是眠前除沙，二是小蚕眠期在蚕座中撒石灰末和焦糠，大蚕眠期还要再加菜籽荚或切成小段的稻草。

从采桑图中可以看出（图 4），当时陕西一带种植的是高干桑，需要爬梯登高才能够采到。这种高大乔木桑在历史上十分常见。春秋《左传·僖公二十三年》写道：晋公子重耳与从者"谋于桑下"，却全然不知"蚕妾在其上"。这种桑树应是树形高大、遮阴蔽日，要攀登上树才能采摘的。唐代刘驾有诗云：采桑女"一春常在树，自觉身如鸟"，这里的桑树也是高大树木。该图的竹枝词《采桑》写道："男子园中去采桑，只因女子喂蚕忙。蚕要喂时桑要采，事项分管两相当。"古代采桑者多为男子，大概是因为女子忙于喂蚕，而由男子去园中采桑。

"上簇""炙箔"也是蚕桑丝绸生产的重要工序（图 5—6）。家蚕成熟后被转移到蚕簇上结茧的过程，叫作"上簇"。上簇的方法有"人工拾取法""振落上簇法""自然上簇法"。"人工拾取法"是由人工直接从蚕座中拾取适熟蚕，收集到一定数量后，及时放入事先准备好的簇具上。在进入大批盛熟期时，将枝条或大蚕网置于蚕

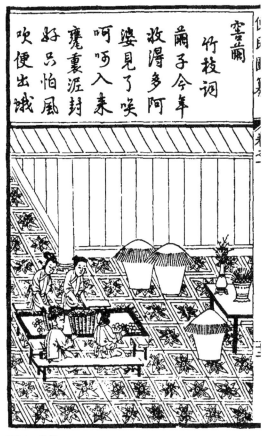

图7　窖茧

座上，过后取出枝条或大蚕网，将熟蚕振落在空匾内收集起来，或直接放入簇具，这就是"振落上簇法"。"自然上簇法"是将簇具直接放在蚕座上，也利用熟蚕上爬习性，让熟蚕爬上簇具营茧。上簇结茧的工具，从图上可以看出养蚕技术上明代采用方格簇。宋代《陈旉农书》记载了一种以箭竹做马眼隔，又以无叶竹条纵横搭之的方法，这可能是最早的方格簇。熟蚕在方格簇结出的茧子就基本上大小相仿，这样可以减少浮丝、防止污染、提高茧质。

上簇时往往需要加温，就是"炙箔"。从宋代起，上簇时要在下面生炭火加温，促其作茧，且有利于缲丝。其技术要点是：①加温时先"打闷烟"，即先烧草生烟，引蚕上簇，促蚕排尿；②蚕入网后，用木炭渐渐加火，火盆要密，火力要均匀持久；③灼蚕不灼茧，即用火要在茧壳未成之前就加旺，而营茧时，只要簇帘上感到温热即可；④根据天气情况掌握加温的火候，天气寒冷则炭火应当旺些，天气热时炭火应当小一些，天气干燥时炭火应当和缓，天气潮湿闷热时炭火应当旺。明代进一步总结了吐丝结茧时"出口干"的要领，即出茧时用炭火烘。具体做法是：刚上簇时，火要小，主要是引蚕成绪。茧绪形成后，即每盆加火半斤，蚕吐出丝来，随即干燥，这样的丝光泽、强度等品质都很优良，耐水洗，所以经久不坏。

"窖茧"，就是用盐腌茧，并埋于田间阴凉处以抑制发蛾（图7）。由于古代收茧多在梅雨季节进行，这样便给日晒贮茧带来了很大的困难。人们不能不设法寻找一种比日晒更有效、更可靠的贮茧方法。先民很可能是从腌制食物中受到启示，从而创造了"盐泡法"。北魏时期就有"盐泡法"的文字记载，并认识到盐泡比日晒更有利于对丝的保护。宋代盐泡贮茧技术已相当成熟，并被广泛采用，其做法是先把蚕茧晒干，再把蚕茧一层层地放入埋在地下的大瓮中，铺一层茧撒上盐盖上桐叶，如此重复，直到满瓮，以泥封口。楼璹《窖茧》诗云："盘中水晶盐，井上梧桐叶。陶器固封泥，窖茧过旬浃。"元、明、清各代乃沿用此法。

图8 缫丝

"缫丝"，是将蚕茧浸泡在水中，使蚕茧松散，并从中牵抽出蚕丝的过程（图8）。这是丝织技术中极为关键的一个环节，直接影响丝的质量。春秋战国以前主要是冷水缫丝；沸水煮茧缫丝在秦汉时已很普遍；而汉唐以后又进一步总结出煮茧的沸水最好是"形如蟹眼"。宋代秦观《蚕书》中记载有"热釜缫丝法"，元代文献中则有了"冷盆缫丝法"。"热釜缫丝法"即沸水煮茧缫丝法，煮茧与抽丝用一口锅，置于灶上。此法煮茧缫丝的效率较高，但由于每次投入

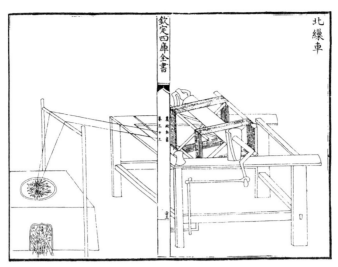

图9　北缫车

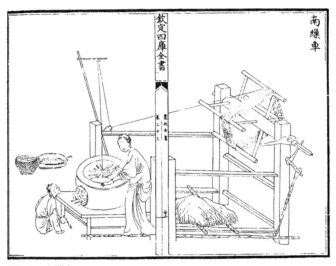

图10　南缫车

盆中的茧量大，缫丝速度快，不易控制丝的粗细。而"冷盆缫丝法"是将煮茧与抽丝分开，用热釜煮茧后放入冷盆抽丝，这样抽出的丝容易控制粗细，不易断丝。

　　明代的缫车同元代一样分为南、北缫车两种类型，北缫车（图9）车架略低，构件较完整，丝的导程较短，常见为同续，与南缫车（图10）的原理大致相同，但明代的缫车较元代而言结构更为完善。

36

缫丝技法经南北交融互补，统一了工艺要求，即"缫丝之诀，惟在细、圆、匀、紧，使无褊、慢、节（接头）、核（疙瘩）、粗恶不匀也"。缫车由灶、锅、钱眼、缫星、添梯、軒车、鼓、鱼等部件构成。灶为蚕茧提供热源，锅中加入水煮蚕茧，使茧绪浮起来以供抽丝，温度不宜过高，避免缫丝时蚕丝被烟熏到影响品质。《蚕书》中有记载："毋

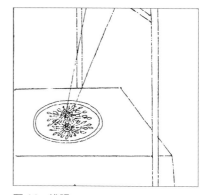

图 11　钱眼

过三系，过则系粗，不及则脆，其审举之。"其意为茧丝不可超过三根，如果多于三根丝就粗了；但如果数量不够，则容易折断。钱眼又叫絮盘，即将所得到的茧丝绪头穿过的如钱眼的方孔（图 11）。

在缫丝的过程中，南北也存在着差异，南方人喜欢使用冷盆（图 12），其水温微热，而北方人喜欢用热釜（图 13），水温高。二者各有千秋，冷盆出丝细、坚韧，质量高，但速度略慢于热釜；热

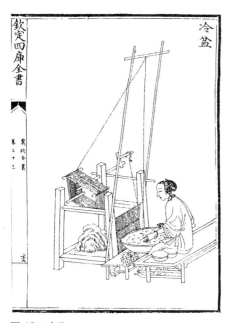

图 12　冷盆

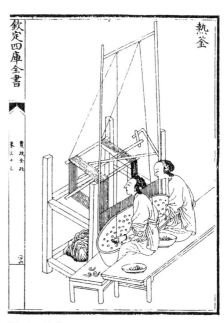

图 13　热釜

图14　络丝

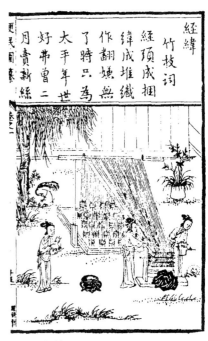

图15　经纬

釜出丝圆，效率很高，但质量上不如冷盆出的丝。

　　在明代，人们通常采用北缫车与冷盆相结合的方法，这成为后代缫丝技术的主流。为了使缫出的丝快速干，明代还采用在缫丝框下放置炭火烘干蚕丝的办法，生丝随缫随干，这种方法被称为"出水干"。

　　"络丝"是指将缫车上脱下的生丝转络到篗子上（图14），主要作用有两点：一是将丝线加工成容量较大、成形良好、密度适宜的无边或有边筒子，提供给整经、卷纬、漂染等工序，以利于提高生产效率；二是清除丝线上的疵点，改善丝线品质，以利于减少丝线在后道工序中的断头，提高丝织物的外观质量。

　　"经纬"包括整经和做纬（图15）。整经是将一定根数的经纱按规定的长度和宽度平行卷绕在卷经轴上的工艺过程（图16）。整经要求各根经纱张力相等，在卷经轴上分布均匀。做纬是把丝线卷绕到梭子芯上的准备工序。

　　"织机"是以直角交织两组或多组纱线形成织物用的机器

图 16　经架

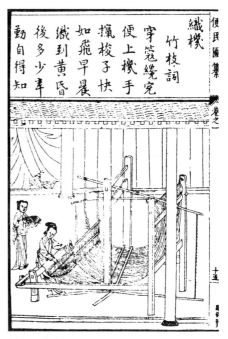

图 17　织机

（图 17），是由完成织造的开口、引纬、打纬、卷取、送经五种基本动作的相应构件构成。提花指纺织物以经线、纬线交错组成的凹凸花纹。提花的工艺方法源于原始腰机挑花，汉代时这种工艺方法已经用于斜织机和水平织机。通常采用一蹑（脚踏板）控制一综（吊起经线的装置）来织制花纹，为了织出花纹，就要增加综框的数目。因此，要织复杂的、花形循环较大的花纹，必须把经纱分成更多的组，这样，多综多蹑的花机逐步形成。

　　"攀花"（图 18），楼璹关于"攀花"的诗云："殷勤挑锦字，曲折读回文。更将无限思，织作雁背云。"明代，丝织品已经趋于成熟。丝织品的品种的划分更是数不胜数，当时已经有了罗、纨、绮、绢、绫、锦、绣、缎、縠、绒、绸等种，每一种

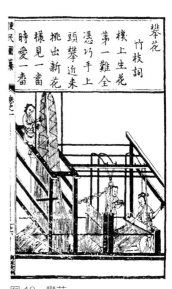

图 18　攀花

图 19　花楼机

下又可划分为多种，如：罗，可分为花罗、素罗、刀罗、河西罗等。"妆花"是明代丝织工艺高度发展的代表。其织法精美，色彩富丽，运用范围广泛，缎、纱、罗、绢等均可以用"妆花"织成，而这种丝织品一般使用花楼机织造而成（图 19）。

这一时期，与锦、缎一同有着显著发展的还有绒——一种毛丝织物。其质地厚实，多用于制作御寒的冬衣。明代绒的织造工艺是在元代的漳绒的基础上发展而来的。漳绒，因其产地在福建漳州而得名，织物上有绒毛、绒圈，利用二者纹理的差异制作花纹，多用于贵族礼服，被誉为"天鹅绒"，是不可多得的珍品。与漳绒一同流行起来的还有大绒以及卫绒，但都是用于贵族，庶人均不得使用。叶梦珠在《阅世编》中这样记载道：

> 大绒，前朝最贵，细而精者，谓之姑绒，每匹长十余丈，价值百金，惟富贵之家用之，以顶重厚绫为里，一袍可服数十年，或传于子孙者。自顺治以来，南方亦以皮裘御冬，袍服花素缎，绒价遂贱。今最细姑绒，所值不过一二十金一匹，次者八九分一尺，下者五六分而已。年来卖者绝少，贩客亦不复至，价日贱而绒亦日恶矣。

清朝集历代之大成，民间丝织业在整个行业中占了很大的比重，主要集中在江、浙、川、粤等地。各地的丝绸出品形成了一定的区域专门化趋势，如，江宁盛产缎、吴江以绫为名、广州的纱、遵义的绸等。此时的工艺、色彩、纹样可以说已经达到传统工艺技术能够给予的极限，如果想要有所突破则需要新鲜血液的注入。清代在大量丝织品输

图 20　蚕妇养蚕的场景

出的同时，也引入许多新的技术，因此在晚清时期，中国丝织品中出现了西洋风格的织物，这无疑是一个新的突破。时至今日，无数的匠人与设计师们仍然在不断地寻找突破，不断地创新。随着时代的变迁，丝绸会为我们呈现出它更多迷人的面貌。

参考文献：

[1]　高春明 . 中国古代的平民服装 [M]. 北京 : 商务印书馆国际有限公司，1997.

[2]　杜新豪 .《便民图纂》撰者新考 [J]. 古今农业，2018（01）:54—59.

[3]　杜新豪 .《便民纂》与《便民图纂》关系考 [J]. 古今农业，2016（03）:45—51.

[4]　周慧慧 .《便民图纂》研究 [D]. 上海 : 上海师范大学，2016.

[5]　化振红 . 试论《便民图纂》中的农业俗语 [J]. 理论月刊，2014（12）:59—63.

[6]　郑彩云 . 明代农学家邝璠及其《便民图纂》探略 [J]. 江西广播电视大学学报，2014（02）:26—28+32.

[7]　肖克之 .《便民图纂》版本说 [J]. 古今农业，2001（02）:84—85.

[8]　陈麦青 . 关于《便民纂》[J]. 中国农史，1985（04）:107—109.

[9]　石声汉 . 介绍"便民图纂" [J]. 西北农林科技大学学报（自然科学版）,1958（01）:101—102.

《农政全书》[明]

说人

15世纪末到16世纪初欧洲已经开启了大航海时代，争先恐后地对世界各地进行探索，开辟新的航线，通过海路将世界联系在了一起，中西方文化加强了交流。随着通往亚洲的新航线被开辟，大量的西方传教士来到中国，传入了宗教与科学，当然那时的传教士传播科学知识的目的是为了更好地证明上帝的存在，因为如果只是单纯传播宗教文化会由于中西方观念的差异使得传教变得困难，所以需要通过传播科学知识来获得士大夫的尊重。在这样的背景下，明朝有了一批思想先进的知识分子积极吸收来自西方的科学技术并进行推广，徐光启就是其中一员。他被誉为"中西文化会通第一人"，在中西方文化的交流过程中做出了巨大的贡献。

徐光启（1562—1633），是明朝末年杰出的科学家，字子先，号玄扈，松江府上海县法华汇（今上海徐家汇）人。徐光启的祖父因经商而发家，但到了父亲徐思诚那一辈家道中落，弃商务农。徐光启在这样的家庭背景下出生和成长。他自幼热爱学习，年少时在龙华寺读书，十九岁时考中了秀才，之后就在家乡当教书先生。万历十六年（1588），徐光启决定与同乡董其昌、张鼐、陈继儒一起到太平府(今安徽当涂)应乡试,但徐光启遗憾落第。万历二十一年(1593)，徐光启南下到广东教书。当时的广东虽然受到海禁的影响，但作为南部通商口岸仍然有对外贸易，有许多传教士在广东进行传教。徐光启在广东第一次接触到了耶稣会士——意大利传教士郭居静，在传播天主教教义的同时也带来了关于天文、数学、历法等的知识，这为徐光启打开了一扇大门。但是，徐光启的仕途并不顺遂，直到万历三十二年（1604），四十二岁的徐光启终于中了进士，被选拔为庶吉士。但在万历四十一年（1613）徐光启因为不愿与其他人一样趋炎附势便告病去职，直到万历四十四年（1616）徐光启才回京复职。在京任职期间徐光启常常去拜访利玛窦，向他学习西方科学知识，并在万历三十四年（1606），与利玛窦一起开始翻译《几何原本》，通过利玛窦口头翻译，

图 1　徐光启（右）和利玛窦（左）

徐光启记录并推敲修改的方式进行。至万历三十五年（1607）的春天，徐光启和利玛窦翻译了这部著作的前六卷。这对于明朝的数学乃至中国近代数学的发展都起到了很大的作用。

徐光启一生著作非常多，在天文、数学、农学等方面均有研究。在天文方面主要的成就是对《崇祯历书》进行编译，通过对古文翻译再结合西方的科学知识为其润色、校订。在数学方面最为重要的贡献就是与利玛窦一起翻译了《几何原本》。在农学方面的著作尤其多，有《农政全书》《甘薯疏》《农遗杂疏》《农书草稿》《泰西水法》等，我们也可以从徐光启的自号看出他对于农业的重视，"玄扈"

原指一种与农时季节有关的候鸟，"九扈"是古时管理农业生产的官名。

前面也有提到徐光启的父辈因为经济的问题由经商转为务农，当时的法华汇并不像现今的徐家汇一样是繁华都市，而是农村。农村的生活使得徐光启对于农事产生了浓厚的兴趣，同时徐光启的农学思想还与当时的社会环境有着密不可分的关系。徐光启所处的时代正是我国封建社会逐渐走向腐朽落寞，资本主义逐渐萌芽的时期；同时外有倭寇入侵，内受女真族统治者的侵扰，可谓内忧外患，阶级间的矛盾和民族间的矛盾不断地加深。明朝的统治者为了稳固政权，一方面在思想上加强对于人民的控制，另一方面建立镇压农民起义和监视朝臣的机构，这些举措并没有从根本上解决明朝所面临的问题，反而加重了问题，激化了矛盾。而若是想要真正稳固在风雨中摇摇欲坠的明王朝，徐光启、张居正等上层知识分子认为灾荒与长期的战乱是农民起义的主要原因，这会严重影响政府执政，朝廷应该对内施行缓和政策，对外抵抗外来入侵，富国强兵。徐光启写了一封信给他的老师焦竑——《复太史焦座师》，在信中道："时时窃念国势衰弱，十倍宋季。每为人言富强之术，富国必以本业，强国必以正兵，二十年来，逢人开说，而闻之者以谓非迂即狂。"他认为富国强兵的根本在于"本业"，即为"农业"，当务之急是要发展农业。徐光启为农业技术做出众多贡献，推广甘薯的种植，并将总结的经验写成了《甘薯疏》；批判中国古代农学中所主张的"唯风土论"，主张因地制宜；进一步提高南方旱作技术，解决南粮北运的问题，等等。他不仅总结前人的经验还会吸收外来的经验，同时还注重实践，实事求是。

> 好学问经济，考古证今，广咨博询，遇一人辄问，至一地辄问，问则随闻随笔，一事一物，必讲究精研，不穷其极不已，故学问皆有根本。（《农政全书》）

这些研究都为徐光启写《农政全书》打下了良好的基础。

说书

《农政全书》发行于明末崇祯年间，此时的国家已处于多事之秋，特别是在农业生产方面，资本主义的萌芽、官员间的贿赂以及自然灾害的频发、战乱不断等一系列问题都对农业生产有着极大的影响。首先，明朝资本主义萌芽，大量的百姓弃农从商，从而导致"商贾享逐末之利，农民丧乐生之心"，由此可见这对于传统农业的冲击。其次，自然灾害对于农业生产也有着极大的影响，邓拓在《中国救荒史》中统计："明代共历二百七十六年，灾害之多，竟达一千零十一次，这是前所未有的记录。"崇祯年间灾害频发，几乎每一年都会有不同地区发生灾害，有时甚至是同一地区出现多种灾害。受地域影响，水灾主要分布在长江中下游地区，上海、浙江、江苏等地区；山东、山西、河南等位于黄河流域的地区主要受旱灾影响，而旱灾常常伴随着蝗灾。战乱所带来的问题自然不必再说，官员间的贿赂问题到了明末愈发严重，虽然不断尝试颁布各项关于农业生产的制度，但都因为官僚作风以及形式主义的严重让制度成为了虚设，使得设官劝农变得尤为困难。但值得庆幸的是明朝的科学技术远不像明王朝那般逐步走向没落，西方的科学技术和先进的思想让徐光启等士大夫开眼看世界，西学东渐，明代的农业就在这风雨飘摇的明王朝缓慢发展着，《农政全书》正是成书于这样的环境。

《农政全书》可以算得上是一部中国古代农业科学巨著，全书共六十卷，七十余万字。全书采用总分的结构，先总论再分点进行叙述，分为农本、田制、农事、水利、农器、树艺、蚕桑、蚕桑广类、种植、牧养、制造、荒政等十二目。开篇为《农本》三卷，阐述了农业的重要性，从《经史典故》《诸家杂论》这两部作品中论证了农业是立国之本，国家应当以农业为重，引用《管子》之言："一农不耕，民有饥者，一女不织，民有寒者。"同时也收录了冯应京的《国朝重农考》，从明朝历代皇帝对于农业的政策与措施来告诉人们要重视农业生产。这也是与以往农书最大的不同，《齐民要术》《农桑辑要》《王祯农书》等大多以"农本"为思想指导，主要阐述的是农业生产的技术与知识，以劝导农民应当务农以及如何务农为主，而《农政全书》则不同，全书贯穿着一个基本思想，就是治国济民的"农政"思想，这是古代众多农书作者所无法企及的。从书名就可以看出，《农政全书》是以"富国必以本业"为宗旨，全书内容除了介绍农业技术以外，重点在于保证农业生产和农民生命安全的政治措施，抓住了屯垦立军、水利兴农和备荒救荒三项基本农政。其中《荒政》共十八卷，约占全书三分之一篇幅，是《农政全书》中所占篇幅比重最多的一目，虽以往的农书中也有提到，如《王祯农书》的《百谷谱》中有写到"备荒论"，但其篇幅远不如《农政全书》，由此可以看出徐光启对于"农政"的重视程度。目中先将历代的"备荒论"以及相关政策进行了综述，再对灾情进行了统计，分析了相应的救灾措施的利弊，在最后还附上了十分详细的可充饥食物图谱，共计四百余种。除了荒政以外，屯垦、水利也是徐光启认为的"农政"重要举措。

《农政全书》内容涵盖之广，字数之多，约是《齐民要术》的七倍，《王祯农书》的六倍，相较于前人的农书著作而言更为完善，条理也更为清晰，从中国古代农业到日常生活都有涉及。《农政全书》考证和收录了大量历朝历代与农业相关的文献，但并未完全照搬前人的著作，而是在其基础上结合自己实践经验进行了修改。同时徐光启也十分重视其科学性，在此内容基础上还融入了西方的科学知识，如《农政全书》中收录了徐光启与明末来华的意大利传教士熊三拔一同合译的《泰西水法》。他还运用统计学知识将得到的数据进行总结分析，运用更为科学的方式针对不同的问题提出相对应的方案，在获得了新的知识时也要反复论证，要亲自试验，他认为："盖古人制度，必征实乃信。非可以揣摩定，非可以口舌争。不见古物而欲知古人之制，自不可得。"

正因为徐光启崇尚科学，秉承对科学严谨的态度，所以他在编著《农政全书》时删除了前人文章中涉及迷信的部分，如删除了《齐民要术》掺杂的《杂五行书》《杂阴阳书》中的相关迷信文字，以及《王祯农书》《陈旉农书》中认为自然灾害的发生与祭祀活动被禁止相关的内容也被摒弃掉；同时也删除了无法通过科学进行验证的内容，如删除了《便民图纂》中通过观测天象来推测天气变化这一内容，并且通过长期的实践，徐光启验证了"唯风土论"是错误的观点并对其进行了批判，这种对待科学技术的态度十分值得当今的我们学习。

值得注意的是，《农政全书》既是由徐光启编撰的，也是由多位士大夫共同努力而完成定稿发行的。崇祯六年（1633）徐光启逝世，此时的《农政全书》还是草稿，崇祯八年（1635）徐光启的门生陈子龙从徐光启次孙徐尔爵处借得书稿并进行了抄录。《农政全书·凡例》中就有这样的记载："偶以呈大中丞张公，公以为经国之书也，亟以示郡大夫方公。公亦大喜，共谋梓之。"这里的"大中丞张公"是张国维，而"郡大夫方公"是方岳贡。崇祯十二年（1639），陈子龙、徐尔爵、张国维、方岳贡等将书稿整理、增删成《农政全书》六十卷付印。《四库全书总目提要》中就详细提到此事：

> ……初光启作《农政全书》，凡六十卷，光启没后，子龙得本于其孙尔爵，与张国维、方岳贡共刊之。既而病其稍冗，乃重定此本，子龙所作凡例有曰：文定所集，杂采众家，兼出独见，有得即书，非有条贯，故有略而未详者，有重复而未及删定者，中丞公属子龙以润饰之。友人谢廷正、张密皆博雅多识，使任旁搜覆校之役，而子龙总其大端，大约删者十之三，增者十之二，其评点俱仍旧观，恐有深意，不敢臆易云云。……今原书有刊版，而此本乃出传抄，并其评点失之。核其体例，较原书颇为清整，然农圃之事，本为琐屑，不必遽厌其详，而所资在于实用，亦不必以考

核典故为优劣，故今仍录原书，而此本则附存其目焉。

可见在当时并不是只有徐光启一个人在苦苦努力着，还有其他愿行"九扈"之职的人，都在努力为这个摇摇欲坠的王朝贡献着自己的力量，但遗憾的是《农政全书》的出版受到战乱与国事动荡的影响，明代只刊印了一版，即崇祯十二年（1639）的平露堂刊本。

中国农业博物馆研究馆员肖克之在《〈农政全书〉版本说》一文中列出了《农政全书》目前所知的版本，除首版平露堂刊本以外还有道光十七年（1837）贵州粮署据平露堂本刊印本；道光十八年（1838）有一刊本称据平露堂刊；此外据平露堂刊印本还有上海曙海楼道光二十三年（1843）的刊印本；在道光二十六年（1846）出现了所据不详的上海文海书局石印本；同治十三年（1874）山东书局又据贵州粮署本刊印；上海求学斋局于宣统元年（1909）据曙海楼本石印；1930年《万有文库》据山东书局本刊印；1956年中华书局出版邹树文等八人以平露堂本为底本，用贵州本、曙海楼本、山东书局本相互校勘的校订本；1979年上海古籍出版社出版石声汉校注本。

通过以上版本的列举可以看出直至道光年间才陆续出现其他版本的《农政全书》。明代只有一版，这与印刷技术不无关系。虽然到了明代末期雕版印刷与活字印刷的技术已经发展得相当纯熟，但是刊印一本书的成本还是非常高昂的，尤其是像《农政全书》这样篇幅很大的书籍，平常普通人家基本上是无法承受的。因此大多农书若是没有官府或是书坊的支持刊印，往往是以手抄本的形式进行流传的，有些农业技术知识甚至是通过口述的形式进行传播的。由此可见知识传播的方式是多样的。

《农政全书》的影响不单单是在国内，随着明清时期贸易往来，农书作为输出农业知识的载体便传到了国外，不仅到了邻近的日本、朝鲜，还传至了欧洲。1735年，生活于巴黎的耶稣教徒杜赫德用法文摘译了《农政全书》中的《蚕桑》这一部分。殷弘绪将翻译过后的《蚕桑》命名为《一部教人更多更好的养蚕方法的中国古书之摘要》，此书一经发行引起了不小的轰动，此后《蚕桑》又被翻译成了英文版、俄文版、德文版。这无疑是对中西文化交流起到了重要的促进作用，同时也对当今研究农业的发展、农业生产技术等方面有着重要的意义和价值。

说图

早在南宋就已经出现以图像的形式展现农耕生产的书籍——楼璹的《耕织图》，在书中插入指导农事活动的画作，并配以文字解释，降低了阅读难度，这样的形式更利于文化程度不是很高的老百姓所接受，生动而形象的图片既引发了阅读兴趣也更利于普通劳动者理解，从而达到"劝农"的目的。自元代以来许多农书都采用图阐文的形式进行呈现，更利于农桑生产技术知识的传播，《农政全书》也沿用了这种图文结合的形式。这里重点介绍一下织机和丝织技术的发展历史。

丝织是以蚕丝作经、纬，织制成丝织物的过程。历史上中国丝织工艺以历史悠久、技术先进、制作精美著称于世，其技术的成熟程度远超过其他行业。中国远古先民受渔网编织启发，将丝线经纬相交，织成简单的平纹织物，从此开启了中华七千年丝绸文明的大幕，谱写了一部辉煌的织绣文化篇章。其间所用到的各种巧妙精到工具与织机的发明和改进，是丝织物品种、花样不断完善的基础，也是中国在漫长岁月中始终保持着丝绸大国地位的重要因素之一。

说起最早的织机莫过于腰机，一种以织工的身体作为机架，经轴固定在脚上，卷轴固定在织工的腰部的原始织机（图2）。迄今为止仍有少数民族使用这种原始织机，不同地区的原始腰机在形态上大抵相同，只在部件上稍有不同，如幅撑、绞棒等。在河姆渡遗址出土的打纬刀、提综杆等工具表明，早在新石器时代腰机就已经出

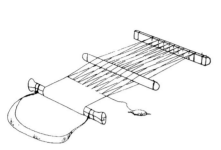

图2　赵丰先生复原的良渚织机　　　　图3　湘西提压式卧机

现。用原始腰机织造时，织工席地而坐，以身体作机架，两脚蹬着经轴，腰上缚着卷布轴，手提综杆，形成梭口，再投梭打纬，织制织物。在此基础上，后逐渐发展成了各类型的织机。

踏板织机是带有脚踏提综开口装置的织机的通称。它把原始织机上手提综片开口改为脚踏提综开口，使织工能腾出手来专门投梭打纬，大大提高了生产效率。踏板织机可以说是中国在纺织方面引以为傲的创造，直到经由丝绸之路才逐渐传到中亚、西亚和欧洲各国。李约瑟认为踏板织机是中国对世界纺织技术的一大贡献。

卧机是在原始腰机经梯架式织机的基础上演变发展而来，在汉代就已经出现，到元朝时期全国已经广泛使用。卧机属于踏板机，其机身倾斜，最大的特点就是单综单蹑且用腰部控制张力。这种织机类型颇多、分布广泛，在民间十分流行，汉魏时期传入东亚地区，对周边国家的纺织业发展做出了较大的贡献。如今在中国少数民族地区能够找到这类织机（图3）。"卧机"一词最早出现在日本的著作中，成书于昌泰年间（898—901）的汉和字典——昌住《新撰字镜》提到了"卧机"一词，但此时唐朝的有关书籍中并没有相关文字记载，直到元代才有了关于卧机的正式文献记载。《王祯农书》中对其形态进行了绘制，在薛景石《梓人遗制》中有对于卧机的文字记载。在前文也提到过《农政全书》的《蚕桑》篇中很大一部分是引用了《王祯农书》中的内容，但徐光启并没有在书中提到"卧机"一词，只有"织

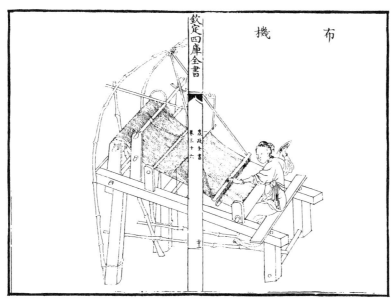

图4 布机

机"的相关内容。但在"布机"这一篇幅中（图4），所绘制的织机特征却十分符合卧机的特点，这是因为在不同时期人们对于卧机的称呼有所不同，如腰机、夏布机、罗机、织布机等。

所以与徐光启同时代的宋应星在《天工开物》中称之为"腰机"（图5）："凡织杭西、罗地等绢，轻素等绸，银条、巾帽等纱，不必用花机，只用小机。织匠以熟皮一方置坐下，其力全在腰尻之上，故名腰机。"

综蹑织机是带有脚踏提综开口装置纺织机的通称。织机采用脚踏板与综连动开口，是织机发展史上一项重大发明，它将织工的双手从提综动作中解脱出来，以专门从事投梭和打纬，大大提高生产率。综蹑织机的出现，使平纹织

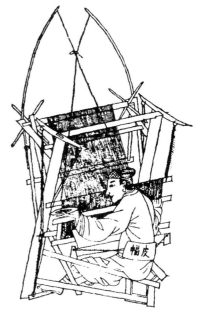

图5 《天工开物》中的腰机

品的生产率比之原始织机提高了一倍。这里所说的"综"是一种提起经线的装置，而"蹑"就是指的踏板。织造过程是先将经线提起来，再将纬线穿过去，这样就可以形成图案了，图案越复杂所需要的"综"就越多。丁桥织机就是典型多综多蹑机（图6），是清代十分流行的机型，因其踏板上有着一个个的竹钉，如同溪流中露出的一个个石墩子，故将其称之为"丁桥织机"。丁桥织机从它诞生至今已有2000多年的历史，是最为古老的综片提花织机，用于织造一种以"彩条起彩，经线显花"为主要特点的古经锦，其特点是由一个蹑控制一片综，一个机肚内可容下十几到上百片综片，因此丁桥织机的蹑和综都做得非常薄，多在5~6毫米，排列得非常紧密，而为了防止织工们在织造的过程中误踩到或是影响到其他的蹑，蹑上钉入了向上凸起的竹钉。目前在四川成都地区仍流传使用着丁桥机，用于织造富有地方民族特色的花边、花绦、花锦等织品。

多综多蹑机多用于织花边，因为多综多蹑机有着致命的问题：它不能织过大的图案，如果图案过大，织锦可能会崩掉。束综提花织机正是为解决多综多蹑织机的不足而发明出来的。为了使织机能反复有规律地织造复杂花纹，人们先后发明了以综片和花本来贮存纹样信息，并形成多综式织机和各类花本式提花机，用束综（或称线综）提花、素综织地纹的花楼纹织机，该织机利用花本记忆花纹

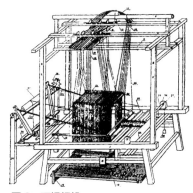

图6　丁桥织机

图7　老官山汉墓出土的勾综式提花机（复原）

图案的变化规律，比一般综片织机高出一个束综提花装置（花楼）。

考古工作者在老官山汉墓出土了勾综式提花机，它可以通过上万根丝线，为织机编制并存储一部类似现代计算机的"二进制编码"。工人在纺织时的"选综"，就相当于对花纹进行编程，最终织出有

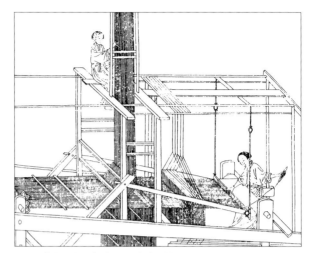

图8 《农政全书》中的小花楼提花机

图案的锦缎。老官山汉墓织机模型的编程方式还不止一个，还有滑框和连杆两种技术手段，织出的花纹出格当有所不同。中国丝绸博物馆的专家用复原出的织机（图7）复制出了"五星出东方"织锦。老官山汉墓织机是迄今发现的世界最早的提花织机。

研究表明，最迟在春秋战国时期，中国先民已经用花本或综片来控制经丝的提升规律，制作提花织物。到了宋代，束综提花机开始一统天下，用线综所制花本来控制提花，有小花本和大花本提花机两类，代表了中国古代丝绸技术的高度。到了明代，束综提花机已经成为了丝织品重要织造工具，无论是纺织品的种类还是花色都大大超越前代。根据所织花幅的大小，束综提花机可分为大花楼织机和小花楼织机，根据所需纹样的幅度以及经线密度而选取不同规格的织机，花幅小、所用纤线较少的织物用小花楼织机（图8），反之则用大花楼织机。（注：上图的版本均为清乾隆版）

图8中的织机为束综提花机中的小花楼织机，按照机架的倾斜度来看是水平式，而与徐光启同时期的《天工开物》中绘制的小花楼织机则是斜身式的（图9），这足以看出即使到了明代提花机仍旧不断发展着。水平式织机更适合织造轻薄的织物；而织造厚重的织

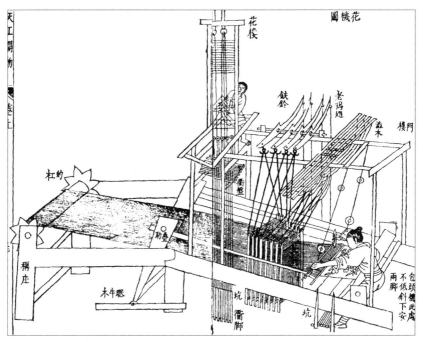

图 9 《天工开物》中的小花楼织机

物如锦时斜身式织机更为适合，斜身式织机可利用筘自身的重力增大打纬的力度，从而让织物结构更稳定。蜀锦和宋锦多用小花楼机织造，蜀锦目前所使用的是"清道光型"小花楼织机。

《农政全书》中并没有对织机进行详细的记载，宋应星的《天工开物》有关于明代小花楼织机的记载："凡花机，通身度长一丈六尺，隆起花楼，中托衢盘，下垂衢脚（水磨竹棍为之，计一千八百根），对花楼下堀坑二尺许，以藏衢脚（地气湿着，架棚二尺代之）。提花小厮坐立花楼架木上，机末以的杠卷丝，中用叠助木两枝直穿二木，约四尺长，其尖插于筘两头。"

通过这段描述我们能够了解到明代的小花楼织机为一丈六尺，大致相当于今天的 5 米，织机上设有衢盘、衢脚、花楼、花楼架木、助木等部件（注：在不同书籍中对于织机部件的叫法会有所不同）。李斌教授曾对小花楼织机部件名称进行了比较研究，总结了一个对照表，如表 1。

表1　《梓人遗制》和《天工开物》中小花楼织机部件名称对应表

	《梓人遗制》	《天工开物》	结构及功能说明
机架机构	机身		织机前部两根横向的主直木
	后靠背楼子	门楼	机头上方木架
	机楼	花楼	提花装置所在
	机楼扇子立颊		提花楼柱
	樘栱		楼柱横档
	龙脊杆子		盖冲天柱
	遏脑		盖楼柱顶
开口机构	椿子	滚头	上开口地综即起综
	醮椿子	滚头	下开口地综即伏综
	特儿木	老鸦翅	提起综之杠杆，又称鸦儿木
	立人子		鸦儿木架
	鸟坐木		固定鸦儿木之轴
		铁铃	鸦儿木与起综连接用
	后顺枨		安立人子之木
	弓棚	涩木	伏综回复装置
	弓棚架		固定弓棚用
	前顺枨		安置弓棚架之木
	冲天云柱		装花本支柱
	文轴子		提花本滚柱，又名叫机
	井口木	花楼架木	拉花者坐
	牵拔		吊挂花本线之横杆
		衢盘	使综线均匀分布之竹架
		衢脚	综线底之小竹棍，可使综线回落
	梭子		投纬用
打纬机构		称庄	经轴支架
	耳版		经轴定位齿轮，又称羊角
	筬		箱，打纬用
	框		箱框
	鹅材		连接上下箱框用
	鹅口		箱框上连撞杆处
	立杆		连立人与箱之柄
	立人子	叠助	撞杆支架，以增加箱打纬之力
	卧牛子	眠牛木	叠助基座
卷送机构	滕子轴	的杠	经轴
	兔耳		卷轴轴座
	卷轴		卷布轴

资料来源：①薛景石．梓人遗制图说［M］．郑巨欣，注释．济南：山东画报出版社，2006：59—72．②宋应星．天工开物［M］．沈阳：万卷出版社，2008：47—48．③赵丰．中国传统织机及织造技术研究［D］．北京：中国纺织大学，1997：106—107．

当然，组成小花楼织机的部件远不止这些，有数以千计的零部件，其构造十分复杂，大致可分为机架、开口系统、打纬、送经、卷取和投梭六个部分。其中开口系统是小花楼织机中最为重要的部分，开口系统可分为花综系统和地综系统，由提花工和投梭工分别控制共同操作。花综系统是整个织机中最为复杂的机构，由花楼、衢盘、衢脚、花楼架木组成，花楼位于整个织机的中上部，提花工坐在花楼架木上通过拉拽花本上的耳子线带动脚子线提起，将花本上的信息按照顺序传到纤线上，从而控制每一根经线的升降，经线间会形成开口，投梭工一边脚踩脚竹控制地综系统中的综片上提使得经线形成开口，一边按照一定顺序投梭让纬线穿过经线形成的开口，再通过筘打纬使纬线进入上下两组经线交会的地方，让形成的织物结构更为稳定。花综系统与地综系统中提起的经线作用并不相同，花综系统中提起经线是为了让经线形成花本中的图案样式，而地综系统中提起经线是为了让经线整体分为两层，从而在织造的过程中使得织品表面平整。

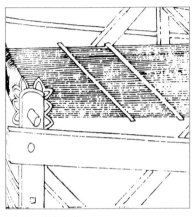

图 10　送经机构

送经机构称为经轴（图 10），用于固定经线，"机末以的杠卷丝"就是指送经机构，位于织机末端，与之位置相对的就是卷取机构（图 11），称为卷轴，是用于将织物引离工作区并卷到布辊上的机构。

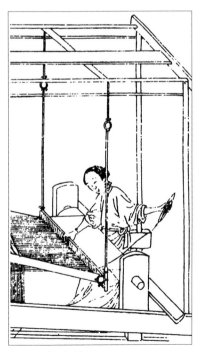

图 11　卷取机构

有一些部件与织机没有机械上的关系，但它仍然是织机重要的组成部分，引纬的梭就是其中之一（图12），梭子是最为常见的引纬工具，中间大两头尖，中间为中空的用于装纡子，中间一侧有一个小圆孔用于引出纬线，不同地区的梭子的形状会有些许的差异，但原理一致。纬线通过梭子穿过经线，经纬线不断地交织形成图案，可以简单地理解为提花工是将图案画在经线上，而投梭工则是将图案填充颜色。

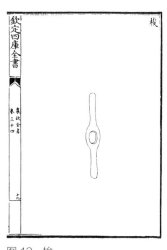

图12 梭

大花楼织机出现于唐代晚期（图13）。小花楼织机虽然能够织出种类繁多的织品，但是它自身的规格限制使它无法织造出大花本图案，当需要特别大的图案循环时，小花楼织机已经无法满足要求，所以如龙袍这样的大花纹织物大多需要大花楼织机织造，其上代表纬线

图13 《耕织图》中的大花楼织机

的横线可多达千万余根。云锦妆花织物通常都由大花楼织机完成织造，值得注意的是，妆花目前仍然无法通过现代化机器进行织造。

中国是丝绸的故乡，是丝织技术的发源地，丝织技术成就了中国古代织造技术的最高峰。纺织工具随着时代发展不断变化，反映着不同时期的经济科技发展水平。在科技水平不断提高的今天，纺织设备逐步走向现代化，这大大地提高了织品生产效率。传统纺织品需要花费几个月甚至几年的时间完成，而现代工艺可以将工期大大缩短，这对于使用传统技艺的手工艺人而言是一个极大的冲击。同时织机能够保存下来的数量很少，且自身结构十分复杂，修复非常困难，这也在一定程度上增加了传统织品制作的难度，再加上学习技艺所需要的时间非常长，收入与时间成本无法成正比。这使得传统的手工艺人越来越少，即使一些丝织品只能通过传统织机进行织造，也并不能很好地让织造技艺得以传承，因此我们在保护传统工艺的同时更应当重视传承与发展。时代在不断地发展着，人们日新月异的审美意趣早已不是传统的织品能够满足的了，在不断挖掘传统图案结合现代美学构建新图案的同时也应当对产品的表现形式进行创新，不断开发新的产品，因此如何在继承传统文化的同时进行创新，这是手艺传承者所要思考的问题，也是未来织品的发展方向。

参考文献：

[1] 夏克尔·赛塔尔，李强. 中国古代综蹑织机起源的再研究 [J]. 丝绸，2019，56（01）:103—109.

[2] 王植槐，邵侃. 从《农政全书·甘薯疏》看块茎作物的种植与加工——兼论传统农学知识的当代价值 [J]. 安徽农业大学学报（社会科学版），2018，27（01）:116—120.

[3] 李强. 当代古代织机复原的"鲁班"——朱剑鸣先生的介绍 [J]. 服饰导刊，2018，7（01）:35—37.

[4] 王士良. 天时、地利、物性、人力的四位一体——论徐光启《农政全书》中的农业生态观及其思想史意义 [J]. 自然辩证法研究，2017，33（07）:92—96.

[5] 夏菁.《农政全书》的编辑特色研究 [D]. 武汉：华中农业大学，2017.

[6] 孙化一，孔玉宏，俞晓夫.徐光启《农政全书》[J].美术，2017（01）:17.

[7] 吴平.《农政全书》编辑思想浅析[J].华中农业大学学报（社会科学版），2017（01）:1—7+140.

[8] 许译心，沈亚强.《农政全书》中涉农教育的特点及影响评析[J].职业教育研究，2016（08）:94—96.

[9] 马晓婷.《农政全书》农业生产行为词语研究[D].西安:陕西师范大学，2016.

[10] 肖希.《农政全书》谚语释疑[J].文教资料，2015（36）:53—55.

[11] 赵海亮，张瑞贤.试论《农政全书》在本草考证领域的贡献[J].中国中药杂志，2015，40（23）:4709—4710.

[12] 王博凯.《农政全书》水利思想的经世特色[J].宁德师范学院学报（哲学社会科学版），2015（03）:63—66.

[13] 韩忠治.《农政全书》词汇研究[D].石家庄:河北师范大学，2015.

[14] 刘安定.中国古代织物中的文字及其图案研究[D].上海:东华大学，2015.

[15] 韩忠治.《农政全书》与《齐民要术》农谚异文考辨[J].河北师范大学学报（哲学社会科学版），2015，38（01）:129—131.

[16] 柳苗苗.《农政全书》农业俗语词研究[D].南京:南京师范大学，2014.

[17] 李斌，刘安定.中国古代小花楼织机形制的研究[J].武汉纺织大学学报，2013，26（05）:5—9.

[18] 丁怀进.古代经锦织物与多综多蹑织机装造的关系[J].丝绸，2012，49（07）:65—68.

[19] 丁怀进.中国古代提花织机及其技术浅析[J].现代丝绸科学与技术，2012，27（03）:125—127.

[20] 龙博.低花本织机及其经锦织造技术研究[D].杭州:浙江理工大学，2012.

[21] 罗群.古代多综多蹑提花织机结构及装造形式探讨[J].丝绸，2011，48（05）:45—47.

[22] 姜吉林.徐光启与《农政全书》的编辑[J].兰台世界，2010（15）:26.

[23] 熊红英.《农政全书》中的农业教育思想浅析[J].农业考古，2010（03）:29—31.

[24] 李志坚.《农政全书》的生态环境思想[J].乐山师范学院学报，2010，25（02）:92—95.

[25] 苏嘉.徐光启和《农政全书》[J].出版史料，2009（04）:1.

[26] 陈志刚.从"重农减征"到竭农重征——对明代农业政策运行的系统性反思[J].社会科学辑刊，2009（06）:169—175.

[27] 李志坚.《农政全书》的人本意识[J].南都学坛，2009，29（06）:44—45.

[28] 罗群.古代多综多蹑织机省蹑机构原理分析[J].丝绸，2008（04）:43—45.

[29] 李颖.中国古代织机改造与丝绸提花织物纹样的发展演变[D].苏州:苏州大学，2006.

[30] 桂俊荣.《农政全书》艺术思想研究[D].武汉:武汉理工大学，2006.

[31] 徐博文.南京云锦织机设计研究[D].南京:南京艺术学院，2005.

[32] 周平.我国古代农业科学巨著《农政全书》[J].科技潮，2003（07）:53.

[33] 韩兴勇.《农政全书》在近世日本的影响和传播——中日农书的比较研究[J].农业考古，2003（01）:221—229.

[34] 肖克之.《农政全书》版本说[J].古今农业，2001（01）:83—84.

[35] 陈宏喜 . 浅议《农政全书》成书之社会环境 [J]. 西安电子科技大学学报（社会科学版），1999（02）:57—59.

[36] 赵丰 . 卧机的类型与传播 [J]. 浙江丝绸工学院学报，1996（05）:18—25.

[37] 李泽周 .《农政全书》评介 [J]. 图书情报论坛，1996（03）:79—81.

[38] 沈莲玉，高汉玉，周启澄 . 中国古代织花技艺与织机发展的研究 [J]. 中国纺织大学学报，1995（02）:32—39.

[39] 游修龄 . 张国维和《农政全书》[J]. 古今农业，1995（02）:67—69.

[40] 柯远斌，谷超 .《农政全书》与徐光启的科学方法 [J]. 广西大学学报（哲学社会科学版），1995（02）:20—21.

[41] 松使 . 传播西方近代科学技术的先驱——徐光启与《农政全书》[J]. 学会,1991（06）:47.

[42] 朱剑鸣 . 浅述再现古代织机操作的重要性 [J]. 江苏丝绸，1991（S1）:74—77.

[43] 李洵 . 从王祯《农书》到徐光启《农政全书》所表现的明代农业的生产力水平 [J]. 明史研究论丛，1991（01）:225—242.

[44] 李寿仁 . 徐光启和《农政全书》[J]. 河北农业科技，1984（01）:23—24.

[45] 胡道静 . 十七世纪的一颗农业百科明珠——《农政全书》[J]. 辞书研究，1980（04）:221—229.

[46] 黄修忠 . 蜀锦织造技艺——从手工小花楼到数码织造技术 [M]. 北京:化学工业出版社，2014.

《御制耕织图》[清]

| 说人

说到耕织图就不得不提到一个人——楼璹。中国历史上最早的完备的耕织图就是由楼璹绘制的，他"慨念农夫蚕妇之作苦"遂绘制了《耕织图》。楼璹，何许人也？

楼璹（1090—1162），字寿玉，又字国器，鄞县（今浙江宁波）人。生于北宋元祐五年（1090）的楼璹家学深厚，查阅其家谱就会发现，楼璹可谓是出身名门，其父楼异官终朝议大夫，曾祖父楼郁是北宋著名教育家，与杨适、杜醇、王致、王说合称四明"庆历五先生"。楼璹以父任得官，初为婺州幕僚，绍兴二年至四年（1132—1134）任於潜（今浙江临安）县令，绍兴中累官至朝议大夫，其间政绩颇丰，广受好评。他为官清廉，体恤百姓，常常深入田间，出入农家与农夫蚕妇一同探讨耕作、蚕桑的技术经验，深感农夫、蚕妇之辛苦。经过长期的研究观察，在绍兴三年（1133）将研究所得绘制成《耕织图》。其侄子楼钥（南宋大臣、文学家）所撰写的《跋扬州伯父〈耕织图〉》对此有着较为详细的记载：

> 伯父时为临安於潜令，笃意民事，慨念农夫蚕妇之作苦，究访始末，为耕、织二图。耕，自浸种以至入仓，凡二十一事；织，自浴蚕以至剪帛，凡二十四事。事为之图，系以五言诗一章，章八句，农桑之务，曲尽情状。虽四方习俗间有不同，其大略不外于此，见者固已韪之。未几，朝廷遣使循行郡邑，以课最闻，寻又有近臣之荐，赐对之

日，遂以进呈。即蒙玉音嘉奖，宣示后宫，书姓名屏间。

楼璹绘制《耕织图》四十五幅，包括耕图二十一幅，织图二十四幅。《耕织图》问世后受政府的青睐和农民的欢迎，一时兴起了我国历史上第一次《耕织图》热潮。在随后 800 多年的历史进程中不断出现各种版本的《耕织图》，《御制耕织图》就是其中的典型代表。《御制耕织图》是康熙命焦秉贞根据楼璹《耕织图》所绘制的。与以往的耕织图不同的是，《御制耕织图》的图中出现了西洋画法，这与焦秉贞所处时代环境有着莫大的关系。明末清初，大量的传教士到中国进行传教，清朝画院有众多西洋教士，作为宫廷画师的焦秉贞每日耳濡目染，同时他也是天主教传教士汤若望的门徒，所以在画法上吸收了西洋的画法。在这里我们简单介绍一下焦秉贞这位宫廷画家。

焦秉贞，生卒年不详，字尔正，山东济宁人，可见对于他的记载并不详尽。康熙年间任钦天监，同时也是一位宫廷画家，擅长画肖像，以画"御容"称旨，是开创人物肖像"西学派"的著名画家。据《国朝院画录》记载："秉贞职守灵台，深明测算，会悟有得，取西法而变通之。圣祖（康熙）之奖其丹青，正以奖其理数也。"正是因为他担任钦天监一职，负责观察天象，推算节气，制定历法，对于科学的理解比一般的画师更多一些，也更容易理解和学习西方的绘画，加之康熙对于西洋画的喜爱，这些都成为了焦秉贞学习西洋画法的重要因素。受西洋画的影响，他的画重视明暗、空间关系，作品从整体上看多用色浓重艳丽，布局紧凑，细致工整，所画山水、人物、楼观之位置，自近而远，自大而小，不爽毫发。

仔细品味焦秉贞的画，会发现他并不是一味地模仿西洋画法，而是将西洋画法融入传统的中国画中，保留了中国画中的"写意"。画面上留白手法的运用，意境深远，给人以无限遐想，仍然透露着焦秉贞作为中国文人画家所拥有的情怀。

说书

我国先民绘制表现农业生产技术和过程的图画比较丰富，在先秦、战国的青铜器上，两汉的画像石、画像砖上，唐代石窟壁画上，均有大量的农耕图、纺织图。但这些图像多是单幅，比较分散，没有形成一个完整的系统。北宋楼璹所绘制的《耕织图》是历史上最早的完整而系统的耕织图，系统、具体地记录了我国宋代耕织生产的全过程。每幅配五言诗一首，"图绘以尽其状，诗歌以尽其情"。它直观形象、通俗易懂、便于传诵、雅俗共赏，具有广泛的指导意义。楼璹《耕织图》中绘制的大量农具图、织具图不仅在我国属首创，并对世界农耕、蚕桑、纺织生产技术的发展与改进有划时代的意义。南宋高宗对楼璹进呈的《耕织图》立即予以嘉奖，并"宣示后宫，书姓名屏间"，遂命翰林图画院作《织图》摹本，吴皇后在摹本上又亲笔标题和用小字注释。当时各种形式的《耕织图》成为十分引人注目、家喻户晓的农业生产技术知识普及宣传画，对农业生产技术的改进与发展无疑有促进作用。可以说楼璹开《耕织图》之先河，宋、元、明、清各朝及日本、朝鲜等国有众多摹本流传（已知国内版本三十余种、国外版本近二十种），并通过陶器、壁画、雕刻、年画等载体广泛传播。《耕织图》不仅对我国和东南亚地区的耕织发展具有重要的影响，而且还远及欧洲，被誉为"世界第一部农业科普画册"。

楼璹所绘制《耕织图》原作没有保存下来，我们不能一睹其真容，但还可以看到其流传下来的四十五首五言诗以及后代的摹本。黑龙江省博物馆收藏楼璹《耕织图》中《织图》的摹本——宋人《蚕织图》，全卷由二十四个画面组成，每图配以五言八句诗，将蚕桑之事图文并茂、曲尽情状地展示了出来，已成为我国现存最早完整记录栽桑、养蚕、缫丝的画卷。其内容是描绘南宋初年浙东一带蚕织户自"腊月浴蚕"开始，到"织帛下机"为止的养蚕、缫丝、织帛生产的全过程。每个画面下部有南宋吴皇后的亲笔楷书题注，卷尾有鲜于枢、刘崧、乾隆帝等九人的题跋。整个画面结构分明，合乎透视。养蚕器具如箱、笼、簇、斧、瓮和纺织用具，皆精雕细刻。所展现的劳动场面，既紧凑又完整，既变化又统一。此后，从元代程棨的摹本《耕织图》到明代的《便民图纂》中的摹本《耕织图》，多是以楼璹的《耕织图》为摹本，在内容和形式上并无太大的变动。清康熙二十八年（1689）康熙帝南巡的时候见到了《耕织图》中的诗，感慨织女之寒、农夫之苦，于是让宫廷画家焦秉贞在楼璹的基础上重新绘制，有耕图和织图各二十三幅，为一代绝作。

焦秉贞对楼璹《耕织图》的内容进行了增减，也进行了一部分创新。楼璹的《耕织图》包括耕图二十一幅，织图二十四幅，共四十五幅。而焦秉贞在《耕图》中添加了《初秧》《祭神》二幅，在《织图》中则删去了《下蚕》《喂蚕》《一眠》三幅图，省略了对收蚁前后的具体工序的描绘，添加了后期《染色》《成衣》二幅，延长丝绸衣服生产线，丰富了丝绸生产的内涵。耕图为二十三幅、织图为二十三幅，共计四十六幅图。此外，还对画目顺序进行了调整：

《耕图》:《浸种》《耕》《耙耨》《耖》《碌碡》《布秧》(播种),《初秧》《淤荫》《拔秧》《插秧》《一耘》《二耘》《三耘》《灌溉》《收割》《登场》《持穗》《春碓》《筛》《簸扬》《砻》《入仓》《祭神》。其中,《春碓》和《筛》提到《簸扬》和《砻》的前面,调整了收割后进行脱粒、脱壳的生产劳动顺序。

《织图》:《浴蚕》《二眠》《三眠》《大起》《捉绩》《分箔》《采桑》《上簇》《炙箔》《下簇》《择茧》《窖茧》《练丝》《蚕蛾》《祀谢》《纬》《织》《络丝》《经》《染色》《攀花》《剪帛》《成衣》。《大起》《捉绩》被提到《分箔》《采桑》之前，体现了创作者重点突出养大蚕时的分箔和采桑的意图；《缫丝》调整为《练丝》；《纬》《织》提到《络丝》《经》之前。在攀花、剪帛的前和后分别加入染色和成衣的工序。

每幅除保留了楼璹的五言诗外，还有康熙帝亲笔七言诗一首。

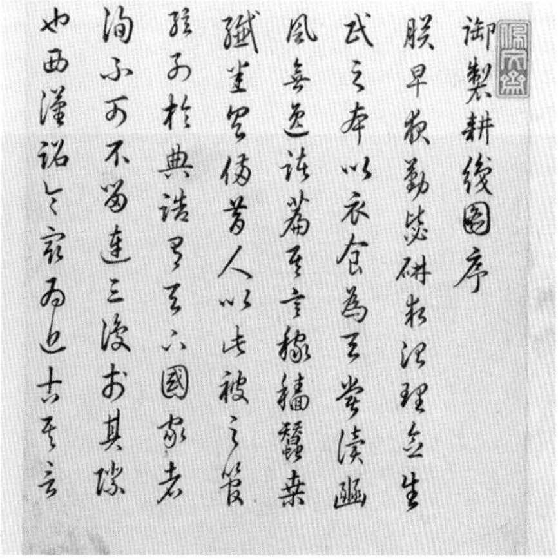

图前还有康熙帝亲自写的序文（图1）。康熙皇帝指出："生民之本，以衣食为天……农事伤则饥之本也，女红害则寒之原也。"绘制《耕织图》的目的，是要使人们知道"衣帛当思织女之寒，食粟当念农夫之苦"，并"用以示子孙臣庶，俾知粒食维艰，授衣匪易……欲令寰宇之内皆敦崇本业，勤以谋之，俭以积之，衣食丰饶"。《御制耕织图》（图2）保留了楼璹《耕织图》反映的

图1　康熙写的序文节选

江南地区农业生产的风貌，对房屋、景物等进行了更为细致的描绘，使画面更加富有生活气息。《御制耕织图》不再单纯起到表现农业技术的作用，而是更加具有了风俗画的特征，有了更高的艺术欣赏价值。如今再去仔细品味，你会发现它反映了那个朝代农村的风貌，展现了那个时代独特的绘画风格。西洋画法的融入赋予了《耕织图》崭新的面貌，使《御制耕织图》的艺术性远远高于清代之前其他版本的《耕织图》，这不得不归功于宫廷画师焦秉贞。

　　在内容的编排上，焦秉贞并没有完全遵循农桑的实际生产流程来绘制内容，而是进行了一定程度的艺术加工。《耕图》以《浸种》为起始，以《祭神》为结束。祭神，是农民丰收之后为表达感激之情而举行的一种信仰活动。同时将《入仓》放在《祭神》的前面，通过这一个构架可以看出焦秉贞想让人们在阅读的过程中体会到劳作之后丰收的喜悦之感，同时也不忘

图2　《御制耕织图》中的一幅

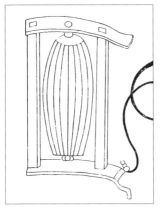

图 3 《王祯农书》中的碌碡图　　图 4 现代传统农具碌碡

感激的心情，心理上是层层递进的。这种表现手法在《织图》中也有体现，以《成衣》作为结尾，从养蚕、采桑到缫丝、染色最后制成衣服，整个过程让人能够深深地体会到劳动过后的收获之感。焦秉贞对于《耕织图》内容的增减、重组，让整本书在内容上更加具有故事性，更加宣扬了农业生产给人们带来的男耕女织的美好生活，不再是楼璹绘制《耕织图》时同情劳苦大众的辛苦生活的基调，同时也有效地达到了统治者鼓励百姓农桑的目的。当然，能够如此有效地进行传播推广，这与焦秉贞对于农业图像所进行的艺术化处理是分不开的，焦秉贞在视觉上的独特处理使得《御制耕织图》有别于其他的《耕织图》，能够让人印象更加深刻。

焦秉贞作为宫廷画师，并未有太多的从事农业活动的经历，缺乏农业方面的相关知识，所以在农具的描绘中出现了错误。其中对于书中"碌碡"农具形态的探讨一直是众多学者争论的焦点，碌碡又称碌轴（图 3—4），是一种用以碾压的畜力农具。《王祯农书》中有着对于"碌碡"的详细记载：

> 陆龟蒙《耒耜经》曰：耙而后有礰礋焉，有礰礋焉。自耙至礰礋皆有齿，礰礋觚棱而已，咸以木为之，坚而重者良……北方多以石，南人用木，盖水陆异用，亦各从其宜也。

图 5　《御制耕织图》中的《碌碡》

图 6　《御制耕织图》"碌碡"的放大图

由此可知"碌碡"整体是圆筒形石具,中间有一根铁轴连接外框,拉动外框就可以碾压农作物。南北地区在外框的用材选择上存在一定的差异,但无论是哪一种,都不应该是耙的形状。《御制耕织图》中的"碌碡"却有着"耙"的外表。想必这应该是焦秉贞绘制时没有分清农具而出现的错误(图5—6)。

焦秉贞《御制耕织图》的《织图》中把楼璹《耕织图》的《缫丝》更名为《练丝》(图7)是否合理,也值得商榷。缫丝主要包括煮茧和抽丝。练丝是指去除生丝上的丝胶和杂质,使其更加白净,以利于染色和充分体现丝纤维特有的光泽、柔软滑溜的手感和优美的悬垂感。画面和所配的诗句

图 7　《御制耕织图》中的《练丝》

都是在描绘缫丝的过程。大概是画家不熟悉蚕织生产流程，把"缫丝"和"练丝"的名称弄混淆了。

清初因为长期的战乱，社会动荡，土地荒芜，许多地区的生产力经过战争的洗劫很难恢复，一直到康熙十年（1671）还有"有可耕之田，而无耕田之民"的情况。康熙帝不仅对耕织生产的艰辛有所了解，而且深知农事好坏与经济兴衰，乃至政权巩固有极为密切的关系。所以他继位后，采取了一系列的措施来促进农业经济的发展，鼓励百姓进行农耕劳作。然而从事农业生产的劳动人民基本不识字，如果只采用文字的形式，自然也就不能有良好的传播效果。图像比起文字更加具有传播力，更能被人们所接受。《耕织图》能够形象地宣传、普及农业生产和农业技术知识，有利于促进耕织生产的发展，所以得到了康熙帝的推崇。自康熙帝倡导，雍正、乾隆、嘉庆、光绪几朝均有不同类型的宫廷《耕织图》，从而形成了盛行《耕织图》的第二次热潮。特别是雍正皇帝，当他还是亲王的时候就让画师绘制《耕织图》（图8），并将他自己的形象绘制进了图中，图中那些妇女则是采用的雍亲王福晋和侧福晋的形象，一家人中男人在田间劳作，而妇女则在家养蚕织布，画面其乐融融，这倒是表现出了雍正皇帝对于田间生活的向往，也算是雍正给自己的一个愿景。

图8　雍正版《耕织图》

说图

《御制耕织图》与以往耕织图最大的区别就是融入了西方的焦点透视法，而传统中国画中往往都是以散点透视为主，更多的是意境的展现，这使得画面没有西洋画中的景物来得立体，空间关系来得明确。在《御制耕织图》中焦点透视法最为明显的运用就是在景物表达的处理上，《耕图》中大多数为室外景象，很好地显示出了焦秉贞对于焦点的运用。纵向斜切式的构图，近大远小、近实远虚的关系，使得整个画面有很强的纵深感，空间也变得立体。

以《耕图》中的《插秧》为例（图9），不断曲折延伸的田埂最终汇聚在一点上，使得人一下就能分清远近，农田的面积大小也随着视野的推移而发生变化。同样在植物和人物的描绘上也充满着空间关系，对于近处的人物，焦秉贞进行了非常细致的刻画，而对于稍远的人则是简单的勾勒，树木也一样。同时从图上可以看出，这幅图是有光影变化的，树干上也因其受光程度的不同形成了不同的阴影，这让树更加具有体积感。

《织图》中大多采用的是截景式构图，房屋庭院都没有完整地出现在画面中，多是截取了部分建筑。空间关系体现在庭院房舍上，是以一个俯视的角度去描画。以《捉绩》为例（图10），视

图9 插秧

图10 捉绩

图11　祀谢

图12　浴蚕

图13　二眠

图14　三眠

线位于整个画面的上方，屋内屋外的情况一目了然，屋内的摆设以及屋外的景物都有着透视关系，但画面并没有过分强调西洋画法，依旧保留着中国画的韵味与意境。

对于劳动场景的描绘也是《御制耕织图》的一大特色，以《织图》中《祀谢》为例（图11），所谓"祀谢"是民间祭祀蚕神的活动，

以往的画作中会描绘蚕神的
形象，而《御制耕织图》中
则采用了含而不露的表现形
式，蚕神被巧妙地遮掩住了，
这样人们的视线都会放在参
拜者身上。画师着力表现人
物的形态，这与焦秉贞擅长
画人物肖像不无关系。参与
祭拜的人中不乏有男人、妇
孺，与之前祀谢画不同的是
画面中有了幼儿，人物的神
情也不似以往呆板，妇女脸
上有了柔和的表情，男人在
聚精会神参拜蚕神，而两
位妇女的目光却被孩子所吸
引，这一细节大大增加了

图 15　《御制耕织图》中妇女的形象

画面的趣味性，富有生活情趣。《御制耕织图》中大多添加了孩童，
例如在《织图》中，《浴蚕》《二眠》《三眠》（图 12—14）这三幅画
向读者传递了蚕妇们在繁忙的育蚕间隙"抱胫聊假寐""拍手弄婴
儿""偷闲一枕肱"的生活状态。幼儿总是象征着新生，给人以希望，
但画中大部分都是男孩，女孩的形象十分少见，这是因为中国绘画
多借用男孩来表达多福的愿望。

　　由于受宫廷影响，焦秉贞所画的妇女形象大多会有贵族妇女的
姿容，没有农妇的状态，虽身着百姓服饰，但总觉得不像是农妇的
形象（图 15）。这可以说是宫廷画师所具有的局限性，毕竟焦秉贞
并不可能出宫仔细观察当时农村妇女们的衣着容貌，只能依据楼璹
《耕织图》上的人物进行绘制，所以《御制耕织图》中的人物的穿
着还是宋代百姓的穿着。

图16 《御制耕织图》中的耕图

图17 《御制耕织图》中的妇女

图18 《御制耕织图》中妇女大多都梳高髻

图19 《御制耕织图》中男子形象

在《御制耕织图》的耕图中（图16），可以看到忙于耕作的农夫头上多会戴有一顶斗笠。斗笠用于遮阳、挡风、避雨，在江南一带较多，多为农夫劳动时所戴，而平民妇女劳作时更多是使用巾帕裹住头部（图17），用于约束头发。

不过宋代女子无论什么样的阶级地位都喜爱梳高髻（图18），她们为了使自己的发髻变得高一点，会在头发中添加假发。据说宋朝妇女的发髻还有高达两尺的危髻，这些都是追赶时髦的结果。

宋代男子的上衣主要为衫、背心、半臂等。"短褐"是一种专属于平民的衣着，属于襦衣的一种，又称"竖褐""裋打"，多为劳动者在劳动时所穿，它是一种由粗布制成的短上衣，宋代时期主要是用粗麻布制成的。它是平常百姓最常见的衣服款式，同时也是中国古代贫苦劳动者衣着的代表。（图19）

衫，按长短分长衫和短衫，衫为宋代男子穿用，外穿宽大的衫叫"凉衫"。色白的衫叫"白衫"，深紫料的衫叫"紫衫"。士大夫用衫有记载"紫衫非公服，特小衫也"，因此紫衫又为"窄衫"。宋代的男装大体上还是沿袭着唐代的样式，一般百姓多穿交领或圆领的长袍，袖口都很大。（图20）

图 20 《御制耕织图》中百姓形象

图 21 《御制耕织图》中农夫形象

背心，这是一个原本属于内搭、不外穿的衣服，但是到了五代宋时期，就既可以外穿也可以内搭了。农夫和百工们常常为了凉快，在劳作时直接穿背心，图21中所绘制的农夫形象就是穿的背心。

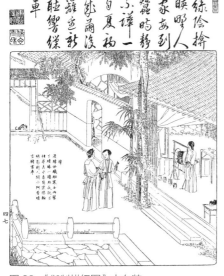

图 22 《御制耕织图》中女装　　　　图 23 　雍正版《耕织图》

　　宋代的女装是上身穿窄袖短衣，下身穿长裙，通常在上衣外面再穿一件对襟的长衫。褙子，是宋代妇女最为常见的服饰。宋代女子所穿的褙子，早期长度都很短小，后来逐渐加长，最后发展为袖大于衫、长与裙齐的款式。（图 22）

　　宋代的服制中有明确规定紫色为贵色，是高品官员所着公服的颜色，禁止平民穿着紫色的服饰。雍正这版《耕织图》的多幅画中都出现了身穿紫色衣服的农夫（图 23），图上八个男人其中三个就穿着紫色的衣服，说明这里有高品官员参加劳动，抑或是时过境迁，清代的服色制度已经被补服所取代。

　　写到这里，笔者在想，如何选择适合自己而又能彰显个性的服饰，无论是在古代还是在今天，都是一门学问。既要顺应时代潮流，也不能迷失自我，更不能因为要追求时尚而做出伤害自己身体的事。我们应当以健康积极向上的心态去追求美，因为这能够从侧面反映一个人的文化涵养以及审美意趣。

参考文献：

[1] 张所宇.《耕织图》：展现农耕文明的美丽画卷 [N].长春日报，2019—08—28（007）.

[2] 关链苗，周亮.乾隆《棉花图》对康熙《耕织图》的承袭与发展 [J].山东工艺美术学院学报，2019（03）:105—109.

[3] 于春宇.蜀地蚕神研究综述 [J].重庆文理学院学报（社会科学版），2019，38（02）:70—84.

[4] 丁建川.释《王祯农书》词语四则 [J].山东农业大学学报（社会科学版），2018,20（04）:10—12+19.

[5] 冯鸣阳.南宋《耕织图》的流变、传播及政治使用脉络 [J].艺术设计研究，2018（04）:20—27.

[6] 刘莉.从平民服饰看明代后期服饰制造业 [J].边疆经济与文化，2018（05）:49—51.

[7] 陈剑.传统农耕器具散论——以湖南地区为例 [J].民艺，2018（01）:49—54.

[8] 张维慎.说蚕神"嫘祖" [J].陕西历史博物馆馆刊，2017（00）:193—197.

[9] 郭超.关于嫘祖及其"蚕神"问题的考辨.河南师范大学学报（哲学社会科学版），2017，44（06）:95—100.

[10] 赵丽红.清代宫廷文房用具述要之清代宫廷御用墨 [J].书画世界，2017（04）:4—9+3+105—107.

[11] 王妍.蚕神考 [J].淮南师范学院学报，2017，19（01）:88—90.

[12] 解丹.版画中的男耕女织——以康熙三十五年《御制耕织图》为中心 [J].美术学报，2016（06）:35—45.

[13] 安语昕.宋代平民服饰研究 [D].西安：西北大学，2015.

[14] 李玉洁.古代蚕神及祭祀考 [J].农业考古，2015（03）:310—315.

[15] 王璐，于翠玲.清代御制耕织图的编纂特征及文献价值 [J].兰台世界，2015（18）:172—174.

[16] 解丹.清殿版《御制耕织图》研究 [D].西安：西安美术学院，2015.

[17] 孟凡梅.《王祯农书》农业俗语词研究 [D].南京：南京师范大学，2015.

[18] 纳春英.隋唐服饰研究——以平民日常服饰为中心的考察 [D].西安：陕西师范大学，2014.

[19] 颜峰.《王祯农书》词语札记 [J].语言研究，2014，34（03）:104—106.

[20] 吴天钧，张双婷.王祯《农书》的农学思想探赜 [J].鄂州大学学报，2014，21（04）:32—33.

[21] 吴霏.王祯《农书》蕴含的天人和谐思想考.兰台世界，2014（08）:78—79.

[22] 黄瑾.康熙年间《御制耕织图》研究 [D].杭州：浙江理工大学，2014.

[23] 吴天钧.王祯《农书》的农学思想及其当代价值 [J].安徽农业科学，2013，41（36）:14152—14155.

[24] 展忠宇.明代初期平民服饰制度探微 [J].沧桑，2013（05）:9—11.

[25] 黄瑾.康熙《御制耕织图》创作意义探析 [J].现代装饰（理论），2013（08）:144.

[26] 姚进.元代服饰设计史料研究 [D].株洲：湖南工业大学，2013.

[27] 吴爱琴．先秦服饰制度形成研究 [D]．郑州：河南大学，2013．

[28] 王璐．清代御制耕织图的版本和刊刻探究 [J]．西北农林科技大学学报（社会科学版），2013，13（02）：142—148．

[29] 庞瑾．古籍中的书画及其阅读价值研究——以焦秉贞《御制耕织图》为例 [J]．南京艺术学院学报（美术与设计版），2013（01）：114—119．

[30] 宗宇．先蚕礼制历史与文化初探 [J]．艺术百家，2012，28（S2）：95—98．

[31] 蒋成忠．秦观《蚕书》释义（二）[J]．中国蚕业，2012，33（02）：79—82．

[32] 刘瑞明．古代蜀地蚕桑经济及蚕神话考辨 [J]．成都大学学报（社会科学版），2012（02）：43—47．

[33] 纳春英．唐代平民女子服饰与生存状态初探 [J]．陕西师范大学学报（哲学社会科学版），2012，41（01）：72—77．

[34] 曾令香．王祯《农书》农具名物词一器多名现象 [J]．求索，2011（11）：191—193．

[35] 纳春英．唐代平民男子的服饰与生存状态初探——以唐墓壁画为例的考察 [J]．广西民族大学学报（哲学社会科学版），2011，33（05）：142—147．

[36] 陈红彦．王祯《农书》与木活字印刷术 [N]．人民日报海外版，2011-06-10（011）．

[37] 陈艳静．《王祯农书·农器图谱》古农具词研究 [D]．西宁：青海师范大学，2011．

[38] 叶娇．唐五代西北平民服饰浅谈 [J]．求索，2010（08）：230—232+239．

[39] 张蓓蓓．宋代汉族服饰研究 [D]．苏州：苏州大学，2010．

[40] 沈克．元代王祯《农书》异版插图考辨 [J]．新美术，2008（05）：95—97．

[41] 潘云．王祯《农书》农业生态思想研究 [D]．南京：南京农业大学，2007．

[42] 罗文广，卢平．关于《御制耕织图》的复制和研究 [J]．船山学刊，2007（01）：171—172．

[43] 曾雄生．《农器图谱》和《农器谱》关系试探 [J]．农业考古，2003（01）：152—156．

[44] 游修龄．蚕神：嫘祖或马头娘？[J]．古代文明（辑刊），2002，1（00）：298—309．

[45] 孙先知．蚕神马头娘 [J]．四川蚕业，2001（03）：51—53．

[46] 周德华．蚕神崇拜与祀蚕神祠 [J]．江苏地方志，2000（03）：52—53．

[47] 肖克之，曹建强．《王祯农书》明清版本之比较 [J]．农业考古，1999（03）：289—290．

[48] 弘．《御制耕织图》[J]．美术大观，1994（07）：48．

[49] 肖克之，李兆昆．王祯《农书》版本小考 [J]．古今农业，1992（01）：56—57+63．

[50] 李洵．从王祯《农书》到徐光启《农政全书》所表现的明代农业的生产力水平 [J]．明史研究论丛，1991（01）：225—242．

[51] 郝时远．元《王祯农书》成书年代考 [J]．中国农史，1985（01）：95—98．

《豳风广义》[清]

说人

　　杨屾,字双山,生于清康熙二十六年(1687),乾隆五十年(1785)卒,陕西兴平人。杨屾年少时,在"关中三李"李颙的门下学习,李颙主张"明体适用",这一观点深深地影响着杨屾。他的邻居刘芳在《豳风广义序》中对杨屾有这样一段评价,称其"赋资聪慧,才略性成,自髫年即抛时文,矢志经济,博学好问,凡天文、音律、医农、政治,靡不备览"。杨屾生活的年代正是清朝的鼎盛时期,此时的清朝政权稳定,社会也相对安定,生产力和劳动力也逐渐在恢复与发展。在文化上,清政府一方面实行科举考试,笼络人才,引导知识分子研读儒家经典;但在另一方面又采取高压政策,大兴文字狱,同时因为在科举考试中要求考生使用八股文作答,使得当时许多的读书人沉迷于研究如何写好八股文,在一定程度上禁锢了人民的思想。而杨屾与当时众多的文人学士不同,他不应科举,不求功名,不愿与大部分人一样花大量的时间去研究如何写出一篇精彩绝伦的八股文,而将其大部分的精力用于钻研农学这样的实用学问。在不断的探索与研究中,他深刻认识到农桑对于人民生活的重要性,在《豳风广义弁言》中也这样写道:

> 天生蒸民,畀之食以养之,畀之衣以被之。盖食出于耕,衣出于桑,二者生民之命,教化之原,缺一不可者也。夫人生一日不再食则饥,终岁不再衣则寒。饥之于食,寒之于衣,得之则生,失之则死,耕桑之所系大矣哉!

正是基于这种思想，杨屾放弃前途似锦的仕途，一生致力于农事实验，居家讲学，甘愿在家乡教书育人，致力于帮助百姓解决衣食温饱问题。

在解决"食"的问题上，杨屾将如何提高粮食产量作为主要授课内容，他带领学生在田间进行"区种法"实验，即采用深耕细作的方式，以合理密植、集中施肥、适时灌溉等措施极大地增加了粮食单位面积内的产量。这种方法是最早记载于《氾胜之书》上的一种抗旱丰产的耕作法。杨屾运用"区种法"试验之后，单位面积的粮食产量竟然能达到八石（约500千克），于是这种方法迅速在兴平县推广开来，百姓"食"的问题得到了十分有效的解决。

在解决"衣"的问题上，杨屾则遇到了极大的阻碍。杨屾身处于关中地区，而关中地区自唐末、五代以来战乱不断，生产力遭受了极大的破坏，且当时人们认为关中地区的土壤并不适宜种植桑树，存在着"风土论"一说，在《豳风广义弁言》中有相关的记载："秦人自误于风土不宜之说，知耕而不知桑。"

但是杨屾并不这样认为，他认为关中的土壤并不是只能种植粮食作物。他不断地尝试、试验，在尝试棉、麻、苎、蕨等植物的种植均以失败告终之后总结经验，并在翻阅古籍时发现《诗经·豳风·七月》中有这样一段描写："七月流火，八月萑苇。蚕月条桑，取彼斧斨，以伐远扬，猗彼女桑。七月鸣鵙，八月载绩。载玄载黄，我朱孔阳，为公子裳。"杨屾以这首诗作为理论依据开始研究桑蚕，他认为："夫邠岐俱属秦地，先世桑蚕，载在篇什可考，岂宜于古而不宜于今与？"他认为古人的记载是可信的，如果陕西古时可以植桑养蚕，那么现在依然可以。于是他开始对关中地区的土壤、地势、气候等自然条件进行认真研究，不断地尝试，最终成功将桑种培育成功。他在栽培桑苗的同时也开始尝试养蚕，仔细观察蚕的生长过程，再结合有关栽桑养蚕的资料以及南方的养殖经验，制作出了一套纺织工具并进行现场演示，向乡亲们展示如何使用纺织工具，使得植桑养蚕技术迅速地在兴平县推广开来，"数年之间，大获其益"。也正因为杨屾的不懈坚持，关中的蚕桑业才能振兴起来。

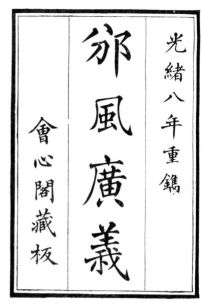

图1　邠（豳）风广义

杨屾把自己数十年种桑养蚕的实践经验加以总结，撰成《豳风广义》一书（图1），通过详细的文字表述将种桑、养蚕与缫丝、纺织，以及所用的各种工具都做了详细叙述，并配以插图，使得整本书图文并茂，通俗易懂，更加有利于在平民百姓中传播。

杨屾一生都专心于农业方面的研究，除了将他的实践经验总结成书用于推广农作物的栽培技术以外，他还将数年来对于农学的理解和所掌握的农学知识更为系统化地进行了总结，这一研究成果体现在《知本提纲》一书中，此书最为特别之处在于运用阴阳五行学说阐述了农业技术原理。此外，他还著有《经国五政纲目》《论蚕桑要法》《修齐直指》等多种农医著作。张元际在《补印知本提纲序》中对于杨屾的书评价说，《知本提纲·农则》为杨屾"一生之最得力，又恐未详也，作《修齐直指》专言农，《豳风广义》专言桑"。

说书

《豳风广义》是一部以蚕桑丝绸为主要内容的地方性生产技术专著。它详细介绍了植桑、养蚕、缫丝、纺织等具体过程，采用图文配合的方式，使蚕桑的理论更为通俗化，更加贴近生活，让普通大众更容易阅读，具有很高的推广价值。下面我们就来仔细看一下这本书。

我们先来看本书的书名，豳，为古地名，指今陕西彬县、旬邑一带，所以可以确定这是一本有地域特色的书籍，是以关中地区的环境条件为基础撰写的。全书分为上、中、下三卷，上卷主要讲述如何植桑，中卷介绍蚕具、养蚕方法等，而下卷主要论述了丝织品和畜牧业。书前有陕西布政使帅念祖的序、邻居刘芳的序，作者弁言、题辞、凡例。全书约八万多字，附有七十二幅插图，内容十分丰富，也很详尽。

杨屾为了使蚕农快速掌握植桑养蚕的技术，对每一项技术都进行了详尽阐述。他认为植桑是蚕桑生产中最为重要的步骤，"民生济用，莫先于桑。谋衣者，不艰于养蚕，而难于树桑。若桑务一举，则蚕事自兴"。于是将植桑的技术放在了上卷来介绍。在书中杨屾详细介绍了多种栽桑技术，如种桑法、盘桑条法、压条分桑法、栽树桑法、栽地桑法、修科树法、接桑法、择桑法等。在中卷中他并没有直接介绍养蚕之法，而是先介绍了养蚕所需要使用的工具，正所谓"工欲善其事，必先利其器"，只有先知道了工具的使用方法才能更快速地掌握养蚕之法：

> 欲事蚕者，须于秋冬农隙之时，预置蚕具什物，自不
> 至临时忙迫失措。凡蚕食、簇料、火料、蓐草、火具、藁
> 荐、曲筐、盘槌、蚕架、砧刀、抬网、叶筛、橡杓、蚕室，
> 必先精制习熟，而后可望其获利。

在介绍工具的同时也简单阐述了因南北地域的差异导致的所使用工具以及方法的不同。在介绍完各类工具之后再介绍养蚕技术，从如何饲养蚕种到如何取下茧再到剥茧抽丝都有十分详尽的介绍。养蚕的每一个步骤都有多种方法，但并不是每一种方法都适用于关中，所以杨屾力求用实践来证明理论，如，在使用盐水浸泡蚕种这一方法效果并不明显之后，便对著作中的这一方法加以解释说明：

> 南方有一法，于腊八日将蚕种以盐水浸三日夜，取出
> 悬院中高竿上三昼夜，仍悬室中，次年耐养。予初得其法，

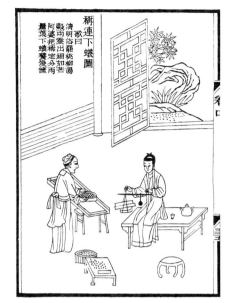

图2　浴蚕　　　　　　　　　　图3　下蚁

疑子被盐渍恐不能出蚁，后依法试之，亦能生活。但后来
茧成，与水浸者无异，似不必用盐。（图2）

又如初蚕下蚁法（图3）中，杨屾经过不断地实践得出了这一
结论："古法有日中晒连提掇变色生蚁之法，余屡试不善，惟此棉包
暖蚁之法最好。"

杨屾在《豳风广义》的后半部附有《畜牧大略》和《养素园序》，
论述养猪、羊、鸡、鸭之法和园圃之制。他认为蚕桑并不是单独存
在的，无论是畜牧业还是农耕业都包含在农业之中，它们是一个整体，
缺一不可。"衣食之源，致富之本，皆出于农。农非一端，耕、桑、树、
畜，四者备而农道全矣。若缺其一，终属不足。"这也正体现了杨屾
的农学思想。

乾隆七年（1742）《豳风广义》刊刻印行，一经发行便迅速地在
陕西、河南、山东等地流传开来。《豳风广义》流传至今有着多个刻
本，光绪时期出现的版本最多，如光绪八年（1882）济南刊本、光
绪会心阁刊本、光绪十二年（1886）陆西刻本，其中以《关中丛书》

本最为流行。肖克之教授认为在众多刻本中，以宁一堂初版为最佳，之后的版本中虽然书的核心部分没有变化，但是书前的序以及书后的跋都或多或少发生了改变，有的是将序替换掉，换成刊刻地官员的序，有的版本甚至去掉了音释，这会对读者于书本的理解产生影响。同时肖克之教授也指出，1962年农业出版社出版的"中国古农书丛刊"蚕桑之部《豳风广义》使用起来较为方便。

《豳风广义》得以成功推广，不仅仅是因为杨屾的个人努力，而是由多种原因共同促成的。清朝初期，为了维护社会稳定，巩固政权，朝廷颁布了一系列鼓励农耕的制度，实行减轻赋役政策，到了乾隆时期更是如此。清朝蠲免赋役的次数之多，可以说在历代王朝之中是空前绝后的。关中长期受到战乱影响，水旱灾害也十分严重，是历届皇帝重点蠲免的地区之一。据史料记载，顺治年间对关中地区各县田赋蠲免六次；康熙年间因水旱虫雹等自然灾害，对关中地区蠲免田赋更是高达四十多次；乾隆二年（1737），免陕西田赋一半。这些举措大大地减轻了关中人民的负担，也为杨屾推广蚕桑技术奠定了良好的基础。

说图

《豳风广义》中共有五十余幅图画，并用文字加以辅助解释，有的更是通过诗歌形式展现的，诗歌中的语言也是用到了当地人所使用的俗语。图画可分为两大类，一类是描绘种桑养蚕的技术步骤，如《终岁蚕织图说》，将一年十二个月每月种桑养蚕须知事项都描绘了出来，并配以诗歌说明，以文解说，以图示意；另一类是介绍各类养蚕工具，对工具的外观详细地描绘，方便百姓能够制作出这些工具。这样的图文结合使蚕桑的理论知识通俗化，更是增加了趣味性，普通大众更容易接受。这里我们就来说说种桑养蚕的那些事。

"桑"，从叒，像众手采桑之形。在古人看来桑树是一种神树。唐代《艺文类聚》引《典术》曰："桑木者，箕星之精神，木虫食叶为文章。人食之，老翁为小童。"

清代段玉裁在《说文解字注》中是这样解释的："桑，蚕所食叶木。从叒木。榑桑者，桑之长也，故字从叒。桑不入木部而傅于叒者，所贵者也。息郎切。十部。"

杨屾将"桑"称为"衣被之源"，认为"其功最神，为世大宝"。桑是蚕的唯一食粮，是影响世界的中国植物。当代基因研究进一步揭示了桑树神奇的奥秘。桑树起源于喜马拉雅山，桑树基因的进化速度是同属于蔷薇目的苹果、葡萄、桃、李、杏等的2.5倍，且存在一系列新的多倍体类型。桑树次生代谢旺盛，具有更广泛的适应性和抗逆性，功能性物质多，蛋白质含量高，被誉为东方圣树。

桑种的选取十分关键，不同龄期的蚕所需要的桑叶类型是不同的，鲁桑"其叶肥厚、柔软多津，宜饲初生之蚕"，而荆桑则"叶坚硬少津，宜饲大眠以后之蚕"。在这里荆桑并非是一种桑树品种，而是长江以南地区实际生长桑树的统称，鲁桑则是春秋战国时期出现的优质丰产桑树品种。

农历十月、十一月、十二月依次被称为孟冬、仲冬、季冬，合称为"三冬"。蚕农在"三冬"里的任务十分重要，将关系到来年一年种桑养蚕的效益。冬季，害虫正处于冬眠期，这正是它们生命力最弱的时候，是除虫的最好时机，所以冬耕就显得尤为重要（图4），所谓冬耕就是冬季的翻土活动，通过将桑树间的土壤深翻（一般深度在20~25厘米），让埋在土壤中的害虫、虫卵及病菌孢子等暴露，使其冻死，也能使存在于土壤表面的害虫、虫卵等埋在较深的土壤中，让其窒息而死或是失去发育能力，有效地防御害虫。冬耕不仅能够有效减少害虫还能够改善土壤结构，让土壤变得更为疏松。耕与耙是冬耕最主要的方式，先耙再耕地能够蓄水保墒，同时根据山东省农科院观测，冬耕后接着耙地，到春季地面5厘米土层含水量

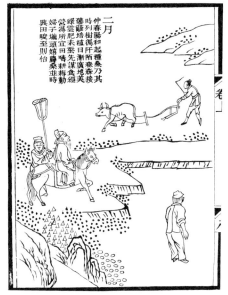

图4 耕种春栽

图5 桑树移栽

为16.4%，而未耙的仅8.2%。

除了冬耕以外，冬接也是提高桑树存活率的有效方式，即对实生桑（即成长后的桑树）进行良桑嫁接，对衰老的桑树进行修复，所谓"此时理桑蘖，明年芽早抽"。在《豳风广义》中杨屾用鲁桑的枝条接荆桑的干，从而得到更为优良、更适合饲养蚕的品种，这可谓是一次大胆的创新。

桑树栽植时间上也十分讲究，古人一般选择在落叶后至翌春发芽前。桑苗落叶后到土壤封冻前栽植称冬栽；土壤解冻后至桑苗发芽前栽植的称春栽（图4）。此时桑苗处于休眠阶段，体内贮藏养分较多，蒸腾量较少，适宜移栽。因为三月份是最佳养蚕时机，所以蚕农一般会选择冬栽。但也有夏栽和秋栽，这两个时间的栽种对于地域环境有一定的要求，适合于夏秋雨水较多而春冬季节干旱严重的地区。从图5上看，桑树栽植距离较宽，采用穴栽。栽桑时，相邻两行桑树呈"品"字样，使得桑树长大后可比较充分地利用日光，

图6　准备工作

图7　浴蚕（图为《四库全书》版中的插图）

提高土地使用率。栽植时，先将苗木在栽植位置放正，用细碎表土
壅没根部，边壅土边轻提苗干，做到"苗正根伸，浅栽踏实"。栽
桑工作结束后，平整地面，还要及时浇灌。

　　冬季是蚕农农闲时节，虽不用养蚕但还是有大量的工作需要做，
除了前面介绍的冬耕之外，蚕室的修建以及相关工具的添置与维修
也是"三冬"里的重点工作（图6）。蚕具的种类非常丰富，每一样
工具都有着自己的使命，缺一不可。只有当这些工具都准备齐全才
能养好蚕。

　　浴蚕，是养蚕的第一个步骤（图7）。从周代起，先民就"奉
种浴于川"，将蚕种放到溪流中，把蚕卵上的蛾尿及病原物等洗去。
在历代皇后所主持的亲蚕祭典中，常有浴蚕的仪式。这表达了古人
对于蚕神的敬畏之情，古人认为"蚕"与"龙"存在着千丝万缕的
联系，是龙的"精缩之物"。龙离不开水，所以古人怀着对于龙的
敬畏之情来解释"浴蚕"。

郑玄注《周礼·马质》说："蚕为龙精，月值大火则浴其种。"这里的"月值大火"就是指仲春二月。当然并不是仅仅只能在二月浴蚕，浴蚕的时间是可变的，但这也并不代表任何时间都可以浴蚕。根据《礼记·祭义》记载："及大昕之朝，君皮弁素积，卜三宫之夫人、世妇之吉者，使入蚕于蚕室。"东汉时期的郑玄对此解释："大昕，季春朔日之朝也。"这里的"季春朔日"即为三月初一。也有记载浴蚕并不在春季而是在腊月，在《蚕书·种变》中就有记载："腊之日，聚蚕种沃以牛溲，浴于川。"唐代王建在《雨过山村》中描述了这一场面："雨里鸡鸣一两家，竹溪村路板桥斜。妇姑相唤浴蚕去，闲看中庭栀子花。"左邻右舍的妇女，相互邀约一道去村边小溪浴蚕。从诗中描绘的情景看，其时间应该在谷雨前后。

至元代，自当年收种至来年饲养前蚕种要经三四次洗浴，浴液有五方草（马齿苋）煮液、石灰水、盐卤水、枯桑叶煮液等。并且元代开创了"天浴"淘汰法，即在最寒冷季节，把蚕种放在户外，让卵壳里的休眠胚子承受"霜、雪、风、雨、雷、电"熬炼，只有强健者才能活下来。

清代《钦定授时通考》卷七十二也有相关记载：

腊月十二，浸之于盐卤中，至二十四而出，则利于缫丝。或曰腊八日，以桑柴灰或草灰淋汁，以蚕连浸焉，一日而出，继以雪水浸之，悬干或悬桑木之上，以冒雨雪，三宿而收之，则耐养。

由此可见宋代以后，浴种一般分两次或多次进行。一次是在腊月，此时浴蚕主要是让蚕卵的胚胎经历严寒，冻死病弱者；第二次是在谷雨前后催青之前，用朱砂温水（草木灰水、石灰水、盐卤水等）洗浴，主要为了杀灭病弱的蚕卵，只让强健者存活下来。

"浴蚕"的具体做法，杨屾在《豳风广义》中提到，在蚕种初生十八天后将其取下，用蚕连（指蚕蛾产卵以留蚕种的纸）裹住放入井水中浸泡，去便毒之后挂起来；等到十二月初八再在井水中浸洗一两个时辰，然后在院子中挂起来，晒上一天后取下来挂回屋内。等到立春，将蚕连取下竖立在一个新瓮中，每隔十几天在巳时或午时取出展开放置一两个时辰，再收入瓮中，遇到雨天，待雨止再取出蚕连，稍通风再放回瓮中；清明左右，将韭叶、柳叶、桃花及菜籽花揉碎放入井水浸泡，将蚕子放入后取出，悬竿，移至温室中悬挂即可。

三月（图8），又被称为蚕月，是养蚕的日子。受到地域差异的影响，每个地方的下蚁（即收蚁，这里的蚁指刚孵化的幼蚕，体积小且为黑褐色故称为蚕蚁）时间是不同的。长江下游江南地区暖种时间当在清明前后。古代暖种有两种方法，一是靠人体体温来给蚕种加热，白天放在老年人胸前棉袄里，晚上放在被窝里暖种，但更多的是把蚕种扎成包（图9），捆在蚕娘的身上煜三至四天用余温护种。另一种就是放在熏笼里，用稻壳等燃料生火加热。关中地区最佳的暖蚕时间为谷雨后三四日，应在清明前后取出蚕连，洗干净后悬挂于温室中，阴干。此时关中地区天气还比较凉，要让蚕卵出蚁，需要把蚕连用三四寸厚

图8 三月

图9 把蚕种扎成包

的棉被包裹，外面再用一层棉被包裹，放于温室内的暖炕上，最后再用衣被覆盖，保证温度适中，还要时常将蚕连的摆放位置进行交换，保证温度的稳定。如此经过三四天的暖种就可出蚁。

蚕种卵色转青的第二天，便孵化成蚁蚕，要把蚕连放置在另一间干净的温室内。清代蚕农特别注意孵化的整齐，总结了三条经验：一是把先孵化的少数苗蚁，叫作"行马蚁"，饲育中发育不齐，所以淘汰不收；二是当孵化不齐时，即十分蚁中出五六分时，仍将种包好，隔日收蚁；三是出蚁后一两天不饲养，不至于饿坏，对蚕的发育并无不良影响，但吃叶后，蚕如果挨饿，就会饿断丝肠。蚕匾内放置物品也有要求，要在蚕匾上盖上一层遮尘布，蚕匾底部铺上捣碎的蓼草以及厚棉纸，再均匀地放上剪得很细的桑叶，使蚁蚕均匀地分布在蚕匾内。

茅盾在小说《春蚕》中对老通宝家的收蚁仪式做了极为形象生动的描述：

> 终于"收蚕"的日子到了。四大娘心神不定地淘米烧饭，时时看饭锅上的热气有没有直冲上来。老通宝拿出预先买了来的香烛点起来，恭恭敬敬放在灶君神位前。阿四和阿多去到田里采野花。小小宝帮着把灯芯草剪成细末子，又把采来的野花揉碎。一切都准备齐全了时，太阳也近午刻了，饭锅上水蒸气嘟嘟地直冲，四大娘立刻跳了起来，把"蚕花"和一对鹅毛插在发髻上，就到"蚕房"里。老通宝拿着秤杆，阿四拿了那揉碎的野花片儿和灯芯草碎末。四大娘揭开"布子"，就从阿四手里拿过那野花碎片和灯芯草末子撒在"布子"上，又接过老通宝手里的秤杆来，将"布子"挽在秤杆上，于是拔下发髻上的鹅毛在"布子"上轻轻儿拂；野花片，灯芯草末子，连同"乌娘"（蚕蚁），都拂在那"蚕窭"里了。

此时就是蚕农最为忙碌的时节，蚁放入蚕筐的第一天，需要不

图 10　眠图

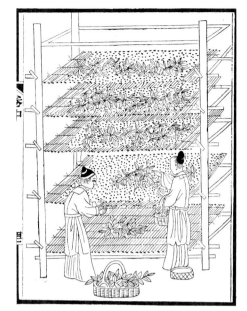

图 11　大眠

断地喂食，每一个小时就需要放一次桑叶，一晚上要保证十二顿。第二天只需要饲八顿，第三天就减至六顿，当巳时或午时，需要将蚁重新换一个蚕筐，这个时候所提供的桑叶要比之前的厚一些。分箔之后，桑叶的量也逐渐增加，第四、五天，每天喂五六顿。第六天蚕将进行头眠之时，饮食频率可增加，一夜可以饲喂七八顿，此时蚁的颜色已经发生了变化，逐渐发黄，到了第七天基本全身变为黄色，此时蚁将不再进食，进入了"头眠"，进入了蜕皮期。

　　第八天经过蜕皮后，蚕进入二龄的生长期，此时需要以极细的桑叶进行饲养，一天喂四顿，第九天喂五六顿，第十三天进行分揭，从第十四天开始，蚕开始进入二眠，即"停眠"。等再次蜕皮时一天需要喂四顿，第十六天又开始增加桑叶，一天五六顿，往后每日逐步增加，直到第二十一天，蚕进入"三眠"即"大眠"。蚕眠一天后再次蜕皮，一天只需要喂三顿，此时蚕的"三眠三起"（古代多养四龄蚕，现在都是养五龄蚕）已全部结束。（图 10—11）

图 12　上簇

图 13　晾茧

　　"三眠三起"之后，蚕开始准备上簇（图 12）。做簇的方式有很多种，上簇方法有拾取法、柴取法、网取法、簇取法等。一般是采用拾取法，就是把老熟的蚕，逐一拾取上簇。上簇的簇具各地所用形式不一，一般用蜈蚣簇、伞形簇、折簇、方格簇等。科学研究与生产实践表明，选用方格簇为最佳。利用方格簇上簇的蚕茧色泽白、茧形匀整且上茧率高，出丝率比其他簇具高 20% 以上。上簇时必须保证室内的温度，将火盆放置室内两夜后，蚕茧形成，之后需要开窗通风晾茧（图 13），七日之后便可采茧。

　　蚕的一生经过卵、幼虫、蛹、成虫四个发育阶段，屡化如神。蚕宝宝取食桑叶，一起一伏，虽没有蝴蝶那样美妙的舞姿，也没有蝉那样响亮的叫声，却吐丝长达千米，给人类留下了洁白无瑕的蚕茧，默默地为人类提供着最重要的生活资料，送给人温暖和美丽。几千年过去了，任凭科学如何狂奔向前，蚕丝仍被认为是最纤细、最匀称、最坚韧，也是最光亮的天然纤维，丝绸依然只能一丝一缕地来自于小小的蚕。

参考文献：

[1] 李富强，曹玲 . 清代前期我国蚕桑知识形成与传播研究 [J]. 中国农史，2017,36(03):36—45.

[2] 许瑶 . 明清时期关中农书研究 [D]. 杨凌 : 西北农林科技大学，2017.

[3] 李富强 .18 世纪关中地区农桑知识形成与传播研究——以杨屾师徒为中心 [J]. 自然科学史研究，2017，36（ 01 ）:45—59.

[4] 曹雪，李斌，杨小明 .《豳风广义》中的蚕桑丝织研究 [J]. 服饰导刊，2014,3（ 04 ）:23—28.

[5] 曹雪 .《豳风广义》及其作者杨屾的思想探究 [D]. 上海 : 东华大学，2014.

[6] 刘媛 . 明清关中棉桑关系研究——以《豳风广义》为视角 [D]. 杨凌 : 西北农林科技大学，2013.

[7] 刘伟 . 杨屾农桑试验研究 [D]. 杨凌 : 西北农林科技大学，2012.

[8] 肖克之 .《豳风广义》版本说 [J]. 农业考古，2001（ 03):204—205.

[9] 杨志兴 . 杨屾与《豳风广义》[J]. 北方蚕业，1996（ 01):47.

[10] 田芝健 . 杨屾和他的《豳风广义》[J]. 江苏蚕业，1990（ 03):57.

[11] 赵汝成 . 杨屾与《豳风广义》[J]. 陕西蚕业，1987（ 04):26—27.

[12] 李鸿彬 . 杨屾与《豳风广义》[J]. 中国农史，1987（ 03):101—103.

[13] 林乐昌 . 清代关学学者杨屾实学思想述评 [M]// 中国实学研究会 . 实学文化丛书——传统实学与现代新实学文化（四）. 北京 : 中国言实出版社，2018.

[14] 胡火金 . 论清代农学的实用性趋向——以杨屾"天地水火气"五行为例 [J]. 苏州大学学报（哲学社会科学版），2015，36（ 04 ）:178—183.

[15] 冯清，李强，李建强 . 中国古代纺织技术起源刍议 [J]. 服饰导刊，2013，2（ 02 ）:74—78.

《钦定授时通考》[清]

说人

《钦定授时通考》是由和亲王弘昼、大学士鄂尔泰、张廷玉等四十余人奉旨收集、辑录前人有关农事的文献记载进行编纂、刊刻而成的一部大型综合性农书。不同于以往大多数农书，《钦定授时通考》是一本官修图书，而非由私人编纂刊印的图书。

爱新觉罗·弘昼（1711—1770），满洲正黄旗人。是雍正皇帝第五个儿子，清高宗弘历的弟弟，他的母亲为纯懿皇贵妃耿氏。雍正十一年（1733），晋封为和硕和亲王。雍正十三年（1735）二月，设立办理苗疆事务处，协同弘历、鄂尔泰等共同办理苗疆事务，在《清史稿·列传七》中有相关记载："雍正十一年，封和亲王。十三年，设办理苗疆事务处，命高宗与弘昼领其事。"

同年雍正帝逝世，乾隆帝继位。十月，乾隆帝命弘昼管理内务府、御书处的事务。乾隆四年（1739）二月，弘昼奉命管理雍和宫（雍正潜邸）的事务。八月，被授为正白旗满洲都统。十二月，开始管理武英殿的事务。乾隆三十五年（1770），弘昼逝世，予谥恭。

鄂尔泰（1677—1745），字毅庵，清满洲镶蓝旗人，其父为鄂拜，鄂由满族姓氏西林觉罗氏所改，在《清朝通志·氏族略》中有关于鄂氏的记载："鄂拜，官国子监祭酒，本姓西林觉罗氏，自拜始，子孙以鄂为氏。"鄂尔泰六岁便攻读四书五经，八岁练习书法，十七岁中秀才，康熙三十六年（1697）二十岁的鄂尔泰中举，从此开启了他长达四十八年的为官生涯。但他的为官生涯并非一帆风顺，三十七岁时才出任内务府员外郎一职，这是一个从五品官职。他在《咏怀》中写道："看来四十犹如此，便到百年已可知。"

康熙六十年（1721）元旦，鄂尔泰作诗："揽镜人将老，开门草未生。"感叹自己的仕途是如此地不顺利。此时四十四岁的鄂尔泰绝对不会想到，此后的他能够出将入相。刚正不阿的性格让鄂尔泰在官场上受同僚排挤，雍正帝在登基之前就已了然，但他认为鄂尔泰的性格对于将来政策的改革和推进都有很大的好处，遂在登基之后大胆启用鄂尔泰，雍正元年（1723）便越级提升鄂尔泰为从二品的江苏布政使，成为地方大员。雍正三年（1725）鄂尔泰晋升为广西巡抚，后又封为云南巡抚，兼管云南、贵州、广西三省。雍正四年（1726）十月，鄂尔泰获得云贵总督实职，加兵部尚书衔。此后几年里鄂尔泰一直致力于在西南地区推行改土归流政策，废除土司制度，减少了叛乱因素。雍正十三年（1735）雍正帝逝世，同年乾隆帝继位，鄂尔泰受遗命与张廷玉等共同辅政，总理事务，乾隆元年（1736）为钦点会试大总裁。除大学士职务以外，他又兼任军机大臣，领侍卫内大臣、议政大臣、经筵讲官，管翰林院掌院事，加衔太傅，先后为国史馆、三礼馆、玉牒馆总裁，赐号"襄勤"伯。乾隆十年（1745）病逝，享年六十八岁。

张廷玉（1672—1755），字衡臣，号砚斋，安徽桐城人。其祖孙三代颇受康、雍、乾三帝的青睐，可谓"合家顶戴"，满门朱紫，尤其张廷玉。汪由敦所著的《太保光禄大夫保和殿大学士致仕谥文和桐城张公墓志铭》中写道："登朝垂五十年，长词林者二十七年，主揆席者二十四年,凡军国大政,承旨商度。"康熙三十九年（1700），张廷玉中进士，授为翰林院庶吉士。相比于鄂尔泰，张廷玉的仕途相对平坦了许多，康熙五十九年（1720）五月，授刑部左侍郎，次年授吏部左侍郎，兼翰林院学士。康熙六十一年（1722）十一月，康熙帝驾崩于畅春园，雍正帝继位，相中了张廷玉并对他寄予厚望，希望他能够辅佐自己。同年十二月，特旨授礼部尚书，并指出："朕再四思维，非汝不克胜斯任。"从此，张廷玉跻身于枢臣之列。雍正七年（1729），雍正帝在隆宗门开始设立军机处，命张廷玉与怡亲王胤祥、蒋廷锡领其事，军机处的主要制度皆是张廷玉筹划的。雍正十三年（1735），雍正帝在遗诏中命张廷玉辅佐乾隆帝并许以其配享太庙，他也是清朝唯一一个配享太庙的汉臣。在乾隆帝即位后，张廷玉担任总理事务王大臣，兼管翰林院事，典试科举，选拔人才，考察荐举官吏。每逢皇帝巡幸，总是将张廷玉留京总理朝政。张廷玉虽政务繁重，但因学问深通，还荣膺雍乾两代皇子师傅，兼任编纂《清圣祖实录》《明史》等多部重要典籍的总裁官。然而，年逾古稀的张廷玉的固执和好激动，使君臣渐生嫌隙，遂致仕归家。乾隆二十年（1755），张廷玉卒于家中，年八十四，谥号"文和"。

说书

清朝的官修图书种类繁多，类别也很全面。康熙时期便十分重视官修图书事业，据不完全统计，康熙时期的官修图书不下百种，约三年编两本书，到了乾隆时期则更甚，平均一年编两种书，这是以往任何一个朝代都无法与之相比的。《古今图书集成》《四库全书》这类巨作单靠私人编纂是远远不行的，个人的力量是有限的，而清代采用官修的方式，集众人之力对中国古代传统文化进行大规模的总结，这使得许多优秀的中华文化得以保存与发展。清代官修图书不同于其他朝代书籍的一个特点，是在传承和发展传统文化的同时还对西方文化有所吸收，一般表现在自然科学等相关著作中。康熙帝对西方的科学技术十分感兴趣，这在不少与科学相关的著作中有所反映，如康熙时期官修的《数理精蕴》等书，其中很多是采用了明朝万历年间来华的传教士利玛窦所著《乾坤体义》及明代徐光启和传教士汤若望等所著《新法算书》中的精华部分。同时清代官修图书大多会标注"钦定""御定""御制"，这使得这些著作具有了最高的权威性。

《钦定授时通考》是一部典型的官修综合性农书，由于掌握了历代皇家珍藏的图书及当朝征集的文献，内容极其丰富，纂修人员又经过选定，有充足的人力、物力，因此，此书征集文献，博引考证，都比以往一般著述为广。而且引用文献，通常不是一个编者的意见，而是集体编纂，不少是经过几个人商酌后决定的。这部书的名字也不同于其他农书一般直白，书名中的"授时"出自《尚书·尧典》"历象日月星辰，敬授人时"，表

图 1　书中插图——蚕连

示由朝廷"敬授民时"的意思。编纂、刊刻工程历时五年，于乾隆七年（1742）完成，全书七十八卷，共约九十八万字。据不完全统计，本书除辑录历代农书外，还从经、史、子、集及方志等古籍中征引有关农事的记载，多达五百五十三种，共辑录三千五百七十五条，插图五百一十二幅（图1），前冠乾隆帝御制序，后载戴衢亨、赵秉冲、英和诸大臣所撰之跋，嘉庆十二年（1807）补刻增入仁宗五言律诗四十六首。此书篇幅之大，内容之多，堪称一部集大成之作。

《钦定授时通考》共分为八门，《天时门》《土宜门》《谷种门》《功作门》《劝课门》《蓄聚门》《农余门》和《蚕桑门》。从分类上可以看出本书的内容涉及面甚广，从农桑种植到水利工程均有涉及，堪称是一部古代农学的百科全书。此书不但对清代农、林、牧、渔各业生产的发展起到了指导和促进作用，而且对国内外农业生产和农

业科学的研究都具有深远的影响。与以往传统农书不同的是,《钦定授时通考》不是以农活类型进行分类,而是以农业生产因素进行划分,又将各类因素分为多个专题分别阐述。每一"门"先是"汇考",汇辑历代的相关文献,并作考释,再每一"目"征引前人论述,介绍各地历史上的生产经验和政策等,分别诠释如下:

一为"天时"。《天时门》,主要介绍农民一年之中所从事的农事活动。"天时"是指大自然的运行规律。人工干预作物的生长必须遵循客观规律和季节的变化,例如,"春耕""夏耘""秋收""冬藏",农事活动要不误农时,要"顺时"而不"失时",就如《齐民要术》中所说:"顺天时,量地利,则用力少而成功多,任情返道,劳而无获。"

二为"土宜"。农事活动光是顺应"天"是不够的,还要依靠"地",《土宜门》中介绍了辨方、物土、田制、水利等内容。《土宜门》共十二卷,水利工程占四卷,足以看出水利在农业生产中的地位:"水利者,农之本也,无水则无田矣。"

三为"谷种"。不同的地区所能够培育的粮食作物是不同的,《谷种门》中就详细地记述了各类粮食作物,如稻、谷、麦、豆、粟、秫的品种名称以及来源等,其中以各地水稻品种的资源记载最为详细,共录有三千四百二十九个。书中收入了康熙所培育的"御稻",其特点为"一岁两种亦能成两熟"。

四为"功作"。这是全书技术性最强的部分,将农作物的栽培过程分为耕垦、耙耢、播种、淤荫（即施肥）、耘籽、灌溉、收获、攻治（即贮藏、加工）等八个环节共八卷进行叙述。如对灌溉工具都有详细的记述,并附上了相应的插图能够让人更加直观清晰地了解工具,如图2。此图为

图2　驴转筒车

驴转筒车。此外，还记载了"泰西水法"，展示了清代官修图书对
西方科学知识的吸收这一特点，这里的泰西泛指西方国家，一般指
欧美各国。

五为"劝课"。光是传播相关知识是不够的，还需要让农民了
解农业的重要性。因此，《劝课门》中汇辑了国家要求重视农业的
政令、诏令、官司、御制诗文、耕织图等，强化了重农的思想，在
一定程度上也起到了劝课农桑的作用。

六为"蓄聚"。《蓄聚门》是所有"门"中所占篇幅最少的，分
为常平仓、社仓、义仓、图式，共四卷，列载仓储、备荒等制度。
讲述仓储、积谷、备荒制度及政令等事宜。

七为"农余"。《农余门》是《钦定授时通考》中所占篇幅最大
的一门，共十四卷，记述大田以外瓜果蔬菜的种植、畜牧业的经营等，
其中以"果""蔬"所占比例最高，如著录果树种类达三十七种之多。
这足以看出当时人们对于瓜果蔬菜的重视，瓜果蔬菜的广泛种植在
一定程度上促进了商品经济的发展，如当时的赣南脐橙、枣等就远
销外地。

八为"蚕桑"。《蚕桑门》是本书的最后一个门类，共有七卷，
前五卷讲蚕的饲养、分箔、入簇、择茧、缫丝、织染及桑政；后二
卷讲桑余，叙述清代业已大为发展的棉花种植及其他纤维作物等。
不同于以往农书的是，除了介绍蚕桑的养殖以及相关的纺织技术以
外，《钦定授时通考》还介绍了木棉、麻、葛这类纺织品原材料的
种植情况。棉花等被称作桑余是受了"农桑并重"思想传统的影响。

通过以上的介绍，我们足以看出《钦定授时通考》内容的丰富
程度，看出其在排篇布局上以及研究的对象和范围均有所创新，突
出天时地利的因素和劝课的地位，是对我国几千年的农业发展历史
一次较为全面的总结，是有关农业、园艺及手工业的重要著作。成
书时除朝廷印制外，各省还奉旨复刻，故出版数量多、流传广，如
有四川布政司刻本、南昌书局石印本等。后来又有石印本以及近年

图3　农民在从事采桑活动

的排印本问世。1956年、1963年，中华书局和农业出版社又分别出版，并有英、俄等多种外文译本在国外流传。从此书中可看出18世纪前我国农业生产概貌。此书不但对清代农林牧渔副各业生产的发展起到了指导和促进作用，且对国内外农业生产和农业科学的研究具有深远的影响。

《钦定授时通考》的主要不足：由于纂修人员缺乏农学研究和生产实践经验，因此，对当时的生产经验并未进行总结和论述；虽然也取法《齐民要术》，沿袭其结构及学科类目划分，但较之前代的《农政全书》却有差距；对历史上的一些重要农书未征引或征引不足，如《橘录》《种艺必用及补遗》《元亨疗马集》；对于唐代引进的多种水果，明代前就已传入的向日葵，中国原产的荏（白苏）等均未列入，油料作物也只辑录了芝麻一种。

说图

衣着材料是服装的载体。人类自诞生以来，在衣着上共发生了四次革命：第一次革命是从裸体到穿一点由植物枝叶构成的最原始的衣物；第二次革命是发明了纺织，把麻类、畜毛等纺成纱织成布料，把蚕茧缫丝织成绸，再做成衣物；第三次革命是棉花的传播、普及和工业革命，实现了机械化纺纱织布制衣；第四次革命是大规模的工业化生产人工合成的化学纤维，不再依赖农牧业。衣着材料经历了植物枝叶阶段、动物皮阶段、麻类作物为主要纺织原料阶段、棉花为主要纺织原料阶段和以化纤为主多种材料并存阶段等五个发展阶段。这里结合《钦定授时通考》中的插图，只对麻类纺织原料进行介绍，包括葛、苎麻（也称纻麻）、大麻（也称汉麻）以及蕉麻等。

麻类作为纺织原料的起源可以追溯到一万年前的新石器早期，甚至更久远的旧石器时代，相较于丝、毛、棉等为原料的纺织起源来讲要早得多，故而素有"国纺源头、万年衣祖"之称。远古人类采集到麻后，用石块敲打直至麻纤维变软变散，然后将其撕扯成绺，搓制并编织成绳索和织物，这就是早期的麻纺织雏形。传说伯余是最早制造衣裳的人。《淮南子·氾论训》中有"伯余之初作衣也，緂麻索缕，手经指挂，其成犹网罗。后世为之机杼胜复，以便其用，而民得以掩形御寒"的记载，可见伯余是将麻的茎皮劈成极细长的纤维，然后逐根拈接，古称"绩"。这道工序是需要一定技巧的，能够体现拈麻接线的优劣，后来被人们进一步引申到学习和工作中去，今天的"成绩"一词就是这么来的。伯余将绩好的麻通过网罗的编织方式，织麻成衣。这个传说从一个侧面说明了这个时候的古人已经掌握了麻纺织的基本技术，为以后麻纺织的发展奠定了基础。

关于麻纺织的考古发现很多，在北京周口店山顶洞人遗址发现的18000年前的骨针，说明当时已经出现原始的缝纫；在河姆渡新石器时期的遗址发现了距今7000多年的苘麻双股线，以及原始织

图 4　葛

机的零部件等；江苏苏州草鞋山发现距今 6000 多年的葛制罗纹残片，良渚遗址出土的平纹苎麻织物残片，仰韶文化遗址发现的陶罐底部留有的麻布和葛布的印痕等，都进一步佐证了新石器时期，远古先民们已经开始用简单的纺织工具进行葛麻等麻纺织生产的事实。

葛（图 4）是一种茎长二三丈、多年生的草本植物。葛的茎皮纤维经过加工后可用于纺布，其织物称为"葛布"，早在新石器时期就已经出现，古代传说中就有关于尧"冬日鹿裘，夏日葛衣"的描述。现藏于南京博物院的手工织花葛布是 1973 年从江苏苏州草鞋山新石器时代遗址出土的葛布残片，是国内最早的纺织品实物，其织造技术已十分先进。残片的经密约为每厘米十根经纱，纬密约为每厘米二十六至二十八根纬纱，用扭绞加绕环织法编织而成，属于罗纹组织。葛布的制作方式十分简单，将葛藤在沸水中煮过以后，将它的皮撕成一缕缕的，再用手搓，就可以搓成纱，把纱编织起来就成了最原始的布。商周时期，葛布已经成为当时最主要的服装原料了。在《诗经·周南·葛覃》中有这样一段描述："葛之覃兮，施于中谷，维叶莫莫。是刈是濩，为絺为绤，服之无斁。"这里的"绤"为粗葛布，"絺"为细葛布。前者多用于平民，而后者多用于贵族。春秋战国时期，葛的人工栽培已经很普遍了，是当时的大宗纺织原料之一。《吕氏春秋·孟夏纪》卷四中有记载："是月也，天子始絺。"

葛布的生产在周朝就很受重视，设立了"掌葛"官职，负责征收和掌管葛麻类纺织原材料，在《周礼·地官司徒第二》中有相关记载:"掌葛掌以时征绨绤之材于山农。凡葛征,征草贡之材于泽农,以当邦赋之政令,以权度受之。"从这里也可以看出,此时已经将葛的用途进行了区分,一类用于织葛布,一类用于食用。葛布因为其凉爽和良好的吸湿性而常被人用来制作成夏衣。《韩非子·外储说左下》中就明确记载了葛的用途:"冬羔裘,夏葛衣。"春秋战国时期是葛生产的黄金时期,当时人工栽培已经全国普及,据《越绝书》卷八记载:"葛山者,勾践罢吴,种葛,使越女织治葛布……"到了东汉时期,葛布织造技术日益发达,雷州的葛布已经闻名全国,足以与绸缎相媲美,在清朝屈大均《广东新语·货语·葛布》中这样记述道:

> 丝缕以针不以手,细入毫芒,视若无有,卷其一端,可以出入笔管,以银条纱衬之,霏微荡漾,有如蜩蝉之翼。然日晒则绉,水浸则蹙缩,其微弱不可恒服。惟雷葛之精者,百钱一尺,细滑而坚,颜色若象血牙。名锦囊葛者,裁以为袍直裰,称大雅矣。故今雷葛盛行天下。

然而葛因为其生长周期较长,且其纤维较短不适用于精加工而逐渐被麻所取代。如今云南双江邦丙布朗山的布朗人仍保留着"葛布"这种古老的手工工艺用以织衣服、织挎包、织线毯。日本神道教的御衣仍使用古传的挂川、大井川葛布。

秦汉以后生长周期较短的麻逐渐代替葛成为了庶民的主要衣料。隋唐以后,麻纺织技术水平进一步提高,其织物拥有与棉相似的性能,在棉织物还未出现之前,人们常说的"布"其实就是指的"麻布",故庶民阶层也被称之为"布衣"。

苎麻(图5),被誉为"中国草"。由于它需要经过脱胶等工艺才能作为纺织原料,

图5 苎麻

所以苎麻作为纺织原料要比葛布晚。1978 年在福建崇安武夷山岩墓船棺发现约公元前 1400 年的苎麻布。春秋战国时期是麻纤维纺织品极其兴盛的黄金时期，当时甚至能制作与丝绸相媲美的苎麻织品。江苏六合东周墓曾出土过苎麻布，经密每厘米二十四根，纬密每厘米二十根。1970 年江西贵溪仙岩战国早期墓也出土过苎麻织品。在长期的纺织生产实践中，人们总结出了一整套的植麻、剥麻、脱胶、劈绩、麻纺和麻织的生产工序，至今仍然被人们沿用，在南方的一些地方还盛产苎麻织的夏布。在《钦定授时通考》中作者重点介绍的白苎，是指白色的苎麻，是中国的特产，有"中国草"之称，主要分布于黄河流域中下游和南方各地。在南宋周去非《岭外代答》中对于麻织物有这样的记述：

> 邕州左右江溪峒，地产苎麻，洁白细薄而长，土人择其尤细长者为练子。暑衣之，轻凉离汗者也。汉高祖有天下，令贾人无得衣练，则其可贵，自汉而然。有花纹者，为花练，一端长四丈余，而重止数十钱，卷而入之小竹筒，尚有余地。以染真红，尤易着色。厥价不廉，稍细者，一端十余缗也。

大麻是一年生草本、高秆作物。有雌雄之分，雄株麻茎细长，韧皮纤维产量多，质佳而早熟；而雌株麻茎粗壮，韧皮纤维产量低，成熟较晚。雄株称为"枲"或"牡麻"，织出的布质地细软。雌株为"苴"或"子麻"。我国人工种植大麻并用其纤维纺织大约始于新石器时代，普及于商周之时。早在 2000 多年前我国人民就对大麻雌雄异株的现象以及雌雄纤维的纺织性能有了较深的认识，已经懂得用大

图6　芭蕉

麻的雄株织较细的布，用雌株织较粗的布。

芭蕉（图6），又称甘蕉。古代用这种植物的茎皮纤维作纺织材料，织成的布叫蕉布。此布质地极轻，宋应星的《天工开物》中记载："有蕉纱，乃闽中取芭蕉皮析缉为之，轻细之甚，值贱而质枵，不可为衣也。"早在东汉时期蕉布就已经出现，但当时并不叫"蕉布"，而是称为"交趾葛"。杨孚的《异物志》中记载："芭蕉，叶大如筵席，其茎如芋，取镬煮之为丝，可纺绩，女工以为缔绤，今交趾葛也。""镬"为古代的大锅，由此我们可以得知东汉时期是取芭蕉的茎，用大铁锅将其煮成丝状再进行纺织，这里所采用的技术为高温脱胶技术。后出现了"以灰练之"的方法，将蕉茎浸泡在加入了灰的水中，灰里的碱让脱胶更加容易，这是碱性脱胶法，相较于锅煮这无疑是技术的革新，但直到南北朝时期，岭南地区的蕉布制作仍采用灰练这项技术，在技术上没有实质性的进步。值得注意的是，此时的蕉做的织物没有被称之为"布"，仍是以"葛"相称，晋嵇含《南方草木状》卷上记述其为："其茎解散如丝，以灰练之，可纺绩为缔绤，谓之蕉葛。虽脆而好，黄白不如葛赤色也，交广俱有之。"

唐宋期间，广东、广西、福建所产的蕉布非常出名，常作为贡品献给朝廷。唐杜佑在《通典》卷六中有记载"安南都护府，贡蕉布十端"，但此时制作蕉布的技艺仍然延续着碱性脱胶法。南宋周去非《岭外代答》中有相关记载："水蕉，不结实，南人取之为麻缕，片干灰煮，用以织绤。布之细者，一匹直钱数缗。"

到了明清时期制作蕉布的技术有了很大的进步，清屈大均《广东新语·货语》曰："蕉类不一。其可为布者曰蕉麻。山生或田种，以蕉身熟踏之，煮以纯灰水，漂潎令干，乃绩为布。"由上述可知，明清时期制作蕉布，首先将芭蕉反复多次踩踏，再放入加了灰的水中经高温煮后漂洗晾干，再进行纺织。相较之前的方法，此时则是将高温脱胶和碱性脱胶两种方法相结合，其效果要更好。

除了上述葛、麻类衣服原料作物外，接下来介绍的这种衣料，

图7 桐

图8 木棉

史书上的有关记载则很少——桐（图7）。

《钦定授时通考》上有相关记载："华阳国志益州有梧桐木，其华采如丝，人绩以为布，名白华布。"这里的"华"应为通假字，通"花"。《华阳国志·南中志》记载永昌郡说："（永昌郡）有梧桐木，其华柔如丝，民绩以为布，幅广五尺以还，洁白不受污，俗名曰桐华布。以覆亡人，然后服之及卖与人。"

这两者表述大抵相似，这里所说的梧桐木、桐木其实就是指的木棉（图8），桐华布即为木棉布。木棉布又称作橦华布，或称白氎、帛叠、白緤，又谓拓布、荅布、都布，纳西语至今仍称棉布为"拖布"，在闽、广及海南等地区则将木棉称为吉贝。这种布料不是以草本的棉花作为原料而是以木本的木棉花为原料。

古代人还利用竹子制作衣服，在嵇含《南方草木状》卷下有记载："筸竹，叶疏而大，一节相去六七尺，出九真。彼人取嫩者，磓浸，纺绩为布，谓之竹疏布。"

还有些地区是利用树皮的纤维来织布，如勾芒木，晋顾微《广州记》中有记载："阿林县有勾芒木，俚人斫其大树半断，新条更生，取其皮绩以为布，软滑甚好。"

广西等地用桄榔树的须条，将其加工作纤维织布。据刘恂《岭表录异》卷中载："桄榔树，枝叶并蕃茂，与枣槟榔等小异，然叶下有须，如粗马尾，广人采之，以织巾子。"

除此以外广西藤类植物甚多，至迟晋代，广西等地的人们已使用古终藤纤维纺纱织布了。晋裴渊《广州记》中有记载："剥古终藤绩以为布。"

《太平御览》引南朝宋人沈怀远《南越志》说："桂州丰水县有古终藤，俚人以为布。"

写到这里不得不感叹古人的智慧，尤其是广西等地的少数民族，他们所使用的衣料如竹、藤、蕉等极具特色。这是极富创造力与想象力的纺织原料，扩大了人类衣着原料的范围，是人类文明历史长河中不可缺失的一笔宝贵财富。

参考文献：

[1] 张箭.论人类衣着材料的演变——以农史为主要视角 [J].武陵学刊，2019，44（04）:114—128.

[2] 向安强.树皮布·蕉布·竹布：古代岭南土著社会"蛮夷"制布文化考述——从环珠江口先秦"树皮布文化"说起 [J].农业考古，2010（01）:301—311.

[3] 李炳东.广西古代利用植物纤维织造史考述 [J].广西大学学报（哲学社会科学版），1983（01）:79—83.

[4] 杨锦，彭德.《授时通考》——乾隆钦定的一部农书 [J].紫禁城，2004（03）:32—35.

[5] 肖希.《授时通考》农业俗词语研究 [D].南京：南京师范大学，2015.

[6] 刘春雨.雷州葛布的保护与开发研究 [J].山东纺织科技，2014，55（04）:51—54.

[7] 许桂香，司徒尚纪.岭南服饰原料历史地理研究（上）[J].中山大学研究生学刊（自然科学、医学版），2006（02）:71—79.

[8] 许桂香，司徒尚纪.岭南服饰原料历史地理研究（下）[J].中山大学研究生学刊（自然科学、医学版），2006（03）:86—95.

[9] 马宗申.中国古代农学百科全书——《授时通考》[J].中国农史，1989（04）:93—95.

[10] 高春明.中国古代的平民服装 [M].北京：商务印书馆国际有限公司，1997.

《蚕桑图说合编》及《蚕桑萃编》[清]

说人

《蚕桑图说合编》为《蚕桑合编》与《蚕桑说略》的合刊（图1）。于同治十年由广东高廉道尹许某刊刻。

《蚕桑说略》的辑者是宗景藩（图2），这是确定无疑的。宗景藩，生于清道光四年（1824），字子城，号屏伯，又号芷塍，浙江钱塘人，其岳父是晚清时期的剧作家黄燮清。同治十二年（1873），任武昌县知县。他发现当地的桑树与蚕的品种并不好，导致产出的蚕丝"获丝少，且其质硬其色黄"，因而无法用来织出上好的丝织品，农民

图1 富文楼藏版《蚕桑图说合编》书影

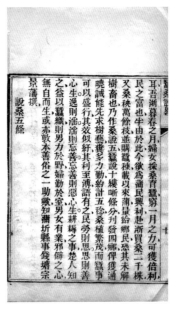

图2 《蚕桑说略》序言书影

蠶桑合編
辨桑法　　何石安　魏默深　輯
桑爲蠶本育蠶必先植桑桑有荊魯之別魯桑葉大甚少
而根固荊桑葉小甚多而質較堅但桑種出之荊桑者居
多莫如以荊桑爲本接以魯桑之條根固葉茂其法最善
接桑法
接換之法用魯桑條三寸許側去一半如馬耳式約寸餘
宜急速反插入荊桑皮內麻札土擁惟在時之融和手之
快密封繫之固擁包之厚取春分前後清和天氣候芽出
蠶桑合編

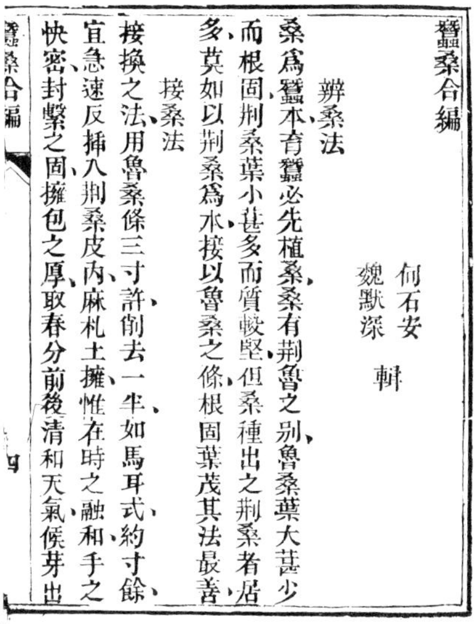

图 3　高廉道许重刊《蚕桑图说合编》中显示何石安与魏默深为《蚕桑合编》辑者

蠶桑合編
陸伊湄　沙式菴　輯　魏默深　文東川刊
辨桑法
桑爲蠶本育蠶必先植桑桑有荊魯之別魯桑葉大甚少
而根固荊桑葉小甚多而質較堅且桑種出之荊桑者居
多莫如以荊桑爲本接以魯桑之條根固葉茂其法最善
接桑法
接換之法用魯桑條二寸許側去一半如馬耳式約寸餘
宜急速反插入荊桑皮內麻札土擁惟在時之融和手之
審密封繫之固擁包之厚取春分前後清和天氣候芽出
時只留一芽秋成條桑是也

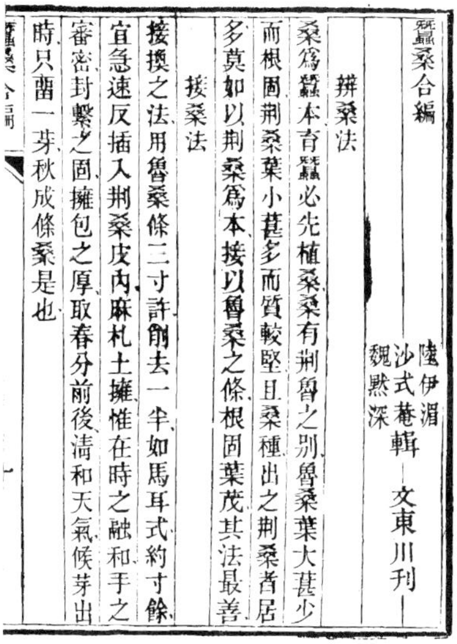

图 4　文东川刊《蚕桑合编》中显示陆伊湄、沙式庵与魏默深为辑者

没有办法靠养蚕获利，逐渐养蚕的人越发少了。宗景藩上任后，派人从浙江购入桑 2000 株，桑树苗万余枝，还一同购入了蚕种，担心乡民们不会种桑养蚕于是写了“桑说五、蚕说十”来指导乡民的蚕桑生产种植技术，这里所说的“桑说五、蚕说十”就是《蚕桑说略》。从此，本地才有妇女开始以养蚕为业。后人将鲁桑称之为“宗公桑”，用该蚕丝织的丝绸称之为“宗公绸”。

而《蚕桑合编》的辑者情况却较为复杂，不同版本显示的并不相同。《蚕桑图说合编》中《蚕桑合编》的辑者为何石安、魏默深（图 3），而清道光二十四年（1844）苏州文东川刊《蚕桑合编》的辑者为陆伊湄、沙式庵、魏默深（图 4），在原序中出现的人名却为沙石安（图 5）。这三处的辑者姓名

原序
人趙邦彥築南山草堂平原數畝種桑千株旋於來歲暮
春率內人躬操其事一切飼養之經明切指示未幾數十
日而蠶事告成計其所獲之利大有裨益昔人之言誠不
我欺也由是每歲必興桑之所出愈多蠶之所育愈繁竊
以世事人情大率不遠不坐享其利即人人皆可獲自然
之利思以己之所得公諸同人倣而行之行見大江以南
家有蠶桑之利猶存古聖王之遺意也因述淺說以勸同
志道光癸卯歲嘉平月朔日沙石安序

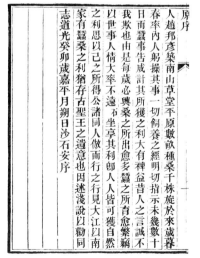

图 5 《蚕桑合编》的原序结尾处出现的人名为沙石安

充满着矛盾，那么何石安、沙式庵、沙石安是否为同一个人呢？魏默深、陆伊湄又是何许人也？接下来我们逐一进行分析与探讨。

上述辑者中最为知名的是魏默深。两种版本的《蚕桑合编》的辑者都有魏默深，另据《毗陵沙氏族谱·沙式庵先生序略》记载："沙式庵著有《蚕桑摘要》行世。文方伯柱采入劝课，属魏默深附注缫丝于后，名曰《蚕桑合编》。"这证实魏默深参与了《蚕桑合编》的编辑。魏默深，正名魏源（1794—1857），原名远达，字默深，又字墨生、汉士，号良图，汉族，湖南省邵阳县金潭（今邵阳隆回）人，清代启蒙思想家、史学家、文学家，主要著作有《书古微》《诗古微》《默觚》《老子本义》《圣武记》《元史新编》和《海国图志》等。魏源师从刘之刚，勤奋好学，常常苦读至深夜，十六岁考取秀才，二十八岁便中了举人，在道光九年（1829），他与龚自珍两人双双落第，为此房考刘逢禄作《两生行》替二人感到惋惜。之后他屡试未中，其间鸦片战争爆发，魏源在浙江参加抗英战斗，鸦片战争的失败以及友人林则徐的贬谪，使他明白固步自封的晚清社会已经无法适应不断变化的世界了。他坚决主张变革，主张学习外国的先进科学技术，提出了"师夷之长技以制夷"的策略，是晚清最早"开眼看世界"的人之一，开启了中国近代向西方学习的时代新风，这是中国思想从传统转向近代的重要标志，为此后忧国忧民的志士指出了寻找救国救民道路的方向。但魏源的仕途并非平坦，直到道光二十四年（1844）才中进士，先后任江苏东台、兴化知县等职，咸丰元年（1851）任高邮州知州。

《蚕桑合编》的第一辑者是陆伊湄，正名陆献，字彦若，号伊湄，是宋忠烈公陆秀夫裔孙，丹徒镇（今江苏镇江）人。道光七年（1827）随钦史那彦成赴新疆，后选授山东蓬莱县令，转繁县（今四川新繁）、曹县知县。所到之处皆劝农种桑养蚕。道光十五年（1835），著成《山左蚕桑考》十二卷，把课桑事宜分为种椹、压条、移树、接本、采叶五个部分记述。此外还著有农业书籍《种药方》一卷、《种菜方》

二卷、《种树方》三卷。道光二十二年（1842），陆献辞去官职，回到丹徒，设蚕桑局，以《蚕桑兴利法》刻本劝民。在《丹徒县志·宦绩》中曾有记载："文东川方伯招至吴中，议劝课蚕桑，培补地方元气，乃设局城南鹤林寺，法以无旷土游民为正旨。"陆献早卒，咸丰十年（1860）入祀山东名臣祠，享年五十八岁。

上述辑者中最令人纠结的是何石安、沙式庵、沙石安三个名字。这个问题也一直困扰着国内外学者，研究中国农业史的著名日本专家天野元之助先生就在《中国古农书考》中对这样的情况感到疑惑，田尻利将《蚕桑合编》的撰写者记为 Sha Shihngan（注：即沙石庵，石的英文为 shih，庵的英文为 ngan），在沈秉成《蚕桑辑要》的跋中则写作"司马沙君石安"，但书中却记录道："按本书诸家杂说一段，是采录《蚕桑合编》里何石安的蚕桑浅说。"天野元之助先生并未看到何石安的《蚕桑浅说》。华德公在《中国蚕桑书录》中提道："前述《蚕桑合编》一书的作者为何石安，不知为什么本书刻为'沙石安''沙瑟庵'，但肯定这是一人。"

史料中对于何石安的记载少之又少，只有光绪十一年（1885）的《沙氏族谱》记录最为详尽："十五世，式庵，名书玉，寿登八十有二。……书玉，九皋长子，字石安，号瑟庵，例授承德郎，太学生，议叙六品顶戴，诰封中议大夫，五品蓝翎州同职衔，加六。生于嘉庆七年，壬戌七月初四日亥时，卒于光绪九年癸未六月二十九日丑时，寿登八十有二，葬大港镇东磨盘山东路南姚家山祖茔，乾巽向兼，亥巳有圹有碑。著有《蚕桑汇编》《医原记略》《疡科补苴》行世。"

同时李承霖在《恭祝诰封奉政大夫晋封中议大夫石安尊兄大人八秩寿序》中也有所记载："先生家世业医，其先为毗陵人，自其父景韶翁始迁大港，遂占籍焉。先生生有至性，少失恃，事父暨继母殷，以孝闻。性颖异，好读书，以贫故弗克卒业，弃而学医，于灵素秘奥及诸名家之说，莫不贯穿宣究。……（道光时）润州古吴地，厥土宜蚕，惟城东数十里向无桑田，先生慨然创始，种植女桑，并讲求浴茧缫丝诸法，著有成书，远近效之，皆先生导之也。"在《丹徒县志》中也有记载"医士沙石庵著《蚕桑合编》一卷"。

前述《沙式庵先生序略》里记道："沙式庵著有《蚕桑摘要》行世。文方伯柱采入劝课，属魏默深附注缫丝于后，名曰《蚕桑合编》。"由此可以肯定的是沙石安参与了编撰《蚕桑合编》。

将上述资料整理一番，我们能够了解到：沙书玉（1802—1883），字石安，号瑟庵。祖上是毗陵人（今江苏常州），后其父亲迁至丹徒县大港镇（今江苏镇江）。年少时就十分喜好读书，但因为家境贫寒遂放弃了学业转而当了医生。

那么究竟是何种原因使得《蚕桑图说合编》中《蚕桑合编》的编纂者变为何石安，并在之后的半个世纪内并未有人提出过相关质疑呢？对此，目前我们还不得而知，只能让这个疑问继续存在于这漫漫的历史长河中。

《蚕桑萃编》的编撰者是卫杰，字鹏秋，剑州修睦保（今四川剑阁元山镇）人。其祖父是嘉猷，历任四川西昌、内江、罗江、重庆等州县教谕，其父卫闲道，字友于，咸丰元年（1851）举人，官至南溪县教谕。卫杰生长在这样的家庭，耳濡目染，从小便聪慧好学，但却对于八股文提不起丝毫的兴趣，故屡试未中，后来被忠武侯杨遇春推荐，调直隶治河工程巡检，后历任县丞、州判。当时直隶兴办蚕业，在保定设立官办蚕桑局，李鸿章令卫杰负责技术工作。卫杰任职后，不仅从蚕桑业较为发达的老家剑州引进优良的蚕种，还聘请工匠到蚕桑局传授养蚕经验与缫丝技术，极大地促进了当地蚕桑业的发展，李鸿章在《蚕桑萃编》卷十二叙中有这样的描述："十九年得桑百万有奇，二十年得桑四百万有奇。"为了加大传播力度让更多的乡民学习先进的生产技术，卫杰于光绪二十年（1894）写成《蚕桑萃编》一书，在光绪二十五年（1899）进呈御览，此书随后便流传开来。

说书

鸦片战争以后，中国社会经济结构发生变化，农业逐渐走向了商业化，农产品不再仅仅是自产自销，更多的是为了满足他人的需要，这使得愈来愈多的农民从事商品生产，《蚕桑备览》中提到了这个现象："浙人种桑，随时培养，或卖叶，或卖秧，均以为业，亦谋利之法也。"同时政府为了恢复经济、解决国库空虚问题而提出大力发展蚕桑业，因此19世纪后期不少地方推广蚕桑，举办蚕桑讲习所，各地官员或是自己动手或是委托熟悉蚕桑技术的士大夫纷纷进行蚕书编纂，通过收集前人著作中的资料再加上自身所掌握的知识编写成书，并加以推广。据《中国古农书联合目录》所载，在此期间出版的蚕书有九十六种，再加上作蚕书十四种，共计一百一十种，当然这与当时植桑养蚕以及纺织技术的发展也不无关系。

这些蚕书主要可以分为四大类：一是对以前蚕桑著作中提及的知识的汇编；二是在著名蚕乡对养蚕技术的详细记录；三是在任职地区内为推广蚕桑技术而整理的有针对性的科普著作；四是西方近代的蚕桑技术新法的介绍性书籍。《蚕桑萃编》《蚕桑合编》及合刊本《蚕桑图说合编》都属于第一类——汇编类。魏源作为经世学派代表人物，直接参与了古蚕书《蚕桑合编》的编撰，这是十分少见的。可见蚕桑与当时政治、社会联系的紧密性，晚清官绅劝课蚕桑以应对日益增长的人口数量，成为蚕书流传根本缘由，这也是源于特殊历史阶段的传统农书流传的新特点。而《蚕桑说略》是担任知县的宗景藩用来指导乡民的蚕桑生产种植技术而撰写的"桑说五、蚕说十"，属于第三类，内容详尽，通俗易懂，是研究中国近代蚕桑技术发展的珍贵史料。

《蚕桑图说合编》包含内容甚广，从栽桑、养蚕到缫丝均有涉及，甚至还包含了蚕桑局的相关事宜，内容包括：辨桑法、接桑法、移栽剪桑法、科斫桑条法；蚕性总说、浴种生蚁法、下蚁法、饲蚕法、

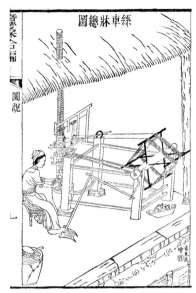
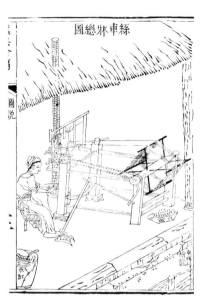

图6　文东川刊《蚕桑合编》中的《丝车床总图》（袁克昌绘）

图7　原中国历史博物馆藏《蚕桑图说合编》中的《丝车床总图》（车转利绘）

断饲眠法、饲蚕起底法、上簇法、原蚕法、收种法；缫丝法十二条；丹徒蚕桑局规四条、蚕桑局事宜十二条；二十九幅图说，并附有《蚕桑说略》说桑五条、说蚕十条。曹笙南在《五亩居蚕桑清课》中对于《蚕桑合编》的内容这样记录道："惟何石安所著《蚕桑切要》，继增续编，瑞昌文柱藩苏时，加以图说，总曰合编，于法少备，桑蚕近刻，允推善本。"

文东川刊《蚕桑合编》中的图则有三十二幅，多了《饲蚕凳式》《地蚕凳式》《喷筒式》这三幅图。其中《丝车床总图》上有"袁克昌绘"字样（图6），但原中国历史博物馆所藏《蚕桑图说合编》中，此图显示的是车转利绘（图7）。

《蚕桑图说合编》目前已知的有三个版本，其中两种镌"同治己巳仲春重镌、附蚕桑说略、常郡公善堂藏板"，分别藏于华南农业大学、南京农业大学。原中国历史博物馆所藏《蚕桑图说合编》则镌"同治辛未桂月、高廉道许重刊、高州富文楼藏板"。

它们在内容上稍有不同，华南农业大学藏版卷首三篇序落款分别为：同治八年岁次己巳嘉禾张清华谨识；道光癸卯岁嘉平月朔日何石安序；道光二十四年岁在甲辰仲冬月吉苏藩使者瑞昌文柱序。篇尾跋落款：同治己巳仲春阳湖陆漱恩跋。卷端下题"何石安、魏默深辑，武阳公善堂校刊"。而南京农业大学藏版则没有张清华序与陆漱恩跋，图说一致，但放置于开篇，同时也将《蚕桑说略》放在了中间部分，还增加了沈练的《广蚕桑说》"桑"十条、"饲蚕法"六十六条。中国历史博物馆藏版的内容与华南农业大学藏版大抵一致，开篇为《蚕桑示谕》，落款"钦加布政使衔广东分巡高廉兵备道兼管水利驿务加十级纪录十次许"，也没有张清华序与陆漱恩跋。

《蚕桑萃编》是中国古代篇幅最大的一部蚕书，是综合多种蚕书中的材料于光绪二十年（1894）编成的。该书共十五卷，其中叙述栽桑、养蚕、缫丝、拉丝绵、纺丝线、织绸、练染共十卷。卷一为《稽古》，即历代诏制类（到明代为止）、历代劝课类；卷二为《桑政》，卷三为《蚕政》，卷四为《缫政》，卷五为《纺政》，卷六为《染政》，卷七为《织政》，卷八为《棉政》，卷九为《线政》，卷十为《花谱》。每卷又再细分，汇集了大量的资料，另有蚕桑缫织图三卷、外记二卷。外记这两卷主要介绍了英国和法国的蚕桑技术和生产情况以及日本的蚕务情况。

书中除了对中国古蚕书进行介绍和评价外，重点叙述了当时中国蚕桑和手工缫丝织染所达到的技术水平，尤其是在三卷图谱中绘有当时使用的生产器具，并附有文字说明。有些内容，如江浙水纺图和四川旱纺图中所绘的多锭大纺车，反映了当时中国手工缫丝织绸技术的最高成就。如打绵线方法：

> 先将丝绵挂绵叉上，次以左手大指、二指、中指捻绵，向下抽扯，以右手大指、二指将左手抽出之绵拈而成线，如搓纸拈子一般。俟线长尺余，然后将绵之下截缠绕在芦筒之上，线之上截缠绕坠梗螺纹之上，复以手拈之，自然将坠梗带动。坠梗愈旋转愈下坠，线亦愈引愈长。俟坠梗

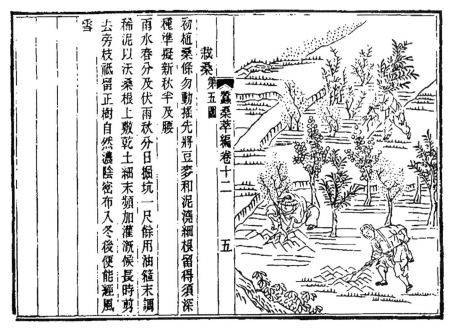

图8 《栽桑第五图》

至地即解开螺纹上之绵线，缠绕芦筒。复以其余缠绕螺纹，仍用手拈之。候筒上绵线缠成大卷，再将筒取下，另换一筒，谓之打绵线。

卷十一主要描绘的是植桑、养蚕、缫丝过程中所需要的工具，卷十二、十三更多的是在讲方法并配以诗歌，其中桑图八幅、蚕图十二幅、纺织图八幅、四时图十二幅，其诗歌均为七言绝句，同时还用大量说明性的文字加以注解，如卷十二中的《栽桑第五图》（图8）。

卫杰在编纂这部书时也大量借鉴了前人书中的内容，如《四时图咏类》中的《正月》一图（图9）明显是借鉴了杨屾《豳风广义》中的图（图10），画面内容十分相似，但是并没有标明其出处。这也是《蚕桑萃编》的一个问题，就是大部分的引用文献并没有标明出处。

目前光绪二十五年（1899）刊本与二十六年（1900）刊本在内容上基本一致，只是在时间的记载上有些许差别，前者为"光绪

图9 《蚕桑萃编》卷十三中的《正月》 　　图10 《豳风广义》中的《正月》

二十五年十一月",而后者是"光绪二十六年六月"。1956年中华书局出版的《蚕桑萃编》缺失了外记两卷。附带说一下,光绪二十六年兰州官书局刊刻的《蚕桑萃编》显示的是魏光焘编,但根据本书的内容可以断定应为卫杰所著。天野元之助先生推断,之所以在书上标注为魏光焘所作,大约是因为要以他的名义出书。

说图

随着科学技术的不断进步,不断有更加方便使用的农具出现在大众的视野当中。《蚕桑合编》中就详细地介绍了蚕桑方面相关工具的使用方式,与之前的农书不同,《蚕桑合编》中对缲车结构的每一个部件都进行了详细的解释说明。我们在前面所介绍的农书中已经对南北的缲车使用方式进行了简要的介绍,现在就来介绍一下缫车的每一个部件及其功能。

《丝车床总图》（图 11）是图说部分的第一幅图，"丝车"就是缫车，是用来缫丝的机具。《天工开物》详细记载了缫丝的过程：

> 凡茧滚沸时，以竹签拨动水面，丝绪自见。提绪入手，引入竹针眼，先绕星丁头（以竹棍做成，如香筒样），然后由送丝竿勾挂，以登大关车。断绝之时，寻绪丢上，不必绕接。其丝排匀不堆积者，全在送丝竿与磨木之上。

明代的缫车基本保持宋代脚踏式缫车结构，在《天工开物》《农政全书》等农书中可以看出这一点。通过图片可以看出，这一款脚踏式南缫车的车架相对较高，丝的导程也相对较长，而北缫车车架略低，丝的导程较短。

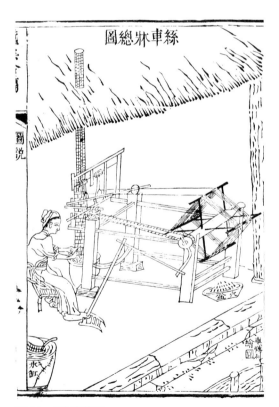

图 11　丝车床总图

下面就来对南缫车的结构进行一一介绍。"车床"就是缫车整体支架（图 12），由四根柱子支撑，图中右边两根柱子高二尺四寸（约 80 厘米），且柱头上各开一个口用来支撑车轴，左前方的柱子高二尺七寸（约 90 厘米），柱头连接丝称，而左后方的柱子高二尺三寸（约 76 厘米），柱头裁成圆榫，用于装牡娘镫。

上文所说的车轴（图 13），其实是以一个二尺五寸（约 83 厘米）的圆柱形木头为轴，将牡娘镫上的绳子缠在轴向外的一头，再把四根六寸（约 20 厘米）的短木镶于轴中，且用一尺（约 33 厘米）的横梁作为连接，套

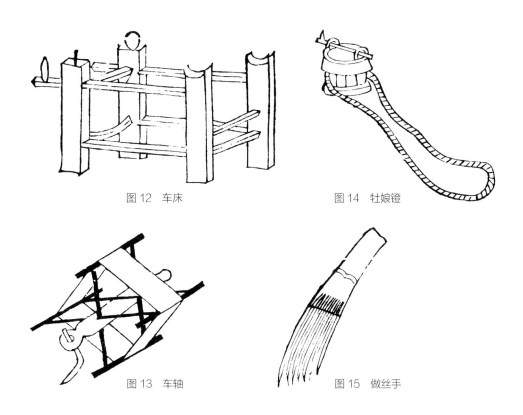

图 12　车床　　　　　　　　　　　　图 14　牡娘镫

图 13　车轴　　　　　　　　　　　　图 15　做丝手

上车衣衬，方便取下丝线。

　　而牡娘镫起一个连接件的作用（图 14），在《蚕桑合编》中是这样记载其尺寸大小及作用的："镫以桑木为之，高三寸，圆周六寸，或八棱，或十棱，中凿圆孔，以套车床柱榫上。中腰削坳以环牡娘绳，上裁两耳，旁镶四寸小圆木一条，以承丝称。绳用棉绞者为上，长约四尺，两头交结使紧，前套牡娘镫，后套轴柄上，中须交互一转，方能使镫随轴而运。"

　　做丝手（图 15），用于寻索茧丝绪头，因其形状似人手而得名："以带节竹一片为之，阔二寸、长八寸，节须留在六寸之间，上斫粗缕七八条，形若手指，以捞丝绪。"这是《蚕桑合编》对于做丝手的描述。考古人员在钱山漾遗址出土了用两根麻绳将草捆扎的扫把状物品，其功能与做丝手类似，属于缫丝时使用的索绪工具。

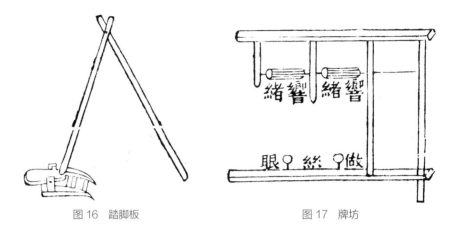

图 16　踏脚板　　　　　　　　　图 17　牌坊

　　踏脚板（图 16），用于转动轴承，《蚕桑合编》中道："踏脚板用尺五寸长、六寸阔木一块，上制两耳以为底，再用八寸长厚板一片，削成屐样，旁缀二榫嵌于底木两耳中，上直镶二尺小木条，头裁榫口。另用二尺小木条，一头凑于直木之榫口，以竹钉贯之，一头凿成圆孔贯于轴柄。踏动板木，可屈可伸，轴即随之转矣。"

　　牌坊（图 17），是缫车上端的部件，同样也是起到一个连接的作用，《蚕桑合编》中有详尽的描述："牌坊用二长柱，高二尺，上设横档。档下置二短柱，长三寸，连长柱平穿一孔，用细篾一条贯之，以缀响绪。响绪用小竹五寸，两头留节，中刻条缕，穿孔横贯篾条上。丝眼所以穿丝，用细铜铁条三寸，一头椎扁钻眼，眼须光润，不令刮断丝绪。"

　　丝称（图 18），横斜在上轴，一头套在牡娘镫上，一头在缫车的机架上（图 19）。《蚕桑合编》中曰："丝称所以制丝，使之横斜上轴也。以小木条为之，长二尺四五寸，一头开圆窍，套于牡娘镫上，一头贯于车床柱之孔中，上钉铁钩曰，送丝钩。"

　　介绍完缫车，接下来介绍一些栽桑养蚕工具。栽桑的专用工具包括桑树嫁

图 18　丝称

接、修剪整枝、采摘桑叶、贮桑切叶的用具。养蚕器具有蚕座、收蚁用具、给桑用具、除沙用具、加温补湿和降温除湿设施以及上簇用具等。不仅如此，明代种桑养蚕，还要做到人、桑、屋、箔、簇五项齐备。

蚕的孵化是需要条件的，其中温度是不可忽视的条件之一，火仓就是调节室内温度的关键。所谓火仓(图20)，其"状如三星"，样子小巧玲珑，内藏熟火，均匀地置放在蚕室内，使室内温度维持在一个让蚕感到温暖的水平，更加有利于蚕的孵化。

图19　丝称在缲车的具体位置

蚕箔（图21），亦作"蚕薄"，是一种以竹篾或苇子等编成的养蚕器具。北方的蚕箔常用蕉苇编织而成，南方则在蚕筐或蚕盘中养蚕。蚕盘是长方形的，用篾片或芦苇编成的席作底，竹或木板为框。蚕筐又称蚕匾，一般为圆形，直径五至七尺为最适用，边缘高半寸左右，大的可达九尺，边高一寸左右。

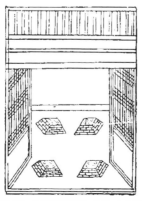

图20　《蚕桑萃编》中的火仓图

图21　蚕箔

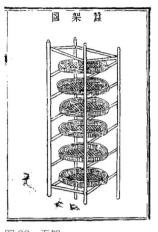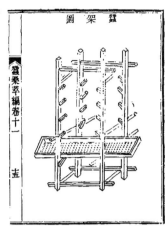

图 22　蚕架

蚕架（图 22），蚕架是搁置蚕筐或蚕盘之框架，是用四根木柱为栋，木柱上每隔八九寸穿一孔，两根木柱孔中插入一根竹竿，构成若干层横档，高八九尺。各地方的蚕架有所不同，但大致功能一样，都是用以安放筐或匾养蚕。在移动蚕匾时，右图的蚕架比左图的蚕架更为方便。

图 23　《蚕桑合编》中的绵豁

图 24　《蚕桑萃编》中的绵矩

绵豁是由一个长二尺、宽四寸、厚三寸的木板与一个长三尺四五寸、宽五六分，形状为弓形的竹条共同组成（图 23）。《蚕桑萃编》中也记录了这个工具（图 24），只不过叫法略有不同——"绵矩"。这是一种加工丝绵的工具，丝绵是一种由蚕丝制成的绵絮，是用不良茧、茧衣（茧表面的乱丝）和蛹衬（难以抽丝的蚕茧最内层）加工而成，常被用于制作冬衣或是蚕丝被。丝绵制作工艺历史悠久，最早可追溯到周朝；到了唐代，浙江丝绵被列为贡赋；从宋代起，浙江上调的丝绵占全国上调的三分之二以上，余杭狮子池的丝绵色白且轻，《嘉庆

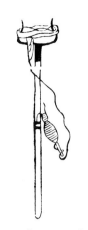

余杭县志》中记载："以其水缫丝（含制绵）最白，且质重云。"

托绵叉坠梗是一种纺纱工具（图25）。与《蚕桑合编》的叫法不同，《王祯农书》中称托绵叉坠梗为"撚（拈）绵轴"（图26）。无论是葛、麻还是丝绵都需要先纺成纱线，而这个工具就是用于纺纱的，下端是一个由石、木制作而成的圆盘形，叫作专盘，圆盘中间有一个孔，孔上插有一根长杆，称为专杆。纺纱的时候将需要纺的材料如麻、丝绵等缠绕在杆上，左手提杆，右手转动圆盘，从而使得纤维变得纤长和更加拈。纺一段时间后，将已经纺好的纱绕到细杆上去，如此反复直至专杆上绕满纱为止。这种纺织方式十分耗时，产量也很低，拈度也不均匀，十分影响纱线的品质。

纺车在纺织历史中使用时间最长，应用也最为广泛。西汉扬雄《方言》中有关于纺车最早的记载——"繀车"和"道轨"。汉朝时期纺车就已经成为了普遍的纺纱工具（图27）。为了方便绵纱的后加工，宋元时期出现了木绵拨车、木绵轩车、木绵线架等生产工具。

图25 《蚕桑合编》中的托绵叉坠梗

图26 《王祯农书》中的撚（拈）绵轴

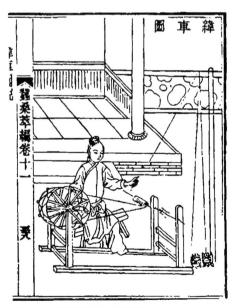

图27 《蚕桑萃编》中的纬车

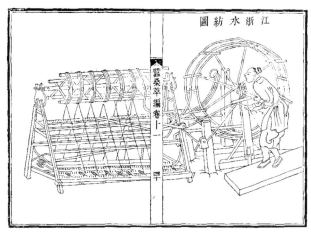

图28 《蚕桑萃编》中浙江水纺车

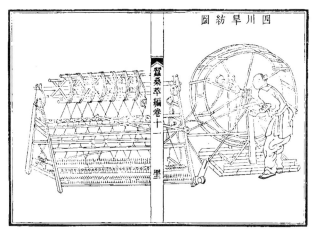

图29 《蚕桑萃编》中四川旱纺车

在《蚕桑萃编》中卫杰还介绍了浙江水纺车（图28）与四川的旱纺车（图29）。水纺车，顾名思义是以水作为原动力，利用激流的冲击力，使得水轮旋转，利用水力代替人力纺纱，大大提高了生产效率。据《王祯农书》记载："水轮与水转辗磨之法俱同。"主要用于加工麻和蚕丝。元、明之后，棉花使用的范围越来越广，麻的需求量大幅度下降，但棉花的纤维小，拉伸性不如麻，水纺车不适用于纺棉纱，故未被推广使用。而四川所使用的旱纺车就是我们一般说的大纺车。大纺车在北宋之后出现，是一种纤维捻线车，主要用于加工麻纱和蚕丝，一个昼夜就可以纺纱一百多斤，满足了当时的生产需求，已经具备了近代纺纱机械的雏形，比西方水力纺织机械约早400多年。我们从图中可以清晰地看出大纺车的工作原理，"弦随轮转，众机皆动，上下相应，缓急相宜"。一般的单锭纺车纺棉时，一天只能纺二到五两纱，三锭也不过七到八两。大纺车的传动已经采用与现在的龙带式传动相仿的集体传动了。它不同于旧的纺车，特点是纺纱的锭子更多，达三十二枚，生产力显著提高。

随着科技的不断进步发展，新型的现代化工具不断出现，传统的蚕桑工具和传统方法也逐步退出蚕桑业，"村南村北响缫车"的情景很难再见到了。但这些传统工具及方法，少数民族地区还在使用，且随着中国在不断地倡导复兴传统手艺，这些技术又逐渐重回到人们的视野中，这次它不再是作为提升国民经济的手段，而是作为展现中国伟大传统文化的代表。当然，复兴不等于复古，而是结合现代社会和人们的各种需求，从传统手工艺文化中提取合理的基因，注入或融入现代生活的肌体中去，使之获得重生和发展，获得新的面貌和新的形态。

参考文献：

[1] 高国金.徐赓熙《蚕桑辑要略编》考释 [J].古今农业，2017（02）:78—85.

[2] 高国金，盛邦跃.晚清蚕桑局的兴衰与变迁 [J].河北师范大学学报（哲学社会科学版），2017，40（02）:15—23.

[3] 高国金.《蚕桑备览》考释 [J].农业考古，2017（01）:210—215.

[4] 高国金，刘艳，曾京京.晚清蚕桑局商品化经营及特点 [J].农业考古，2014（04）:230—236.

[5] 蚕桑书籍介绍——《蚕桑萃编》[J].蚕桑通报，2014，45（03）:4.

[6] 高国金，盛邦跃.同光之际劝课蚕书的撰刊与流传 [J].中国农史，2013，32（04）:122—133.

[7] 任志波，马秀娟.《蚕桑萃编》——我国近代北方蚕桑知识大全 [J].安徽农业科学，2012，40（03）:1924—1926.

[8] 伏兵.清人卫杰与《蚕桑萃编》[J].四川丝绸，2000（01）:48—49.

[9] 天野元之助.中国古农书考 [M].彭世奖，林广信，译.北京：农业出版社，1992.

[10] 刘爽.明清农学文献研究 [D].济南：山东师范大学，2018.

[11] 许瑶.明清时期关中农书研究 [D].杨凌：西北农林科技大学，2017.

[12] 莫鹏燕.中国古代农书编辑实践研究 [D].武汉：武汉大学，2016.

[13] 林霞.明清农书的创作特点及其影响情况研究 [J].农业考古，2015（03）:294—299.

[14] 高国金，曾京京，卢勇.道光至光绪年间（1821—1908）农书创作高潮现象分析——以蚕桑著作为例 [J].古今农业，2010（03）:81—87.

[15] 闵宗殿，李三谋.明清农书概述 [J].古今农业，2004（02）:89—94.

《棉花图》及《授衣广训》[清]

说人

方观承

方观承（1698—1768），字遐谷，号问亭，又号宜田，安徽桐城人。他出身官宦之家，其父方式济，曾任康熙朝内阁中书。在方观承十五六岁时，祖父和父亲受同乡戴名世"南山集"案件（清康熙年间著名的文字狱）牵连，被贬戍至黑龙江。方观承与其兄方观永"往来南北，枵腹重研。数年，祖与父皆没，益困"。早年的艰难经历，塞内外的长期跋涉，影响了方观承的人生观和事业观。他一方面关注南北厄塞、民情风物；另一方面体恤农民疾苦、重视农业生产，为官更是"勤于民事"。方观承确有真才实学，因而得到平郡王福彭的赏识。雍正十年（1732），他为平郡王记室。次年，由监生加中书衔。雍正十三年（1735），补内阁中书。乾隆元年（1736），朝廷举行博学鸿词科考试，平郡王为监考官，方观承为了避嫌，未赴试，失去了一次进身的机会。乾隆二年（1737）任军机处章京，后历任吏部郎中、直隶清河道、直隶按察使、直隶布政使、山东巡抚、浙江巡抚、直隶总督、陕甘总督等职务，乾隆二十一年（1756）回任直隶总督。

方观承是一个实干家。清代一些文献记载，方观承每到一处任职，都有可以称道的政绩被记录下来。他留心水利，治理过很多河道。方观承任直隶总督二十年，"莅政精密"，"治水尤著劳勚"。先后对永定河的改道，子牙河、滹沱河、漳河的治理，浚河、安国河的排阻疏淤提出并实施了有效的措施；在各地开渠灌田、消除水患，并正确分析黄河在河南长垣、东明间决口的原因，采取堤西挖新引河办法，导水东流，恢复旧河道，使"沥水有归，农田杜患"。史书记载，他掌河务"洞彻地势，相时决机，前后数十疏，从之辄利"（李元度《国朝先正事略》卷十八）。乾隆皇帝在一段谕示里说："此人（按：指方观承）想宜于河务，为其不穿凿，而亦有条理也。"（《满汉名臣传》卷二十九）

方观承认为"政在养民"，所以在担任地方官期间，采取了一些卓有实效的利民措施。例如，他建立"义仓"千余个，贮谷二十八万五千三百余石。义仓是"借与赈兼行，而取重尤在猝然之赈"的救灾粮仓，这是他"设仓宜在乡不宜在城，积谷宜在民不宜在官"（《国朝先正事略》卷十八）这一主张的实现。

方观承在浙江为官时，十分关心蚕桑生产，每逢下乡视察、督导农业生产之时，总是虚心向老农蚕妇询问养蚕缫丝事宜，并于工作间隙把这些农间的经验用韵言记录下来。这些韵言于乾隆十四年（1749）被收编成书，名为《看蚕词》。书中收集了有关蚕缫事宜的诗词四十章，每章四句，每句加以详细的注译，既朗朗上口又便于理解。《看蚕词》记述了当时南方蚕区的民情、风俗、蚕业经济地位、蚕事活动，以及蚕种的制造、蚕种保护、洗浴、暖种、收蚁、大小蚕饲养、蚕病防治、上簇采茧、簇中保护、原料茧储藏、缫丝制绵等各个技术环节，具有很强的实用性，对浙江地区蚕桑生产及长江流域蚕桑技术的发展起了一定的指导作用。

方观承确是一位勤于民事、用心实干的为官者，所以任直隶总督二十年，"政无巨细，皆殚心力赴之"（《清史稿·方观承传》）。

清朝前期，今冀中石家庄的正定县、赵县、深泽县，衡水的冀州区、保定市、定州市一带植棉业有巨大发展，农户中植棉的占十之八九，每户植棉面积占耕地十之二三，产棉已"富于东南"。棉花及其产品销售已至黄河南北，远及朝鲜。其培植、轧、纺、织、染等技艺已累积丰富经验。方观承对棉花种植业和手工棉纺织业一直怀有浓厚的兴趣，加上他少年的生活经历，他在调查了解的基础上编撰出《棉花图》，真实地反映出当时河北地方棉农和手工纺织者的生产生活情景，并蕴涵着丰富的科学思想。

方观承著有《方恪敏公奏议》八卷，辑其家祖孙三代诗作为《述本堂诗集》十八卷，另有其子于嘉庆年间增刻方观承诗作为《述本堂诗续集》五卷。《清史稿》《清史列传》有其传。在方观承死后十一年，乾隆皇帝还怀念他，写诗称赞他"在直二十年，勤干实有余"（《满汉名臣传》卷二十九）。

董诰

董诰（1740—1818），字雅伦，号蔗林，浙江富阳人。清乾隆二十八年（1763）进士，官至内阁学士，充四库馆副总裁。甚得高宗、仁宗宠遇。朝廷编修，多由其主持。善画。谥文恭。编修《满洲源流考》《高宗实录》等。

说书

《御题棉花图》

清乾隆三十年（1765）四月，乾隆皇帝南巡，途经保定，直隶总督方观承迎接，并进呈《棉花图册》。该册将河北中部棉花种植、纺织及练染的全过程以工笔绘图十六幅，每幅图后面配以说明文字，装裱成册，在册首恭录清圣祖康熙的《木棉赋并序》。乾隆帝很重视，认为这是件有关民瘼的大事。同月，乾隆帝应方观承的请求，为《棉花图册》的每幅图分别题写了七言诗一首，共计十六首，同时准予将方观承所作诗句附在每幅图的末尾。方观承将经过乾隆御题的《棉花图册》正式定名为《御题棉花图》，并精心临摹副本，镌刻于珍贵的端石之上。在刻石之时，方观承增添了《方观承恭进棉花图册折》《方观承恭缴御题棉花图册折》及《方观承御题棉花图跋》三文。七月，方观承将《御题棉花图》交回宫中，从此，《御题棉花图》的原本

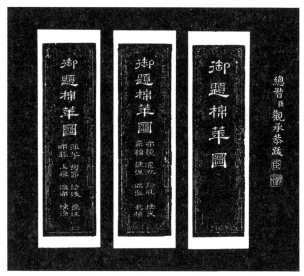

图 1 《御题棉花图》标题与目录

用以"深宫之咨度",实则是"藏在深宫人未识"。只有《御题棉花图》刻石留在了直隶总督署。十二块图文并茂的刻石,其中十一块各长 118.5 厘米,宽 73.5 厘米,厚 14.2 厘米,其余一块长 98 厘米,宽 41.5 厘米,厚 13.5 厘米。石材为质地优良的端石,图为阴文线刻。清亡以后,棉花图刻石流散到了保定市半亩园街两江会馆,1954 年由河北省博物馆收藏。流传于世的"棉花图"拓本均来自于此。准确地说,民间流传的、通常人们所见到的,并不是《御题棉花图》,而是《御题棉花图》刻石的拓本(图 1)。

　　《棉花图》拓本,有乾隆原拓本,也称初拓本——经折装,拓页四十二,拓面 26.3 厘米 ×26.3 厘米正方形,硬木前后封。以后的几个拓本均为此装潢。又有 1937 年"伪满洲国"棉花协会拓本,1941 年"伪华北棉产改进会"据此本重印。1942 年日本筑摩书屋据"伪满洲国"拓本出版《改译棉花图》。1986 年河北科技出版社出版注释本。以上各本均为"乌金拓",乌金拓就是用掺有蛋清的浓墨着重色扑打,文字与拓纸便会黑白分明,乌黑发亮,故名。(肖克之《〈御题棉花图〉版本说》)

　　《御题棉花图》共计图十六幅,每一幅图均配有图谱说明、乾

图2　布种　　　　　　　　　　　　　图3　灌溉

隆帝的七言绝句及方观承的七言绝句。左文右图，左文又分成三个部分：中间行书大字是乾隆题诗，右边楷书小字为方观承对每一则棉事的解说，左边楷书小字是方观承的题诗。图中加盖乾隆印章三十枚，印章多为篆书。刻石集诗、书、画、印于一体，可以说是图文并茂。十六张图，十六个棉生产及加工的环节，方观承均写出切实的核心技术要求以及相关的背景知识，对研究我国科技发展史、植棉史、纺织史及社会经济形态等均有重要意义。《御制棉花图》被称为是我国现存最早的一部关于棉花栽培及加工技术的总结性专著。现采用乾隆石刻拓印本，按先后顺序，分为四类介绍：

第一类：反映培植技艺，图共六幅。

1.《布种》

布种（图2）就是播种。清乾隆时代我国南北棉区，均种中棉（即"亚洲棉"*Gossypium arboreum*），冀中有青核、黑核两个品种较优。布种强调选种，剔除杂劣，冬季晒种，清明后水选，汰去轻瘪上浮的，留"坚实者"作种用。播前烫种，搓以草木灰，以备下种。棉宜"夹沙之土"，"种欲深、覆土欲实，虚浅则苗出易萎"，"种在谷雨前为植棉（即早棉），过谷雨为晚棉"。

2.《灌溉》

灌溉（图3）是棉田管理的第一项内容。冀中一带春季少雨，又无"溪池自然之利"，所以"种棉必先凿井，一井可溉四十亩"。

图4　耘畦　　　　　　　　　　　图5　摘尖

出苗后,遇土墒不足,仍需由近及远灌水,故称"人力之滋培尤亟耳"。

3.《耘畦》

棉田管理的第二项内容,间苗和除草(图4)。出苗后用锄删密定苗,沿用"一步留两苗"的方法,使棵棵疏朗。据王恒铨报道(1986年),河北棉区自清朝至20世纪五六十年代,行距大都为40到43厘米。据此推算,株距为二尺,每亩约两千株左右。植棉强调多锄,立夏至夏至前后"一月三耘、七耘而花繁茸(注:纤维)细"。

4.《摘尖》

棉田管理的第三项内容——打尖(图5)。苗高一二尺,将主茎"翘出者",摘去其尖,"曰打心",使旁枝伸长;尺半以上,又摘尖,称打群尖,意在不使枝枝交叉。打心可使主茎养分分至旁枝,增加结铃,一株可结三十余,少者只十五六。摘尖贵适时,事在三伏,宜晴忌雨,若过晚,促旁枝已无利。

5.《采棉》

《采棉》介绍棉实的常识和采棉(图6)的情景。花落结桃,桃裂见絮,为棉熟。棉絮有白有紫,"黄白为上""紫花不贵也"。棉熟随时采收,时在八月(阴历),妇女将衣襟拽起盛棉,再将棉转入筐带回

图6　采棉

图7 拣晒　　　　　　　　　　　图8 收贩

家。至十月初，下霜，叶干粘絮及落地棉，称剩棉，习俗任人拾取。

6.《拣晒》

拣晒（图7）就是拣棉和晒棉。采得棉在苇箔上摊晒，时翻动，以利久贮。晒时分拣，絮纯白色的价高，土黄色次之，受水浸湿过的仅能杂用，不可纺织。收棉季节，竞相晒棉，田野村落若有"堆云""雪盖"，丰收景象也。

以上诸图，绘述田野景色，阡陌相连，村侣瞩望，或农夫，或农妇，或举锄，或戽水，或携筐，操作神态，栩栩如生。

第二类：反映收获季节商贩活动，图一幅。

7.《收贩》

此则介绍棉花丰收之后，各地棉商纷纷赶来收购和长途贩运的热闹场面（图8）以及棉价是死价而按丰歉增减两数的特异商规。冀中棉区"种棉之地约居什之二三"，产棉自用有余，收棉季节，摩肩接踵，肩扛背驮售棉，易盐米杂物，繁荣市场，百业兴矣。时远近商贩，设店铺，牵车马，八方转运至黄河南北，远及朝鲜。

第三类：反映子花初步加工利用，图两幅。

8.《轧核》

轧核（图9），也就是轧花。本则先介绍轧车的构造和轧花的工艺流程，然后介绍不同精度棉絮的称呼和丰年棉花产量等知识。采收的子花有核，去核称瓤花，瓤花精白者称净花。用轧车去核，轧

图 9 轧核

图 10 弹华

车有铁木二轴，上下牵动，中留罅，使核不能过，则核和瓤花左右分出。核多而细者棉较重，一瓣七至八核为上品。丰年亩产子花一百二十斤，次之八十到九十斤。瓤花占子花三分之一。

9.《弹华》

弹华（图 10）就是弹棉花。本则介绍了花弓的样式、工作过程和工作效果。净花晒干，用弓弹，弓长四尺许，蜡丝为弦，捶弦以弹棉，使牵绊者分散、有结者膨松，用以絮棉衣，增温暖且轻匀熨帖，或纺织用。秋收村邻间捶弦声铮铮然，与春米声相应和，一幅丰收景象。

弹弦、轧车均见图，附人操作状，尺寸比例均合。

第四类：反映纺、织、染技艺，计图七幅。

10.《拘节》

拘节（图 11），纺纱的准备工序，指把棉絮约束成段。南方称擦条，北方称拘节。净花一束于桌上，取高粱穗轴一段称筳子，以卷棉，双手搓之，抽出筳子，成棉条。棉条供牵纺用，犹茧子抽丝。

11.《纺线》

纺线（图 12）就是纺纱，是织布的第一道工序。纺车为木制。纺单线，四日可得一斤，供织布用，络合二三绪，可供缝衣用。纺线可增值十分之三，匀细不毛者可增值十分之五，增值属纺线劳务所得。

12.《挽经》

挽经（图 13），织布前的又一道工序。络合经线，江南用经床，

图 11　拘节

图 13　挽经

图 14　布浆

图 15　上机

图 16　织布

冀中用木架。一人手持木架，一人持縺子绕木架，又称拐线。一架可容数縺（人工纺成线的单位），重约四两许。农妇心闲手敏，茅檐笑语间，坐立均可为之，较用经床为便捷。

13.《布浆》

布浆（图14），就是施浆、上浆。已络
合的经线，煮沸后经糊盆或米汁，取出晾
干，用拨车（也叫支棱）络合，然后上轴轳，
两端间用帚刷之，使狭直展延，若遇受浆
不匀处，复加爬梳，使根根经线均直伸。

14.《上机》

上机（图15）是将经线安装于布机上，
此则也介绍了布匹织成的过程。用二人理
经线，一人理梭中纬线。经线受浆，纬线
则不受浆。织者引绳高下，手足并用，一日可织布二十尺，粗经者
倍之，技术差者只得一半。

图17 练染

15.《织布》

布匹织成（图16）的过程已经在上一则的文字中说明，这则介
绍了成品的质地和等级，附带介绍棉籽等下脚料的用途。乾隆朝中
期，冀中诸州织布技术大进，且开展综合利用，"无遗利云"。

16.《练染》

练染（图17）即为练煮和染色。织布成端（二丈为一端），粗
细、广狭合格者，授染人，染五色，水漂晒干，不褪色，供裁剪衣裳。
农家终岁辛勤始得之，珍惜若丝绸品。麻织不抵冬寒，丝绵暖却价昂，
唯棉花既较贱而功用广。自此，农户粮棉"锄、耘、溉、获"并重，
耕织同举，乐生民矣。

《钦定授衣广训》

《棉花图》图文兼具，应该是很好的农作参考；但由于其刻于石板，
拓印不多，流传参考的功用较不明显。所以在《棉花图》问世的四十
多年后——嘉庆十三年（1808），嘉庆皇帝又为书中每幅图各作诗一首，
并据古代诗文典故更改书名为《授衣广训》，谕令文颖馆撰辑，下令

图 18 《钦定授衣广训》武英殿刻本，磁青绢函套，明黄绫书签。藏于故宫博物院

将全书刊刻颁行以垂久远。

这次撰辑《授衣广训》的任务交由文颖馆负责，由和硕仪亲王永璇及经筵讲官太子太师庆桂监理；经筵讲官太子太师董诰、经筵讲官户部尚书戴衢亨、经筵讲官工部尚书曹振镛等三人担任文颖馆正总裁；副总裁由潘世恩、英和、觉罗桂芳、秀宁、周兆基及陈希曾等六人担任；另设提调官、总阅官、纂校官及监造等十余人。从嘉庆十三年（1808）九月二十四日奉旨编辑，至当年十二月十二日编辑完竣。董诰等人上表进呈仁宗圣览，仁宗发交武英殿刊刻。武英殿进呈《钦定授衣广训》样本时，奉旨刷印装潢陈设杉木板石青杭细套、石青杭细面页连四纸书二十五部，赏用纸合背蓝布套、古色纸面页榜纸书一百部（图18—19）。至嘉庆十四年（1809）十二月十二日，武英殿将刷印装潢完成之书一百二十五部进呈阅览，其中连四纸书二十五部，依例交懋勤殿拟处陈设，榜纸书一百部照例交军机处拟赏之用。除此陈设、奖赏之用外，此书也依嘉庆谕旨刊刻流行，出版后流传甚广，大大推动了清代种棉及棉纺织生产事业的发展。

图 19 《钦定授衣广训》武英殿刻本，磁青绢书面，明黄绫书签、包角，米色丝线装订。藏于故宫博物院

"授衣"的意思是制备寒衣。古时有以九月为授衣之时。《诗·豳风·七月》：

"七月流火，九月授衣。"《毛传》有："九月霜始降，妇功成，可以授冬衣矣。"九月，妇功成，丝麻之事已毕，始可为衣。《钦定授衣广训》就是一本专门讲述"织"事的书。向来"耕"与"织"是并提同列的，《耕织图》是反映我国农业生产过程的连续性画册。

现藏于故宫博物院的《钦定授衣广训》武英殿刻本：

边栏 19.2 厘米 × 13.5 厘米，抬头至 20.3 厘米，印制不清晰处以墨笔补描。（边栏也称"框廓""版框"。指古书书叶四周的界线，主要形式为线栏。四周单线者称"四周单边"，四周双线者称"四周双边"，上下单线而左右双线者称"左右双边"。为求形式美观，亦有以图案花样组成的版框，称为"花边"。）

每半页八行，行十七字，抬头行至十八字，无行格。

白口。（我国古代雕版印刷的书，只在纸的正面印刷，中间有一空行，在此对折而成一张书叶，书叶中缝称为书口，亦可称版口或版心。其作用，一是用于对折书叶，二是格内经常刻有书名、卷次、页码、字数、刻工姓名和出版处。在书口近上下两端处印有鱼形符号，称为鱼尾，上鱼尾上面的空格和下鱼尾下面的空格叫象鼻，以其形状相似而得名。象鼻中空的，即称为白口，是古代印书的一种版式。）

单鱼尾，四周双栏（图 20—21）。

图 20 《钦定授衣广训》内页，《耘畦》图局部

图 21 《钦定授衣广训》内页，《上机》图局部

卷端镌"棉花图"，书页内有双层衬纸。磁青绢函套及书面，明黄绫书签、包角、米色丝线装订。书前有嘉庆十三年（1808）九月二十四日上谕；嘉庆十四年（1809）十二月董诰等奏表；圣祖仁皇帝《圣制木棉赋并序》；高宗《御制题棉花图序》；嘉庆十三年九月二十五日奉旨纂辑诸臣职名。卷末有乾隆三十年（1765）四月十一日方观承原奏；七月十六日方观承进《棉花图》原奏；方观承原跋；庆桂、董诰等六人跋。二册一函。

《钦定授衣广训》，分上下两卷，将《棉花图》的十六图均分，上下卷各八图，顺序未变。图为双面连页式，每图皆附方观承的解说及乾隆皇帝、嘉庆皇帝、方观承等三人的七言诗各一首。

《钦定授衣广训》中的插图，是清嘉庆时期京派版刻中的重要作品，但与清朝全盛时期的版刻《耕织图》相比，绘刻镌法，相距甚远，就是同乾隆时期的《御制棉花图》（它的祖本）相比，也相去甚远。但该书也是研究我国植棉史、棉纺织业史及清前期社会经济形态的重要资料。

两位皇帝对棉花的重视可见棉花种植和棉纺织产业的重要性。在我国，棉花尚未成为普通衣着原料之前，御寒之物主要仰赖于丝和麻。外来的棉纺织技术在汉代传入中国，大体上有三条路径。一是由中亚地区传入新疆，然后经河西走廊，逐步进入中原。二是古亚洲棉种从越南经海路传至今海南、广东、福建等地，其纺织产品古称"越布"。三是由缅甸进入中国云南贵州等地，并在当地延续发展。由于棉织品比丝麻御寒能力强，价格也便宜，所以受到统治者的重视，自宋元以来便逐渐代替丝麻，成为老百姓普通的衣着和铺盖之物。元初，棉花在长江中下游已有较广泛的种植，在渭水流域也普遍地生长。明初，朝廷下令："凡民田五亩至十亩者，栽桑、麻、木棉各半亩，十亩以上倍之。"（《明史·食货志》）从此，棉花的种植相当普遍。明人丘濬说，明代棉花的种植"遍布于天下，地无南北皆宜之，人无贫富皆赖之"（丘濬《大学衍义补》），几乎达到"寸土皆有"的地步。清初，主张"崇敦本业"的统治者在恢复农业经济中对棉花种植业和棉纺织业都很重视。康熙皇帝亲作《木棉赋》，认为"棉之功不在五谷下"。乾隆皇帝敕编的《授时通考》一书称道"桑余之利，木棉最广""不蚕而绵，不麻而布，利被天下，其益大哉"。

朝廷曾多次饬令各地设立机构，采取措施，鼓励植棉，开展纺织。由于各级政府的大力推广，植棉业和棉织业在各地得以迅速发展。

河北成为我国北方重要的棉产区之一是在明代后期。河北地区气候温和，土质属石灰性冲积土，多为沙壤，适于棉花的生长，所以，在《农政全书》中便有"北花出畿辅、山东"的记载。至清代前期，河北各地植棉更为普遍，其中主要集中在保定以南冀中各县，正如《棉花图》跋所说，"冀、赵、深、定诸州属，农之艺棉者什八九"。

曾任直隶省无极县令的黄可润在其《畿辅见闻录》一书中说，直隶保定以南，"以前凡有好地者皆种麦，今则种棉花"。

河北种植棉花不仅地域普遍，而且种植技术大有进步，稔年亩产皮棉少则八九十斤，多则一百二十斤。每当秋获，其丰收景象十分可观。《棉花图》中《拣晒》一图这样描述："时当秋获，场圃毕登，野则京坻盈望，户则苇箔纷罗，擘絮如云，堆光若雪。"棉花丰收，带来市场的活跃，《棉花图》中《收贩》这样描述："每当新棉入市，远商翕集，肩摩踵错，居积者列肆以敛之，懋迁者牵车以赴之；村落趁虚之人，莫不负挈纷如，售钱缗，易盐米。"这些棉花不仅行销国内凭山负海之区，而且远销朝鲜。

自元代黄道婆从海南岛带回先进的棉纺织技术之后，上海松江一带纺织技术转向精巧，织品遂甲他处，而河北的手工棉纺织业和纺织技术还处于落后状态。直到明朝后期，河北肃宁一带的家庭纺织，为避北地风土高燥，多挖地窖就湿地刷纱织布，棉布产量仅及松江的十分之一，质量最好的只相当于松江之中品。正如明人王象晋在《群芳谱》中所说，"北土广树艺而昧于织"。到了清朝前期，河北的手工棉纺织业已成为最发达的手工业之一，并普遍成为农家

图22 《御制棉花图》诗墨，乾隆三十年（1765）御制，装于一黑漆描金双龙戏珠纹盒中，分上下函装，制作极精致。墨盒长29厘米，宽22.4厘米，厚6厘米，故宫博物院藏

图23 《御制棉花图》诗墨，墨长13.3厘米，宽3.7厘米，厚1.3厘米。《棉花图》墨，16锭，为成套集锦墨。故宫博物院藏

的主要副业，他们对纺织机进行了很大的改进并掌握了较高的织造素布的技术。《棉花图》中《织布》总结说，保定、正定、冀、赵、深、定诸郡邑虽然不及南方注重棉布的花样新巧多变，但是，织得"缜密匀细""所出布多精好，何止中品，亦不皆作自窖中也"。

由此可知，河北植棉业的繁荣和手工棉织业的发达，是《棉花图》产生的社会经济基础。

方观承在给乾隆皇帝恭进棉花图册的奏折中，恰到好处地赞美了棉花：

> 惟棉，种别营麻，功同菽粟；根阳和而得气，苞大素以含章；有质有文，即花即实；先之以耰锄被襏，春种夏耘，继之以纺绩组纴，晨机夜杼。盖一物而兼耕织之务，亦终岁而集妇子之劬；日用尤切于生民，衣被独周乎天下。

就是说棉花有别于营（一种草，茎可做绳织履）和麻，功劳等同于粮食。它根植于春天的温暖之中因而适应着节令生长，花苞蕴藏着天地的精气因而包含了优美的品质。它既朴实又华美，是指花朵又是指果实。起先，农民凭借锄头和蓑衣，不辞辛苦不避风雨地春种夏耘；随后，妇女们纺纱织布，起早贪黑地干。一种东西却兼有耕种和纺织两种事务，又整年地集聚着妇女和孩子们的劳苦；在日常应

用上尤其贴近老百姓的需要，用作衣被唯独它能够普及全天下。

乾隆皇帝对《棉花图》喜爱有加，还制成了精美"文创产品"——御制棉花图诗墨（图22—23）。而后《授衣广训》也被作为皇帝奖赏官员之物。在林则徐道光元年（1821）的奏折中，还可以看到恭谢颁赏《授衣广训》折。

说图

一、从《棉花图》看棉纺织生产工具

（一）轧核（图24），是原棉加工的第一道工序，其目的是将原棉中的棉絮和棉籽剥离开来。

图24 《轧核》图细节

轧核的最原始工具是铁筋或铁轴，以此"碾去其子"。元代出现了"木棉搅车"（图25），利用曲柄和碾轴，"二轴相轧，则子落于内，棉出于外"（《王祯农书》卷二一）。此种机械需三人操作。明代后期出现一种"太仓式"轧车，将元代木棉搅车的二木轴改为一铁一木，"铁轴透右柱，置曲柄；木轴透左柱，置员木约二尺，轴端络以绳，下连一小板，

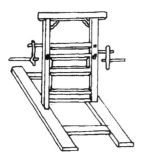

图25 《王祯农书》中的搅车

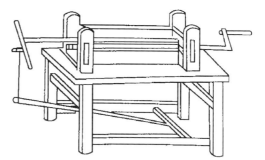

图26 《农政全书》中的搅车，有脚踏机构，一人自摇、自踏、自喂

设机车足。用时右手执曲柄，左足踏小板，则员木作势，两轴自轧；左手喂干花轴罅"（《古今图书集成·考工典》卷二一八引《太仓州志》）。此种机械只需一人操作。

《棉花图》反映了清代前期轧花车的形制。我们从《轧核》的画面中看到，这种轧花车将曲柄移到了木轴上，仍由右手操作，取消了圆木，改在铁轴透柱外的左端安了一个叫"毂"的装置，毂上辐射出四个棒槌状物，呈十字，没有踏板。文字说明写道："轧车之制，为铁木二轴，上下叠置之，中留少罅。上以毂引铁，下以钩持木，左右旋转。喂棉于罅中，则核左落而棉右出。"以上三种形制的轧车都有曲柄，这是一种简单机械，其力学原理就是杠杆原理。"太仓式"轧车"员木作势"应用了惯性原理；清初轧车改圆木为铁质的"毂"和十字槌，增加其质量，更好地利用了惯性。

图27 《弹华》图局部，钓竿系在腰间

（二）弹华（花），是用弹花弓将瓤花（即皮棉，已去籽的棉花）弹成松软匀细状态。宋人方勺在《泊宅编》里有闽广一带用"小竹弓"弹棉花的记载。宋元之际的胡三省在《资治通鉴》的注文中提到弹花弓："以竹为小弓，长尺四五寸许，牵弦以弹绵，令其匀细。"（《资治通鉴》卷一五九《梁纪》十五，胡三省注文）这里说使用弹花弓的方法是"牵弦"，这大概是受了拉弓射箭的启示。元代王祯介绍的弹花弓比胡三省说的大好几倍，他说："木棉弹弓，以竹为之。长可四尺许，上一截颇长而弯，下一截稍短而劲，控以绳弦，用弹棉荚，如弹毡毛法。"在很长一

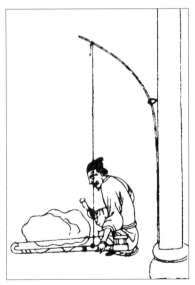

图28 《天工开物》中弹华图，钓竿固定在柱子上

段时间内，弹弓都是用手拨动弓弦而振弹棉花。元末明初，有了用檀椎击弦而弹棉的记载，诗人李昱写道："铁轴横中窍，檀轮运两头。倒看星象转，乱卷雪花浮。"（李昱《草阁诗集》卷三）到了明代末期，弹弓材料改变，"以木为弓，蜡丝为弦"（徐光启《农政全书》卷三五）。构造上增加一钓竿，用悬绳系住弓身，以减轻弹弓人手的负担。清初的弹花弓没有变化，《棉花图》写道："弓长四尺许，上弯环而下短劲，蜡丝为弦。"但是我们从图27中看到，钓竿已从固定在其他物体上改为系在弹花人的腰间（图28），这样，弹花时坐立行皆自如，不时变换姿势，可以减轻疲劳。弹花弓的演进虽然缓慢，但是每一进步都蕴涵着一种思想：增

图29 《拘节》图局部

图30 《纺线》图中的手摇单锭纺车

强弹力，增大振幅。用椎击弦，尤为巧妙。檀木沉重，椎身两头隆起，一头大一头小，手握中间细处；弹时，先用小头击弦，棉絮随弦的振动而松散，再用大头一击，棉絮随着这一更大的振动而飞起。

（三）拘节（图29），也称卷莛（莛）、搓条、探条。莛，是用高粱梢茎做的卷棉絮的工具。棉纤维经过了弹花后，变得十分的蓬松，可以直接纺纱。纺纱工作既可以使用纺锤，也可以使用纺车。纺锤是用木头制成的纺线工具，捻线很费工，一天也就只能捻一两左右的线。如果使用纺车，则最好加上卷的工序，否则纺的线粗细不均，并且效率也不高。拘节可以提高纺纱的效率，是纺织技术成熟的标志之一。

（四）纺线，最重要的工具是纺车。纺车有大有小，有手摇纺

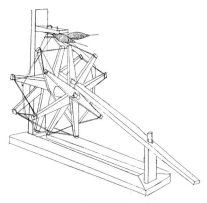

图31　贵州侗族的脚踏双锭纺车　　　　　图32　《农政全书》中的三锭脚踏纺车

车和脚踏纺车，通常有一个用手或脚驱动的轮子和一个纱锭。《棉花图》中所绘就是手摇单锭纺车（图30）。纱锭，又称锭子，是纺纱机上用来把纤维捻成纱并绕成一定形状的部件。纺车有单锭、双锭（图31）之分，甚至还有书中提到的吴淞间的多锭纺车（图32）。

（五）挽经（图33），南方用经床（图34—35），北方用木架，即线拐子，是个呈工字形的木架子，但是上下两个短边是垂直的。文中提到的"维"也称之为纤子，是收线的轮子。经床挽经效率高且不容易乱，但需要一定的场地。用木架挽经就比较灵活，"当其

图33　《挽经》图局部

图34　《王祯农书》中的木棉
軖床，即经床

图35　《农政全书》中的木绵
軖床

图 36 《布浆》图局部

图 37 《上机》图局部

心闲手敏，茅檐笑语间，坐立皆可从事，比经床为便捷也"。

（六）布浆（图 36），是"用拨车（一名支棱）络之成挼，乃上轴辂引两端，以帚刷之"。

浆过的纱线伸展性增强，表面绒毛完全依附在纱上，减少了织布过程的摩擦。上浆后织出的布匹，布面整齐光滑，幅面平整。

（七）上机（织布）（图 37—38），"柚受经，二人理之；杼受纬，一人行之"。经线穿入箅中，梭子用来织纬。"引绳高下，手足并用"，引绳牵引的是综，决定着经线的沉浮规律。按照图中织机的装机形式，应是两综两蹑脚踏织机，用来织造最普通的平纹织物，所以要手足并用。

（八）练染（图 39），图中可以看到染布、漂洗、踹布、晾布以及卷布的场景。踹布是为了让布面更加平整，更有光泽。踹布时，将漂染过的棉布卷上大木滚，放在大石板

图 38 《织布》图局部

图 39 《练染》图局部

上，再在上面压上千斤之重的元宝形巨石，负责端布的人两足各踏大石一端，手扶大石上的木架，左右来回滚动，使棉布布质紧密光滑。

二、《棉花图》中关于纺织品名词的解释

方观承在《拘节》一则中，提出了一个有趣的观点："《易》曰'束帛戋戋'。或谓：帛即古棉字，犹西为酒之类。"我们通常认为帛是丝绸，而此处认为帛就是古代的棉。文中还有多处与纺织服饰相关的名词，特摘出解释。

丝枲：代指纺织。枲，大麻的雄株，泛指麻。

菅麻：菅和麻。菅，一种草，茎可以作绳织履。

袚襫：多指蓑衣。

纻：苎麻布。

纤练：泛指纺织。

乌骦：海南岛棉织品。

文缛：海南岛棉织品。

罽锦：有花纹的毛织物。

冰丝：冰蚕丝。

纩：本意是新丝绵，后泛指丝绵。

七襄：精美的织锦。

纂组：泛指精美的织锦。

缟纻：细白生绢与细麻所制衣服。

…………

时至今日我们仍称老百姓是"布衣"，今天的人也大多认为这里的布就是我们今天普遍穿着的棉布，但从棉花的发展历史就知道，这个"布"实际是由麻葛之类的纤维织成的。词义的转换中，可见棉花从无到有，从稀少再到普及，发生了非常巨大的变化。这种变化，一度影响了中国纺织品的风格。无论是相比于丝绸还是麻和毛，棉的风格都是非常不同的。

三、棉花对中国纺织品风格的影响

至元末黄道婆成功改革棉纺织技艺后，棉织品逐渐取代丝织品成为应用最广的服饰材料。黄道婆（约1245—?），松江府乌泥泾（今属上海徐汇区）人。相传她幼年时在故乡给人家做童养媳，因不堪虐待逃亡至海南岛（一说可能是被拐卖到海南岛的）。在海南岛期间，她向当地黎族人学会了精良的棉纺织技术，元朝元贞年间重返故乡，把黎族的一套比较先进的棉纺织技术带了回来，并进行了革新。根据史籍记载和后人的考察，黄道婆的贡献主要可归结为以下两点：

首先，黄道婆对捍（搅车）、弹（弹棉弓）、纺（纺车）、织（织机）这四项最基本的棉纺织工艺中的前三项都有所革新。"捍"是运用机械原理剥去棉籽，"工利数倍"，大大提高了效率，这一发明比美国怀特尼发明轧棉机早了400多年；"弹"是将弹棉花的"线弦竹弧"小弹弓改制为四尺多长的"绳弦大弓"，由手拨弓弦改为椎击弹振弓弦；"纺"是将原来仅能纺一根棉纱的单锭手摇纺车，改造成能同时纺三根棉纱的三锭脚踏纺车（"黄道婆纺车"），使纺纱工效提高了三倍，比英国人发明的珍妮纺织机也早了400多年。

其次，黄道婆在学习、借鉴海南的棉纺织工艺的基础上，融会贯通，总结出了一系列比较先进的"错纱、配色、综线、挈花"之法，使"织成被、褥、带、帨，其上折枝、团凤、棋局、字样，粲然若写"（陶宗仪《辍耕录》）。

黄道婆总结的手工棉纺织技艺，从她的家乡乌泥泾传至松江全府，进而传遍整个江南。元、明、清三代约600年，以松江府为中心的江南棉纺织业独步全国，成为棉纺织业最发达的地区，其产品远销全国各地，有"衣被天下"之称。当时流传有"买不尽松江布，收不尽魏塘纱(在今浙江嘉善)"的谚语。（赵爽《棉花：撬动世界史的神奇植物》）

《棉花图》无论是折、跋、赋还是说明，都不止一次将棉花与其他纤维进行对比。如《练染》一则述："夫麻枲之织，不可以御冬寒，帛纩之温，不能以逮贫贱；惟棉之用，功宏利溥，既以补蚕桑之不

图40　上海崇明"皮球花"土布（私人收藏）

图41　鲁锦（私人收藏）

及。"棉比麻的保暖性更好，比丝绸更加便宜。而同时，棉所呈现出的质感是与丝绸的柔糯和麻的爽利完全不一样的。这种朴实又亲近的质感，自成风格。"质有其文，服之无斁"，织好之后本身显现布面的织纹，穿着它而不会厌弃。相比丝绸和麻毛织物，棉织物具有独特的质朴而不失细腻的质感。

《织布》一则："南织有纳文、绉积之巧，畿人弗重也，惟以缜密匀细为贵"，南方织造的棉织品有着丰富的纹样与肌理，而畿辅的人们只把棉布的精细、紧密、均匀、细密当作金贵的。丝绸的工艺发展到极致，是纷繁复杂的各种提花工艺，但是亲民的棉布仍保留着"通经通纬"的织造技艺。所以，最为绚丽的棉布就在色织上做文章，通过增加综蹑、变化纱线颜色来达到丰富的外观效果。如江南土布中的"皮球花"（图40），运用了八综八蹑，织出的图案富有立体效果。鲁西南的土布也因为组织变化多样、色彩丰富，而被称为"鲁锦"（图41）。而在另外一个层次，棉织品向着精细均匀发展，呈现出既不同于其他纤维，又自身充满变化的纺织品品类。需要说明的是，我们今天所看到的松江色织土布的风格，与靠腰机织造、手工挑花的"黎锦"（图42）还是有很大区别的。

除了风格质感，棉花还影响了织物的色彩。就印染来说，棉织品染液的消耗大大超过丝织品，由此造成印染成本剧增。在此情况下，印染行业必须重新选择染料，普遍种植的靛青成为了首选，复色印花技艺逐渐向单色转变。各种蓝花布正是在此后大量涌现，如蓝夹缬、蓝印花布（图43）、蓝蜡染、蓝扎染等。中国传统四缬走过了丝绸为底、色彩靓丽的华美岁月后，终于在蓝白相间的朴实棉织物中定格，至今保存在各地民间，成为最能代表中国传统特色的织物品类之一。

图42　黎锦（润方言黎族织锦筒裙局部，私人收藏）

棉布已经成为老百姓生活中不可或缺的部分，所以人们希望棉花丰收。如《上机》一则中：

> 昔传，元时有黄道婆者，自崖州至松江，为织具，教人多巧异，所制遂甲他处。今松娄间祀之于花神庙，祈棉之庙也。称"花"，即知是棉，产棉之地皆然……

图43　蓝印花布（私人收藏）

在棉织品发达的上海松江、娄江一带，人们把棉花请进花神庙，以期供奉，祈盼可以丰衣足食。如方观承诗云：

> 元黄朱绿比丝新，自昔畿封俭俗淳。
> 圣咏益昭民用切，屡丰泽遍授衣人。

参考文献：

[1]　安徽农学人物编审委员会.安徽农学人物选编[M].合肥：安徽人民出版社，1990.

[2]　袁芳荣.古书犀烛记续编[M].杭州：浙江大学出版社，2013.

[3]　周启澄，赵丰，包铭新.中国纺织通史[M].上海：东华大学出版社，2018.

[4]　方观承.御题棉花图译注[M].李秋占，苏禄煊，注译.北京：中国农业科学技术出版社，2011.

[5]　汪若海，李秀兰.中国棉文化[M].北京：中国农业科学技术出版社.2007.

[6]　陈美健.《棉花图》及其科学思想[J].文物春秋，1996（02）：74—77.

[7]　刘昀华，张慧.方观承及其棉花图[J].河北画报，2006（12）：18—31.

[8]　肖克之.《御题棉花图》版本说[J].中国农史，2002（02）：107—108.

附录 《御题棉花图》棉纺织部分录文

方观承恭进棉花图册折

太子太保、直隶总督、臣方观承谨奏为恭进棉花图册仰祈圣鉴事。

窃惟：五十非帛不暖，王政首重夫蚕桑；一女不织则寒，妇功莫亟于丝枲。然民用未能以遍给，斯地利因之而日开。惟棉，种别菅麻，功同菽粟；根阳和而得气，苞大素以含章；有质有文，即花即实；先之以穮耔被襫，春种夏耘，继之以纺绩组纴，晨机夜杼。盖一物而兼耕织之务，亦终岁而集妇子之劬；日用尤切于生民，衣被独周乎天下。

仰惟我皇上，深仁煦育，久道化成；巡芳甸以勤农，播薰风而阜物；揽此嘉生之蕃殖，同于宝稼之滋昌。臣不揣鄙陋，条举棉事十六则，绘图列说，装潢成册，恭呈御览。夙在深宫之咨度授衣，时咏《豳风》；冀邀睿藻以品题博物，增编《尔雅》。为此恭折具奏，伏祈圣鉴。乾隆三十年四月十一日奏。

奉旨："册留览。钦此。"

方观承恭缴御题棉花图册折

臣方观承谨奏为恭缴御题棉花图册奏谢天恩事。

窃臣前于行营绘列棉花图说，恭呈黼座。仰蒙睿鉴品题，特贲天章炳焕。伏承宣示，欣幸难名。钦惟我皇上德备文明，思参造化。虞弦播煦，庆解愠以歌风；豳管迎寒，庶授衣而奏雅。千载补农桑之政，洵称比谷比丝；九重悉耕织之谋，讵曰问奴问婢？章成十六，义蕴万千。触类旁通，秋实春华之并采；仰观俯察，经天纬地以为文。增神农耒耜之经，古今未有；继圣祖木棉之赋，先后同揆。臣以弇鄙，窃忝赓飏。兹奉谕旨，准臣将所作诗句书于每幅之末，图册缴进，摹本付刻。念奇温之桢功，益著于表章；顾己细之鸣恩，并承夫观听。臣不胜感激荣幸之至，谨奏。乾隆三十年七月十六日奏。

奉旨："知道了。钦此。"

方观承《御题棉花图》跋

臣谨案：棉，古作绵，凡纯密者之通称；今隶从木，以别于丝，而其名乃有专属。稽之载籍，实曰"吉贝"，亦称"古贝"。《禹贡·扬州》："厥篚织贝。"传谓：贝即吉贝，木棉之精好者。盖自草衣乍革，桑土初蚕，其事已与稼穑并兴矣。《周官》"典妇功"之职，既丝枲并掌，又别设"典枲"，掌布、丝、缕、纻之麻草之物，明其为类众多，所治非一务也，而笺疏者胥略焉。迨齐梁间，职方始能详其物土与其名类。迄于唐而木棉多见歌咏，然大抵言树高寻丈者耳。今之庳枝弱茎，花如葵而实似桃，春种秋敛者，民间但呼曰"棉"，故谓布为"棉布"。唐宋时，沧、邢、赵、贝诸州尝贡之，而明人王象晋谓"北土广树艺而昧于织，南土精织纴而寡于艺"，似亦未为笃论也。

洪惟我圣祖仁皇帝，省方勤民，几余阅览，谓棉之功不在五谷下，摛扬天藻，著为鸿篇，昭垂万古。恭逢皇上御治之初，纂缉《授时通考》一书，特以桑枲之利，木棉最广，详加采录，以辅农功，其事益与耕桑并重。国家际重熙累洽之会，瀇泽涵濡，太和亭育，地不爱宝，厥生益蕃。臣备员畿辅，伏见冀、赵、深、定诸州属，农之艺棉者什八九，产既富于东南，而其织纴之精亦遂与松娄匹。仰赖圣主福佑，频岁告登，畿民席丰履厚，煦呴于如春之温，更以其余输溉大河南北凭山负海之区。外至朝鲜，亦仰资贾贩，以供楮布之用，盖其本土所出，疏浮而不韧，不中纴练也。夫西域之屈眴，高昌之白叠，海南之乌骦、文缛，皆木棉类耳，而前史艳称之，非以产自迤陬，梯航难致哉？今者，声教四讫：天方、大食自古不宾之人，重译献琛；罽锦、水丝，充斥外府，等诸常珍。惟此黄穰青核，含暄抱阳，

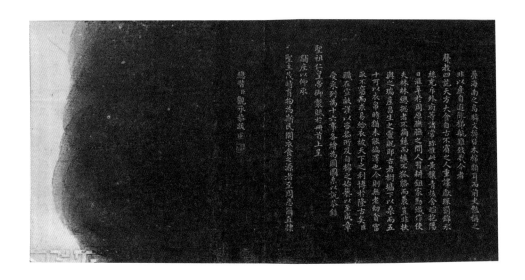

日滋阜于周原膴膴之间，人习耕锄，家勤织作，使夫林林总总者，不蚕丝而纩，不狐貉而裘。岂非扶舆之瑞产，昌生之灵贶耶？古者，树墙下以桑，而五十可以衣帛，时犹未能遍泽也；今则无老幼贫富，取不穷而求易给，衣被天下之利，博于隆古矣。

臣职在宣庙，谨以洛茹所及，自棉之始艺以至成章受采，列为十六事，各绘为图，图系以说，恭录圣祖仁皇帝御制赋于册首，上呈黼座，以仰承圣主茂时育物为斯民开衣食之源者至周悉尔。直隶总督臣观承恭跋。

康熙御制木棉赋并序

木棉之为利于人溥矣，衣被御寒实有赖焉。夫既纺以为布，复擘以为絖，卒岁之谋，出之陇亩，功不在五谷下。尝稽之载籍："岛夷卉服。"注以为"吉贝"即其种也。然止以充远方之贡，而未尝遍植于中土。故《周礼》"妇功"惟治蚕枲，唐征"庸调"但及丝麻。至木棉之种，后世由外蕃始入于关陕闽粤，今则远迩贵贱咸资其利，而昔人篇什罕有及之者。故为之赋，曰：

考吉贝之佳种，披丘索以穷源；道伽毗而远来，由秦粤而衍蕃。仿崖州之纺织，制七襄而无痕；效宋人之洴澼，比八绵而同温。先麦秋而播种，齐壶枣而登原。宿黄云于万蕊，堕白雪于千村。落秋实于露晞，轧机柚于星昏。暖佐耆年之帛，阳回寒女之门。幸卒岁之可娱，乃民力之普存。若应钟之司律，正薄寒之中人。月照牛衣之夜，霜侵葛屦之辰。家挟千箱之纩，路绝百结之鹑。曝茅檐而歌爱日，赛田祖而洽比邻。谢履丝之靡丽，免于貉之艰辛。故夫八口之家，九土之氓，无沍寒之肤裂，罕疾风之条鸣。时和年丰，火耨水耕，岁落三钟之棉，场登百亩之粳。同彼妇子，乐此太平。奚羡纂组之巧，与夫缟纻之轻。

慨风诗之未录，省方问俗，将补豳什而续授衣之经。

轧 核

◎ **图谱说明**

轧车之制，为铁木二轴，上下叠置之，中留少罅。上以毂引铁，下以钩持木，左右旋转。喂棉于罅中，则核左落而棉右出。有核曰"子花"，核去曰"瓤花"，瓤之精者曰"净花"。核多而细者棉重。上棉一瓣七八核，故有"七子八棉"之谚。稔岁亩收子花百二十斤，次亦八九十斤。子花三，得瓤花一。其名大、小白铃者最为佳植。

◎ **乾隆帝诗**

转毂持钩左右旋，左惟落核右惟棉。

始由粗末精斯得，枊杵同农岂不然？

◎方观承诗

叠轴拳钩互转旋，考工记绘授时编。

缫星踏足纷多制，争似瓢花落手便？

弹 华

◎图谱说明

净花曝令极干，曲木为弓弹之。弓长四尺许，上弯环而下短劲，蜡丝为弦。椎弦以合棉，声绅绅然与邻春相应。移时，结者开，实者扬，丰茸紫熟，着手生温。叠而卷之，谓之"花衣"。衷以取煖，则轻匀而熨贴也。纺织者资其柔韧，经之纬之，无不如志矣。

◎乾隆帝诗

木弓曲引蜡弦弸，开结扬茸白氎成。

村舍比邻闻相杵，绅绅唱答合斯声。

◎方观承诗

似入芦花舞处深，一弹再击有余音。

何人善学棼丝理，此际如添挟纩心。

拘 节

◎**图谱说明**

　　涣者必合而后可以引其绪，南中曰"擦条"。其法：条棉于几，以筳卷而扦之，出其筳成筒，缕缕如束，取以牵纺。《易》曰"束帛戋戋"，或谓："帛"即古"棉"字，犹"酉"为"酒"之类。薄物浅小而有白贲之义，意象似之，用备一说。

◎**乾隆帝诗**

　　擦条拘节异方言，总是斯民衣食源。

　　几许工夫成严密，纺纱络绪事犹烦。

◎**方观承诗**

　　花筒一卷寸筳纤，素几生寒辗玉尖。

　　抽缀略同新茧子，条条付与纺车拈。

纺 线

◎**图谱说明**

　　纺车之制：植木以驾轮，衡木以衔链。纺者当轩，左握棉条，右转轮弦，

链随弦动，自然抽绪如缲丝然，曰"纺线"。单绪独引，四日而得一斤，以供织络；合两绪、三绪，以供缝绁。线之直，加所纺棉十之三，匀不毛起者加十之五。吴淞间曰"纺纱"，以足运轮，一手尝引三纱、五纱，用力较省。

◎乾隆帝诗

相将抽绪转軖车，工与缲丝一例加。

闻道吴淞别生巧，运轮却解引三纱。

◎方观承诗

络纬声中夜漏迟，轻匀线绩比丝缫。

茅檐新妇夸身手，得似丝纤价合高。

挽　经

◎图谱说明

理其绪而络之以为经，南方用经床，枝竖八维，下控一軖，四股次第旋转；北则持木架引维而卸络之，势若相婴薄者。一架容数维，重约四两许。当其心闲手敏，茅檐笑语间，坐立皆可从事，比经床为便捷也。

◎乾隆帝诗

引维卸络理棉丝，枝挂经床较便其。

踔路迎銮多妇女，木桙每见手中持。

◎方观承诗

南床北架制随宜，过络回环一手持。

素腕当窗怜惯捷，阿谁长袖倦垂时！

布 浆

◎图谱说明

布浆有二法：先用糊而后作纴者为浆纱，先成纴而后用糊者为刷纱。北地则将已合之经，束如索绹，煮以沸汤，入糊盆或米汁度过，稍干，用拨车（一名支棱）络之成繶，乃上轴轳引两端，以帚刷之，案衍陆离，有

条而不紊；或浆气未匀，纷纭缱绻，复加爬梳，俾繀绪胥直，无或不伸。自拘节后，功莫密于此。

◎乾隆帝诗

经纬相资南北方，借知物性亦如强。

刷纱束络俾成绪，骨力停匀在布浆。

◎方观承诗

缕缕看陈燥湿宜，糊盆度后拨车施。

爬梳莫使沾尘污，想到衣成薄浣时。

上 机

◎图谱说明

机之制与丝织同，柚受经，二人理之；杼受纬，一人行之。经必煮必浆，而纬则否。引绳高下，手足并用，尽一日之力成一布，长二十尺，粗者倍之，拙工得半而已。昔传，元时有黄道婆者，自崖州至松江，为织具，教人多巧异，所制遂甲他处。今松娄间祀之于花神庙，祈棉之庙也。称"花"，即知是棉，产棉之地皆然，犹之洛阳人称"花"，即知是牡丹。是可以观所尚矣。

◎乾隆帝诗

岂止千丝与万丝，女郎徐自引伸之。

可知事在挈端要，诸绪从心无不宜。

◎方观承诗

种棉直与苎桑同，抱布何知绮绣工！

月杼星机名任好，不将巧制羡吴东。

织 布

◎图谱说明

南织有纳文、绉积之巧，畿人弗重也，惟以缜密匀细为贵。志称：肃宁人家穿地窖就长檐为窗以织布，垮松之中品。今如保定、正定、冀、赵、深、定诸郡邑，所出布多精好，何止中品，亦不皆作自窖中也。

棉之核压油，可以照夜，其滓可以肥田，而秸槁亦中爨，有火力，无遗利云。

◎乾隆帝诗

横纬纵经织帛同，夜深轧轧那停工！

一般机杼无花样，大辂椎轮自古风。

◎方观承诗

轧轧机声地窖中，窗低晓日户藏风。

一灯更沃深宵焰，半匹宁酬竟日功？

练 染

◎ **图谱说明**

织既成端，精粗中度，广狭中量，乃授染人，聿施五色。水以漂之，日以晅之，则鲜明而不浥败。于是加刀尺为襦裳，质有其文，服之无斁。盖积终岁之勤苦而得之，农家珍惜之情不殊纨绮也。

夫麻枲之织，不可以御冬寒，帛纩之温，不能以逮贫贱；惟棉之用，功宏利溥，既以补蚕桑之不及，而锄耘溉获，其事直与稼穑相终始，盖合耕与织，并致其勤焉。

◎ **乾隆帝诗**

五色无论精与粗，茅檐卒岁此殷需。

布棉题句廑民瘼，敬缵神尧耕织图。

◎ **方观承诗**

元黄朱绿比丝新，自昔畿封俭俗淳。

圣咏益昭民用切，屡丰泽遍授衣人。

二

冕服冠服

冠服，指帽子和衣服，是中国服饰的重要组成部分，其中，以冕服为最高形式。冕服，以冕为冠的服装，其种类原有大裘冕、衮冕、鷩冕、毳冕、绣冕、玄冕等六冕，供不同场合加以穿用。

引言

　　上古时期，华夏民族建国于黄河流域一带，《尚书》注："冕服采章曰华，大国曰夏。"《春秋左传正义》曰："中国有礼仪之大，故称夏；有服章之美，谓之华。"

　　中国自古为"衣冠上国"，可见冠服在中国历史以及服饰文化中的重要地位。本篇为引言篇，着重梳理和阐释帝王冕服和后妃冠服之始终，并对该部分的写作目的及宗旨做一评释。

一、释义：冠服与冕服

　　自古以来，中国人对事物的名称甚为重视，先秦名家学派尹文（约公元前360—前280年，战国时齐人）所著《尹文子·大道上》曰："大道无形，称器有名。名也者，正形者也。形正由名，则名不可差，故仲尼云：'必也正名乎，名不正则言不顺也。'"中国古人善于给事物命名并赋予其特定含义，因此，考证事物从名称开始，则名正言顺。华夏人重"衣冠"，两者中"冠"又重于"衣"。

　　冠，会意字，从"冖"（布），从"元"（头），从"寸"（手），意为人用手将布蒙覆在头上。《说文解字译述》载："冠，絭也，所以絭发。弁冕之总名也。从冖；从元，元亦声；冠有法制，从寸。[译]……古时之冠加于发髻之上，约束头发使不至散乱。……古时之冠有法度限制，等级不同、场合不同要戴不同的冠，故从寸，表示法度。"冠之特征标志为系缨贯笄，由冠圈和冠梁组成，多为上

冕（金文大篆）　　　　冕（小篆）

层社会所用，其象征意义超过本身的实用性。广义上讲，冠是中国古代首服的总称，《说文解字》颜师古注："冠者，冕之总名，备首饰也。"孔颖达疏《左传》称："冠者，首服之大名。"而冕，《说文解字译述》载："冕，大夫以上冠也，邃延垂鎏纮纩。古者黄帝初作冕。[译]冕为古代帝王、诸侯及卿大夫所戴礼冠。"

"冕"最早出现在金文大篆中，应为西周的后期，其字形上显示为戴在头上的冠饰，前后垂下的部分应为旒，中间是一块平板。冕冠最主要的部分是綖板、垂旒和冠卷三个部分，其各部分形制在各朝有所变化，固定綖板和冠卷的称为"衡"，连接冠卷与发髻的称为笄导或簪导。各种冠中，以"冕"为最高形式。

冠服，指帽子和衣服，是中国服饰的重要组成部分，其中，以冕服为最高形式。相传在上古黄帝尧舜时期便有了制度化的冠服制度，《易经·系辞下》记载："黄帝尧舜，垂衣裳而天下治，盖取诸乾坤。"当时的统治者把冠服制度与原始宗教观融合在一起，但中国冠服制度的真正开端是西汉高祖时期。冠服制度的精神在于"礼"，核心是"别"，以礼治天下，区别君主和臣民。

由于冠服的范畴较广，而且某些冠服的表征并不十分典型，因此，本篇章所要阐释的冠服，从性别角度予以区分。男性冠服中，以冕服为首，作为本篇的讨论对象十分合理。至于女性服饰，由于男权社会的原因，女性官方服饰记载较少，因此，将女性冠服限定为后妃冠服，或便于讨论。

冕服，以冕为冠的服装，其种类原有大裘冕、衮冕、鷩冕、毳冕、绨冕、玄冕等六冕,供不同场合加以穿用。冕服的要件大致包括冕冠、上衣、下裳、中衣、裤、袜、舄、带、蔽膝、玉佩、绶、剑、圭等。这些要件的细节和形制,各朝代有自己的服饰制度,因此有所差异。事实上,冕服在一定程度上体现了服饰制度强大的政治属性,经学家在研究经典时不可避免地加入了现实的政治需求,使得每个朝代都拥有属于本时期意识形态和政治特性的冕服。

后妃冠服,包括后妃的礼服和常服。《周礼》中后妃有六服,与天子六冕对应,但从东汉有《舆服志》开始,后妃的服饰便少于六服,主要有入庙时的祭服和亲蚕时的蚕服,隋唐之后将后妃见天子和宴宾时的常服加入服制中。总体来说,后妃冠服种类大致包括袆衣、褕衣、鞠衣、青服、朱服、礼衣、翟衣、中单、大衫霞帔、袄子、裙等。其中,后妃冠服要件大致包括冠、头饰、带、玉佩、绶、圭、袜、舄等。这些服饰和要件的选用、搭配情况,以及细节和形制,在各个朝代都有不同,其差异比冕服要大。

二、服制之变：冕服与后妃冠服

冕服,可谓是人类服饰中历史最为悠久的冠服,甚至可以追溯到早期人类以衣裳遮体的意识刚刚衍生之时期。《周礼》集中了先秦至汉代的冕服资料,冕服制度也主要来源于《周礼》。其间,《礼记》《仪礼》《尚书》等都对冕服制度进行了补充,这些是研究冕服最基本也是最重要的资料。可以说,在整个历史进程中,冕服的发展主要经历了发展前期、成熟期及简化期和废止期。其中发展前期主要发生于秦汉到唐代,成熟期及简化期发生于五代至明代,废止期在清代。

若要综合考查冕服的演变过程,则可对二十四史中的《舆服志》和《礼仪志》等志类文献进行梳理。《舆服志》,汉代以后各朝建制都官修《舆服志》,将治国思想和德崇礼约贯于其中,以彰显其天命法统，使万民归心，是世界上历时最长的由国家制定的服饰法典。在此过程中形成和发展的服道思想使得中华服饰体制在两千多年的演变中脉络清晰，体系完整，体现了中华文明的精髓。因此，研究冕服，倘若以《舆服志》为时间线索，牵引出其他古代重要文献对冕服的详尽研究，不失为一种合理的逻辑。本篇章选取汉民族统治下的几个主要朝代的《舆服志》进行阐述，包括《后汉书》《晋书》《南齐书》《隋书》《旧唐书》《宋史》及《明史》。同时，女性作为封建男权时代的附属品，宫廷后妃冠服也和男性最高服饰"冕服"遵循同样的制度和演变规律。

（一）冕服

1. 冕服发展期（秦汉到唐代）

服饰制度脱胎于与儒家思想紧密相连的礼乐制度。早在先秦时期，中国就着手构建了一整套世界秩序，即天、地、人的不同宇宙定位，从而找寻政治的恒久性——德政。秦汉到唐代，是冕服的发展期，也可看作是冕服的古典期。该时期最早完整记载冕服制度的是《后汉书·舆服志》，具体时间是东汉明帝永平二年（59），这一年也第一次全面系统地制定了官服制度。秦是建立在法治上的政权，极大地破坏了旧礼学体系，几乎废除了周礼的服饰制度，仅保留了衻玄（可能为玄冕，"至秦，除六冕，唯留玄冕"）。汉代，儒学逐渐被确立为帝国意识形态。汉初的政治制度继承了秦制，法家思想尚存，但儒家思想被重新重用，与帝国意识形态保持高度统一。虽然汉初在服饰上继承了秦朝的衻玄，但在永平二年便自主制定了较为完整的冠服制度，颁布了"舆服令"。汉明帝时期，服饰制度包括冕冠、衣裳、鞋履、佩绶等，各有等级规定，其表现最为突出的是对冕冠进行了详细的记载和阐述，服装采用深衣制，如表1。

魏晋南北朝时期，社会再次动乱，原本统一的意识形态和社会秩序受到破坏，新的社会秩序尚未建立，多种政治思潮交融在一起，

表1　历代皇帝冕服使用情况

朝代	皇帝冕服
秦	玄冕
西汉	玄冕
东汉	衮冕、玄冕
魏	汉制
晋	衮冕
南齐	衮冕
梁	大裘冕、衮冕
北齐	衮冕
北周	衮冕、山冕、鷩冕
隋	衮冕、大裘冕
唐	大裘冕、衮冕、鷩冕、毳冕、絺冕、玄冕
宋	衮冕、大裘冕
辽	衮冕
金	衮冕
元	衮冕
明	衮冕

意识形态呈多元化发展。其中，玄学思想使人们对儒家思想产生了质疑，对哲学、美学、文学都产生了深远的影响。宗白华在《美学散步》中这样描述："汉末魏晋六朝是中国政治上最混乱、社会上最苦痛的时代，然而却是精神史上极自由、极解放，最富于智慧、最浓于热情的一个时代。因此也就是最富有艺术精神的一个时代。"

玄学给儒家统治思想带来了冲击，也给传统礼制带来了影响。晋代冕冠和汉代有较大差异，之前冕板下有"武"，冕板附在"武"上，此时，冕板附通天冠上。南齐沿用晋制，但服章第一次全部画就而成，且冕旒数依命数而定。

隋唐时期，宗教文化政策是争议最多的政治问题之一，隋唐皇帝总体上采用佛、道、儒三教并融的手段，使其共同为政治统治服务。隋唐是中国古代社会的鼎盛时期，皇帝制度及其统治思想也达到了成熟阶段，表现为皇权运作的君道理论的成熟与完备以及作为官学的儒家政治哲学的重大发展。与汉儒的以神圣之"天"为一切原则的本源不同，隋唐儒学是以自然之"道"为最高范畴，将宗法伦理、人类本性与宇宙本体合而为一。这种意识形态下的政治思维，实质是使宗法道德借助自然天道论、人类本性说异化为普遍的强制性的社会规范和近乎宗教式的文化信仰。隋朝尊奉儒家经典，推崇传统礼制，因此主要取周代之冕服制度，其余则依照汉、晋制度。此时首次恢复了大裘冕、衮冕、鷩冕、毳冕、绨冕和玄冕等制度，但鷩冕、毳冕和玄冕是官员服饰，而非皇帝服饰。唐初沿袭隋朝旧制，武德年间（618—626）恢复了周代六冕之制，但具体制度有所不同，唐代对于皇帝其他的冠类也极为重视，加上弁类和其他冠类，约有十二种。可见，在冕服的发展期，各个时代在服饰上有或多或少的沿袭，这也正体现了中国服饰制度的继承性。

2. 冕服的成熟期及简化期（五代至明代）

在成熟期及简化期的宋、明两个时期，冕服的发展和演变不仅体现了继承性，还体现了政治性和独特性。其服饰制度、意识形态以及服饰表征共同决定了各自时期冕服的存在和使用情况。

宋初，皇帝把强化集权和君权作为首要目标，这种政治指导思想使得统治者加强了意识形态的控制，宋朝在国家治理方面建树颇多，彼时文化繁荣，经济强实，成为在历史上存续时间较长的朝代，共历十八帝，享国三百一十九年。在意识形态方面，新儒家与道、佛融合成两个主要的学派：朱熹的"理学"和王守仁的"心学"。理学"理一分殊"的思想维护了统治政权的绝对权威，强化了中央集权，成为统治者主流意识形态。宋朝制度建设十分完善，《宋史》中有"志"一百六十二篇，为二十四史中数量最多，仅《舆服志》就有六篇，为后世研究服饰制度提供了翔实的史料。

关于服饰制度，宋初受五代时期礼崩乐坏的影响，服制比较杂乱，礼服形制也多怪异。宋初皇帝之冕服沿五代之旧，其衮服形制夸张，不合礼法，冕冠上饰满各种奇珍珠宝，还缀有丝网，在历史上也是独此一例了。在更正服制乱象、去繁归古、统一标准的问题上，宋初几代皇帝都是不遗余力。

"太祖建隆元年少府监所造冕服，及二年博士聂崇义所进《三礼图》，尝诏尹拙、窦仪参校之，皆仿虞、周、汉、唐之旧。"之后"仁宗尝诏礼官章得象等详议之，其所减过半，然不经之饰，重者多去，轻者尚存，不能尽如诏书之意。故至和三年，王洙复议去繁饰，礼官画图以献，渐还古礼，而有司所造，复如景祐之前"。

在服制的标准化问题上，宋朝十分重视唐制，英宗治平二年（1065），知太常礼院李育奏："……又按《开宝通礼》及《衣服令》，冕服皆有定法，悉无宝锦之饰。夫太祖、太宗富有四海，岂乏宝玩，顾不可施之郊庙也。臣窃谓，陛下肇祀天地，躬飨祖祢，服周之冕，观古之象，愿复先王之制，祖宗之法。其衮冕之服，及韠、绶、佩、舄之类，与《通礼》《衣服令》《三礼图》制度不同者，宜悉改正。"

聂崇义的《新定三礼图》被保存下来，成为研究宋代服饰制度的重要史料。此后宋代的陈祥道作《礼记》（《礼籍》），通释儒家经典"三礼"，对唐代儒家观点及聂崇义《新定三礼图》所载的"礼图"进行了补缺。有关"三礼图"的文献还有明代刘绩的《三礼图》两卷，清代林昌彝所著的《三礼通释》。有关这四种文献，本篇说书部分会做详细论述。

总体而言，《宋史·舆服志》记载的皇帝服饰包括大裘冕、衮冕、通天冠、绛纱袍、履袍、衫袍、窄袍和御阅服等。窄袍是燕居之服，御阅服是戎服。大裘冕在中兴之后才使用。

明朝建立时，朱元璋便高举"驱逐胡虏，恢复中华，立纲陈纪，救济斯民"的旗帜，认为这上合天则，下称民心，因此，整肃纲纪，加强集权是明初的核心政治指导思想。关于服制，朱元璋亲自给出意见，不再使用其他五冕，只用衮冕，并多次修订衮冕的形制，洪武期间（1368—1398）就三次更定。除衮冕外，洪武定制还有：皇帝通天冠服、皇帝皮弁服、皇帝常服、皇后冠服、皇后常服、皇妃皇嫔及内命妇冠服、皇太子冠服、皇太子妃冠服、亲王冠服、亲王妃冠服、亲王世子冠服以及文武官朝服、祭服、公服、常服，甚至其他社会阶层的服饰，其涉及社会阶层之多、种类之繁也是历史之最。后来明成祖朱棣得位不正，极力宣扬其政权的合法性，在永乐三年（1405）对服制进行了较大的更定，但主要涉及皇室服饰形制增补细节。

　　明嘉靖皇帝即位是王权继承上的一个变数，他作为先皇的堂弟继承皇位，对朝廷的旧臣并不十分信任。嘉靖七年（1528）和八年（1529）对服饰制度进行了修订，显示出少年嘉靖皇帝独立的政治主张。嘉靖皇帝修制了衮冕，创制了武弁服。嘉靖改制不仅涉及皇帝、亲王，还对大臣的服饰加以限制，从中可见其与大臣的对立情势。总体而言，明代冕服的最大特征就是简化了冕服制度，仅采用衮冕制度，废除了其他五冕之制。

（二）后妃冠服

　　《周礼》中后妃有六服，与天子六冕对应，但是从东汉有《舆服志》开始，后妃的服饰就少于六套。有关意识形态和政治制度对于服饰的影响，冕服部分已经做了简要阐释，而且女性服饰本身在政治形态上的表现就不如男性服饰重要和明显，所以后妃冠服部分则着重介绍服饰制度变化。汉代之后，后妃冠服主要包括入庙时的祭服和亲蚕时的蚕服；隋唐之后，将后妃见天子和宴宾时的常服加入了官方服制中。有关后妃冠服的种类，《舆服志》多有记载，如表2：

表2　历代《舆服志》中后妃服饰

朝代	后妃服饰
汉	谒庙服、蚕服
晋	谒庙服、蚕服
南齐	袿衣（袆衣）
隋	袆衣、鞠衣、青服、朱服
唐	袆衣、鞠衣、钿钗礼衣
宋	袆衣、朱衣、礼衣、鞠衣
明	礼服、常服（凤冠、首饰、翟衣、中单、蔽膝、圭、带、绶、佩、袜、舄；大衫霞帔、袄子、鞠衣、裙）

汉代《舆服志》仅对皇后冠服进行了记载，包括皇后谒庙服和蚕服；晋代沿用了汉代后妃服饰，也采用了谒庙服和蚕服，但在首饰上有较大变化。南齐也以汉代旧制为基础，但皇后服饰出现了袆衣之说，《南齐书·舆服志》记载："袿襡大衣，谓之袆衣，皇后谒庙所服。……袿襡用绣为衣，裳加五色，锁金银校饰。"隋唐后妃服饰沿用了袆衣，并重用了鞠衣。宋代则不仅沿用了袆衣和鞠衣，并提出了礼服的概念。明代时期的服饰制度记载最为详尽，覆盖面也最广。

除了服饰，在中国古代，头饰可以说是后妃位分等级最直接的体现，比如后妃等级可以体现在头饰中花的大小和数量上。隋朝皇后服饰等级分为四等：袆衣，首饰花十二钿，小花十二树；鞠衣，小花十二树；青服和朱服，去花。后妃依据身份不同，其花树形制也不同。宋朝后妃开始戴凤冠，冠上饰件以龙凤为主，冠上所饰珍珠、宝石及重量各不相同。明神宗万历帝定陵出土的凤冠共有四顶，分别是"十二龙九凤冠""九龙九凤冠""六龙三凤冠"和"三龙二凤冠"。

有关后妃冠服和首饰，明代《舆服志》所记录的详细程度堪称历史之最，包括皇后以及后妃的礼服、常服和各类首饰的细枝末节，现代完全可以根据文字描述来复原当时的服饰。当然，古代以图释为主的文献，也为古代冕服和后妃冠服的图案和虚拟 3D（三维）复原提供了生动的图像资料。

三、视觉时代的古代冠服研究之献疑

中国传统文化的复兴是中国梦的起点。中国传统文化博大精深，作为"衣冠之国、礼仪之邦"，服饰文化是传统文化的重要载体，冠服制度在承载古人哲学思想方面表现得最为突出。中国传统文化的研究，最终目的是为了传播，只有将传统文化广泛地传播出去，才能真正实现文化的复兴和自信。在此情形下，回望中国服装史领域，古代冠服的研究和传播多以书面文字和图片为工具，覆盖面较窄。在全球化背景下，在视觉时代，随着新媒体技术的发展，国外如 Google（谷歌）等机构已经建立了数据平台，整合共享文物资料，开启了全人类服饰文化的全球视觉化传播，产生了巨大的传播效应。这促使我们要高度重视中国传统服饰文化的视觉构建工作，尽快利用网络技术传播优秀的中华文明。

实现中国服饰文化的全球视觉化传播需要我们与时俱进，找准切入点，对中国古代冠服进行个体的视觉化构建是较为基础的一步，将古代冠服放在当时的社会情境中加以视觉化构建则是较为深远的一步。较为基础的一步要求我们对古代冠服的细节进行详细解构，从而构建出较为合理的视觉形象；较为深远的一步则需要更为广阔的视野，从生活变化也就是从社会生产、技术、生活环境等社会生活史角度构建整个服饰的使用场景。对于这两步，除了历代古籍的记载，前辈学者也已经对古代冠服进行了近一个世纪的研究；在视觉时代，作为新一代的青年学者，我们可能肩负得更多的是将前人的研究付诸视觉化传播，这也是本部分写作的重要原因之一。

本书的写作主题是中国古代服饰文献图解，因此视觉解读是本书的重点，再进一步来看，3D 视觉模型的构建和虚拟现实的表达是对古代冠服制度进行视觉构建的终极目标。在进行大量文字类文献资料研究之后，反过来对图释类文献进行考证，同时也用图释来考证文字描述的缺漏，是研究冕服和后妃冠服制度及图像 3D 复原和虚拟现实的有效手段。3D 复原和虚拟现实，除了考虑平面外观，还要着重考虑服饰结构的合理性和功能性，这也是目前各界学者研究的热点，是实现中国传统服饰文化视觉化传播的重要途径。

前辈诸多学者在进行冕服和冠服研究中，已经对大量图释类古籍进行了分析和考证，鉴于本书的写作宗旨，本篇主要以说人、说书和说图的结构模式，从史学和视觉构建的交叉学科入手，对古代冕服和冠服制度、形制细节和结构合理性存在的疑问进行思考，进而对数本古籍的主要特点进行不同角度的解读，包括作者背景角度、著作特性角度、服饰考证角度、同时期古人对同一服饰阐释的异同角度以及二维和三维图像表达角度等。

这个部分共五篇：

《新定三礼图》及《礼书》；

《六经图》；

《明宫冠服仪仗图》；

《三礼通释》及《礼书通故》；

《大明冠服图》。

《新定三礼图》及《礼书》[宋]

　　本篇主要根植于不同视角下的冕服形制考证，在大的历史背景下，从宏观角度用对比的手法对冕服形制进行探讨。于礼制而言，冕服，是承载社会礼制的服饰，也可看作是礼器的一种。《礼记》中的《礼器篇》载："礼器是故大备。大备，盛德也。礼释回，增美质；措则正，施则行。其在人也，如竹箭之有筠也，如松柏之有心也。二者居天下之大端矣。故贯四时而不改柯易叶。故君子有礼，则外谐而内无怨，故物无不怀仁，鬼神飨德。"可见，礼器在古代礼制社会充当十分重要的角色，而礼图的一大作用就是用图像的方法直观地表达这些礼器形制，以弥补文字描述的不足和繁琐。这一方式和西方有关《圣经》的宗教画有着异曲同工之妙。

　　冕服作为礼器之最、之首，其形制表达了最为严谨和神圣的礼仪制度。对于冕服形制，本部分采取横向对比的手法，分析、对比研究宋代两位经学家聂崇义和陈祥道有关冕服礼图的经学著作《新定三礼图》和《礼书》，梳理著作中冕服图像表达所存在的差异，进而从作者背景、著作特性、服饰图像表达等方面分析同一时期作者在"描绘"冕服时产生差异的深层原因，从而引发对冕服的多角度思考。

说人

一、聂崇义

《新定三礼图》为五代至北宋初期河南洛阳人聂崇义所著。聂崇义，《宋史》有传，然有关其字号、生卒年、家族身世等情况却缺乏记载。聂崇义为后人所熟知，是因为《新定三礼图》一书。《四库全书总目提要》《旧五代史》《新五代史》《全唐文》《登科记考》《洛阳县志》《宋史》《全宋文》等对聂崇义生卒年月几乎没有记载。西安科技大学乔辉在 2015 年通过多种史料以及对同时期的其他人物生平进行比对考证，对聂崇义的生平进行了分析，认为：聂崇义生在唐末后梁之际，卒年约在宋开宝年间（968—976）。从《宋史》中的《聂崇义传》可以得知，聂崇义一生致力于《礼》学，与其交往的人也仅限于同朝为官的士大夫们，如参与其《新定三礼图》编修的窦俨、尹拙、张昭等。

聂崇义年少便精通经学，是经学大儒，说明他家族中应有精通经学者。他少举"三礼"，善《礼》学，通经旨。后汉乾祐元年（948）中，官拜《礼记》博士，校订《公羊春秋》刊板于国学。聂崇义为学官兼掌礼，仅二十年，世推其赅博。建隆初拜学官河洛之师赵韩王（赵韩王即宋初宰相赵普），可见聂崇义在当时地位颇高。聂崇义在五代周世宗年间官拜国子司业（正六品），同时还兼太常博士（正八品）。此后，聂崇义官拜从二品，其仕途发展与他精通礼学息息相关。北宋建立之前，五代十国，社会动乱，礼崩乐坏，百姓深受其害。北宋王朝建立，急需恢复社会礼制，稳定天下，经学家名正言顺地受到统治者的青睐，聂崇义精通礼学，受到朝廷重用也理所当然。

他取"三礼"《周礼》《仪礼》《礼记》旧图，重加考订并于北宋建隆三年（962）四月表上《三礼图》，太祖赵匡胤览而嘉之，并诏曰："礼器礼图，相承传用，寖历年祀，宁免差违。聂崇义典事国庠，服膺儒业，讨寻故实，刊正疑讹，奉职效官，有足嘉者。崇义宜量与酬奖。所进《三礼图》，宜令太子詹事尹拙集儒学三五人，更同参议，所冀精详，苟有异同，善为商榷。"之后"拙多所驳正，崇义复引经以释之，悉以下工部尚书窦仪俾之裁定"。此即聂崇义《新定三礼图》编纂缘起及成书过程。

聂崇义既是儒生，又是礼学官，一生都在跟礼学打交道，造诣颇深。其在编修《新定三礼图》之后，声名鹊起，尽管该著作也受到了很多学者的争议。对于聂崇义自身而言，《新定三礼图》的意义可能没有那样重要，其编撰该书的出发点和用意都源自当时的朝廷，即使聂崇义不出面编修《三礼图》，也会有其他礼学者担当此任。从《新定三礼图》的序言可以看出，编纂者冠以聂崇义的名号，并不是因为聂崇义是编修该书的发起者，而只是因为他是颇有名望的礼学官，有资格也有权威承担此项任务。真正的发起者是宋太祖，聂崇义在整个过程中做的是监察督审的工作，而非亲手去临摹这些图像，所有图像，都要由其进行固有的礼制审查，并遵循统治阶级意志，才能最终敲定。

二、陈祥道

陈祥道（1053—1093），字用之，一字祐之，福建闽清宣政里漈上（今福州闽清）人，师从王安石，长于三礼之学，是北宋时期重要的经学家。一些文献中简单记载了陈祥道的信息："祥道，字用之，元祐中为太常博士，终秘书省正字。所著《礼书》一百五十卷，与旸《乐书》并行与世。"（《宋史》）"陈祥道，字用之，福州人，元祐中，为太常博士，终秘书省正字，所著《礼书》一百五十卷。"（《宋元学案》）

有关陈祥道的仕宦历程，李廌在《师友谈记》中称陈祥道"许少张榜登科，礼学通博，一时少及，仕宦二十七年，而官止于宣义郎"。陈祥道仕途颇为坎坷，初做官时，因其父犯事而受到牵连，久废于家。宋神宗任用王安石变法时，陈祥道为国子监直讲、太学博士。陈祥道为王安石弟子，故王安石两次罢相，均对其仕途产生了极大的影响。

哲宗元祐四年（1089），陈祥道上《礼书》一百五十卷后，由太学博士任太常博士，可见朝廷对于礼学之重视。元祐六年（1091），任秘书省正字。李廌称其元祐七年（1092）又进《礼图仪注》，获任馆阁校勘，元祐八年（1093），赐绯鱼袋，不久去世。

陈祥道为学擅长于礼，著有《仪礼注解》三十二卷、《礼记讲义》二十四卷、《周礼纂图》二十卷、《礼例详解》十卷、《礼书》一百五十卷。虽然陈祥道在及第登科后的二十年中官运不顺，但其学术一直在累积进步中。陈祥道认为，礼作为一种合理的秩序存在，其内涵在于道德性命之说，具体的礼仪制度是礼的内涵的体现，而具体形制要通过玉帛、钟鼓等具体的器物仪式表现出来，这些礼器是礼制的文化载体。

说书

一、《新定三礼图》

《新定三礼图》是研究经史典籍中"礼"的集大成者，乃"世宗诏崇义参定郊庙祭玉，因取'三礼'旧图，凡得六本，重加考订"而成。《新定三礼图》是在前人六种《三礼图》的基础上进行完善和修订的经典著作，这六种《三礼图》包括：后汉时期，郑玄为《周礼》《仪礼》和《礼记》作注释，始以"三礼"冠名，后著《三礼图》九卷，开启了历代以图注礼的先河；三国时期，阮谌正讹纠谬，重修《三礼图》；隋开皇中敕礼学官修撰《三礼图》十三卷；隋唐时期，夏侯伏朗作《三礼图》十二卷；隋唐时期，梁正著《梁氏三礼图》九卷；唐代，张镒作《三礼图》九卷。这些著述成为后世官方及学者编修《三礼图》的重要参考，也加固了其在儒家礼制中的重要地位。聂崇义所著的《新定三礼图》，就是根据前朝六本《三礼图》而作，实现了图文互动,并对古代社会礼制产生了一定的影响。

归根结底,《三礼图》的基础建立在《周礼》《仪礼》和《礼记》等三部经典礼经著作之上,在融合中凸显了深厚的文化延展性。《三礼图》以礼学为经线,以艺术为纬线,用跨领域的崭新手段展开了历史表达的新视角,这种尝试,卓有成效地挖掘了礼学和艺术之间的关系,也让后人能够更加深刻地解读礼学、艺术以及意识形态和政治统治之间表面错综复杂、内里却逻辑清晰的神秘关系。例如,唐代张彦远在其《历代名画记》就记载了阮谌等人撰《三礼图》十卷,将三礼图归为艺术创作。

三礼者,一为《周礼》《仪礼》和《礼记》;二为天、地、人之礼,祭天、地、宗庙;三为丧礼、葬礼、祭礼。古人在用文字记录三礼的传统手法基础之上,尝试用图像传播社会礼制文化,从视觉角度借助艺术手法更加直观地表达三礼之制,为政治服务。统治者命"三礼"图示置于庙宇壁面、梁柱案头,以影响民众的意识形态,加强礼制的传播。这种以图画呈现三礼的方式不同于更古老的《山海图经》(《山海图经》描绘诡异的怪兽及神话故事,起初绘有图画,魏晋以后失传)。《山海图经》着重描绘臆想中不存在的鬼神怪兽,而《三礼图》则尽量从现实入手,以史学家的责任记载具体的社会礼制。由此而传承的三礼图画书籍成为儒学经典著作,以至于历代官方都十分重视《三礼图》的编修。

《新定三礼图》,创作于五代后周显德年间,其作者聂崇义奉诏参照前代六种古图编修成《三礼图集注》,于南宋淳熙二年(1175)由镇江府学刊刻,该书考释器象,所绘制的图像是现存所有文献中最接近古代历史的。目前留世的有两个版本:一是宋淳熙二年刻本;一是蒙古定宗二年(1247)刻本(《四库丛刊》本)。据悉,宋淳熙二年镇江府学刊刻的《新定三礼图》尚存世间,为海内外孤本。而纳兰成德的《通志堂经解》本,使宋淳熙二年镇江府学刻《新定三礼图》惠及整个儒学领域。

在聂崇义编撰之初,《新定三礼图》名为《三礼图谱》,共二十卷,凡图三百八十余幅,文字约十余万言。后又受命于世宗,奉敕删定。聂崇义《新定三礼图序》:"其或名数虽殊,制度不别;则存其名而略其制者……其名义多,而旧图略振其纲而目不举者,则就而增之……有其名而无其制者,亦略而不图。仍别序目录,共为二十卷。"此书三年成型,其目的是用服饰表现凶吉,所绘制图像有特定的社会归属意义:其一,与自然联系密切,在《新定三礼图》卷一冕服图中可以看到龙、虎、豹、华虫、宗彝等形象;其二,图像的符号意义远胜于其真实意义,在礼图上有严格的规范;其三,是中国古人意识形态的直观表达。

《新定三礼图》所绘制的内容包括:冕服图、后服图、冠冕图、宫室图、投壶图、射侯图、弓矢图、旌旗图、玉瑞图、祭玉图、匏爵图、鼎俎图、尊彝图、丧服图、袭敛图、丧器图等十六类图像。对于冕服图和后服图,也有经学家对其进行阐释或重新绘制,其主要问题还是礼器的形制问题和历史时期考证。至于礼图图像改变的最根本原因,还得要还原到当时的历史情境去研究。

《新定三礼图》之图文体例,总的来说是典型的"右图左书"式,即先列礼图,后接论述文字,图文配合。一幅完整的礼图包括题目、图像和注解文字三个部分,题目为大字单行,注解文字为小字单竖行。

二、《礼书》

中国古代礼图著作大体分成名物图和仪节图两种类型,它们各自有其传统。名物类礼图之书,今存可见的以聂崇义《新定三礼图》为最早。而仪节类礼图之作,今存最早者,学界皆指为南宋杨复之《仪礼图》,《四库全书总目》和黄侃先生的《礼学略说》都记载着这种观点。唯清代陈澧于《东塾读书记》中考证说赵彦肃是最先作仪节类礼图之人,皮锡瑞《经学通论》亦从此说。然陈澧、皮锡瑞等皆不知赵彦肃之前为仪节图者,复有北宋陈祥道也。陈祥道《礼书》中绘有相当数量的仪节图,并且今皆可见。但是近代以来学界却对此书有所忽略,研究不足。

陈祥道的《礼书》成书于哲宗元祐四年（1089）,其版本和图文体例如下:

《礼书》共一百五十卷,今存有宋刻元明递修本、明末张溥刻本、《四库全书》本、清嘉庆九年（1804）郭氏校经堂刻本、清光绪三年（1877）广州学源堂刻本等五个版本。其版本关系是:明刻本以宋刻元明递修本为底本,而《四库全书》本、校经堂刻本、学源堂刻本则以明刻本为底本。《礼书》之图文体例,总的来说也是典型的"右图左书"式。一幅完整的礼图本身包括题目、注解文字和图像三个部分,题目为大字单行,注解文字为小字双行,或有或无,不一而足。大多礼图皆三部分俱全,也有一些仅有题目和图像而无注解文字的。《礼书》之礼图总计近八百幅,因此大多数文字配有礼图,主要包括名物图和仪节图两种,以名物图居多,相对来说,仪节图居少。

陈祥道所著《礼书》,通释儒家经典"三礼",该著作目录,首先强调解说,而后列图绘。其对唐代儒家的观点言论和北宋聂崇义《新定三礼图》所载的礼图,进行补缺,考订内容颇为详细,深受诸多学者重视。陈祥道为王安石弟子,深受老师的影响,故《礼书》也排斥旧说,力驳郑康成,带有门户之见。该书贯通经传,条分缕析,考订尤为精详,曾为陈振孙、晁公武等人所褒美。在王安石破旧立新的思想昙花一现之后,该书仍为学者所推重。

说图

从前文叙述来看,聂崇义的《新定三礼图》和陈祥道的《礼书》都为宋代著名的礼图经学著作,其主要信息总结如下表:

表 1　聂崇义《新定三礼图》和陈祥道《礼书》的概况

作者信息	《新定三礼图》 聂崇义	《礼书》 陈祥道
作者生卒年月	约唐末后梁—宋开宝年间	1053—1093 年 [宋]
身世背景	洛阳人，家族中可能有精通经学者	福州人，师从王安石，仕途坎坷
社会地位、职务	国子司业（正六品），太常博士（正八品）、从二品	国子监直讲、太学博士、太常博士、秘书省正字
作品情况	《新定三礼图》、校订《公羊春秋》	《礼书》《礼图》《仪注》《仪礼注解》《礼记讲义》《周礼纂图》《礼例详解》等
礼图数量	三百八十余幅	近八百幅
是否亲自绘制	否	是

从作者背景可知，聂崇义和陈祥道都为经学之大儒，仕途较为坎坷的陈祥道所著的礼学著作更多，足见其勤奋；而聂崇义则是少年成名，可谓天赋颇高，官运也较为顺利。这些背景加上所处时代，与他们表达冕服形制存在或多或少的内在联系。

对于两部著作中的冕服礼图，由《引言》部分的表1（历代皇帝冕服使用情况）可知，从秦汉到明代，在冕服的采用上，先是以玄冕为主，从秦一直持续到东汉，皇帝冕服仅保留了玄冕。东汉时期又增加了衮冕，从东汉开始，衮冕一直持续采用到明代，可见衮冕在整个六冕中的实际使用频率最高，这与衮冕的等级最高，且适合场合较多有关——享先王或在宗庙受诸侯之朝见时穿着。从辽一直到明，皇帝仅穿衮冕，其他冕服种类已被废除。除了衮冕，南朝梁、隋唐、宋皆采用了大裘冕，说明大裘冕的形制和特征也较为符合这些朝代的社会礼制，因此大裘冕被重新起用。

一些学者认为，聂崇义的《新定三礼图》并不能代表前代社会礼制，只能代表宋廷的阶级意志和聂崇义个人礼学思想。礼器形制的出现，是对社会礼制进一步深化和传达，是传播宋代社会礼制的重要媒介。

我们或可以说，采用频率越高的冕服，在形制表达上越容易受到当时统治阶级、意识形态和作者个人主张的影响，因为无论在哪

图 1　衮冕（《新定三礼图》）　　　　　图 2　衮冕（《礼书》）

个时期，帝王采用某一服饰时，必然要考虑该服饰与其政治统治直接的关系，并会根据当时历史情境及社会礼制对其进行修改和完善，以使该服饰为政治和礼制服务。这就很容易理解在整个历史时期，衮冕、大裘冕、玄冕以及其他冕服种类在文字和图像继承过程中，受到历史变迁的影响依次逐渐减弱。从这一点上来看，这两本著作十分特别，因为两位作者所处历史时期极其相近，都受到宋朝时代背景的影响，我们假定他们受同一统治者和社会礼制的影响，那么可以对两本著作中的几个冕服种类进行分析，以验证这一观点。

一、衮冕礼图之异同

衮冕，是穿卷龙为首章的衣服而戴冕冠的礼服，上衣有龙、山、华虫、火和宗彝等五章，下裳有藻、粉米、黼和黻等四章，只有王公贵族才可穿着。图 1、图 2 分别为《新定三礼图》和《礼书》中的衮冕礼图。

整体来看，此两幅关于衮冕的礼图并无多少出入，表明在同一时代背景下，统治者对衮冕的沿用在两部著作中基本一致。这说明聂崇义和陈祥道在宋代帝王采用衮冕的历史情境下，保持了衮冕的统一性，甚至可以说他们真实而一致地记载了宋代帝王穿用的衮冕形制。然而，在衮冕的细节表达上，聂、陈二人各有特点，这或许与他们对绘画和人物形象的理解有一定关系。仔细分析衮冕的形制和部件细节，可以得下表：

表2 《新定三礼图》和《礼书》中衮冕礼图表达分析

衮冕部件	《新定三礼图》	《礼书》	分析
冕冠	○	○	前者的綖板和旒的长度更符合比例；前者旒的数量为八，后者旒的数量为十二，后者表达更为精确
衣	○	○	前者衣的表达更为饱满，廓形较大；后者衣的表达较为合体，廓形较小
裳	○	○	前者裳的表达更为复杂，章纹突出；后者裳的表达更为平面
中单	○	○	两者表达相当，皆仅露出领缘
蔽膝	○	○	两者表达相当，藏于大袖之后
袜	○	○	两者皆隐于舄内
玉佩	○	○	前者玉佩较小，且短；后者玉佩较大，较长，表达突出
大带	○	○	两者皆隐于大袖之后
革带	○	○	两者皆隐于大袖之后
剑	△	△	两者皆无佩剑
舄	○	○	两者皆着舄
绶	○	○	前者在身后有绶；后者虽未在身后画绶，但却有玉佩，因玉佩系于绶之上，故后者也应有绶
圭	○	○	前者圭较短；后者圭较长

注：○表示有；△表示没有

二、大裘冕礼图之异同

大裘冕，谓穿大裘而戴冕冠的礼服，大裘用黑羔皮做，穿用场合是祭天，位于六冕之首位，是象征意义最为崇高且最具独特之处的冕服。大裘冕，顾名思义，其重要特征是其材质——黑羔皮。作为最高礼服，大裘冕采用黑羔皮，而不用虎皮等听起来十分尊贵威严的兽中之王的皮毛，有其特定的意义。首先，在周代的礼仪制度中，所有祭服的颜色都严格按照"上玄下纁"的要求来制作，《周礼正义》记载："大裘用黑者，取其与冕服玄衣相称。"其次，大裘用羔皮，取其"跪乳逊顺"与"群而不失其类"之意；再次，用黑羔皮，有继承祖先遗志之意，表示节俭；最后，用黑羔皮，具有浓厚的农耕文化的色彩，华夏民族

图3　大裘冕（《新定三礼图》）

图4　大裘冕（《礼书》）

作为世界上最早最大的农耕民族，其信仰和礼乐制度与农耕息息相关，其追求天人合一的信仰在冕服的十二章纹中表现得淋漓尽致。

在《新定三礼图》和《礼书》中，聂、陈二人均记载了大裘冕之礼图，如图3、图4：

图3为聂崇义所表达的大裘冕，为侧面图；图4为陈祥道所表达的大裘冕，为正面四分之三图。这两幅图的最大差异有二：一是大裘冕的冠是否有旒；二是上衣是否有章纹。

关于大裘冕的冠是否有旒，还得从冕和爵弁说起。《引言》中详细解释了冕的形制特征，而弁与冕类似，其中，爵弁是次于冕的一种冠。爵弁与冕的最大区别在于：（1）冕有旒，爵弁无旒；（2）冕的色彩为玄表朱里，而爵弁赤且微黑，无表里之分；（3）冕的宽度前后相同，爵弁则成爵头形；（4）冕由天子至大夫穿戴，爵弁由乐人穿戴。爵弁形制如图5。大裘冕是天子冕服的一种，且为首冕，从冕服含义可以推断，其冠式应该是冕，而非乐人所穿用的爵弁。聂崇义在《新定三礼图》中认为大裘冕之冕冠无旒，或许是受《舆服志》之影响，《旧唐书·舆服志》记载："大裘冕，无旒，广八寸，长一尺六寸（玄裘纁里，已下广狭准此），金饰，玉簪导，

图5　爵弁（《礼书》）

图6　羔裘（《礼书》）

图7　黼裘（《礼书》）

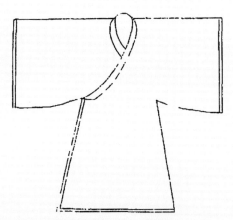

图8　狐白裘（《礼书》）

图9　黄衣狐裘（《礼书》）

图10　鹿裘（《礼书》）

图11　狸裘（《礼书》）

以组为缨，色如其绶。"又载："太尉长
孙无忌与修礼官等奏曰：'准武德初撰《衣
服令》，天子祀天地，服大裘冕，无旒。'"
《宋史·舆服志》："今参考诸说，大裘冕
无旒，广八寸，长一尺六寸，前圜后方，
前低寸二分，玄表朱里，以缯为之。"而
陈祥道所表达的大裘冕有旒则是从冕之
基本形制来说的，也十分合理。事实上，
不光是大裘冕之冕冠是否有旒存在争议，
就是其他冕是否有后旒也存在争议，有
关冕是否有后旒之说的探究，见下篇。

考查《宋史·舆服志》可知，神宗
时期诸臣在考查大裘冕旧制之时，否定了
《礼书》中的"上有垂旒加饰"之说，认
为大裘冕无旒，这一观点又和聂崇义不谋
而合。可见在当时，天子所服大裘冕的冕
冠很可能有旒，才会引起这种否定之说。
也就是说，活动在这个时期的陈祥道，极
有可能与天子此时所服大裘冕相互影响，
故取大裘冕之冕冠有旒之说。

关于大裘冕上衣是否有章纹这一问
题，还得从裘衣开始说起。陈祥道在《礼
书》中就详细绘制了裘衣图，包括羔裘、
黼裘、狐白裘、黄衣狐裘、鹿裘、狸裘、
虎裘、熊裘和狼裘等，如图6-14。只有
天子才可以穿用黑羔裘所制的大裘冕，可见其尊贵。

理论上说，裘衣应该是毛在外，但两幅礼图皆没有表达出毛皮
的效果，事实上，两位古人对大裘冕上衣的表达并无问题。因为裘

图12　虎裘（《礼书》）

图13　熊裘（《礼书》）

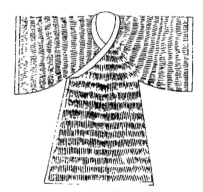

图14　狼裘（《礼书》）

衣是穿在冕服里面的衣服，古人认为裘衣是亵衣，在裘衣之上，要穿其他的衣服。裘衣最外面的衣服为正服，即上衣和下裳。此外还有裼衣的概念，《礼记·玉藻》记载："袭裘不入公门……君衣狐白裘，锦衣以裼之。"注曰："袒而有衣曰裼。"郑玄注："衣裘，必当裼也。"孔颖达疏《礼记·檀弓》："裼，谓裘上又加衣。"《仪礼·聘礼》中郑玄注曰："裼者，免上衣，见裼衣。"可见，在穿着裘衣的时候，裘衣不能作为表衣，还需要同时穿上裼衣。除此之外，裘衣之上还有袒的动作，同时，裼也可作为动词，与袒呼应，使裼衣见之意。"袒而有衣曰裼"，意思是裼衣之外的衣服有脱袖之举，"袒"是脱去左袖之后，把左袖系于腋之下带之内，露出里面的裼衣。也就是说大裘冕上衣由里至外的穿着顺序是：裘衣—裼衣—正服。

显然，裘衣是没有纹饰的，那么裼衣和正服到底有无纹饰？这值得思考。此两幅大裘冕的礼图，显然是描绘裘衣之外的裼衣或正服的。按《礼记·玉藻》记载："不文饰也，不裼。"也就是不是礼节之时，不袒露裘衣。裼作为一种服装穿着方式，将裘衣部分地显露出来，起到对比、变化的效果，是审美情绪的表示，所以被称为"裘之裼也，见美也"，我们可以把裼衣想象成裘衣的面子。又按《郑志》"大裘之上又有玄衣，与裘同色"，无文采。可见，裘衣最外面的正服没有章纹，取其质之美。因此，《新定三礼图》中所记录的大裘冕与周礼更为符合，其上衣并无章纹。令人惋惜的是，两部著作在绘制大裘冕的时候，都没有展示出"袒"或"裼"的动作，这让后人在依据礼图考证大裘冕时难免有所疏漏。

对于本朝继续重新采用的大裘冕，聂、陈两位经学家在表达大裘冕之时产生了巨大的差异，笔者更加倾向于聂崇义所绘制的大裘冕。

三、玄冕礼图之异同

玄冕，谓之上衣无纹之衣服而戴冕冠的礼服，因其上衣无章纹，随其玄色上衣而得其名。其所施章纹仅为下裳黻纹一章。《新定三礼图》与《礼书》都记载了玄冕,但宋代不再采用玄冕。

　　对于宋代不再沿用的玄冕,聂、陈二人在其图像表达上基本一致,除了綖板和旒的长度与衮冕一样有各自独特的风格。陈祥道在下裳部分清晰地表达出了黻纹一章,较聂崇义的《新定三礼图》更为细致,与《周礼》之玄冕保持高度一致。这一现象说明,在历史进程中过早被废除的玄冕,日复一日地继承了古老的文字记载和图像记载,在历史长河中不被政治统治者"青睐",它反而能够保持原有的模样,不因不同的统治集团和意识形态而改变。如图15–16。

图15　玄冕(《新定三礼图》)

四、其他冕服礼图之异同

　　除了以上三种冕服,还有鷩冕、毳冕和缔冕,这三类冕服被废除的时代较玄冕更为久远,其使用在历史上更为稀少。《新定三礼图》和《礼书》也毫无遗漏地分别记录了这三种冕服,见表3中图17–22。

　　鷩冕,谓穿华虫为首章的衣服而戴冕冠的礼服。上衣施华虫、火、宗彝三章,下裳施藻、粉米、黼和黻四章。毳冕,谓穿有毳毛的宗彝为首章的衣服而戴冕冠的礼服。上衣施宗彝、藻、粉米三章,下裳施黼和黻两章。缔冕,谓穿刺绣粉米为首章的衣服而戴冕冠的礼服。上衣施粉米一章,下裳施黼和黻两章。在

图16　玄冕(《礼书》)

这三类冕服的礼图表达上,《新定三礼图》在章纹表达上更为细致,《礼书》倒是简化了被废弃的三类冕服的章纹表达。

　　综合而言,在整体图像表达上,聂崇义的《新定三礼图》的冕服礼图特点如下:(1)服饰表达较饱满,人物配图相对伟岸,有帝王之气,有阎立本之风;(2)旒和綖板的长度比例较为合理;(3)人物配图相对统一,面部特征基本保持一致。而陈祥道的《礼书》

表3 《新定三礼图》和《礼书》所绘鹭冕、毳冕、缔冕之礼图

	《新定三礼图》	《礼书》
鹭冕	图17	图18
毳冕	图19	图20
缔冕	图21	图22

冕服礼图则有如下特点 :（1）服饰表达较内敛，人物配图相对谦和，不似帝王之霸气。这可能有两种原因，一是陈祥道所处时代的哲宗形容偏瘦，较其他帝王确实俊秀一些，陈祥道在绘制礼图时偏向于形容俊秀的宋哲宗之貌 ; 二是可能与陈祥道坎坷的仕途经历相关，命运多舛让他学会了内敛和谦卑 ;（2）旒的长度较短，不合礼数 ;（3）人物配图各有特征，面部五官各有特点，如胡须的长短各异，这一点可能跟陈祥道个人的人物表达偏好相关。

由上述分析可见，在礼图类经学著作中，有关同一类服饰的表达受到作者本身的身世背景、统治者对服饰的使用情况、社会礼制、政治思想以及作者个人对服饰和人物表达偏好等诸多因素影响。因此，在研究和借用诸如《新定三礼图》《礼书》《三礼图》《三礼通释》《礼书通故》等礼图类经学著作之时，要客观而批判地从不同角度对同一服饰进行分析和采用。

参考文献 :

[1]　李焘 . 续资治通鉴长编 : 卷四百五十（附拾补）[M]. 上海 : 上海古籍出版社，1986.

[2]　乔辉 .《三礼图集注》作者聂崇义生平考略 [J]. 兰台世界，2015（03）:87—88.

[3]　脱脱 . 宋史 [M]. 北京 : 中华书局，1977.

[4]　黄宗羲 . 宋元学案 : 卷九十八 [M]. 北京 : 中华书局，1986.

[5]　李廌 . 师友谈记 [M]. 北京 : 中华书局，2002.

[6]　苗露 . 宋代经学家陈祥道生平考证 [J]. 绥化学院学报，2012，32（01）:86—88.

[7]　张彦远 . 历代名画记 : 卷三 [M]. 北京 : 中华书局，1985.

[8]　赵吉惠，郭厚安 . 中国儒学辞典 [M]. 沈阳 : 辽宁人民出版社，1988.

[9]　孙诒让 . 周礼正义 [M]. 北京 : 中华书局，1987.

[10]　王宇清 . 周礼六冕考辨 [M]. 台北 : 南天书局，2001.

[11]　陈祥道 . 礼书 [M]. 北京 : 海豚出版社，2018.

《六经图》[宋]

说人

杨甲（约1110—1184），字鼎卿，四川遂宁人。乾道二年（1166）为进士第五人。宋代著名经学家、地理学家、文学家。

古代中国的政治制度使得从谏如流的明君凤毛麟角，如同历史上所有直谏贤臣终无善果一样，杨甲虽然人品高洁，颇有声望，"有声西州"，但是一生并不得志，只留下十八首诗词收入《棣华馆小集》，传于民间。"野旷树还乱，林深烟更微。天随残日尽，云掣断山飞。玉垒风烟阔，秦城草木非。凭高无限事，今夜客沾衣。""小县相笼合，蒙蒙数百家。果蔬争晚市，樵牧乱晴沙。落日平江迥，青山细路赊。偶居无事在，随意问桑麻。"其闲居郁闷之状跃然纸上。后人评说其诗多游览吊古之作，其诗夭矫脱俗，孤光冷艳，不着色相，俱不食人间烟火语也。

杨甲格局高广，诗文俱佳，宋淳熙二年（1175），著名诗人范成大任四川制置使兼成都知府时，请杨甲撰写《成都修学记》《成都縻枣堰亭记》两碑文。《宋诗纪事》《成都文类》录其诗七首，《宋代蜀文辑存》《遂宁县志》录其文两篇。

乾道二年，杨甲与其弟杨辅同时考中进士。年过不惑的杨甲偏偏不谙世故，对策言时事，指出南宋偏安不能振兴的原因，一是王公贵族溺爱美色娱乐，二是朝廷不谈征战用兵，恢复之志不坚。这让"卓然为南渡诸帝之称首"的孝宗十分不快，阅览对策后，将杨甲置为第五名，仅授文林郎。杨甲曾官国子学录，后尝仕于蜀，贬为"嘉陵教授"。而同时考中进士的弟弟杨辅后官至四川宣抚使，总领四川财赋、兵部尚书，《宋史》有传。

一失言而成千古恨，杨甲终坐事罢官，寓居四川遂宁灵泉山中。杨甲诗中"胜地仙灵宅，微官也谪居。焚香他日梦，隐几向来书"之句，就是指这件事。"一官最下策，包裹辱与羞。百年在平地，亦有一日忧。谁能无饥渴，往与肉食谋。"杨甲纵情山水也属万般无奈。然而真正让后人仰视的并非杨甲的直言与诗文，而是他在绍兴年间所作的《六经图》。

为儒家经典作注肇始于汉，而兴于宋，宋人将十三经之汉注唐疏合刊，"注疏"之称始流行。同时也开始了以图解经之举，有聂崇义的《新定三礼图》，陈祥道的《礼书》，而以图解《易》《书》《诗》《周礼》《礼记》《春秋》之六经者，杨甲当为第一人。

在宋代，大足城区附近的南、北二山环境优美，当时就有"山林有南、北之秀"的说法。在大足南山玉皇阁三清洞之右外壁，有一通被称为《何光震饯郡守王梦应记》的摩崖石刻。该碑全称"宋邑令何光震饯郡守王梦应记碑"，为真书（亦称"今隶""楷书""正书"），全文六百零二字。碑成时间为理宗淳祐十年（1250）冬十月望，一说刊于淳祐七年（1247）。该碑记述大足县令何光震为昌州郡守王梦应离任饯行结伴攀游南山一事。碑文涉及当时川东一带的社会政治状况，以及宋元战事，保存了珍贵的第一手资料，具有很高的史料价值。据《何光震饯郡守王梦应记》碑载：陈炉峰在宁宗开禧年间（1205—1207）任大足教授时，曾经将《六经图》刻石，立于学宫。陈刻石时说："此乡先生之作，四方宜于此取正。"（见《涪州教授陈嗣田墓志铭》）

理宗宝庆三年（1227），王象之在《舆地纪胜·昌州碑记》中说："《六经图》碑在郡学，郡人杨甲鼎卿所著也。"至清嘉庆二十三年（1818）张澍署大足知县时，到学宫寻碑，已不见踪迹。

网络上"杨甲"词条称杨甲字"嗣清"，而搜索《六经图》则为：

杨甲，字鼎卿，又字嗣清。宋人王象之亦将杨甲的字书为"鼎卿"。《四库全书总目提要》亦载："六经图六卷（通行本），宋杨甲撰，毛邦翰补。甲字鼎卿，昌州人，乾道二年进士，《成都文类》载其数诗，而不详其仕履，其书成于绍兴中。邦翰不知何许人，尝官抚州教授，其书成于乾道中。"

从《四库全书总目提要》我们得知杨甲《六经图》先成书于宋绍兴年间（1131—1162），毛邦翰所补撰则告成于乾道中（1165—1173）。有关毛氏之里籍无考，仅有上述十余字。

说书

如今我们已经见不到杨甲《六经图》的原貌，《四库全书总目提要》载："甲图尝勒碑昌州郡学，今未见拓本，无由考其原目。"就是说至清代时连刻在石头上的《六经图》也不见了踪影。目前在江西省上饶市博物馆保存着《六经图》残碑共三块半。每块整碑高205厘米、宽105厘米、厚11厘米。此《六经图》中有六幅地图：《十五国风地理之图》《禹贡九州疆界图》《禹贡导山川之图》《禹贡外国地名图》《周营洛邑图》和《诸国今所属图》。根据图上所绘海岸线、水系、长城的不同以及政区名称等情况，可知地图多为宋朝人所绘制，但非出自一人之手。宋代无省的建置，而地图中则出现元代始建行政区划"省"的地名，有研究者分析当为信州总管卢天祥刻碑时所补。因此这个石刻《六经图》与宋杨甲的《六经图》不同，它是另外一个系统的碑刻图。

然而到了21世纪初，事情却有了转机，2003年《江西社会科学》第二期刊载了吴长庚、冯会明的文章《〈六经图〉碑本书本之流传与演变》，同时《孔子研究》第二期也刊载了署名为吴长庚的文章《六经图碑述考》，作者声称："传世《六经图》，唯《四库全书》所收一种。

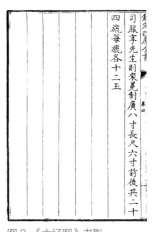

图1　《四库全书》本《六经图》　　图2　《六经图》书影　　图3　《六经图》书影

近得外祖父所藏《六经图》碑本拓片一套，与四库所收，多所不同。考《六经图》首撰为宋人杨甲，其后，历朝多有增删补缀，大体沿两条线索发展：一从昌州石本到信州石本，为碑本体系；一从程森刻本到吴继仕刻本，为书版体系。书版体系经明清学者'臆为窜乱'已非杨甲原本；碑本体系则保存了宋元体格，更具有史料价值。"

新发现之碑本有拓片十二大张，三百余图，与书本比较，无论图与说，皆有不同。

2017年6月，国家出版基金资助项目——上饶师范学院吴长庚教授的巨著《六经图碑本研究》一书，由江西人民出版社出版发行。从清嘉庆二十三年（1818）张澍署大足知县寻不见《六经图》碑刻算起，时隔近两百年人们却发现了《六经图》的拓片，真可谓奇迹。

与碑本拓片相比，《六经图》的纸本就有许多种。或许是由于自宋以后以图解经风行一时，因此后世多有翻刻之书。据清代王皡《六经图》序言统计："此专经图复有四十余家，计二百八十余卷。然则图顾不尽于鼎卿所撰。"

目前比较常见的版本有清乾隆四十七年（1782）《四库全书》本（图1—3）；

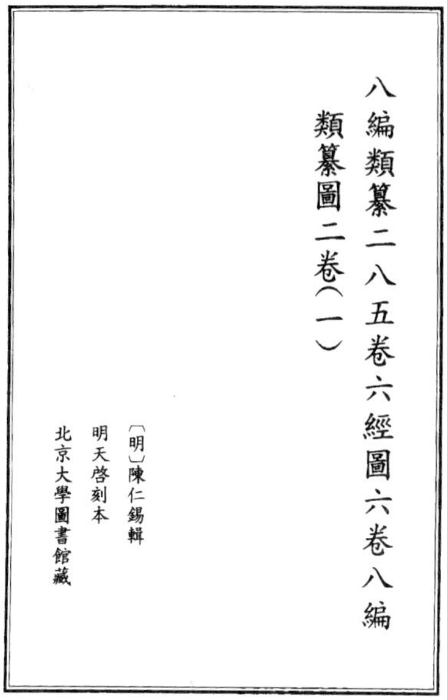

八編類纂二八五卷六經圖六卷八編類纂圖二卷（一）

〔明〕陳仁錫輯
明天啓刻本
北京大學圖書館藏

图 4　明天启刻本《六经图》

明天启刻本《六经图》（图4—6），陈仁锡辑；

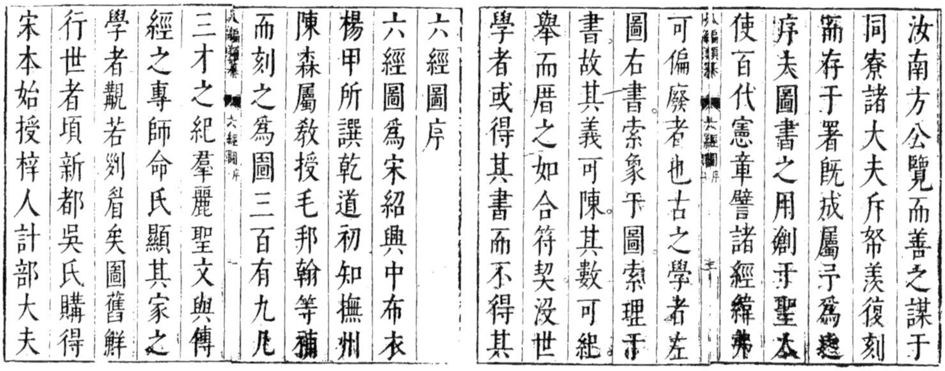

康熙四十八年（1709）《朱子六经图》十六卷（图7—8），江为龙编；

康熙六十一年（1722）《六经图考》六卷（图9—10），礼耕堂潘宋鼎重刊本。

六經圖序
六經圖爲宋紹興中布衣楊甲所譔乾道初知撫州陳森屬教授毛邦翰等補而刻之爲圖三百有九凡三才之紀羣麗聖文與傳經之專師命氏顯其家之學者覼若列眉矣圖舊鮮行世者頃新都吳氏購得宋本始授梓人計部大夫汝南方公覽而善之謀于同寮諸大夫斥帑羨復刻諸存于署既成屬予爲還序夫圖書之用創乎聖人使百代憲章譬諸經緯弗可偏廢者也古之學者左圖右書索象于圖索理于書故其義可陳其數可紀舉而厝之如合符契沒世學者或得其書而不得其

图 5　明天启刻本《六经图》书影

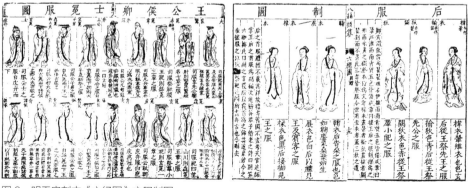

图 6　明天启刻本《六经图》之服制图

图7　康熙版《朱子六经图》

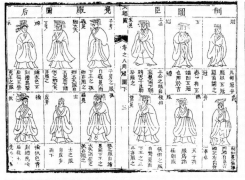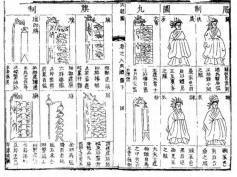

图8　《朱子六经图》书影

图9　礼耕堂重刊本

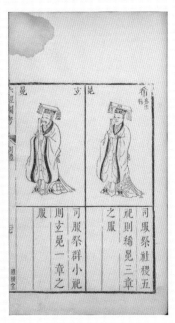

图10　礼耕堂重刊本之冕服图

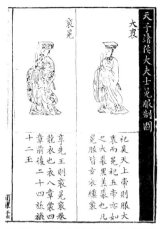

图 11　王皜《六经图》辑录本　　　图 12　王皜《六经图》之冕服图　　　图 13　述堂刻本《六经图》

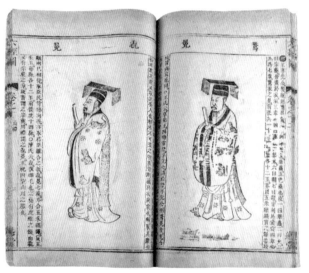

图 14　述堂刻本之冕服图　　　　　　　　　　　　图 15　致用堂本《六经图》之《周易图》

乾隆五年（1740）王皜《六经图》六卷辑录本（图 11—12）；

乾隆八年（1743）述堂刻本《六经图》十二卷本（图 13—14），郑之侨编辑；

雍正元年（1723）致用堂本（图 15—16）。

以上所列《六经图》不过是史籍所记录的十分之一，可见赵宋以来对《六经图》的热衷一直延续至清代。《六经图》之所以炙手可热，

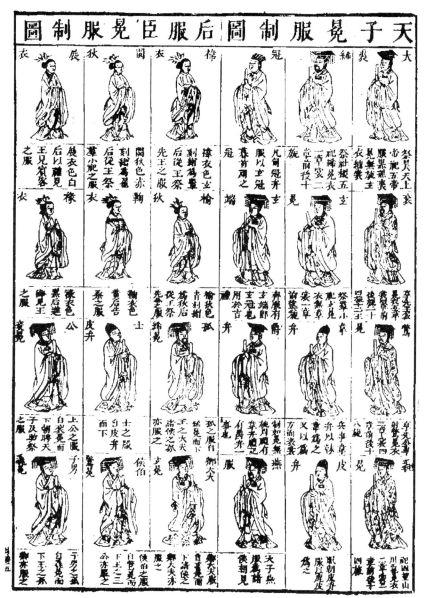

图 16　致用堂本之天子冕服、后服、臣冕服制图

恐怕与宋代程朱理学所创立的新儒学所带来的社会环境变化，以及清代乾嘉学派考据之风的兴盛不无关系。

　　南宋史学家郑樵在《通志·总序》中说道："图成经，书成纬，一经一纬，错综而成文。古之学者，左图右书，不可偏废。"不难发现，

《六经图》经过后人不断复刻，到了清代基本已经失去了"左图右书"的原貌。不但版式产生了变化，而且内容也互有异同；不但内容互有异同，而且图像数量也大不相同。

以下是笔者对图像数量的一个简单统计（表1）：

表1

陈振孙《直斋书录解题》引《馆阁书目》载						
易经	书经	诗经	周礼	礼记	春秋	共图
70	55	47	65	43	29	309
《四库全书》十卷本						
易经	书经	诗经	周礼	礼记	春秋	共图
70	55	45	68	41	43	322
叶仲堪　七卷本						
易经	书经	诗经	周礼	礼记	春秋	共图
140	63	45	61	63	72	444
王皜　六卷本						
易经	书经	诗经	周礼	礼记	春秋	共图
72	68	44	62	51	15	312

出现这种情况，诚如《四库全书总目提要》所说："盖明人刊刻旧本，无不臆为窜乱者，其损益之源委，无从究诘。"

专攻《易》图之学已有十数年的郭彧先生认为：

两宋间蜀布衣杨甲编纂《六经图》，其《易经》之图命名曰"大易象数钩深图"。在易图学发展史中，是杨甲系统地整理了北宋及北宋前流行的易图。杨甲的整理，大旨本着与《周易》经传文字有密切关系的范例，有取有舍。既有表达文字含意的"义理图"，亦有表达象数易学的"象数图"。今见《四库全书》本《六经图》中的"易经图"有易图七十幅，是经南宋吴羣飞、毛邦翰等增补后，于乾道元年（1165年）刻板成书中的易图。后东嘉叶仲堪又增补《六经图》，其中"大易象数钩深图"增作二卷，大量加入郑东卿《周易疑难图解》之图，共收易图一百四十幅……

然而，万变不离其宗，六经图者，以图释六经也。所以除了江为龙所编辑的《朱子六经图》增加了《大学》《中庸》《论语》《孟子》四书内容以外，其余都是围绕六经内容而作。其六经目录顺序基本如下：

大易象数钩深图

尚书轨范撮要图

毛诗正变指南图

周礼文物大全图

礼记制度示掌图

春秋笔削发微图

六经是中国文化的源头，以图解经是六经普及化教育的有效途径，使文字古奥难解的典籍得以通俗化，以便读者阅读、记忆和加深理解，"即图以求易，即书而求难"。杨甲《六经图》面世时间早，内容极为质朴，对于研究者来说是一个很好的范本。郭味蕖先生称《六经图》："刻制人物车马，细腻生动，线描劲整，极有古法度，并且每一图版皆附有简要的说明……可惜这些书的原刊本已难见到，傅惜华先生藏有明万历四十三年（公元1651年）翻刻宋本，明吴继仕订，还可以约略的见到当时的宋刻风貌。"本文所采用的图像是明代熙春楼吴继仕《六经图》版本。

说图

冕服是古代中国最为隆重的礼服,其特点是服饰"随事而异"(图17)。《周礼·春官宗伯·司服》载：

王之吉服：祀昊天上帝,则服大裘而冕,祀五帝亦如之；

享先王则衮冕；享先公飨射则鷩冕；祀四望山川则毳冕；

祭社稷五祀则希冕；祭群小祀则玄冕。

冕服的历史十分悠久,《论语·泰伯》曰："禹,吾无间然矣,菲饮食而致孝乎鬼神,恶衣服而致美乎黻冕,卑宫室而尽力乎沟洫。"

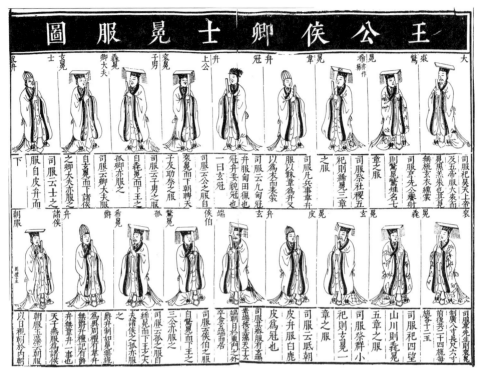

图 17　明代熙春楼本《六经图》之冕服图

《尚书·太甲》则载："伊尹以冕服奉嗣王归于亳。"这些记载说明至少在夏商时代已经存在冕服了。而对于冕服制度的建立，基本认为是以《周礼》为标志，自西周开始中国就已经有了完备的服饰制度。可是结合历史文献记载和文物考古发掘以及最新学术观点来看，有关我国服饰制度的确立时间还应审慎对待，系统思考。

冕服之说，历来繁杂，各代大儒，穷经皓首，亦难以统一。据《清代文集篇目分类索引·礼总义》统计有五十八篇考据文章（表2），而笔者参与编纂的《中华大典·艺术典·服饰艺术分典》仅冕服一节就有约七十万字，占文字总量的近20%。这些文章对于冕服的形制、穿着方式和场合等问题充分考据，各抒己见，其说不一。后学自然无力澄清这所有遗留下来的学说，本文只是就冕服之制的确立与实行，条理一二诉之于众，以供读者辨析。

我们先看《周礼》，这是服装制度完善于西周的直接证据。一般

表2　《清代文集篇目分类索引》冕服目录

文章篇目	作者	出处	文章篇目	作者	出处
释冕服之用	汪中	述学补遗	裼袭考　三篇	侯度	学海堂三集
冕服考	金鹗	求古录礼说	裼袭考	桂文灿	学海堂三集
冕制考	冯一梅	诂经精舍四集	裼袭考	崔棪	学海堂三集
三公服鷩冕辨	金鹗	求古录礼说	寝衣辨	余延灿	存吾文藁
麻冕考	陈鳣	简庄缀文	寝衣说	马国翰	玉函山房续集
释缀旒	朱珔	小万卷斋文稿	亵服亵裘解	黄以周	儆季群经说
冕后无旒辨	胡调德	学海堂二集	绞衣解	汪之昌	青学斋集
衣袂记	张履祥	杨园先生全集	狐青裘服考	金鹗	求古录礼说
绢褶记	张履祥	杨园先生全集	黄衣狐裘考	金鹗	求古录礼说
记冕服	戴震	戴东原集	诸侯祭服考	金鹗	求古录礼说
记皮弁服	戴震	戴东原集	麻冕黼裳蚁裳肜裳解	金鹗	求古录礼说
说弁　三篇	恽敬	大云山房文稿初集	黻衣解	汪之昌	青学斋集
皮弁布衣辨	金鹗	求古录礼说	释缘中衣	汪士铎	汪梅村先生集
记爵弁服	戴震	戴东原集	释带	汪士铎	汪梅村先生集
爵弁色考	金鹗	求古录礼说	领顶考	陆心源	仪顾堂集
爵弁韦弁异同解	金鹗	求古录礼说	补服考	陆心源	仪顾堂集
记玄端	戴震	戴东原集	释鞸鞈	张聪咸	经史质疑录
玄端服考	金鹗	求古录礼说	佩韘解	马征麐	淡园文集
元端考	吴文起	学海堂三集	韠韐解	张锡恭	茹荼轩文集
记朝服	戴震	戴东原集	金舄解	胡承珙	求是堂文集
周礼六服朝聘考	胡虔善	新城伯子文集	复潘芸阁书辨潘撰金舄解	胡承珙	求是堂文集
记深衣	戴震	戴东原集	皇后服制考	何绍基	东洲草堂文钞
深衣考	周以贞	学海堂三集	修礼刍议五　服制	张锡恭	茹荼轩文集
深衣说	陈澧	东塾集	修礼刍议六　人君服制	张锡恭	茹荼轩文集
深衣考	邹伯奇	学计一得 学海堂三集	修礼刍议七　后夫人制服	张锡恭	茹荼轩文集
记中衣褐衣襦褶之属	戴震	戴东原集	修礼刍议八　臣民制服	张锡恭	茹荼轩文集
记冕弁冠	戴震	戴东原集	胡服考	王国维	观堂集林
记冠衰	戴震	戴东原集			
记繻藉	戴震	戴东原集			
冕衣裳说	钱大昕	潜研堂文集			
缘衣褖衣解	徐鼎勋	诂经精舍四集			

认为《周礼》为文王所作，到了汉代将《周礼》《仪礼》《礼记》合称为"三礼"。三礼是古代中国礼乐文化的理论形态，对礼法、礼义做了最权威的记载和解释，对历代礼制的影响至深至巨。《周礼》偏重政治制度；《仪礼》偏重行为规范；而《礼记》则偏重对具体礼仪的解释、论述。由这"三礼"所涉及的各种礼制的总和，也就是"礼"的全部内容。这是我国古代政治制度的三部儒家经典，也是中国古代礼仪制度的蓝本和百科全书。"三礼"代表了古代中国文化的精魂，流传至今盖两千余年，统治者尊奉它们为治国安邦的法宝，士大夫以通经致用作为自己的终身抱负，平民百姓把它们当作修身处世的懿范。

昔人谓《周礼》《仪礼》均系周公所作，《礼记》则系汉戴德（人称大戴）、戴圣（人称小戴）叔侄所删记也。《周礼》又名《周官》，是三礼之首，汉世初出，因与《尚书·周官》篇相混，改为《周官经》。西汉未列为经而属于礼，故有《周礼》之名。这部书搜集了周王朝及各诸侯国官制及制度，以儒家的政治理想加以增减取舍汇编而成。《周礼》共分六篇，包括《天官冢宰》《地官司徒》《春官宗伯》《夏官司马》《秋官司寇》《冬官司空》。其中，《冬官》一篇早已散佚，西汉时补以《考工记》，称为《冬官考工记》。全书共分四十二卷。

《周礼》面世之初，不知什么原因，连一些身份很高的儒者都没见到就被藏入秘府，从此无人知晓。直到汉成帝时，刘向、刘歆父子校理秘府所藏的文献，才发现此书，并加以著录。遗憾的是，如此重要的一部著作，却无法确定它是哪朝哪代的典制。西汉立于学官的《易》《诗》《书》《仪礼》《春秋》等儒家经典，都有师承关系可考。而《周礼》在西汉突然被发现，没有授受端绪可寻，而且先秦文献也没有提到过此书。

华梅在《服饰与中国文化》一书中写道："近代学者根据考古出土文物的周秦铜器铭文所载官制，参考该书中的政治、经济制度和学术思想，基本上可以断定为战国时代的作品。"如此来看应该没有任何纰漏，因为作为中国正史的二十四史，除了《汉书》由汉代班固所作之外，基本上都是由后代人来撰写前一代历史。问题在于有学者认为《周礼》反映的可能不是西周的礼制，而是战国时期儒生的理想主义。当然，《周礼》的定本可能是战国时代，可是其最初的蓝本或许在西周已经有了大致轮廓或者初稿。阎步克在《中古"古礼复兴运动"：以〈周礼〉六冕制度为例》一文中说：

> 儒生们习惯于把美好的社会理想寄托于往古，而不是未来，故其历史描述往往有"历史退化论"的意味。尧舜禹或夏商周的贤君被视为典范。尧舜禹是"大同"之世的典范，那时候没有阶级和压迫。然而"大同"已不易达到，夏商周的贤君就成了"小康"之世的典范，是阶级社会中所能达到的最理想境界。尤其是周朝，被认为礼制繁备，灿然可观，孔子由衷地赞叹道："郁郁乎文哉，吾从周！"所以儒生主张"复古"，他们通过"古"来寄托其政治理念。这样的"古"当然是经过美化的。

进而阎步克先生认为："早期儒家的'礼治'思想中，含有一种非理性的、乌托邦式的成分，或'礼治空想主义'。"

《周礼》所描述的过于完美，以至于被后世作为蓝本。但是如此完备的制度在现实中会是什么样子呢？清人万斯大在《周官辨非》中认为《周官》非周公之书，举其可疑者辩驳之，"凡五十五则……皆持之有故，言之成理"。曾有人用历史实践验证《周礼》，张心澂（1887—1973，字仲清，号冷然）《伪书通考》曰：

> 三次试验无效。周公既为圣人，假使此书为周公作，则行之当有效。然一试于王莽，再试于宇文周，三试于王安石，皆失败。其失败或因时势不合，或因行之不善，固不可尽归咎于书；然此书既经三次试验无效，岂堪再试。汉武所谓"渎乱不验之书"，其言已验。既行之无效而不可用，又岂周公圣人之作乎？

《周礼》所推崇的冕服制度，在现实中也不乐观，秦始皇作为第

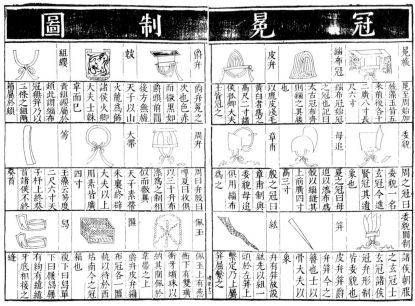

图18 明代熙春楼本《六经图》之冠冕制图

一位皇帝却首先摒弃了冕服制度，"秦以战国即天子位，灭去礼学，郊祀之服皆以袀玄"，"上下皆服袀玄"，难道始皇帝自带尊严，不怒自威？郊祀时，一章之玄冕，上下皆通用，黑压压一片，分不清皇亲贵胄，森严硬朗有余，而朝气绚丽不足，委实是"有失国体"。不过从秦兵马俑复原图来看，秦代还是有色彩的。而从"焚书坑儒"来看，秦始皇对六冕制度是不屑一顾的。或许在春秋战国时期冕服制度已经随着"礼崩乐坏"而销声匿迹，抑或是即使在周时，冕服制度也仅仅存在于书本上。对此我们应该下功夫做一些深入研究。

若西周真的严格实行了冕服制度，理应在西周之后残存一些踪迹，那么让我们看看此时王公国君的服装是个什么样子，墨子在谈到"行之不在服"时是这样形容的："昔者，齐桓公高冠博带，金剑木盾，以治其国，其国治。昔者，晋文公大布之衣，牂羊之裘，韦以带剑，以治其国，其国治。昔者，楚庄王鲜冠组缨，绛衣博袍，以治其国，其国治。昔者，越王勾践剪发文身，以治其国，其国治。此四君者，其服不同，其行犹一也。翟以是知行之不在服也。"（《墨子·公孟》）

此四位国君活跃于春秋时代，距离西周并不遥远，可是在墨子笔下，除了齐桓公的"高冠博带"和楚庄王的"鲜冠组缨"还略有冕服的影子以外，晋文公与越王勾践简直可以说毫无王者之风。而"高冠""鲜冠"也很难说就是冕服之"冠"。

因为此处是在谈论儒服，而孔子所言儒服之冠为"章甫"："丘少居鲁，衣逢掖之衣，长居宋，冠章甫之冠"。我们只能说孔子的"服周之冕"是作为恢复三代文明礼制的一部分提出来的，是一种试图恢复礼乐制度的象征性说法，而"生今之世，志古之道；居今之俗，服古之服"才是孔子尊礼的具体实践，而"服古之服"便要"其服也乡"，也就是服装要符合环境和身份。

而真正严格按照《周礼》实行古礼的仪式，却出现了一个在皇权至尊的社会难以容忍的现象。唐高宗显庆元年（656），以长孙无忌为首的一批大臣向皇帝进奏疏，矛头直指现行的冕服制度："又捡新礼，皇帝祭社稷，絺冕四旒，衣三章；祭日月，服元冕三旒，衣无章。谨按令文，是四品五品之服，此三公亚献，皆服衮衣；孤卿助祭，服毳及鷩。斯乃乘舆章数，同于大夫，君少臣多，殊为不可。"（《唐会要》卷三十一）阎步克先生称这种现象为"君臣倒置"。这种依古礼而出现的情况可能是当初儒生所始料不及的：

> 总之六冕，天子服其六，而公服其五，侯伯服其四，子男服其三，孤服其二，卿大夫服其一。其最大特色，就是"如王之服"：天子所服之冕，臣下也可以服用。虽臣下所服种类较少，旒数稍少，但毕竟显示了一种"君臣相通"的特色。……然而径直照搬，却也可能发生问题。唐初《武德令》中的六冕制度，正是以《周礼》为本的，其所导致的"君臣倒置"也源于《周礼》。（《中古"古礼复兴运动"：以〈周礼〉六冕制度为例》）

也许这个问题此前也被发现过，不然为何出现于东晋的《古文尚书传》会提出"上得兼下，下不得僭上"（《尚书孔训传·益稷第五》）

的服章原则呢？恐怕这不过是亡羊补牢之词句。

在具体分析《周礼》之六冕制度时，王宇清老先生在《周礼六冕考辨》一书中考释其名物与用事：

> 六服之首服皆冕，因首饰最尊，故六服之名同用冕。

> 周礼司服注："冕者，首饰尊也。"疏："六服，服虽不同，首同用冕，以首为一身之尊，故少变，同用冕耳。"

谈到六冕之"立名之准据"，王宇清老先生依据东汉末年儒家学者、经学大师郑玄所言予以分析，给出三大准则：

> 第一准则：以上衣之品质为名。

> 第二准则：以上衣的"服章"即图文为名，此乃"取首章为义"。此一准则，又分为三项分则：

>> 第一分则："取首章为义"——孔颖达尚书正义引郑，有此肯定语。即依首章之图像为名。

>> 第二分则：首章的图像歧出难于统括者，依歧出之物的共同特征为名。

>> 第三分则：首章之图像虽非歧出而名物非一者，依首章的彰施方法为名。

> 第三准则：上衣无文者，依衣色为名。

以大大小小五项准则区分六冕，涵盖了衣服材质、颜色、服章、彰施方法等，得之于细，失之于过细，甚至显得失去了准则。

让我们看看历史学家是如何看待冕服制度的，似乎他们留给我们的思考余地更多一些。北京大学阎步克先生在《君臣通用与如王之服:〈周礼〉六冕的结构生成》一文中说：

> 让我们从冕名开始。在面对《周礼》"大裘冕"、"衮冕"、"鷩冕"、"毳冕"、"绨冕"、"玄冕"那些名称时，读者的第一感觉是什么呢？至少我的第一感觉就是"杂乱"，它们并不遵循共同的命名规律。衮冕以服命名，鷩冕以鸟命名，毳冕以兽毛命名，绨冕以布料命名，而玄冕以颜色

甲骨文　免　　　金义大篆　冕　　　小篆　冕

命名。这说明它们来源各异，本为不同的冕，形制各有千秋，是后人把它们编排到一起的，而在最初它们可能各有用途。

从文字学角度看，冕最初应是一种高顶帽子。许进雄在《古事杂谈》一书中说："戴高帽本是庆会以外，为指挥作战的临时设施，它慢慢演变为象征权威的常服，同时它也被改良成保护头部的盔胄。甲骨文的免字就作一人戴头盔之状。戴头盔本是武士的殊荣，作战的装备。后来非武士成员掌权后也可戴冠，于是再进一步改变为行礼时戴的各种冠冕了。"因此冕也被称为"首铠"。《尚书·顾命》载："一人冕执刘，立于东堂；一人冕执钺，立于西堂；一人冕执戣，立于东垂；一人冕执瞿，立于西垂；一人冕执锐，立于侧阶。王麻冕黼裳，由宾阶隮。"显然先秦时期冕并非王公贵胄的礼服专用。

阎步克先生在上文中给出了冕之演变图，"战争赢得了政权，统帅变成了君主，君主主持祭祀，战争场面化为祭祀乐舞场面，兵器用作舞具，军帽用作祭服"。由此他认为：

> 大裘冕、衮冕、鷩冕、毳冕、绣冕、玄冕这些名目，或以质料命名，或以形制命名，这暗示它们来源各异，我们推测其用途也是各异的，即被用于不同的祭祀。(《君臣通用与如王之服：〈周礼〉六冕的结构生成》)

周朝冕服的旒章等级是否真那么整齐，是可疑的。"西周春秋的礼服等级，肯定不像帝制时代那么井然有序。"(《分等分类视角中的汉唐冠服体质变迁》)"种种迹象显示，这种'六冕'制度，在现实生活是没有的。它只存在于《周礼》的书本之中，是《周礼》作者的虚拟与编排。"(《君臣通用与如王之服：〈周礼〉六冕的结构

生成》)

所谓的"不同的祭祀"，便是阎步克先生所论述的"等级祭祀制"。地位高则可祭祀的对象多，地位低则可祭祀的对象少。而祭祀等级又是以"等级君主制"为基础的。在周代贵族政治制度下周天子还不是集权专制君王，那时候，周天子是君，诸侯也是君，不过诸侯仅在自己的领地为"君"。诸侯对"天子"是"臣"，在领地是"君"。后世的"皇""帝"不能为常人尊称，而"君"则常用，大概算是此制之遗风吧。

有了上面冕之演变图，让我们再看看冕服制度的时间表吧。

春秋战国时代无服志，且先秦文献除了《周礼》很少提到冕服制度。舆服志是古代服饰制度的官方记载，二十四史中有十四史在礼仪志、车服志或仪卫志中载有舆服志。从历代"舆服志"看，到汉代才在文献中出现冕服制度的描述：

> 显宗遂就大业，初服旒冕，衣裳文章，赤舄絇屦，以祠天地，养三老五更于三雍，于时致治平矣。(《后汉书·舆服下》)

《东观汉记》曰："永平二年正月……为汉制法。高皇帝始受命创业，制长冠以入宗庙。光武受命中兴，建明堂，立辟雍。陛下以圣明奉遵，以礼服龙衮，祭五帝。礼缺乐崩，久无祭天地冕服之制。"

汉明帝是中国汉服发展历史上一个重要的历史人物，他恢复了自周代灭亡以后被荒废的冕服制度，汉明帝的"衣冠承周"是自汉武帝"罢黜百家，独尊儒术"后，中国人继思想领域后在衣冠领域的一次文化复兴。同时也必须承认在此之前"久无祭天地冕服之制"。此时距西周没落已经过去近八百年了。

我们再了解一下作为中国帝制时代的服饰等级标志的十二章纹（图19）。最早出现十二章纹记载的是《尚书》。《尚书·益稷》记载了舜帝和大禹的对话："予欲观古人之象，日、月、星辰、山、龙、华虫，作会；宗彝、藻、火、粉米、黼、黻，缔绣，以五采彰施于五色，

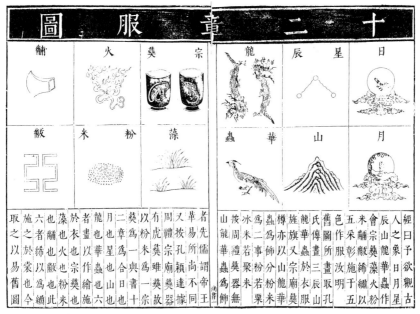

图 19 十二章服图

作服。"

王宇清先生认为，有谓服章制度之起，似与原始社会之文身民俗有关。旁考甲骨文及殷周彝铭文字，且皆有人身错画之像，其事早于周代"衮衣绣裳"之前。

笔者以为这个解释是正确的。十二章纹就是一组以图案组成的符号系统，与文字的形成过程类似，文字起源于图画，逐步简化为符号，用线条来表示，就成了象形文字。关于十二章纹有很多问题有待讨论，例如章纹的排列顺序、章纹在衣裳的位置、章纹的方向等，我们会在另外的文章讨论，此文不再赘述。

在《周礼》中并无十二章纹出现，也就是说，那时候等级服制的划分只能依靠服装的六种形制，具体说就是以冕旒数量的多少加以区分。古代文献上真正将十二章纹与服饰嫁接到一起的应该是东汉的郑玄（127—200）。此时距周代已经将近千年了。在此之前冕服是一定有纹饰的，但是否那么整齐则不好说。郑玄注《司服》云："有虞氏十二章，自日月而下；至周，而日、月、星辰画于旌旗，又登

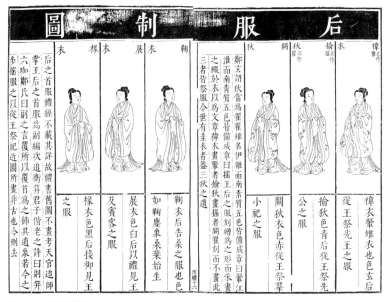

图 20　后服制图

龙于山，登火于宗彝。"

因此有学者推断周代王者冕服用九章，而笔者认为日、月、星辰是可以同时用于旗帜和衣服上面的。到了东汉明帝时期有了明确的十二章纹记载，而真正将十二章纹定型恐怕要更晚一些了。《后汉书·舆服志》载：

> 天子、三公、九卿、特进侯、侍祠侯，祀天地明堂，皆冠旒冕，衣裳玄上纁下。乘舆备文，日月星辰十二章，三公、诸侯用山龙九章，九卿以下用华虫七章，皆备五采，大佩、赤舄絇履，以承大祭。

还有一个现象也值得推敲，据《周礼》记载：

> 内司服掌王后之六服：袆衣、揄狄、阙狄、鞠衣、展衣、缘衣、素沙。辨外内命妇之服，鞠衣、展衣、缘衣、素沙。凡祭祀、宾客，共后之衣服，及九嫔世妇。凡命妇，共其衣服，共丧衰，亦如之。后之丧，共其衣服，凡内具之物。

王后六服作为服装制度记录下来(图20)，并与皇帝六冕相对应。

可奇怪的是余下近几百年再没有后之六服的记载。让我们看看其间《舆服志》对后服的记载：

> 太皇太后、皇太后入庙服，绀上皂下，蚕，青上缥下，皆深衣制……皇后谒庙服，绀上皂下，蚕，青上缥下，皆深衣制，隐领袖缘以绦。
>
> 贵人助蚕服，纯缥上下，深衣制。大手结，墨玳瑁，又加簪珥。
>
> 　　　　　　　　　　　　　　　　（《后汉书·舆服志》）
>
> 皇后谒庙，其服皂上皂下，亲蚕则青上缥下，皆深衣制，隐领袖缘以绦。
>
> 自二千石夫人以上至皇后，皆以蚕衣为朝服。
>
> 　　　　　　　　　　　　　　　　（《晋书·舆服志》）
>
> 汉制，太后入庙祭神服，绀上皂下，亲蚕，青上缥下，皆深衣。深衣，即单衣也。
>
> 汉制，皇后谒庙服，绀上皂下。亲蚕，青上缥下。
>
> 今皇后谒庙服袿襹大衣，谓之袆衣。
>
> 　　　　　　　　　　　　　　　　（《宋书·志第八》）
>
> 袿襹大衣，谓之袆衣，皇后谒庙所服。
>
> 　　　　　　　　　　　　　　　　（《南齐书·志第九》）

直到《隋书》才再次重现"袆衣""揄狄""阙狄""鞠衣""展衣""褖衣"等王后六服之字样。此时距周代已经过去1350多年了。下为《隋书》记载原文：

> 皇后玺、绶、佩同乘舆，假髻，步摇，十二钿，八雀九华。助祭朝会以袆衣，祠郊禖以揄狄，小宴以阙狄，亲蚕以鞠衣，礼见皇帝以展衣，宴居以褖衣。六服俱有蔽膝、织成绲带。

我们还注意到无论在实物还是图像方面，冕服制度的证据都十分匮乏。孙机先生曾经在《中国古舆服论丛》一书中对"周代的组

图 21　汉武梁祠后壁图之局部

玉佩"进行了系统的研究："在当时的社会生活中，组玉佩是贵族身份在服饰上的体现之一，身份愈高，组玉佩愈复杂愈长；身份较低者，佩饰就变得简单而短小了。"

在孙先生所绘组玉佩图里面不乏虢国国君虢季墓葬出土的佩饰，如果西周真的实行了冕服制度，似乎更有可能出现与鲁荒王类似的冕服。为何出土如此多的组玉佩，而几乎同样材质的冕旒却不见踪迹呢？而这一切都寄希望于更多的考古发掘。

在壁画、雕塑等图像资料中，冕旒形象出现得也比较晚，据我所知，较早的冕旒形象是汉代的画像砖（图 21）。而从汉画像《大禹执锹图》可以看出是没有冕旒的（图 22）。在绘画中出现冕服图像则是唐宋之间的事情了。

《三礼》是中国古代典章制度的渊薮，是十分宝贵的历史文献，相传为周公所作。《尚书·大传》概括周公一生功绩为："一年救乱，二年克殷，三年践奄，四年建侯卫，五年营成周，六年制礼作乐，七年致政成王。"这应该不是虚言，可是就礼乐之冕服制度而言需要具体分析。周公制礼作乐完善了宗法制度，殷商时，君位的继承多半是兄终弟及，传位不定，而礼乐制度明确了嫡长子继承制和贵贱等级制，有利于统治。或许周公曾根据各诸侯国不同礼仪的着装提出冕服制度的框架，经过后世的不断总结和完善才形成了史书记载的冕服制度。而按照中国历史的惯例，后人总会将某个成就集中于一人之身以便于记忆和以示尊敬。

图 22　汉代画像砖

因此与其带有主观色彩地企图把历史推向更早，不如客观探察其演进过程，这对我们的思辨和研究更有意义。实事求是地探究服饰制度的确立和完善也是文化自信的表现。

冠礼和婚礼在古代是非常重要的礼仪，《六经图》当然也少不了其图注（图23）。冠礼是成人的标志，婚礼是成家的仪式。而成家立业是古代士人走向独立、齐家治国的开始。

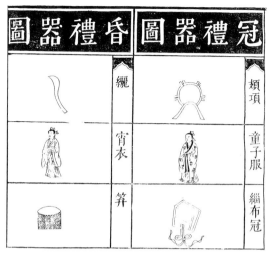

图23　冠礼、昏（婚）礼器物图

参考文献：

[1]　度正 . 性善堂稿 [M]// 永瑢，纪昀，等 . 文渊阁四库全书 . 上海：上海古籍出版社，2003.

[2]　范晔 . 后汉书 [M]. 杭州：浙江古籍出版社，2000.

[3]　房玄龄 . 晋书：舆服志 [M]. 北京：中华书局，1974.

[4]　郭彧 . 易图讲座 [M]. 北京：华夏出版社，2007.

[5]　纪昀 . 四库全书总目提要 [M]. 石家庄：河北人民出版社，2000.

[6]　阎若璩 . 尚书古文疏证 [M]. 上海：上海古籍出版社，2010.

[7]　沈约 . 宋书 [M]. 北京：中华书局，2003.

[8]　王溥 . 唐会要 [M]. 北京：中华书局，1960.

[9]　王宇清 . 周礼六冕考辨 [M]. 台北：中华民族艺术会，1981.

[10]　王象之 . 舆地纪胜 [M]. 北京：中华书局，1992.

[11]　吴长庚 . 六经图碑本研究 [M]. 南昌：江西人民出版社，2017.

[12]　王皞 . 六经图序言 [EB/OL].http://www.guoxuedashi.net/guji/zx2978820nszo/,2021.

[13]　王重民，杨殿珣，等 . 清代文集篇目分类索引 [M]. 北京：中华书局，1965.

[14]　萧子显 . 南齐书 [M]. 北京：中华书局，1972.

[15]　阎步克 . 官阶与服等 [M]. 上海：复旦大学出版社，2010.

[16]　杨甲 . 棣华馆小集 [M]// 永瑢，纪昀，等 . 文渊阁四库全书 . 上海：上海古籍出版社，2003.

《明宫冠服仪仗图》[明]

本篇为后妃冠服思考篇，从微观角度出发，对后妃冠服的细节进行考证和探讨；以视觉建构和图像学为基础，对后服的功能性、装饰性进行研究和猜想。本篇选取《明宫冠服仪仗图》中的文字及图像，从虚拟仿真和实物复原的角度，阐述在构建实物时遇到的问题，包括服饰穿着顺序、各部件的穿戴方式、各部件细节构建等。

说人

《明宫冠服仪仗图》的作者不详，从书上的印章可知，有两位收藏者曾收藏过该书。书中钤有"高士奇图书记"篆书长方形章、"长乐郑振铎西谛藏书"行书方形章和"长乐郑氏藏书之印"篆书长方形章。高士奇（1645—1704），清代著名学者，供奉内廷，官至礼部侍郎。他学识渊博，能诗文，擅书法，精考证，善鉴赏，所藏书画甚富。郑振铎（1898—1958），福建长乐县人，"西谛"是他的笔名。抗日战争时期，他为抢救祖国传统文化、保护古籍，做出了不可磨灭的贡献。在他逝世后，他的藏书已由其亲属全部捐献给国家，现收藏于中国国家图书馆，并有《西谛书目》刊行。

根据藏书印章推测，郑氏之后此书又被康生收藏，书中首册首页钤有行书体"康生之章"为证。1978年后，国家文物局曾在北京故宫博物院主办了康生所藏文物古籍的展览，这部《明代冠服仪仗图》的稿本是其中的展品之一。当时，故宫博物院图书馆曾将此稿本复印了一份黑白样留存，入藏故宫图书馆，并题名为《中东宫冠服》，后逐渐被社会有关学者所知。

| 说书

一、《明宫冠服仪仗图》

《明宫冠服仪仗图》，也被称为《中东宫冠服图》或《明宫冠服》，为北京市文物局图书资料中心藏明代早期彩绘稿本或彩绘抄本的残本，曾先后为清代高士奇、现代郑振铎旧藏。李之檀、陈晓苏和孔繁云在其《珍贵的明代服饰资料——〈明宫冠服仪仗图〉整理研究札记》一文中，对该残本做了详细记载。全书共一函六册，书高 36.3 厘米，宽 21.5 厘米，墨印版框高 24.8 厘米，宽 17.4 厘米。六册稿本中，一、三、四册为四周双边，书口有上单鱼尾，手绘彩图与文字页同，文字墨书半页九行，每行二十一字，小字双行。二、五、六册为四周双边，书口无鱼尾，为折口，内容全部为手绘彩图，缺文字表述。全书共有手绘彩图三百一十八幅，其中冠服图二百三十三幅，祭器图一幅，大射图二十八幅，仪仗图五十六幅。手绘彩图中，在框内图旁题有图名，但也有许多图上并未题写图名或图名缺损。

除了北京市文物局图书资料中心收藏了这六册残本，故宫博物院还藏有复印本六册。该书分为文字和插图两部分，文字部分是对明代后妃诸王等冠服制度的介绍，与《明史·舆服志》的记载基本一致，且很多地方比《明史·舆服志》记载的更为详细，经考证，其文字部分与明万历年间重修的《大明会典》完全一致。首章为《中宫冠服》，次章为《东宫冠服》，以下依次为《亲王冠服》《世子冠服》《郡王冠服》《东宫妃冠服》《皇妃冠服》《亲王妃冠服（世子妃服同）》《公主冠服》《郡王妃冠服》《郡主冠服》，以首、次二章之名而又称此书为《中东宫冠服图》。

2009 年，明宫冠服仪仗图整理编辑委员会对残本进行了整理研究，2016 年由北京燕山出版社出版了《明宫冠服仪仗图》。该书由冠服卷和吉礼、军礼、仪仗卷两部分组成。冠服卷中展示了明洪武年冠服图（乘舆冠服、皇后冠服、皇太子冠服、群臣冠服、内使冠服、侍仪舍人冠服、校尉冠服、刻期冠服）和明永乐年冠服图（皇帝冕服、中宫冠服、皇妃冠服、东宫冠服、东宫妃冠服、亲王冠服、亲王妃冠服、公主冠服、世子冠服、郡王冠服、郡王妃冠服、郡主冠服）；吉礼、军礼、仪仗篇章则对祭器、军礼（大射）、仪仗进行了逐一图解。

说图

在《明宫冠服仪仗图》的冠服卷，共有二百三十三幅图，涉及的人物也包括皇族和大臣。由于人物众多，且服饰种类较多，为把实物复原的问题说透彻，不妨从某一类人物服饰出发，来进行深入探讨。纵观整部图集，后妃服饰可谓十分精彩，服饰构造也较为复杂，因此选取后妃服饰进行实物复原的探讨，颇具挑战性。其中，又尤以后妃凤冠最为突出，可谓是服饰中构造最为复杂的，一旦将后妃凤冠的各个细节推敲清楚，其他服饰也可以遵循该经验进行实物复原。

目前，有不少研究人员在着手明代服饰的复原，比如中国丝绸博物馆。关于凤冠，定陵出土的四件凤冠可谓是珍惜参考文物，为凤冠的复原提供了实物参考，但明代凤冠款式众多，每顶凤冠的真实形制还有待商榷。从古文献和图像入手，在复原过程中发掘其形制的合理性，也是更进一步接近历史的重要方法。

明朝建立时，朱元璋便高举"驱逐胡虏，恢复中华，立纲陈纪，救济斯民"的旗帜，认为上合天则，下称民心，因此，整肃纲纪，加强集权是明初的核心政治指导思想。关于服制，朱元璋更是亲自给出意见，不再使用五冕，只用衮冕，并多次修订衮冕的形制，洪武期间就三次更定。除衮冕外，洪武帝对于皇族女性服饰也进行了定制，包括皇后冠服、皇后常服、皇妃冠服、皇嫔冠服、皇太子妃冠服、亲王妃冠服等，种类之繁在历史上极具代表性。

明成祖朱棣因其得位不正，从侄子朱允炆手中夺取江山后，必须要给世人一个明确坚定的合法性证论。他借儒家之口推出"道统、治统合一论"，极力推崇孔子，称其为"万世帝王之师"，专用儒术治国。他对于制度的修订也是不遗余力，洪武期间反复审定的服制，在永乐三年（1405）即进行了更定，当然，碍于朱元璋的统治权威，朱棣在更定时还是很有策略的，更定范围只限于皇族，更定内容大多不是颠覆性的，只是丰富和完善。对于皇族女性服饰，永乐年间进行了更加细致的规定，使明代服饰走向了稳定和成熟，包括皇后礼服、皇后燕居冠服、皇妃冠服、东宫妃礼服、东宫妃燕居冠服、亲王妃冠服、世子妃冠服、郡王妃冠服、公主冠服和郡主冠服等。纵观《明宫冠服仪仗图》，也是着力记载永乐时期的服饰，因此，本篇也着重介绍明代永乐时期的后妃服饰。

一、后妃服饰种类

明代后妃冠服主要有礼服和冠服两种，均佩戴凤冠，其中皇后和皇太子妃有礼服和燕居冠服，这里的燕居冠服可看作是常服。而其他皇族女性如后妃、亲王妃、公主等仅有冠服，其形制与皇后和皇太子妃的燕居冠服保持一致，以示等威之差。首先，我们先对《明宫冠服仪仗图》中所有后妃的冠服种类进行梳理，为多列举几个样本，暂且将其他皇族女性的服饰也囊括在内，见表1。

从表1可以看出，仅皇后和皇太子妃有礼服，也就是皇帝的正妻（皇后）和储君的正妻（未来皇后）才有礼服，比其他皇族女性拥有额外的最高等级的服饰，我们或可称之为——最高礼服。其他皇族女性，包括皇妃、亲王妃、公主、郡主皆无这种礼服，而只有冠服。

表1 《明宫冠服仪仗图》皇族女性的服饰种类

人物	服饰种类		
	礼服	燕居冠服	冠服
皇后	有	有	无
皇妃	无	无	有
皇太子妃	有	有	无
亲王妃	无	无	有
公主	无	无	有
郡主	无	无	有

然而，从《大明会典》记载可知：

（1）皇后受册、谒庙、朝会服礼服。燕居则常服；

（2）凡皇妃受册、助祭、朝会则服礼服。燕居常服；

（3）皇太子妃礼服与皇妃同；

（4）亲王妃受册、助祭、朝会则服礼服……

可见，除皇后和皇太子妃外，其他皇族女性也有礼服，仔细考察《明史·舆服志》可知，这一现象仅存在于洪武年间到永乐年间，除皇后和皇太子妃以外，其他皇族女性仅有冠服，且该冠服已经当作礼服使用了，因此，我们或可称此种冠服为——次等礼服。

也就是说，皇后和皇太子妃可服最高礼服和次等礼服，而其他皇族女性只可服次等礼服，且皇后和皇太子妃将次等礼服作为常服来穿着。那么，明代后妃平时穿什么服饰呢？明代后妃在平时也极有可能穿次等礼服，这与明代女性多受礼教禁锢颇有联系。风行于明代的程朱理学，推崇"存天理、灭人欲"，在人间体现为伦理道德的"三纲五常""三从四德"（三纲：君为臣纲，父为子纲，夫为妻纲；三从：未嫁从父，既嫁从夫，夫死从子），这就更加禁锢了明代女性的生活，女性着装也由此受到影响，例如儿媳在日常见到公婆时必着礼服，可想而知，同在一个屋檐下，难免多次遇见公婆，与其在脱脱穿穿中折腾，不如日常也服礼服。后妃服饰亦是如此，燕居冠服虽为次等礼服，但却形制复杂，比礼服还要繁缛，此等复杂的服饰却是皇后和皇太子妃的燕居常服，皇后和皇太子妃在日常尚且如此盛装，其他地位较低的皇族女性更需日日穿着此等服饰。

二、后妃最高礼服和次等礼服的构成部件

明代后妃最高礼服仅皇后和皇太子妃穿着，其构成部件完全一致，等级差别主要体现在数量、纹样、颜色和凤冠上，如表2及图1-17：

表2　皇后和皇太子妃最高等级礼服部件及图片

人物/部件	皇后	皇太子妃
凤冠	九龙四凤冠： 翠龙九，金凤四，珠花十二树，三博鬓（饰以金龙），翠口圈饰珠宝钿花十二 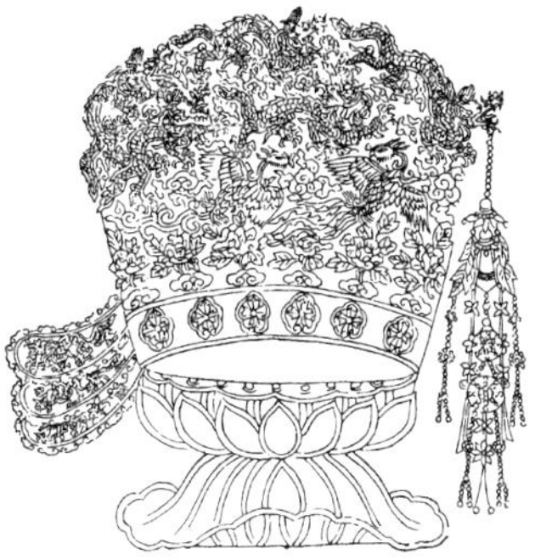 图1　九龙四凤冠	九翚四凤冠： 翠翚九，金凤四，珠花九树，双博鬓（饰以弯凤），翠口圈饰珠宝钿花九  图2　九翚四凤冠
装饰	珠翠面花、珠排环、皂罗额子；描金龙文；如图3，将金凤纹改成金龙文	珠翠面花、珠排环、皂罗额子；描金凤文  图3　皇太子妃饰品

续表：

人物 / 部件	皇后	皇太子妃
翟衣	"翟衣十二等"，红领、褾、襈、裾织龙纹。如图4：将九等翟改成十二等，并将缘边凤纹改成龙纹	"翟衣九等"，红领、褾、襈、裾织凤纹  图4 翟衣
中单	领织黻文十三； 如图5，领缘缺黻文十三  图5 中单	领织黻文十一； 如图5，领缘缺黻文十一
蔽膝	织翟为章三等，间以小轮花四，缘织金云龙文 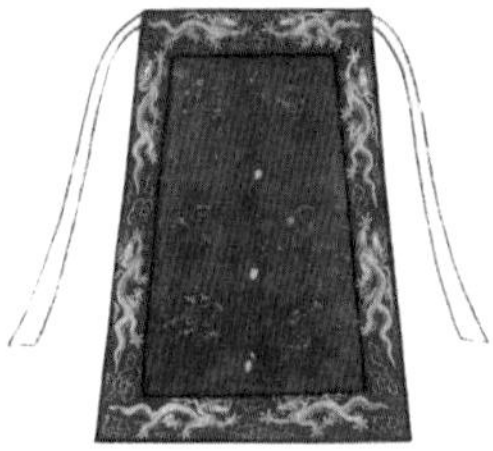 图6 皇后蔽膝	织翟为章二等，间以小轮花三，缘织金云凤文  图7 皇太子妃蔽膝
玉圭	黄绮约其下，韬以黄囊，金龙文 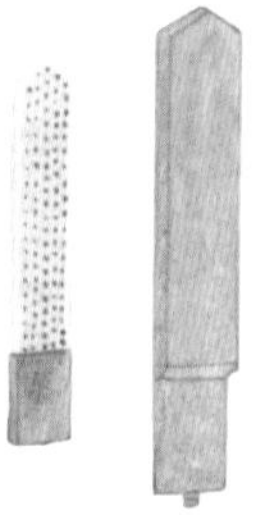 图8 皇后圭	以锦约其下并韬 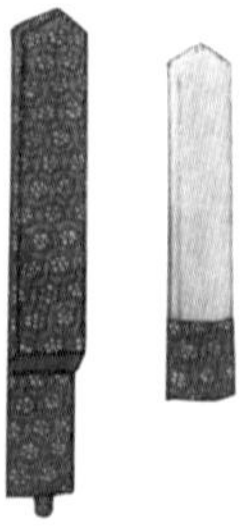 图9 皇太子妃圭

续表：

人物 / 部件	皇后	皇太子妃
带	大带、玉革带： 大带金云龙纹；玉革带描金云龙文，玉事件十，金事件四 图 10　皇后大带 图 12　皇后玉革带	大带、玉革带： 大带金云凤纹；玉革带描金云凤文，玉事件十，金事件三 图 11　皇太子妃大带 图 13　皇太子妃玉革带
绶	绶五采，间施二玉环。小绶三，色同大绶 图 14　皇后绶	绶四采，间施二玉环。小绶三，色同大绶 图 15　皇太子妃绶
玉佩	璪饰金云龙文； 加金云龙纹	璪饰金云凤文； 加金云凤文
袜舄	描金云龙文，每舄首加珠五颗 图 16　皇后袜舄	描金云凤文，每舄首加珠五颗 图 17　皇太子妃袜舄

由表2可知，皇后和皇太子妃最高等级礼服的主要部件共十种，包括凤冠、装饰、翟衣、中单、蔽膝、玉圭、带、绶、玉佩和袜舄（足

衣）等。其区别等级的方式主要有如下三种：

（1）龙凤纹样的符号化差别：皇后用龙，皇太子妃用凤和翟，无论是凤冠上的装饰还是服装上的纹样，皆以此别等威；

（2）装饰部件和纹样的数量化差别：皇太子妃凤冠上的装饰部件、服装上的图案数量、玉革带上的玉之数量皆少于皇后；

（3）颜色等级差别：一是玉圭外套的颜色差别，皇后可以用皇帝专用的黄色；二是绶的颜色多少之差别，皇后的绶有五采，而皇太子妃的绶少黄色一采，为四采，可见在别等威的逻辑上，可以采用颜色和数量交叉使用的方式。

对于最高礼服，还需要斟酌的一个问题就是翟衣之下是否有裳，从《明宫冠服仪仗图》来看，翟衣内直接是中单，并未有裳。倘若没有裳，那翟衣的长度必定到脚面之上，比皇帝衮衣的长度要长得多。笔者认为，或许有裳较为合理，其原因有三：

第一，中国自古遵循上衣下裳制，何况是礼服，更是如此。唐朝襕袍就是一个典型的例子，就算是一件制长袍，也要在衣摆处加上横襕结构线，表示上衣下裳，尊古。倘若翟衣无需配下裳，则违背了上衣下裳制，不合礼数。但皇后为女性，是否不需要遵从上衣下裳制，则需要再深入考证，但燕居冠服内里穿的缘襈袄和缘襈裙确实是上衣下裳制；

第二，从前面提到的明代严格的"三从"道德礼仪来说，皇后的服饰应该随皇帝，皇帝礼服为冕服，有衮衣和下裳，倘若皇后仅有翟衣而无下裳，似乎不妥。从皇后常服来看，其大衫霞帔内的鞠衣形制，则和皇帝的常服袍如出一辙，说明了皇后的服饰是随皇帝的。这样一来，更说明翟衣理应配下裳；

第三，从古制来看，翟衣的形制源于《周礼》所规定的袆衣，《周礼·天官》载："内司服掌王后之六服：袆衣、揄狄、阙狄、鞠衣、展衣、缘衣、素沙。"王后从王祭先王之时服袆衣（王着绨冕）。从袆衣的图像也可窥见其下应该有裳，不然的话，H 型的袆衣其下衣摆在当时平面裁剪的情况下，不可能出现如此飘逸的下摆，否则它的衣身就过于宽大了，如图18。

无独有偶，宋代皇后像中也可找到翟衣内似有红裳的图像，如宋真宗刘皇后像，其翟衣下摆之下还有红色边缘，极有可能是下裳，因为中单一般看作是内衣，不便示人。当然，明代皇后像更加具有说服力。

明代后妃和皇族女性通用的服饰是次等礼服，即皇后和皇太子妃的燕居冠服以及其他后妃和皇族女性的冠服。我们可以将此三类服饰（实为两类）做一交叉比较，以甄别其存在差异的内在原因。这三类服饰为：皇后最高礼服、皇后燕居冠服和皇妃的冠服，如表3：

图18 袆衣（聂崇义《新定三礼图》）

表3 皇后最高礼服、次等礼服和皇妃次等级礼服之部件构成

人物/部件	皇后（最高礼服）	皇后（次等礼服——燕居冠服）	皇妃（次等礼服——冠服）
凤冠	九龙四凤冠	双凤翊龙冠	九翟冠
首饰	珠翠面花、珠排环、皂罗额子	无	珠翠牡丹花穰花、面花、梅花环、四珠环
翟衣	有	无	无
大衫霞帔	无	有	有
四襟袄子	无	有	有
鞠衣	无	有	有
缘襈袄裙	无	有	有
中单	有	无	无
蔽膝	有	无	无
玉圭	有	无	无
带	大带、副带、玉革带	大带、玉革带、系带	玉革带、系带
绶	大绶、小绶	玉花彩结绶	玉花彩结绶
玉佩	有	无	无
白玉云样玎珰	无	有	无
袜舄	有	有	有

由上表3可知，皇后次等礼服（燕居冠服）的部件有十一种，包括凤冠、大衫霞帔、四襟袄子、鞠衣、缘襈袄裙、带、绶、白玉云样玎珰和袜舄（足衣）等。仅从着装数量可知，皇后次等礼服（皇

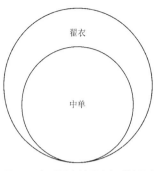
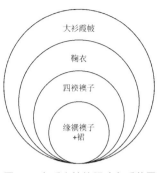

图 19　皇后最高礼服（皇后礼服）着装层数

图 20　皇后次等礼服（皇后燕居冠服）着装层数

后燕居冠服）的着装层数远高于其最高礼服（皇后礼服），如图 19、20，可见，皇后燕居冠服着装有四层，远高于其最高礼服两层的着装。从常理来看，礼服要比常服复杂才合理，而明代后妃的常服要比礼服更为复杂，这也恰好印证了为何在永乐年间，除了皇后和皇太子妃以外，其他女性的冠服也作为礼服来穿用。

另一个能够说明次等冠服（皇妃冠服）就是其他皇族女性礼服的证据是"圭"。从表 3 可知，皇妃在穿冠服时，佩有玉圭，而皇后在穿着礼服时才佩圭，圭是一种礼器，一般在礼仪场合着礼服时才佩圭，这说明我们将冠服归为礼服十分合理，为了和皇后及皇太子妃的礼服加以区别，将其称为次等礼服更是合理。可见，皇后和皇太子妃的常服却是其他皇族女性的礼服，更进一步突出了她们的等级地位之差。

此外，从冠服的穿着层数也可以看出，后妃应该是在将冠服当作礼服穿时才穿完整的四层，即：先穿缘襈袄子加缘襈裙，再穿四襈袄子，再穿鞠衣，最后穿大衫霞帔。在日常生活中，后妃们则可以减少穿着层数，比如不穿大衫霞帔，而着鞠衣，鞠衣的形制和皇帝的常服基本一致，从"三从"的道德观念而言，后妃

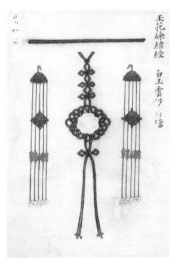

图 21　皇后燕居冠服所搭配的玉花彩结绶和白玉云样玎珰

224

仅穿着鞠衣，就是从夫，即随皇帝穿着常服。另外一个例证是，皇后燕居冠服的鞠衣外会搭配玉花彩结绶和白玉云样玎珰，如图21所绘；而皇妃冠服的鞠衣外会搭配玉花彩结绶和玉佩，如图22所绘，这进一步印证了鞠衣可以外穿。由此可见，次等礼服——冠服实际上有两种身份，一是礼服，二是常服，作为礼服时会在最外层穿上大衫霞帔及其他完整配饰，而作为常服时则可酌情减少穿着层数，随季节、场合穿着。

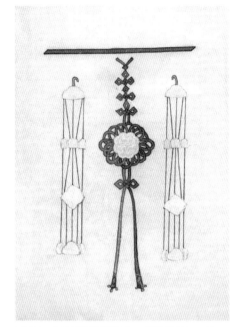

图22　皇妃冠服所搭配的玉花彩结绶和玉佩

三、后妃凤冠的构成部件

在弄清楚最高礼服和次等礼服的区别和联系之后，再进行最高礼服冠和次等礼服冠的探讨，两者之间的关系就更加清晰。次等礼服（燕居冠服及冠服）有礼服的用途，因此其燕居冠与礼服冠必然也存在一定的联系。我们不妨对皇后礼服冠、皇后燕居冠及皇妃冠服之凤冠进行探讨。首先，对三个凤冠的构成部件进行梳理，如表4、5：

表4　皇后礼服、皇后燕居冠服和皇妃燕居冠服之凤冠描述

人物/部件	皇后礼服冠（最高礼服）	皇后燕居冠（次等礼服）	皇妃冠服冠（次等礼服）
凤冠	九龙四凤冠： 其冠圆匡，冒以翡翠，冠饰翠龙九，金凤四，中一龙衔大珠一，上有翠盖，下垂珠结，余皆口衔珠滴，珠翠云四十片，大珠花、小珠花数如旧。三博鬓，饰以金龙、翠云，皆垂珠滴。翠口圈一副，上饰珠宝钿花十二，翠钿如其数。托里金口圈一副	双凤翊龙冠： 冠用皂縠，附以翠博山，上饰金龙一，翊以珠。翠凤二，皆口衔珠滴。前后珠牡丹二，花八蕊，翠叶三十六。珠翠穰花鬓二，珠翠云二十一，翠口圈一。金宝钿花九，饰以珠。金凤二，口衔珠结。三博鬓，饰以鸾凤。金宝钿二十四，边垂珠滴。金簪二。珊瑚凤冠觜一副	九翟冠： 以皂縠为之，附以翠博山，饰大珠翟二，小珠翟三，翠翟四，皆口衔珠滴。冠中宝珠一座，翠顶云一座，其珠牡丹、翠穰花鬓之属，俱如双凤翊龙冠制，第减翠云十

表5　上表凤冠之构件细分表

人物／部件	皇后礼服冠（最高礼服）	皇后燕居冠服（次等礼服）	皇妃冠服冠（次等礼服）
帽匡	冒以翡翠	附以翠博山	附以翠博山
龙	翠龙9	金龙1	0
凤	金凤4	翠凤2，金凤2	0
珠翟	0	0	大珠翟2，小珠翟3，翠翟4
大珠	1	0	0
珠滴	有	有	有
宝珠	0	0	1
翠顶云	0	0	1
珠牡丹	0	2	2
珠翠穰花鬓	0	2	2
珠翠云	40	21	11
大小珠花	12	0	0
博鬓	3	3	0
翠口圈	1	1	0
金宝钿花	0	9	0
珠宝钿花	12	24	0
翠钿	12	0	0
金钗	0	2	0
金口圈	1	0	0
珊瑚凤冠觜	0	1	0

由上述表可知，皇后礼服冠主要部件有十二个，皇后燕居冠服主要部件有十三个，再加上每个部件的数量，其所有构成部件达一百个以上，可见进行凤冠复原的复杂程度，光每个部件的排列顺序如何更加合理都是一项大工程，且需要精湛的技术及合理的考证。如何实现这一考证？辩证地推理是比较可行的，应该采用复杂问题简单化的方法，我们不妨将《明宫冠服仪仗图》中每个凤冠图案进行互相佐证，或可验证凤冠每个部件的合理性。

经整理，《明宫冠服仪仗图》中描绘的皇后礼服冠、皇后燕居冠及皇妃冠服冠的图片，如表6及图23-26：

表 6　《明宫冠服仪仗图》皇后礼服冠、皇后燕居冠及皇妃冠服冠图片

人物及凤冠名字	凤冠图片
皇后礼服冠（最高礼服）九龙四凤冠	 图 23　九龙四凤冠
皇后燕居冠（次等礼服）双凤翊龙冠	 图 24　双凤翊龙冠
皇妃冠服冠（次等礼服）九翟冠	 图 25　九翟冠

　　表 6 中的三张凤冠图片显示，皇后礼服九龙四凤冠的线描图比较抽象，想要弄清其形制，难度较大。庆幸的是，我们可以参照《明宫冠服仪仗图》中的皇太子妃礼服冠九翚四凤冠，来考证皇后礼服九龙四凤冠的合理形制。首先，它们同为最高礼服的凤冠；其次，它们的礼服形制高度一致；最后，它们的凤冠名称亦如出一辙。简单假设一下，将图 26 "九翚"的位置替换成九龙，应该比较合理。

　　《明史·舆服志》记载："九翚四凤冠，漆竹丝为匡，冒以翡翠，上饰翠翚九、金凤四，皆口衔珠滴。珠翠云四十片，大珠花九树，

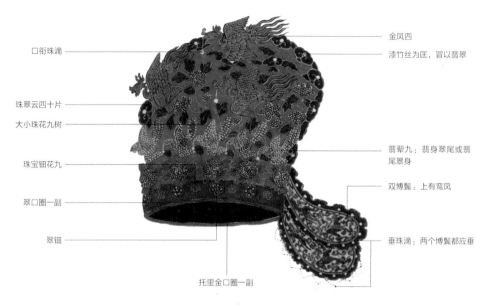

口衔珠滴

珠翠云四十片
大小珠花九树

珠宝钿花九

翠口圈一副

翠钿

托里金口圈一副

金凤四

漆竹丝为匡，冒以翡翠

翡翠九：翡身翠尾或翡
尾翠身

双博鬓：上有鸾凤

垂珠滴：两个博鬓都应垂

图26 皇太子妃礼服冠之九翚四凤冠的构造分析图

小珠花数如之。双博鬓，饰以鸾凤，皆垂珠滴。翠口圈一副，上饰珠宝钿花九，翠钿如其数。托里金口圈一副。"再加前文表2对该凤冠部件的梳理，我们可以逐一分析九翚四凤冠的各个部件：

（1）漆竹丝为匡，冒以翡翠：帽匡用上了漆的竹丝做帽胎，上面覆盖一层翡翠色；

（2）上饰翠翚九、金凤四，皆口衔珠滴：帽匡上翠色的翚九个，从图片来看，翚为翡翠色，翡为红色，翠为绿色，翚有两种，一种是翡身翠尾，一种是翡尾翠身，交替排列；金色的凤四个，翚和凤的嘴里皆衔珠滴；

（3）珠翠云四十片：用珍珠和点翠工艺做的云样四十个；

（4）大珠花九树，小珠花数如之：大珠花和小珠花如树枝一般，一束一束的，各九束；大珠花为盛开的花，小珠花为花蕾；

（5）双博鬓，饰以鸾凤，皆垂珠滴：两边各有两个博鬓，上面有鸾凤，博鬓边缘垂珠滴（图片的珠滴部分与文字不符，应该是其余三个博鬓都垂有最下方博鬓的珠滴）；

（6）翠口圈一副，上饰珠宝钿花九，翠钿如其数：帽檐上有翠色的帽圈（从图片可知，翠色帽檐外铺翡色），起装饰和加固帽檐的作用，上面有珠宝钿花九个，翠钿九个，珠宝钿花为宝石和珍珠做成的花钿，翠钿是点翠色的花钿；

（7）托里金口圈一副：镶在帽檐内部边缘的帽圈，起到加固帽檐的作用。

由此我们可以详细标注出九翟四凤冠的每个零部件，如图26。由此图可以绘制出皇后礼服的九龙四凤冠，但如果单单将九翟的位置换成九龙，似乎不合理，因为龙居凤之下是违反常理的，龙居凤之上正如九翟四凤冠中凤在翟之上。因此，前面的假设"将九翟的位置替换成九龙"似乎不能成立，九翟四凤冠中"翟"的位置应该是九龙四凤冠中"凤"的位置，同样，九翟四凤冠中"凤"的位置应该是九龙四凤冠中"龙"的位置。

至于九龙四凤冠中龙的形制，在《明宫冠服仪仗图》中的风冠中只有皇后礼服冠和燕居冠有龙，皇后燕居冠的翊龙，如表5中的图24双凤翊龙冠之翊龙。翊龙为将要起飞的龙，可以想象其形态为龙首朝上扬，因此龙口也是上扬，且为整个龙身的最高点，这种姿态为"龙口衔大珠一，珠子上有翠盖，下垂珠结"和"龙口衔珠滴"提供了极佳的位置。因此，可以推断，九龙四凤冠上龙的形制即为双凤翊龙冠上翊龙的形制。

再来看皇后燕居冠——双凤翊龙冠。《明宫冠服仪仗图》和《明史·舆服志》记载："冠用皂縠，附以翠博山，上饰金龙一，翊以珠。翠凤二，皆口衔珠滴。前后珠牡丹二，花八蕊，翠叶三十六。珠翠穰花鬓二，珠翠云二十一，翠口圈一。金宝钿花九，饰以珠。金凤二，口衔珠结。三博鬓，饰以鸾凤。金宝钿二十四，边垂珠滴。金簪二。珊瑚凤冠觜一副。"再根据上图24所绘制的该凤冠的图片，我们可以逐一分析双凤翊龙冠的各个部件：

（1）冠用皂縠，附以翠博山：帽胎用黑色绉纱织物，帽上另外加上翠色山状织物（由于翠博山上要装饰金龙，所以织物的材质要比较容易加装饰）；

（2）上饰金龙一，翊以珠：帽前方翠色山状织物上有一条金龙，口前有一珍珠，龙好似要跟着珍珠起飞；

（3）翠凤二，皆口衔珠滴：翠色凤二（抑或是点翠工艺），口衔珠滴。《明宫冠服仪仗图》中将双凤翊龙冠中口含珠滴的翠凤画成金凤，与文字不符；

（4）前后珠牡丹二，花八蕊，翠叶三十六：帽前后各有一朵镶嵌珍珠的牡丹，有八个花瓣和花蕊，周围装点翠色叶子三十六片；

（5）珠翠穰花鬓二：用珍珠和点翠工艺制作的开得正繁盛的花鬓二；

（6）珠翠云二十一：用珍珠和点翠工艺做的云样二十一个；

（7）翠口圈一，金宝钿花九，饰以珠：帽檐上有翠色的帽圈（从图片可知，翠色帽檐外铺翡色），起装饰和加固帽檐的作用，上面有金宝钿花九，装饰珍珠，图片显示还有翠钿，极有可能还有翠色的花钿九；

（8）金凤二，口衔珠结：口衔珠结的金凤二；

（9）三博鬓，饰以鸾凤，金宝钿二十四，边垂珠滴：两边各有三个博鬓，上面有鸾凤，还有二十四个金宝钿花，博鬓边缘都垂珠滴（图片的珠滴部分与文字不符，应该是三个博鬓都垂有最下方博鬓的珠滴）；

（10）金簪二：从图中看，应为金凤底座部分，起到固定帽子和头发的作用；

（11）珊瑚凤冠觜一副：珊瑚色或是珊瑚做的嘴一副，从定陵出土复制的凤冠可以看出，该嘴应是开在帽圈上的口子，起到调节帽圈大小的作用。

进而，我们可以就双凤翊龙冠的各个部件进行分解，如图27。

论述到此，我们可以清晰地看到，关于明代凤冠的虚拟建构和

图 27 皇后燕居冠服之双凤翊龙冠的构造分析图

实物复原还任重道远，不仅是因为明代凤冠样式繁多，还因为凤冠的部件达一百个以上，任何一个部件的错位都可能造成整个凤冠构造的不合理。鉴于此，我们在借助明代文字、图像和出土实物的同时，还可以借鉴其他文化关系较近、时间较近朝代的相关资料，由于中国的文化具有极强的传承性，因此研究如宋代的文字、图案和实物资料，也可为明代凤冠的复原提供一些线索。当然，我们期待的，还是实物的出土和保护，因为实物才可以最直观最真实地展现明代凤冠形制。

参考文献：

[1]　李之檀,陈晓苏,孔繁云.珍贵的明代服饰资料——《明宫冠服仪仗图》整理研究札记 [J].艺术设计研究，2014（01）：23—28.

[2]　申时行.明会典：卷十六 [M].北京：中华书局，1989.

[3]　北京市文物局图书资料中心.明宫冠服仪仗图 [M].北京：北京燕山出版社，2016.

[4]　张廷玉.明史 [M].北京：中华书局，1974.

《三礼通释》及《礼书通故》[清]

    冕服形式和制度的沿用和变迁，有其内在的绝对动因，明确来说，可以直接归因于意识形态和政治文化两方面，至于这两方面的从属关系，或许可以从前两篇所涉猎的冕服形制和制度，甚至我们所着力剖析的古籍文献中找到蛛丝马迹。鉴于此，本篇选择清代两位学者的著作：林昌彝的《三礼通释》和黄以周的《礼书通故》，对这一话题进行论证，力求还原一个既保守沿用，又相对变化与时俱进的冕服形制和制度。

    当然，冕服形制和制度的沿用部分极容易被察觉，文献资料一般也会给予强有力的沿用证据，我们这里就不作赘述。而冕服形制和制度的微妙变化，则不一定会说得非常明确，这就要求我们必须跳出那个时代，用广阔的宇宙观而非单纯的历史观，方能辨得出这不变中的万变。这一现象恰如星体与宇宙的运动关系，在看似亘古不变的宇宙中，每一个星体都在发生微妙而丰富的变化，这与每个星体的自我特性和宇宙的大背景环境息息相关。冕服亦如此，看似一脉相承的形制和制度，却在不同历史阶段的大环境中，受到意识形态或政治文化这些隐形力量的影响，潜移默化地发生着改变。而这些直接或间接的改变，恰巧为我们研究意识形态、政治文化与冕服服饰表达之间的关系提供了最好的样本。

说人

一、林昌彝

林昌彝（1803—1876），字惠常，福建人，生于嘉庆八年（1803），近代早期爱国主义文学家、诗人、学者。林昌彝早年家境贫寒，体弱多病，这为其潜心治学带来很多障碍，但其母家教甚严，他四岁读《三字经》，十一岁就抄"六经"，有雄心壮志和远大志向。在学习生涯的前期，他就全力以赴地读阅经书，二十岁得鳌峰书院山长陈寿祺的赏识而拜入门下，走上了研究经学的道路。他曾批读了老师书房里的八万卷藏书，这对于他撰写《三礼通释》具有极大的帮助，这或许也是他决定撰写该著作的关键动因。

道光十九年（1839），林昌彝中举之后又连续八次应礼部试，皆以失败而告终，可见他对于礼部的极大兴趣和执着。此后他花十年时间走南闯北，在咸丰三年（1853）将撰写完成的《三礼通释》献与朝廷，得赐教授之衔。虽一年之后被排挤去官，但仅从因书而获官职这一点上来看，咸丰帝对于该书是十分满意的。道光十九年到道光二十八年（1848）年他参加了八次考试，道光二十八年到咸丰八年（1858），他游走于大江南北十年，咸丰三年（1853）他献书，由此可见，《三礼通释》这本著作就成于他游走南北的十年之间。非常明显的是，林昌彝对礼部官职十分向往，然而却不得志，八次名落孙山，失望的他选择远游四海，但坚韧的性格让他选择了以另外一种方式证明自己对三礼的热爱和专精，在孤独和绝望中潜心钻研，用毕生所学来完成这部著作。可见，《三礼通释》是林昌彝呕心沥血的作品，也是在没有任何经费来源情况下的自发行为。

林昌彝先是读万卷书，而后又行万里路，他一生经历了清王朝从危机四伏到逐渐衰败腐朽的过程，目睹了英军铁骑践踏国土，亲历了农民战争之火烧遍全国的动荡。这些激荡起伏、烽火四起、国仇家恨的人生经历，在他的艺术、诗歌等作品中表现得十分突出。在人格上，林昌彝能够豁达地处理世事，许多观点也非常公允，与黄以周坚持实事求是的态度高度一致，这对于研究两位大家对冕服的阐释是否偏颇具有一定的论证价值。

二、黄以周

黄以周（1828—1899），字元同，号儆季，浙江定海人，生于道光八年（1828），卒于光绪二十五年（1899），年七十二岁。其父黄式三，是嘉庆、道光时期博贯群经、著述等身的有名学者。黄以周幼承庭训，笃守家学，专力治经，深究三礼，同治九年（1870）得中举人，光绪六年（1880）得任教职，后被举荐为中书衔，特旨升州府学教授。晚年主讲南菁书院，弟子甚众。他一生主要的活动就是读书、研究、教学和著述，最著名的是百卷书籍《礼书通故》。关于黄氏生平，可参阅缪荃孙《艺风堂文续集》所载《中书衔处州府学教授黄先生墓志铭》和章炳麟《太炎文录初编》所载《黄先生传》。

由此，从理论和常识上推测，在冕服不受意识形态和政治文化的影响下，平生治学严谨，处于同一时期的黄以周和林昌彝，对于冕服的考证理应保持一致。在第三部分的说图中，我们会推究这一认识。

┃说书

一、《三礼通释》

《三礼通释》，成书于咸丰三年（1853），作者林昌彝，全书共二百八十卷，其中通释二百三十卷，三礼图五十卷。该书专释三礼，大旨以《仪礼》和《周礼》为纲，《礼记》及各经之言理又可互证者博引之以为义疏，于三代制礼之源及六朝议礼之蕴，讨流溯源，最为详备。

"因礼书制度仪文，诸儒所辨证者，参合比引，究其旨归，书例略依陈氏《礼书》，而持论各别，为图者五十卷，兼取宋以来图说，使与经相考订，于清代诸儒所著录，凡于《礼》有发明，广为采撷，一以郑学为义，参考诸儒之说，纠正其失，历三十年始成。"该著作不仅诠释了古代的礼仪制度、名物、器数，还对研究经济、历史、考古及中国文化的诸多方面有重要意义。

二、《礼书通故》

《礼书通故》是黄以周瘁尽心力的巨著，从咸丰十年（1860）到光绪四年（1878），是其历时十九载才结撰定稿的一部诠释古礼古制的学术名著。该书分为五十目，共一百零二卷。各卷均由若干条组成，每条讨论一个问题，按顺序选录几家有代表性的见解，然后加上按语、分析、综合，提出自己的论断。其著述体裁短小精悍，论辩性强。该书探讨的范围广、时间长，举凡经注史说，诸子杂家，上自秦汉经师，下至当代学者，无不广泛涉及。从门目方面看，该书对《周礼》《仪礼》和《礼记》三书的基本内容可谓囊括无遗。

清代推崇以抄纂重构为主的解经方法，通过对三礼篇章的重新组合，以完善礼书，推求"礼意"。黄以周的《礼书通故》虽然也是对三礼内容的重新组合，但并不像朱子等人以重构古礼体系为目的，而是以考证为目的，这与清代已经废除冕服制度有极大的关系。黄以周《礼书通故》在体例上采用江永《礼书纲目》的纂写方式，内容旁及五礼，而篇目则不以《仪礼》篇目为限，全书已完全打破《仪礼》篇目限制而重新予以分类，诸如《衣服通故》《宗法通故》等篇章的设计。此外，在体例上，黄以周于引文之前都明确写明作者或出处，多引诸家之说，并下按断之语。

黄以周坚持实事求是，不存门户之见，对两千年来古代礼制方面的研究成果做了比较全面的出色总结。由此可推断，黄以周对于冕服的考证也会极尽实事求是之原则，而不像某些宋代学者对冕服考证受所处朝代意识形态和政治文化的限制。清代冕服制度的废除，是经学家公正对待冕服的重要原因。《礼书通故》一书考辨详明，断制准确，澄清和解决了大量疑难问题，在学术上享有盛誉，是研究古礼古制的重要基本文献。

说图

一、意识形态、政治文化和冕服三者的内在关系

在说图之前，让我们先来探讨一下意识形态、政治文化和冕服三者的内在关系，这一错综复杂的关系深刻影响了各时代学家对于冕服形制的认可和表达。

意识形态这一概念在哲学领域里一般包括三种含义：

一是描述意义的意识形态，即在分析某一社会总体结构时，只限于指出意识形态这一总体结构的一部分，不引入某种价值观来批评或赞扬这种意识形态，即只做客观描述，不带有主观意向的评论。这一点与很多史学家记载冕服的目的和动机比较相似，仅根据古籍的记载，对冕服这一服饰进行再次梳理和记载，而不做任何评价，汉代起历代官修的《舆服志》就是这样一种记载冕服的载体。

二是贬义的意识形态，也可称为否定性的意识形态，即承认意识形态的存在，但对它的内容和价值取否定态度，认定它不可能正确地反映社会存在，而只能曲解社会存在，掩蔽社会存在的本质。凡是从这一角度去理解意识形态的人，就会对意识形态取批判态度。对于冕服的存在，虽然极少人持贬义的态度，但也有个别学者怀疑甚至否定它的存在，历史学家阎步克就曾对冕服制度是否真正执行做出过怀疑。

三是肯定意义的意识形态，即不仅承认意识形态的存在，而且对它的内容和价值取肯定的态度，认定它能客观地反映社会存在的本质。可以说，绝大部分学者对于冕服的存在和制度执行持肯定态度，服饰作为意识形态和政治文化的载体，必然体现皇权的统治机制。

冕服和意识形态在这三个含义上竟不谋而合，或许我们也可以用这三种"态度"来划分历代学者、古籍及研究成果对冕服进行的数以万计的研究，这或许也是梳理冕服文献的另外一个崭新的视角。

透过现象看本质，意识形态从根本上说是对现实的思想描述形式，目的是使人的社会实践变得有意识和有活力。这种观念的普遍而必然地出现，为的是克服社会存在的冲突，在这一意义上，每一种意识形态都是直接而必然地从当时社会中以社会的方式行动着的人们中产生的。冕服具有同样的特征，其具备的文化意义，具有克服社会冲突的隐形作用，譬如冕服冕冠上的部件——旒，又叫玉藻，冕冠采用垂旒之意，除了表明身份，还有遮挡视线之意，寓意君王目不斜视，即不看不正之物。旒的这一表征，既划分了君王和臣民的主仆地位，又合理地安慰了他的臣民，使臣民认为自己的君主是个行为正派、行止端方的好主人，这就很好地消除了君王和臣民之间的矛盾冲突。冕冠的充耳也有同样的效果，因悬挂于两耳边，象征君王有所闻有所不闻，不轻信谗言。众所周知，不是每个君王都能亲贤臣而远小人，然而，充耳在一定程度上具有某种象征意义，从而象征性地缓解了臣民与君王的冲突。可见，冕服上的"简单"装饰，也具有辅助政治统治的意义。

作为政治文化的意识形态，哲学家宋惠昌阐释道："在社会生活中，政治和政治意识，是人们对自己所生活于其中的社会群体根本利益的集中反映。政治和政治意识是一般意识形态中具有决定意义的因素。根据意识形态的这一特殊本质，我们可以把意识形态看作是一种政治文化，或者称之为政治意识形态。"而政治文化，是一个民族在特定时期流行的一套政治态度、信仰和感情表达体系。

在现实世界里，人们很多时候构造了种种虚假的观念并使这些观念支配自己的生活，意识形态批判的任务就是使人们从这种"思想的统治"下解放出来。另一方面，作为阶级统治意识的意识形态总是以歪曲的普遍性的形式出现，"每一个企图代替旧统治阶级的地位的新阶级，为了达到自己的目的就不得不把自己的利益说成是社会全体成员的共同利益，抽象地讲，就是赋予自己的思想以普遍性的形式，把它们描绘成唯一合理的、有普遍意义的思想"。

有意思的是，在这个层面上，意识形态成为人们"质疑"冕服和"推翻"冕服的利剑。事实上，意识形态是人们推翻皇帝政权的导火索，没有新的意识形态的萌芽、发展和成熟，就没有一个旧政权的覆灭。同样，一个新的政权成立之后，则马上需要与统治者相符的意识形态来主导整个社会，在这个语境中，服饰既是政治统治的工具，又是意识形态的傀儡。所以，冕服作为首服，必然受到意识形态和政治文化的深刻影响。

一个王朝在政治上确立以后，除了要在经济上稳固它的统治根基之外，还必须在意识形态上构造有助于其统治的模式，换言之，意识形态是由政治统治决定的。秦汉时期，儒学最终意识形态化，攫取了文化的领导权，特别是作为一种政治文化，对儒学意识形态具有根本的决定性意义的正是政治和政治意识，孔子的"人道政为大"恰巧点明了这一点。王阳明也指出人伦之大者首当是君臣一伦。因此，儒学内在的政治观念、信仰和感情与现实政治权力之间的外在关系十分密切，而服饰脱胎于与儒家思想紧密相连的礼乐制度，尤其是冕服，在东汉明帝永平二年（59）被系统地记载，当时正是儒家思想最为繁盛之时，冕服则必然受到儒家意识的极大影响（见前面《引言》部分的论述）。

因此，冕服在形成之初作为观念、信仰和感情的表达载体，其与主流意识形态和政治统治之间的关系，是本篇的研究重点。另外，本篇所要立足的两部著作成于清代，因此，清代时期的主流意识形态是否与冕服之初为儒家所用的意识形态有所不同？这一不同对于冕服的政治文化表达是否存在直接或间接的关系？既然要弄清楚这些复杂而微妙的关系，最终还是得归于说图部分的探究。

古人之尊礼，重其"礼意"，是"礼数"和"礼治"的核心与实质。秦汉群儒都推重"礼意"。宋儒则尚义理之学，认为礼是理的外在表现，理是"礼意"的核心，探求"礼意"的过程就是探求真理的过程。

对于三礼的"礼意"，汉儒和清儒倾向于原典文辞的考释、训诂。清儒对"礼意"十分重视，而宋儒理学一派则偏重先验的道德义理准则。清初鉴于宋学之弊端，学者开始倡导考据之学与经世之学，提倡回归经典，希望从名物训诂中直达圣人之意。就礼学而言，清儒回归三礼之文，主张从文本中所载的礼制、名物等，即"礼数"中寻求"礼意"，试图通过实证性的研究，达到复原乃至重新整合三礼学理论体系和学术范式的目的。冕服为三礼中不容忽视的名物。虽然清代不再采用冕服制度，但清代对于冕服的考证，极有可能与最初秦汉时期的冕服相似。或许，正是因为清代罢黜了冕服之制，清代的学者大家才会自由地、毫无意识形态和政治文化压力地去记载、评论和分析冕服。此时的冕服，对于清代学者和对于二十一世纪的现代学者，具有同样时间和空间的意义，冕服已经不是意识形态和政治文化的"傀儡"，而是一种意义深远的传统文化。再加上之前提到的林、黄两人治学态度高度一致的背景，他们对于冕服的研究应当是少有偏见的。他们在《三礼通释》和《礼书通故》两部著作中，对冕服的形象阐释详情，见下文。

首先，我们可以总结一下两位作者及作品的比对情况，如表1：

表1 《三礼通释》和《礼书通故》的概况

作者信息	《三礼通释》 林昌彝	《礼书故通》 黄以周
作者生卒年月	1803—1876 年	1828—1899 年
身世背景	福建人，爱国主义文学家、诗人、学者，早年贫寒，一生不得志	浙江定海人，其父为著名经学家，专力治经，深究三礼
社会地位、职务	举人，因献《三礼通释》得赐教授之衔	举人，县学训导、中书衔、特旨升教授，任教南菁书院且弟子甚众
作品情况	《射鹰楼诗话》《小石渠阁文集》《海天琴思录》《三礼通释》	《十翼后录》《周易故训订》《礼书通故》
全书卷数	二百八十卷	一百零二卷
人格特征	性情豁达，观点公允	坚持实事求是

按作者出生先后顺序，我们可以先对林昌彝《三礼通释》中的皇帝冕服形象做一分析。《三礼通释》非常完整地展示了林昌彝心里的六冕形象，如表2：

表2 林昌黎《三礼通释》所绘六冕礼服

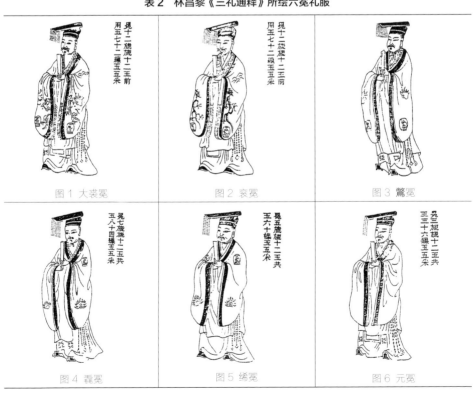

图1 大裘冕　　　　　图2 衮冕　　　　　图3 鷩冕

图4 毳冕　　　　　图5 绣冕　　　　　图6 元冕

图 7　冕冠（江永《乡党图考》）　　　　图 8　冕冠（黄以周《礼书通故》）

从表 2 中的图 1 到图 6 来看，在形制上，林昌彝笔下的冕服最突出的特征是冕冠前部垂旒，而后部不垂旒，这一现象与清代康熙年间主张由程朱理学向乾嘉考据学转变的大学问家江永（1681—1762）提出的"冕后无旒"之说如出一辙，江永是提出"冕后无旒"说的第一人。（图 7）

再来看黄以周的《礼书通故》，其有关冕冠的图释如图 8，亦是冕后无旒。事实上，江永之前的主流观点是"冕后有旒"之说，而江永之后，"冕后无旒"之说开始流行。这或许是江永礼学乃至清代礼学对冕服研究的一大亮点。时至今日，"冕无后旒"之说依旧备受关注，2015 年发表于《中国文化研究》的《"冕无后旒"说考论》一文反对"冕无后旒"之说，而同年发表于《金田》的《"冕无后旒"说新论》则支持了"冕无后旒"。对此争论，还需找寻新的证据从新的角度来进一步论证。

二、冕后有无旒之争

对于冕后有无旒之争，还得从记载冕冠的古籍上来找证据。首先，不妨按记载冕冠的先后顺序来考查，追根溯源，但由于文献众多，笔者将着重梳理三礼之书和二十四史的相关情况。

据查证，最早记录冕的古籍是春秋时期的《仪礼·觐礼》，其对于冕的描述为："天子衮冕，负斧依。"可见其并未对冕冠进行过多详细的描述。

随后战国时期的《周礼·夏官》载，"弁师掌王之五冕，皆玄冕、朱里、延、纽，五采缫十有二就，皆五采玉十有二"，在此记载中，亦未说冕冠后是否有旒。

接着先秦到西汉时期的《礼记·玉藻》曰："天子玉藻，十有二旒，前后邃延。"郑玄注："前后邃延者，言皆出冕前后而垂也。"而《礼记·礼器》载："天子之冕，朱绿藻十有二旒，诸侯九，上大夫七，下大夫五，士三。"这里也没有提及旒在前还是后或皆有。或许在《礼记·玉藻》中已经详细说了，所以这边忽略不说。可见，西汉礼学家戴圣记载冕冠前后都有旒，这就和《周礼》的记载有所不同。

此后，在二十四史的《舆服志》中，其对于冕有无后旒之记载情况，梳理如下：

南朝宋时期，范晔编撰的《后汉书·舆服志》载："冕冠，垂旒，前后邃延，玉藻。"可见，范晔沿用了戴圣之说法，认为冕后有旒。赞成该说法的还有《宋史·舆服志》《金史·舆服志》《元史·舆服志》和《明史·舆服志》，这些史书在记载冕冠时，都明确指出前后有旒。

然而，对冕后是否有旒并未明确表达的有《南齐书·舆服志》《隋书·舆服志》《旧唐书·舆服志》和《辽史·舆服志》，这几本史书仅说明"十有二旒"，并未明确说明这十二旒的位置。

值得思考的是，在《晋书·舆服志》中，先记载："及晋受命……冕，皂表，朱绿里，广七寸，长二尺二寸，加于通天冠上，前圆后方，垂白玉珠，十有二旒，以朱组为缨，无绫。"这里对晋代采用的冕冠旒的位置并未标明。稍后又提及："后汉以来，天子之冕，前后旒用真白玉珠。魏明帝好妇人之饰，改以珊瑚珠。晋初仍旧不改。"此后由于美玉难得，方用白璇珠。由这两处表达可以推理，或许历史记载在旒位置表述上存在省略现象，后旒的概念已约定俗成，在不单独说明材质的情况下，不用特意指出。

综上，有关三礼之书和正史是否明确指出冕后有旒的情况，可整理如表3：

表3　三礼之书和舆服志对于冕有无后旒之记载

序号	文献	冕后是否有旒
1	《仪礼·士冠礼》	不确定
2	《周礼·夏官·弁师》	不确定
3	《礼记·玉藻》	不确定
4	《后汉书·舆服志》	有
5	《晋书·舆服志》	有
6	《南齐书·舆服志》	不确定
7	《隋书·舆服志》	不确定
8	《旧唐书·舆服志》	不确定
9	《宋史·舆服志》	有
10	《辽史·舆服志》	不确定
11	《金史·舆服志》	有
12	《元史·舆服志》	有
13	《明史·舆服志》	有

从表3可知，十三种文献中，有六种文献没有明确指出冕后是否有旒，有七种文献明确指出冕后有旒，而没有一种文献提出"冕无后旒"，可见，江永提出"冕后无旒"之说实在是大胆。况且，清代是罕见的废除冕服制度的朝代，在没有执行冕服制度的情境中去推翻之前执行冕服制度的学说，恐怕本身就有力不从心之处。且这一学说一经提出，便引起了诸多争议，直到今日。但从本篇所论述的两大清代古籍可以看出，清代学者对于同朝代前辈江永的"冕后无旒"说持赞成的态度。

关于这一争论，我们或许可以从冕服的其他部件或元素的描述中找到蛛丝马迹，比如在功能性上前后都必须有的部件，在描述的时候是否也出现了省略现象？或者后面不必要有的部件，在描述的时候是否特意指出确实有？

首先，我们来看有关皇帝后妃凤冠上有关博鬓的说法，几乎提及博鬓的《舆服志》都只提及"并两博鬓""两博鬓"或"三博鬓"，并未对左右各有一组博鬓进行特殊说明。

有趣的是，对服饰前、后部位进行特意说明的，各朝《舆服志》中共有九十二处，而单单是《清史·舆服志》就有四十六处，这是否可以表明清时期对于说明前、后方位十分严谨，甚至不惜多次重复？所以在很多本应遵循对称原则的服饰细节上，也都不遗余力地加以说明，这也是《清史·舆服志》与之前《舆服志》记载所存在的巨大差别。

再者，前文曾讨论过，汉儒和清儒倾向于原典文辞的考释、训诂，清代学者倡导回归三礼之文，主张从文本中所载的礼制、名物中回归经典。这一主张，也是为了迎合当时的意识形态和政治文化，清代想要建立一个新的政权，就必须与之前汉民族统治的宋明有所差别。正因为清代学者竭力追根溯源，发现最早两部古籍《仪礼》和《周礼》中并未对冕后有旒进行明确说明，所以清代学者从自己的文化背景出发，又加之意识形态和政治文化的需求，提出"冕后无旒"之说，这是可以理解的。江永作为"推翻"宋代程朱理学之说的先驱者，从废除的冕服制度入手来达到"吸引眼球"的目的，同时也表达自己对清王朝政治统治的支持，一举两得，是顺应意识形态和政治文化的结果。林黄二人同样生活在这一时代政权之下，因此他们毫不犹豫地选择了站在江永这一边，从本质上来看，他们选择了臣服于清代的意识形态和政治文化。

让我们再换个角度，从较为基本且最原始最自然的艺术审美上来看，古代中国乃至世界史上的古老文明都遵循对称的审美原则，这一原则是极其普遍的，甚至是理所当然的。衣服服务于人，人体是对称的，人的身体器官是对称的，回头再看冕服的所有元素，几乎没有不对称的，就算是两肩的日月章纹有所不同，但在位置上也是对称的。唯一不对称的就是右衽大襟而不是对襟，这与服装功能性和保持前身章纹的完整性不无关系，而后者也与审美有关系。如此来看，冕后有旒的说法也较冕后无旒的说法更为合理。

讨论到此，倘若要给冕后有无旒一个合理的结论，笔者不妨大胆地对林昌彝和黄以周两位大家过于"实事求是"和过于"咬文嚼字"的态度提出一些质疑，还是那句话，本质上来说，明显是意识形态和政治文化左右了他们对冕服的判断。因此，本篇的观点还是较为赞同"冕后有旒"之说。

三、元冕之说

除了冕后有无旒的问题，林昌彝的《礼书通故》中还出现了"元冕"这一称谓，实属罕见。从其形制分析，可以断定其为玄冕。然而，为何会被称为"元冕"？这还得从政治文化上说起，因为"玄"字在清代是个很特殊的字，和清代极其严重的文字狱有关。在清代，"元"同"玄"，清代要避康熙皇帝（玄烨）之名讳，则以"元"代"玄"。因此，林昌彝在介绍玄冕的时候也将其改为"元冕"，可见作者考究之细致，前面我们也得知，林昌彝因不得志而呕心沥血献此书以获得官位，因此他十分谨慎，又加上残酷无道的文字狱，林昌彝便更加警惕而敬畏地对待每一个字。从这一点上我们也可以看出政治文化对于学者、对于冕服的影响，尽管林昌彝性情豁达且观点公允，他也不惜违背清代提倡回归经典的《周礼》的原则，将"玄冕"的名称改掉以保全自己。这也更说明了前文提到的清代学者赞成"冕后无旒"的内在原因是意识形态、政治统治和社会压力。

参考文献：

[1] 宗海山 . 林昌彝行年小考 [J]. 龙岩师专学报（社会科学版），1988（01）：67—68.

[2] 书讯 . 三礼通释（全二册）[J]. 文献，2007（01）：43.

[3] 武勇 . 江永的三礼学研究 [D]. 武汉：华中师范大学，2016.

[4] 阎步克 . 服周之冕 [M]. 北京：中华书局，2009.

[5] 俞吾金 . 意识形态论 [M]. 上海：上海人民出版社，1993.

[6] 高春明 . 中国服饰名物考 [M]. 上海：上海文化出版社，2001.

[7] 宋惠昌 . 当代意识形态研究 [M]. 北京：中共中央党校出版社，1993.

[8] 加布里埃尔·A. 阿尔蒙德，小 G. 宾厄姆·鲍威尔 . 比较政治学——体系、过程和政策 [M]. 曹沛霖，郑世平，等译 . 上海：上海译文出版社，1987.

[9] 程颢，程颐 . 二程集 [M]. 北京：中华书局，1981.

[10] 江永 . 乡党图考 [M]// 阮元，严杰 . 清经解 . 上海：上海书店出版社，1988.

[11] 丁鼎，于少飞 ."冕无后旒"说考论 [J]. 中国文化研究，2015（01）：86—94.

[12] 徐到稳 ."冕无后旒"说新论 [J]. 金田，2015（7）：141.

《大明冠服图》[清]

本篇主要立足于嘉靖时期的《大明冠服图》，就其中的燕弁冠服和忠静冠服之由来、形制以及政治意义进行思考。以明代整个朝代为时代背景，从嘉靖皇帝的身世和其继承皇位的特殊性入手，揭示燕弁冠服和忠静冠服作为嘉靖皇帝实现政治统治的有力手段的独特性。

说人

《大明冠服图》的具体作者不详，从其政治色彩上来看，是朝廷进行服饰改制的产物。究其原委，与明世宗嘉靖皇帝和在"大礼议"之争中帮助嘉靖皇帝的关键人物张璁有关，他的进言受到嘉靖皇帝的认可，包括在服制上的修正和调整。《明史·舆服志》记载：

> 嘉靖七年，更定燕弁服。初，帝以燕居冠服，尚沿习俗，谕张璁考古帝王燕居法服之制。璁乃采《礼书》"玄端深衣"之文，图注以进。帝为参定其制，谕璁详议。璁言："古者冕服之外，玄端深衣，其用最广。玄端自天子达于士，国家之命服也。深衣自天子达于庶人，圣贤之法服也。今以玄端加文饰，不易旧制，深衣易黄色，不离中衣，诚得帝王损益时中之道。"帝因谕礼部曰："古玄端上下通用，今非古人比，虽燕居，宜辨等威。"因酌古制，更名曰"燕弁"，寓深宫独处以燕安为戒之意。其制，冠匡如皮弁之制，冒以乌纱，分十有二瓣，各以金线压之，前饰五采玉

云各一，后列四山，朱条为组缨，双玉簪。服如古玄端之制，色玄，边缘以青，两肩绣日月，前盘圆龙一，后盘方龙二，边加龙文八十一，领与两祛共龙文五九。衽同前后齐，共龙文四九。衬用深衣之制，色黄。袂圆祛方，下齐负绳及踝十二幅。素带，朱里青表，绿缘边，腰围饰以玉龙九。玄履，朱缘红缨黄结，白袜。

可见，《大明冠服图》内的服饰可以"归功于"明世宗嘉靖皇帝和其大臣张璁等人。

明世宗朱厚熜（1507—1567），生于湖广布政司安陆州（今湖北钟祥），是明宪宗朱见深之孙、明孝宗朱祐樘之侄、兴献王朱祐杬之子、明武宗朱厚照的堂弟。明朝第十一位皇帝（1521—1566年在位）。

正德十六年（1521），武宗驾崩，死后无嗣，其生母张太后与内阁首辅杨廷和决定，由近支的皇室、武宗的堂弟朱厚熜继承皇位。朱厚熜即位之初，通过大礼议逐步掌握皇权。在位早期，他英明苛察，严以驭官，宽以治民，整顿朝纲，减轻赋役，重振国政，开创了嘉靖中兴的局面，为隆庆新政与张居正改革、嘉隆万大改革奠定了基础。后期崇信道教、宠信严嵩等人，导致朝政腐败。嘉靖四十五年（1566）十二月，朱厚熜于乾清宫去世，在位四十五年，享年六十岁。庙号世宗，谥号钦天履道英毅神圣宣文广武洪仁大孝肃皇帝。葬于北京十三陵之永陵。

张璁（1475—1539），字秉用，号罗峰，后由明世宗赐名孚敬，字茂恭。浙江温州府永嘉（今浙江温州龙湾区）人。明朝中期重臣，"大礼议"事件中重要人物。张璁为正德十六年（1521）进士，在明世宗初年三度位居首辅，史称"终嘉靖之世，语相业者，迄无若孚敬云"。官至少师兼太子太师、吏部尚书、华盖殿大学士。病逝后获赠为太师，谥号"文忠"。著有《礼记章句》《大礼要略》《罗山奏疏》《罗山文集》《正先师孔子祀典集议》《金縢辨疑》《敕谕录》《谕对录》《钦明大狱录》《霏雪编》《嘉靖温州府志》等。

说书

北京大学图书馆藏《大明冠服图》系清代写本，是《燕弁冠服图说》和《忠静冠服图说》的合说，其内容为嘉靖七年（1528）颁行的，是十分珍贵的明代服饰史料。明朝嘉靖皇帝即位是王权继承上的一个变数，嘉靖帝继承了堂兄武宗朱厚照的皇位。对于嘉靖帝来讲，他从外藩继承皇位，对朝廷旧臣存有疑心，而且对于自己以何种身份继承大统进行了历时三年半的"大礼议"争论，最后他实现了追封自己的父亲为皇帝的愿望，且在后续执政中集中皇权，独断专行。

大礼议事件：嘉靖帝十四岁即帝位，因想追封亲生父母的尊号，但首辅杨廷和等旧臣要求他改换父母而引发了长达三年半的大礼议之争。世宗不顾朝臣反对，追尊生父为兴献帝后又加封为献皇帝、生母为兴国皇太后，改称孝宗敬皇帝曰"皇伯考"。嘉靖十七年（1538）九月兴献帝被追尊为"睿宗知天守道洪德渊仁宽穆纯圣恭俭敬文献皇帝"，兴献帝的牌位升祔太庙，排序在明武宗之上，兴献王墓改为显陵，大礼议事件至此最终结束。

在"大礼议"之后嘉靖七年到八年（1529），朝廷对服饰制度进行了修订，间接显示了少年嘉靖独立的政治主张。修订的服饰涉及皇帝、亲王和大臣，具体包括修改冕服、更定燕弁冠服、新定忠静冠服和限制大臣服饰，因而制定了《燕弁冠服图说》和《忠静冠服图说》。服饰更定在深层意义反映了嘉靖帝抵抗朝廷旧势力的胜利，因此，《大明冠服图》实际上带有浓厚的政治色彩，是明朝独具特色的服饰制度。

说图

《大明冠服图》主要记载了燕弁冠服和忠静冠服，图片内容不多。燕弁冠服图具体包括：燕弁冠（前后左右共四图）、玄端服（前后共二图）、深衣（前后共二图）、素带（前后共二图）、玄履（履袜共二图）。忠静冠服图包括：忠静冠（前后左右共四图）、忠静服（前后共二图）、素补子服（前后共二图）、深衣（前后共二图）、素带（前后共二图）、素履（履袜共二图）。共有二十六幅图，所有图均无颜色，系白描图，这给服饰色彩的研究带来了一定困难，需借助文字进行色彩复原。

一、细说燕弁冠服

　　燕弁冠服是明世宗和内阁辅臣张璁参考古人所服"玄端"而特别创制的一款服饰，用作皇帝的燕居服。嘉靖七年（1528），明世宗对冕服等冠服制度做了修改后，又认为皇帝的燕居冠服"多俗制不雅"，遂令张璁稽考古代帝王燕居时所穿法服的形制。张璁根据《礼书》"玄端深衣"的记载，制成图注进呈明世宗，"上览之称善，遂命工如法制燕弁服，稍加文采，衬用深衣，色用黄。令尚衣监收贮，著为式"。之所以选择"玄端"形制，主要是因为"古者冕服之外，玄端深衣，其用最广。玄端自天子达于士，国家之命服也。深衣自天子达于庶人，圣贤之法服也。今以玄端加文饰，不易旧制，深衣易黄色，不离中衣，诚得帝王损益时中之道"。

　　有关燕弁服的形制，《大明会典》记载的燕弁冠服制度是参照明世宗的上谕，系最初构想，之后又在张璁的建议下做了一些细节的调整，并刻成《燕弁冠服图说》颁布天下。因此，《大明会典》所录文字部分与实际方案不同，但插图则按《燕弁冠服图说》绘制，文、图不完全相符。图1为今人董进所绘Q版燕弁冠服整体着装效果图。

图1　Q版燕弁冠服整体着装效果图（董进《Q版大明衣冠图志》）

《大明冠服图》中记载的燕弁冠服的具体部件如下：

燕弁冠，形制与皮弁相同，外冒乌纱，弁身前后各分十二缝，每缝压以金线（不缀玉珠）。冠前装饰五彩玉云各一，冠后列四山。五玉云象征五行，四山取其"镇静"之义，即"前象五行，欲法其象以修五事；后镇四山，欲体其义以绥四方"。明世宗原定冠称"玄冠"，又有"朱绦为组缨、双玉簪"，但张璁认为："玄冠、朱组缨，天子之冠也……今更名曰燕弁宜矣……然皮弁用朱组缨，此而燕居，宜去缨，从便可也。"所以燕弁冠无组缨，只玉簪一枚。

燕弁冠服本就是嘉靖帝为达到自己完完整整的统治权而进行更新的服饰，在更定过程中，他一方面不能违背老祖宗的规定，一方面要有所创新，因此燕弁冠服的出现和形制都与明代整体的主流冠服制度丝丝相扣又别具一格。要弄清楚这其中的原委，最好的办法即是"有比较才有鉴别"。如表1显示了燕弁冠与皮弁的比照。

表 1　燕弁冠与皮弁的比照

内容	《大明冠服图》之燕弁冠	《明宫冠服仪仗图》之皮弁
文字	冠匡如皮弁之制，用乌纱冒之，分十有二瓣，各以金线压之。前饰以五采玉云各一，后列以四山。前饰以五玉者，所以像五行也，后列四山者，所以取其镇静之义也。前象五行，欲法其象以修五事；后镇四山，欲体其义以绥四方	皮弁用乌纱冒之，前后各十二缝，每缝缀五采玉十二以为饰，玉簪导，朱组缨。……惟缝及冠武并贯簪系缨处，皆饰以金玉。（《明史·舆服志》）
图片		

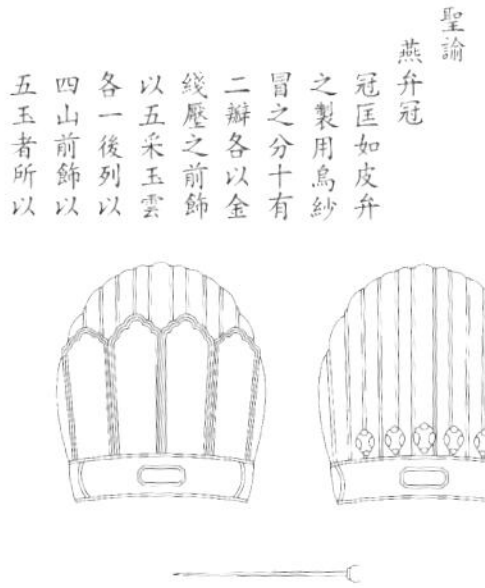

图 2　明代燕弁冠前后　　　图 3　明代燕弁冠左右　　　图 4　明代皮弁

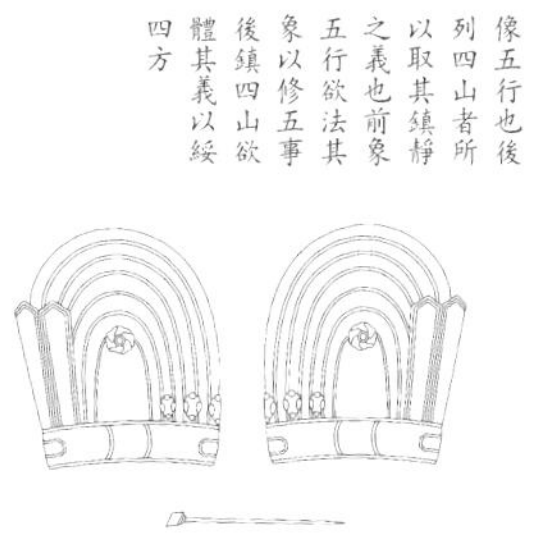

由表 1 中的图片（图 2—4）可见，燕弁冠与《明史·舆服志》和《明宫冠服仪仗图》中的永乐皇帝之皮弁在大体形制上有一定的联系，但在多处细节上有所不同。虽然燕弁冠为皇帝日常燕居所用，但却比皇帝朝服之皮弁含有更多的政治统治思想，明显体现了嘉靖皇帝在服制上的良苦用心，而这一用心的内在原因正是前文所提到的"得位不正，恐朝廷不稳，以服制来约束统治"，难免有些"做贼心虚"之嫌疑。细致来说，燕弁冠与皮弁有以下区别：

（1）文化内涵之区别：皮弁内涵简单，而燕弁冠则含有治国之道，即"前象五行，欲法其象以修五事"；

（2）燕弁冠比皮弁多了以下部件：冠前饰五彩玉云各一，冠后列四山；

（3）皮弁比燕弁冠多了以下部件：十二缝，每缝缀五彩玉珠十二，朱组缨。

虽张璁说"玄冠、朱组缨，天子之冠也……今更名曰燕弁宜矣……然皮弁用朱组缨，此而燕居，宜去缨，从便可也"，但从其他细节来看，燕弁冠除了去除缨之外，与皮弁之复杂程度不相上下，其主要目的还是寄予其政治统治思想。这里出现的玄冠，《六经图》记载："周之冠曰委貌，一名玄冠，今进贤冠，其遗象也。"如图 5。可见，玄冠和皮弁皆有系扎所用的朱组缨，而燕弁冠则没有。董进所绘明代燕弁冠服有所出入，应去掉朱组缨，因为燕弁冠侧面的帽檐上并无双孔用以穿组缨，如图 6。或许董进是考虑了带燕弁冠的稳定性而添加了这一部件。

玄端服，玄取"玄邃（至德渊微）"之义，端取"端方（齐庄中正）"之义。《中华文明大辞典》注释，玄端是"古代诸侯、

图 5　玄冠图（《六经图》）

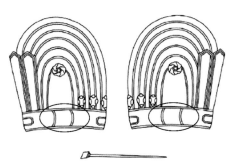

图6 《大明冠服图》之燕弁冠与董进所画燕弁冠之差异

士大夫的礼服。玄，黑而带赤色。其衣长、袖长与宽度均为二尺二寸，故称端，取端正之意"。《释名·释衣服》注释："玄端，其袖下正直端方与要（腰）接也。"玄端亦是一种朝服，只是下裳与朝服有区别。朝服均玄衣素裳；玄端则上衣同朝服，为玄色，而下裳则因人的等第而异：上士玄裳、中士黄裳、下士杂裳（前玄后黄）。诸侯祝朝或庙祭时均着玄端。图7为《礼书》所绘制的玄端，无纹饰，色随等第而已。

明世宗所制定的燕弁冠服采用原本可作朝服的玄端形制，可见其较为正式，且装饰更为复杂。明燕弁冠服的玄端服形制为：衣身为玄色，领、袖、衣襟等处用青色缘边，前胸绘蟠龙圆补，后背绣双龙方补，龙纹前一后二，象征"三才"，又"圆图于前抱阳以象乾也，方图于后负阴以象坤也"。缘边施以五彩龙纹共八十一，领缘与两祛（袖缘）用龙纹四十五，衽（衣襟侧边）与前后齐（下摆缘边）用龙纹三十六。缘边龙纹用八十一以应"黄钟之数"。明世宗原拟在两肩添加日月二章纹，张璁认为冕服玄衣上用日月，是为了象征"向明而治"，燕居服上不用

图7 玄端（《礼书》）

聖諭
玄端服
服身玄緣邊
以青前繪圓
龍一後繡方
龍二邊以八
十一數五采
龍文前一後
二象三才也
前圓抱陽以
象乾後方員
陰以象坤周
以八十一數

图8　玄端服前身形制（《大明冠服图》）

以應黄鐘之
義領與兩袪
共五九衪同
前後齊共四
九蓋取陽奇
陰偶之數分
上下也玄端
名者玄取玄
遷至德淵微
之義也端取
端方齋莊中
之正義也

图9　玄端服后身形制（《大明冠服图》）

聖諭
深衣
衣黄色袂圓
應規袷方應
矩下齊應平
應繩及踝以
員直十二幅
應十二月五
法備故聖賢
服之也

图10　燕弁冠服所用深衣前身形制
（《大明冠服图》）

图11　燕弁冠服所用深衣后身形制
（《大明冠服图》）

日月，则能体现"向晦宴息"的含义，因此玄端服两肩无日月纹。图8、9为玄端服之前后形制，可见玄端和燕弁冠一样蕴含着丰富的政治统治思想，其前圆后方的龙纹图案倒是非常接近明清时代冠服上所流行的"补子"。

　　深衣，即穿在玄端服之下的衬衣，衣身黄色。衣袖（袂）为圆弧形，袖口（祛）方直。腰部以下（也被称作"裳"）用十二幅拼缝，底边平直（下齐），"衣"（腰部以上）之中缝、背缝与"裳"之中

缝、背缝上下垂直相接（负绳），衣长
至踝。张璁在《图说》中对深衣的象
征意义做了详细说明："玄端者，命服
也；深衣者，法服也……色用黄，尚
中色也（五行以土为中，用黄色为代
表）；十有二幅，以应期也（一年的
十二个月）；袂圆，以应规也；祛方，
以应矩也；负绳及踝，以应直也；下
齐如权衡，以应平也。"刘向在《说苑》
中写道"衣必荷规而承矩、负绳而准
下"，就是指的深衣各部位所具有的含
义。图10、11为燕弁冠服所用深衣形制。

图 12　皮弁服所用中单（《明宫冠服仪仗图》）

　　事实上，燕弁冠服玄端服下所用的衬衣之所以称为深衣，是因
为其采用了深衣形制，如果用更准确的文字来表达，该服装应该称
为中单或中衣，而非深衣。中衣或中单是款式上和深衣几乎相同的
衣服，上衣与下裳连，采缘，以六幅破为十二幅等。两者的不同点
在于穿在表或者里而已，穿在其他服装里面时称为"中衣"，穿在
最表面时称为"深衣"。如果当时燕弁冠服表衣玄端服下的深衣可
以单独穿在外面，则叫"深衣"无可厚非，倘若仅为里衣，则应称
之为"中衣"或"中单"。这里以"深衣"命名，为我们提供了两
个信息：一是该衣服可以作为表衣穿，二是该衣服形制与皇帝冕服
和皮弁服内的中单形制有所差异。图12为永乐时期定制的皇帝皮
弁服之中单，严格采用了深衣制度，有缘。而和燕弁冠服所用的深
衣相比，除颜色不同以外，最大的区别在于袖的形制和缘饰。燕弁
冠服所用的深衣的袖子形制再一次为其政治统治服务，而不施缘边
则很可能是为了迎合张璁所认为的："此而燕居……从便可也。"

　　素带，其朝外一面（表）为青色，朝内一面（里）为朱红色，
带身及下垂部分都用绿色缘边，另在腰围装饰长方形龙纹玉带銙（玉

图 13　燕弁冠服素带（《大明冠服图》）　　　图 14　皇帝冕服大带（《明宫冠服仪仗图》）　　　图 15　皇帝常服带（《明宫冠服仪仗图》）

龙）九片，四片在前，五片在后。《图说》曰："（玉龙九片）亦应阳奇也，古无玉，今加之，盖别等威也。"图 13 为素带之图，与明代皇帝冕服之大带形制基本相同，虽称为素带，但却比冕服大带更为精美，添加九片玉龙，似乎为冕服大带和常服带的合体和创新（图 14、15 为明代皇帝冕服大带和常服带），这样的组合既没有完全推翻老祖宗的服制规定，又达到了设计创新的目的，更显燕弁冠服之精致和别等威之政治用意。

玄履、白袜，如图 16，履为玄色，施朱缘，履首缀有黄结，袜用白色。张璁在《图说》中亦有说明："夫履者，履也，履礼所以遵道而行也。乌用玄者，敦纯素也；缨以红者，从赤乌也；结以黄者，象坤色也；袜用白者，尚白贡也。"纵观明代其他男士足衣类别，还有乌、靴等。

综上，有关燕弁冠服，明世宗给礼部的诏书中说："夫常人之情，多修治于显明之处，而怠略于幽独之时，古圣王慎之，于是制为玄

图 16　燕弁冠服履袜（《大明冠服图》）

端，以为燕居之服……比年以来，衣服诡异，虽达官显士，未免沦俗与市井同，走卒役厮乃敢滥服与儒流并……朕惟玄端之服，在古虽为上下通用之服，而今人又非古人之比，故虽在燕居之中，宜有等威之辨。因酌古玄端之制，更名曰'燕弁'，庶几乎深宫独处之时，而以燕安为戒也……其燕弁服，朕已制成，慎用之矣。"明代皇帝在日常政务活动中穿常服，起居则有各式便服，燕弁冠服的制作本是为了体现"敬微慎独"之意，与寻常便服不同，故又强调"慎用"。目前除了《会典》《图说》等冠服制度的描述以外，尚未看到皇帝使用燕弁冠服的记载。

二、细说忠静冠服

嘉靖七年（1528），阁臣张璁进言："品官冠服固有制度，其余燕居之服缘未有明制，诡异之徒竟为奇服以乱典章，乞更如古玄端别为简易之制，以昭布天下，使贵贱有等。"明世宗遂制定文武官员的燕居之服，以《忠静冠服图》版示礼部，世宗在大敕谕中说："凡享祀、郊、庙、视朔、视朝，弁冕常服已有定制，至于品官朝、祭之服及公服、常服各有上下等级，其制皆不可得而变之者也。夫常人之情，多修治于显明之处，而怠略于幽独之时，古圣王慎之，于是制为玄端，以为燕居之服。盖玄取其玄邃，端取方正之意……因复酌古玄端之制，更名为'忠静'，庶几乎进斯尽忠，退斯补过也。……其忠静冠服宜令如式制造，在京许七品以上官及八品以下翰林院、国子监、行人司，在外许方面官及各府堂官、州县正官、儒学教官服之，武官止都督以上许服，其余不许一概滥服。"

可见，明世宗制定忠静冠服制度，主要是为了体现中国传统服饰制度最基本的功能——明尊卑，别贵贱。在社会秩序较为稳定的明初，服饰制度比较容易实施，且官民的守制也比较好。然而到了弘治、正德年间，官民服饰变化无常，到了嘉靖年间，品官的燕居之服没有明确的制度，以至于"比来衣服诡异，上下无辨，民志何

图 17　Q 版忠静冠服整体着装效果图（董进《Q 版大明衣冠图志》）

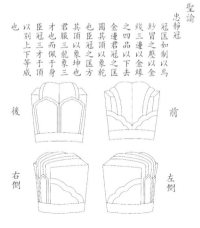

图 18　忠静冠（《大明冠服图》）

由定"。在此情况下，明世宗为了区分官民，才下令制定忠静冠服制度，以达到"庶几乎进斯尽忠，退斯补过"之效。

据朝廷发文，忠静冠服的穿着人群皆有定数，"在京许七品以上官及八品以下翰林院、国子监、行人司，在外许方面官及各府堂官、州县正官、儒学教官服之，武官止都督以上许服，其余不许一概滥服"。可见，明世宗在制定忠静冠服时，不仅对服饰形制做了明确的规定，还对穿着者身份进行了限制，以充分达到"明尊卑，别贵贱"之效。图 17 为今人董进所绘 Q 版忠静冠服整体着装效果图，以供参考。

《大明冠服图》对忠静冠服的具体形制明确记载如下：

忠静冠，如图 18，冒以乌纱，冠顶呈正方形，以金线三（实物用金线五，压缝，周围以金缘边，冠后列两山，也缘以金边。四品以下官员不用金，只以浅色丝线缘边。其具体象征意义为"君冠之匡圆其顶，以象乾也；臣冠之匡方其顶，以象坤也（与燕弁冠服之玄端服前圆后方的龙纹理念相吻合）。君服三龙象三才也，而佩于身；臣冠三才于顶，以别上下等威也"。可见，忠静冠服之冠的形制和内涵与前文所探讨的皇帝燕弁冠服为同一体系，大臣的忠静冠

258

的细节制度皆以皇帝的燕弁冠服为蓝本进行设计，只一条就从根本上显示了"以别上下等威"之核心宗旨。

忠静服，衣身用深青，以纻丝、纱、罗制作，三品以上饰云纹，四品以下用素。边缘用蓝青，胸背饰以本等花样补子。其别等威的方式为"按古制皆用玄，今以青者，亦以别等威也。古制不可变，则因时损益之故，前后饰以本等花样补子，庶不太俭于今而亦不太侈于古，惟服者当念之哉"。可见，明世宗在制定忠静服时，在不违背古制的前提下，加入了与时俱进的思想，不仅在服色上别等威，也在补子的纹饰上做了明确规定。其不俭不侈的思想体现了中国的中庸之道，更体现了中国传统文化中的"平衡"之术，万事万物皆有平衡，天人合一就是平衡的最高境界。另外，从图19、20可以看出，忠静服的前后补子皆为方形，不似皇帝燕弁冠服的玄端服前圆后方。这正是出于对"天圆地方"之考虑，只有皇帝才是天，才可以用圆，大臣皆为地，仅能用方。因而，皇帝玄端服采用前圆后方的寓意应有二：一是表达皇帝与大臣"同乐"，因此在其后背亦用一方形补子；二是表达大臣是皇帝背后的支柱，不可或缺。

深衣，其形制用玉色，如图21、22。忠静服内的深衣和皇帝玄端服内的深衣形制相同，但色不同，此亦体现了别等威之用。其应该叫深衣还是中单，和前文探讨的玄端服内的深衣同为一问。

聖諭
忠静服
服色身用深青邊用藍青按古制皆用玄今以青者亦以別等威也古制不可變則因時損益之故前後飾以本等花樣補子庶不太俭于今而亦不太侈于古惟服者當念之哉

图19　忠静服前身形制（《大明冠服图》）

图20　忠静服后身形制（《大明冠服图》）

聖諭
深衣
深衣之制與
色悉仿古酌
其宜也

图 21　忠静服内所用深衣前身形制（《大明冠服图》）

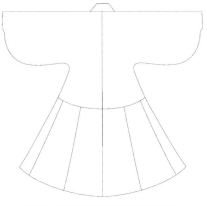

聖諭
素帶
帶制如禮仿大夫之
制也

图 23　忠静冠服素带（《大明冠服图》）

聖諭
深衣之制與
色悉仿古酌
其宜也

图 22　忠静服内所用深衣后身形制（《大明冠服图》）

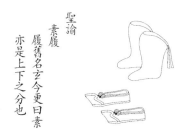

聖諭
素履
履舊名玄今更曰素
亦是上下之分也

图 24　忠静冠服素履（《人明冠服图》）

　　素带，表用青色，里及边缘用绿色，如图 23。素履，青色，绿绦缘，内穿白袜，如图 24。忠静冠服所用素带和素履与燕弁冠服相比较为简洁，详情如表 2：

表 2　燕弁冠服和忠静冠服之素带和履袜

部件	燕弁冠服	忠静冠服
素带	色彩：表用青色，里用朱红色，绿色边缘；装饰：长方形龙纹玉带铐（玉龙）九片	色彩：表用青色，里及边缘用绿色；装饰：无玉饰
履	色彩：玄色，施朱缘，履首缀有黄结	色彩：青色，绿绦缘
袜	色彩：白色	色彩：白色

由表 2 可见，忠静冠服素带形制比燕弁冠服素带形制要简单，除了色彩少用朱红色装点以外，亦不用玉饰，以示君臣之别。素履的主要区别在色彩上，皇帝用玄履，且用皇帝所独有的黄色装点，而大臣仅用青色绿缘。袜的形制和颜色基本相同，因为袜在履内，不示与人，就没有传达等威贵贱之机会，因此便不费神设计以区别。此理念在中国古代其他服饰如韠（类似蔽膝）的形制中亦有体现，郑玄《诗笺》云："芾，太古蔽膝之象也。冕服谓之芾，其他服谓之韠。"天子、公侯、大夫、士的韠之样式各异，天子"直"，公侯"前后方"，大夫"前方后挫角"，士"前后正"，事实上士之韠与天子相同。因为士的地位颇低，不会与天子区分不开，且天子和士出现在同一场合的机会微乎其微，因此言"士贱，与君同，不嫌也"。可见，在别等威的程度上，古人亦思之甚深，尽量不为繁复的服饰制度添加不必要的工作。

《大明冠服图》是明代独具一格的服饰图像资料，其记载的燕弁冠服和忠静冠服，是明代嘉靖帝在位时特有的服饰形制，与明世宗的得位一样，是一个变数，也是一个特例。两种服饰的制定颇为直白地表达了皇帝进行政治统治的野心和手段，是"得位不正"的明世宗和其朝臣政治统治的特有产物。

参考文献：

[1]　张廷玉 . 明史 [M]. 北京 : 中华书局，1974.

[2]　任之 . 中华历史五千年 [M]. 青海 : 青海人民出版社，2002.

[3]　大明世宗肃皇帝实录稿本 [A]. 中国国家博物馆藏，嘉靖二十九年 .

[4]　申时行 . 明会典 : 卷十六 [M]. 北京 : 中华书局，1989.

[5]　董进 . Q 版大明衣冠图志 [M]. 北京 : 北京邮电大学出版社，2011.

[6]　北京市文物局图书资料中心 . 明宫冠服仪仗图 [M]. 北京 : 北京燕山出版社，2016.

[7]　杨甲、陈仁锡 . 六经图 [A]. 明天启六年刊本 .

[8]　卢德平 . 中华文明大辞典（普及本）[M]. 北京 : 海洋出版社，1992.

三

服制章纹

章纹是绣在服装面料上的一种纹饰，之所以称为章纹其实是源于十二章制度，即古代中国贯穿始终的一种服饰等级制度，十二章纹可以说是最古老的服装制度，从先秦延续至清代。

引言

　　在这一个章节我们本想抽取出七部古代文献中有关章纹与服制的内容加以论述，可是又感觉对于《明集礼》《明会典》以及《皇朝礼器图式》这样的全面反映一个时代服制体系的古籍还是应该给读者更完整的描述为好，这对于打算按照专题分类来区别于综述性的文章是一件很矛盾的事情。

　　服装制度本身就拥有完整的体系，冠服是品官服饰的主体，而冕服则是冠服之中最高等级的礼服。冠服制度所涵盖的内容十分广泛，上至天子，下达庶官，包括祭服、朝服、公服、常服、便服等。由于社会的发展，统治阶层的分工越来越细致，管理的职能也逐步完善，因此服装制度渐渐趋于复杂，在采用纹饰区分等级的基础上，还产生了服色制度，甚至同一朝代不同民族的官员还有"南北"之别。发展到后期对平民庶人也有具体的要求。

　　上一章节主要是根据视觉重构的大趋势来探微冕服冠服的种种细节流变的来龙去脉，而在服制章纹这个章节我们则对相关问题做了综述性的回顾。在这几部古籍中还涉及了深衣、葬服、宗教服饰等，对这些问题我们会在后续章节中做专门的论述。

　　章纹是绣在服装面料上的一种纹饰，之所以称为章纹其实是源于十二章制度，即古代中国贯穿始终的一种服饰等级制度，十二章纹可以说是最古老的服装制度，从先秦延续至清代。清代虽然废止了冕服制度，可是到了清代中期之后又逐步恢复了一度中断的十二章纹。

　　关于十二章纹的起源并无定论，台湾中国服装史学研究学科开创人王宇清先生在《周礼六冕考辨》一书中写道："有谓服章制度之起，似与原始社会之文身民俗有关。旁考甲骨文及殷周彝铭文字，且皆有人身错画之像，其事早于周代'衮衣绣裳'之前。"

北京服装学院刘瑞璞教授则认为："纹章制度初现周朝，客观上是历经了夏尚天、商尚鬼、周尚文的过程。"一切艺术起源与创作无不受到日夜相伴、耳濡目染之自然物象的启发与影响，日月星辰、山川鸟兽是许多艺术门类共同的关照对象。《周易·系辞下》："黄帝、尧、舜垂衣裳而天下治，盖取诸乾坤。"《后汉书·舆服志》："上古穴居而野处，衣毛而冒皮，未有制度。后世圣人易之以丝麻，观翚翟之文，荣华之色，乃染帛以效之，始作五采，成以为服。见鸟兽有冠角髯胡之制，遂作冠冕缨蕤，以为首饰。凡十二章。"

如上所说，十二章纹的出现必定有一个观象于天、观法于地、近取诸身、远取诸物的过程。这不但与文身习俗有关，还可能与部落图腾等原始崇拜相关联，十二章纹应该是包含了自然界与人世间众多具有象征意义的事物的提纯与融合。

《山海经》是一部记载中国古代神话、地理、植物、动物、矿物、物产、巫术、宗教、医药、民俗、民族的奇书，反映的文化现象地负海涵。上海交通大学资深教授叶舒宪先生在《求索盘古之斧钺：创世神话的考古研究》一文中说道：

> 自从盘古开天地，三皇五帝到如今。这是中国古代讲
> 史小说最常见的开篇套语。要进一步追问：中国华夏文明
> 版的创世主——盘古大神，其开天辟地伟大工程所用工具
> 为何？民间神话传说早已给出具体答案：一把巨型的斧头。

这种年代久远、深入人心的传说不可能不对十二章纹的确立产生影响。或许由此我们可以追踪到十二章纹最初形成的一些蛛丝马迹。

《史记·鲁周公世家》中就有把斧纹用于屏风的记载："成王长，能听政。于是周公乃还政于成王，成王临朝。周公之代成王治，南

面倍依以朝诸侯。"集解："骃案《礼记》曰：'周公朝诸侯于明堂之位，天子负斧依，南向而立。'郑玄曰：'周公摄王位，以明堂之礼仪朝诸侯也。不于宗庙，避王也。天子，周公也。负之言倍也。斧依，为斧文屏风于户牖之间，周公于前立也。'"

我们需要继续追寻的就是这类纹饰使用的源流与次序。

据文献记载，十二章纹用于冕服还具有"上绘下绣"的特点。《尚书·益稷》载："予欲观古人之象，日、月、星辰、山、龙、华虫，作会，宗彝、藻、火、粉米、黼、黻，绪绣，以五采彰施于五色，作服，汝明。"

可是这种工艺特点目前尚缺乏实物的佐证，目前可见只有出土实物万历年间的裳符合这种制度。对于衣绘而裳绣的认识一般都是基于阴阳学说，韩国学者崔圭顺在《中国历代帝王冕服研究》一书中写道：

> 按韩国朝鲜时代的史籍《国朝五礼仪》卷一《吉礼·祭服图说》"殿下冕服"条云："绘，阳事也，故在衣；绣，阴功也，故在裳。"……在传统文化中，阴、阳不仅意味对自然界各种现象变化的解释，人世间的种种作为，同样也被认为对阴阳之序产生重大的影响。所以，阴阳之说，对于古代制度设立而言，是重要的基础理论之一。

如果依照阴阳理论来梳理十二章纹，你还会发现"作会"于衣的日、月、星辰、山、龙、华虫来源于自然界，而"绪绣"于裳的宗彝、藻、火、粉米、黼、黻则具有人文特质。《易经》将天地人视为三才，而天为阳、地为阴，与绘和绣相辅相成。

历数历史上对于十二章纹的不同解读，如把华虫、宗彝、粉米、黼黻分别视作两物，可以罗列出十六种纹饰。

而十二章纹的排列也是一个需要注意的问题，例如明朝共历经十二世，传十六帝，明代帝王图中有十二位的衮服上饰有十二章纹，其中龙的形象并不一致，甚至在神宗像的衣袖上找不到鸟纹，斧纹中斧刃的朝向也内外相杂。其中，明惠帝朱允炆、明代宗朱祁钰、明武宗朱厚照、明熹宗朱由校、明思宗朱由检五幅图像斧刃朝内，其余七幅图像斧刃向外。其中的原因还有待探讨。

服制的核心是明贵贱、辨等威，用以维系社会秩序。服装史上从服装的质料、色彩、花纹和款式都有详尽的规定，不遗琐细地区分君臣士庶服装的差别，先秦就有了冕服的记载，隋唐开始了服色制度，在个人穿戴上几乎从头到脚被等级制度所规定，从冠帽上的梁数、珠宝，到衣服的补子、色彩，从腰带的质地、用料，到袍服的形制、纹饰。这些细微之处都应该成为服饰研究的内容。

对于服饰制度，历代都在不断地调整修订，其中既有外部环境不断变化的需求，也有内部关系适时调整的动力。不断融入中原传统服饰的外来款式，以及政治制度中变动的官僚体系都对原有的服饰制度造成了影响。当然，其中不可忽视的因素还有不同时期对前代服制不同解读所带来的影响因素。

总之，研究历代服装制度是一个十分有趣又异常艰苦的工作，既需要有微观仔细的观察，又需要有宏观的总体把握。

《明集礼》及《大明会典》[明]

说人

《明集礼》是明代洪武二年（1369）八月由明太祖朱元璋诏儒臣徐一夔、梁寅、刘于、周於谅、胡行简、刘宗弼、董彝、蔡琛、滕公瑛、曾鲁同等修纂的。洪武三年（1370）九月完成，命名为《大明集礼》，但是当时并未有刊行的记录。直到嘉靖八年（1529），礼部尚书李时请刊《大明集礼》，嘉靖九年（1530）六月才正式印制刊行。礼部说此书旧版撰录不善，有许多缺失之处，所以礼部令史臣将其补全，由原本的50卷扩充到现在的53卷。作者当中的徐一夔、梁寅等人均为元末明初重要的儒家学者，如徐一夔于元末任建宁儒学教授、明初任杭州儒学教授，梁寅为集宁路儒学训导，所以朱元璋诏令当时的鸿儒编纂这部《明集礼》有礼仪教化天下之意，同时也是元朝覆灭后，朱元璋重新起用和重用汉人学者、重新彰示儒学为尊的政治举动。

可是，这部书在成书160年之后，才在礼部尚书李时的推动下，正式刊行。其中真正的原因已不可知，但是从徐一夔、梁寅等作者书成后病老辞官的现象可以推测，朱元璋对于编纂成书的内容不甚满意，或许是他们对于书中某些内容的意见矛盾导致主要作者在成书后选择退隐的生活。直到嘉靖年间，原本阻碍《明集礼》刊布的因素逐渐淡化，而作为明朝实际掌权时间最长的皇帝嘉靖皇帝朱厚熜，经过此前的正德十六年（1521）至嘉靖三年（1524）发生的大礼议之争，对于礼仪制度的确立有了更加紧迫的意识。嘉靖八年

（1529），思想家王守仁逝世，此后由他和陆九渊创立的"陆王心学"开始盛行。此学说主要强调人的本心作为道德主体，自身决定道德法则和伦理规范，突出道德实践的主体性原则，十分符合嘉靖皇帝对于道教学说推崇的心理。因此，在嘉靖八年，礼部尚书李时抓住皇帝重新确立礼制权威的需求，请刊《大明集礼》，从而得到皇帝的支持以组织人员重新校勘补录，使得《大明集礼》一书正式刊行。

《大明会典》是记载明代官方修订的关于典章制度的行政法规，简称《明会典》。该书始纂于弘治十年（1497）三月，明孝宗敕命大学士徐溥、刘健等进行系统纂修，弘治十五年（1502）修成，全书一百八十卷，赐书名为《大明会典》，但明孝宗在世时未及颁行。正德年间，明武宗命大学士李东阳等进行重校，正德六年（1511）由司礼监刻印颁行，世称《正德会典》。嘉靖八年续修，将弘治十五年（1502）至嘉靖七年（1528）续定事例，照前例查出纂集，以类附入。嘉靖二十四年（1545）至二十八年（1549），明世宗又诏阁臣续修新例，前后续修达五十三卷，世称《嘉靖续纂会典》，但是并未颁行。至万历四年（1576）时，明神宗敕命张居正为总裁，对弘治、嘉靖旧本又加修订，补辑嘉靖二十八年以后的六部现行事例，分类编纂，改编年为从事分类、从类分年。至万历十三年（1585）书成，万历十五年（1587）刊行，世称《万历重修会典》，题为申时行等修。全书共二百二十八卷，增补了嘉靖二十八年至万历十三年间的事例。（表1）

表1 《大明会典》编纂与重修时间表

时间	事件	当朝皇帝	参与人	书名
1497—1502	始纂	明孝宗	徐溥、刘健等	《大明会典》
1511	重校	明武宗	李东阳等	《正德会典》
1529	续修	明世宗		
1545—1549	续修新例	明世宗		《嘉靖续纂会典》
1576—1587	修订	明神宗	张居正、申时行等	《万历重修会典》

　　明代前中期的社会发展、程朱理学统治地位的确立和分化以及明代官修史籍活动是《大明会典》产生的社会学术背景。前文所提到的参与纂修的徐溥、刘健、李东阳、张居正，以及万历年间对《大明会典》进行最后一次纂修的申时行，都是明朝各个时期官阶较高的儒臣代表。《大明会典》一书主要根据明代官修《诸司执掌》《皇明祖训》《明集礼》《孝慈录》《大明律》等书和百司之籍册编成，记载典章制度十分完备，其中关于服饰的记述，与《明集礼》多有重复，所以本书将这两部典籍并列在一篇中进行介绍和分析。

说书

　　《明集礼》共五十三卷（图1），书中《原序》开宗明义说"礼"即"吉、凶、军、宾、嘉"五礼。吉礼十六卷，主要为祭祀天地、宗庙、社稷及神祇等礼仪活动。嘉礼十三卷，主要为朝会、册拜、冠礼、婚礼等礼仪活动。宾礼三卷，包括朝贡和遣使等礼仪活动。军礼三卷，主要为亲征、遣将、大射等礼仪活动。凶礼三卷，是跟凶丧有关的一系列礼仪活动。除此之外，全书还包括冠服和冠服图两卷、车辂一卷、仪仗三卷、卤簿两卷、字学一卷、乐六卷。该书取材广泛，内容详瞻，是研究明代礼法制度的重要参考资料，本文论述主要针对卷三十九《冠服》和卷四十《冠服图》展开。除了这两卷之外，在关于吉礼、嘉礼、宾礼、凶礼等卷宗中也包含关于冠服的内容，例如卷十七

图1 《钦定四库全书·史部·明集礼》

《嘉礼一》至卷二十八《嘉礼十二》中涉及朝会、中宫朝会、册拜、冠礼、婚礼等礼仪场合的冠服，卷三十《宾礼一》和卷三十一《宾礼二》中有朝贡蕃王和蕃使的冠服，卷三十七《凶礼二》和卷三十八《凶礼三》中有各类丧仪规定和丧服图等，这些内容是依据礼仪内涵和场合的不同而进行分门别类的介绍，但大多是文字描述，图示较少。

《大明会典》共二百二十八卷（图2），主要根据明代官修《诸司执掌》《皇明祖训》《明集礼》《孝慈录》《大明律》等书和百司之籍册编成，记载典章制度十分完备，凡《明史》所未载者，多有交代，为

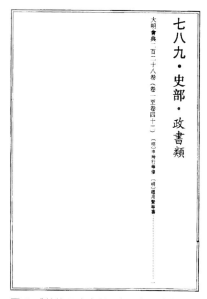

七八九·史部·政书类

大明會典二百二十八卷（卷一至卷四十一）　〔明〕申時行等修　〔明〕趙用賢等纂

图2 《续修四库全书·七八九·史部·政书类·大明会典》

研究明代史的重要文献。明代制定会典与当时的行政体制变化密切相关，一是明代初年废除了中书省和宰相制度，六部等中央行政机构摆脱了宰相的控制后，直接由皇帝领导，因此《明会典》以六部官制为纲，分述各行政机构的职掌和事例；二是各朝制定的行政法规较为零散，不便于实际运用，因此需要一部具有权威性的行政法典对体制进行规范化统一。

《大明会典》首卷为宗人府，其下依吏、户、礼、兵、刑、工六部及都察院、六科与各寺、府、监、司等为序，下列子目。以职事分类，礼部之下以皇族次序排列，无分男女。冠服部分以文武官员不同场合服制，士庶及士庶妻巾服、命妇之礼服和常服，并增加进士巾服、教坊司冠巾服。其卷一至卷二百二十六记载文职衙门，卷二百二十七和卷二百二十八记载武职衙门。文职先后为宗人府、吏部、户部、礼部、兵部、刑部、工部、都察院、通政使司、大理寺、太常寺、詹事府、光禄寺、太仆寺、鸿胪寺、国子监、翰林院、尚

宝司、钦天监、太医院、上林苑监、僧录司、道录司；武职则为五军都督府与锦衣卫等二十二卫。该书辑录明代的法令和章程，为研究明代中央和地方政府的机构与职掌、官吏的任免、文书制度，少数民族地区的管理、行政管理和监督，农业、手工业、商业和土地制度、赋税、户役、财政等经济政策，以及天文、历法、习俗、文教等，提供了比较集中的材料，是研究明代典章制度的重要资料，本文所述图片主要来自《大明会典·礼部十八·冠服一》和《大明会典·礼部十九·冠服二》。

说图

一、《明集礼》

《明集礼》中关于冠服的内容主要集中在卷三十九和卷四十，卷三十九为《冠服》，内容为总叙及依照人物身份区分的乘舆冠服、皇太子冠服、诸王冠服、群臣冠服、内使冠服、侍仪舍人冠服、校尉冠服、刻期冠服、士庶冠服、皇后冠服、皇妃冠服、皇太子妃冠服、王妃冠服、内外命如冠服、宫人冠服、士庶妻冠服等十六类冠服文字说明；卷四十为《冠服图》，内容为依据卷三十九所涉猎冠服合并同类之后得到的较为经典的八类冠服图示。《冠服》总叙中说冠为首服，有了首服才有人道的概念，所以自古以来君子重视冠服，天子、公侯及后妃、命妇冠服所体现的礼仪和风俗被世代传承下来，庶民的冠服随着时代的变迁而变化。下面依据卷四十图示部分进行分类分析和研究。

（1）乘舆冠服

《明集礼·冠服图》中的第一大类为乘舆冠服，即皇帝（天子）所用冠服，包括衮冕、皮弁和常服，共绘出图示十七个，每幅图片配有冠服具体名称，分别为冕、玄衣、纁裳、中单、蔽膝、革带、

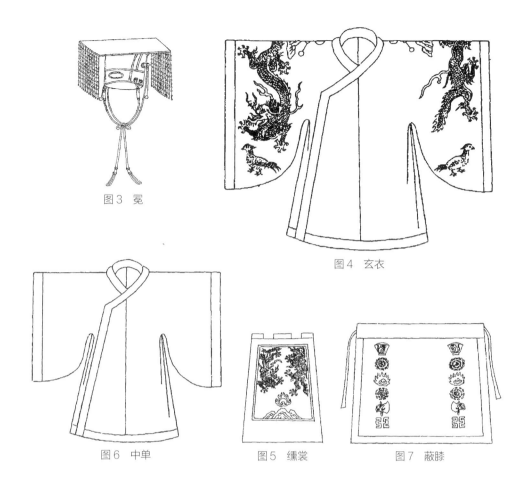

图3　冕

图4　玄衣

图6　中单

图5　纁裳

图7　蔽膝

大带、绶、佩、袜、舄、通天冠、乌纱折上巾、皮弁、绛纱袍、红罗裳、白中单，其内容和顺序基本按照卷三十九《冠服》文字说明排列。

　　明朝时祀天不用大裘，祭天地、宗庙、社稷、先农及正旦、冬至、圣节、朝会、册拜皆服衮冕，玄衣纁裳。图中的冕冠（图3）示意此时的形制，冕板宽一尺二寸，长二尺四寸，冠上覆有织物，玄表朱里。前后各有十二道旒，每旒有十二颗五彩玉珠，中有玉簪导贯通和固定冕冠，垂有朱缨。玄衣（图4）绘有日、月、星辰、山、龙、华虫六章，下裳（图5）绣有宗彝、藻、火、粉米、黼、黻六章，图中可见完备的十二章纹之制。中单（图6）用素纱制成，前垂红罗蔽膝（图7），上宽一尺，下宽二尺，长三尺，为梯形的造型，绣

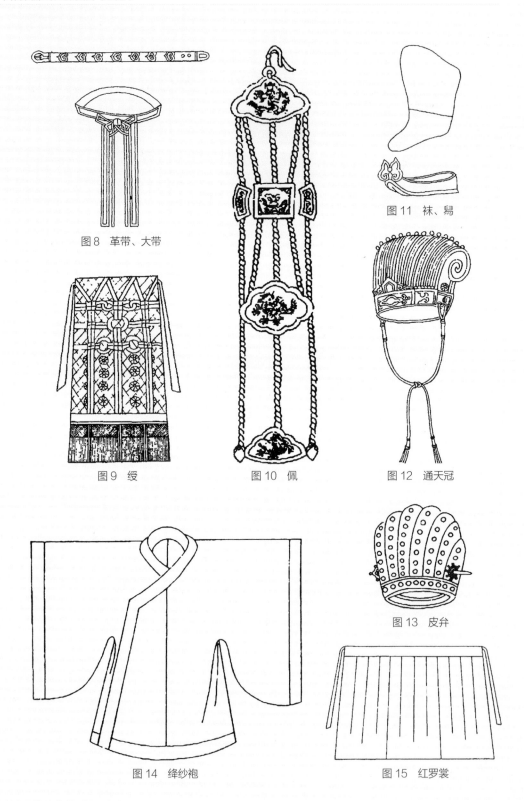

图8 革带、大带

图9 绶

图10 佩

图11 袜、舄

图12 通天冠

图13 皮弁

图14 绛纱袍

图15 红罗裳

图 16　白中单

有龙、火、山三章。束革带,有心形带銙,长三尺三寸,佩玉。大
带束在革带之外,素表朱里,两边用缘,上以朱锦,下以绿锦(图 8)。
佩六彩大绶(图 9),为黄、白、赤、玄、缥、绿,纯玄质,五百首。
小绶三色,间施三玉环(图 10),穿朱袜赤舄(图 11)。

　　卷四十中绘出了通天冠的样式(图 12),但是卷三十九中没有
相关记述,只是在叙述宋代冠服时提到,通天冠为天子逢正旦宴会、
冬至朝贺、五月朔视朝、大祭祀致斋、亲耕籍田时服用,笔者推测
明代初期曾延续宋代礼制,保留了通天冠的使用,但是后来就逐渐
废除了,因为在万历年间修订和颁行的《大明会典》卷六十中也没
有关于通天冠的内容。

　　此外,天子在朔望视朝、降诏、降香、进表、四
夷朝贡、朝觐时需要服皮弁(图 13),卷三十九中记述
皮弁的形制似乌纱帽,前后各有十二道缝,每缝中缀饰
着十二颗五彩玉,冠用玉簪固定,下垂红组缨,但是卷
四十图中皮弁并无红组缨。皮弁所服之衣为绛纱衣或
绛纱袍(图 14),配红罗裳(图 15)和白中单(图 16)。

　　常服之冠为乌纱折角向上巾,卷四十中又称为乌
纱折上巾(图 17)。

图 17　乌纱折上巾

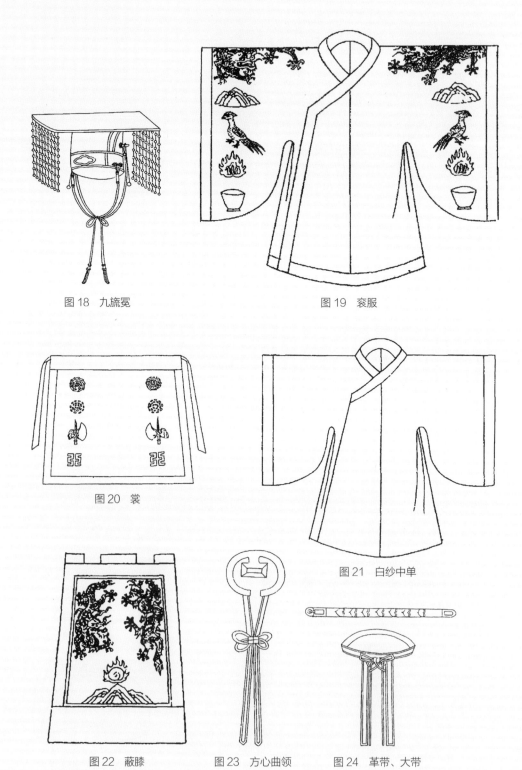

图 18　九旒冕

图 19　衮服

图 20　裳

图 21　白纱中单

图 22　蔽膝

图 23　方心曲领

图 24　革带、大带

图25　玉佩

图26　绶

图27　白袜、赤舄

　　这部分图示中常服中的乌纱折上巾放在皮弁之前，此现象不合常理。同时，文字中缺乏关于通天冠记述的现象，说明当时《明集礼》成书过程中可能存在反复修改以致图片顺序颠倒和文字脱漏的情况。

（2）皇太子冠服

　　卷四十共绘出皇太子冠服图示二十三个，每幅图片配有冠服具体名称，分别为九旒冕、衮服、裳、蔽膝、中单、方心曲领、革带、大带、佩、绶、白袜、赤舄，远游冠、绛纱袍、蔽膝、中单、朱裳、革带、假带、佩、绶、白袜、黑舄。

　　卷三十九中说《周礼》有记载王世子之服，但是没有记载它的形制，后世的皇太子冠服主要延续了西晋时衮冕九章的服制，至唐代时基本确定为六种不同的冠服体系，宋朝一直沿用。据卷三十九的记载，明朝皇太子跟从皇帝祭天地、宗庙、社稷，受册，正旦、冬至、圣节、朝贺、纳妃皆被衮冕，大体沿用唐宋时期的服制。皇太子衮冕之冠为九旒冕（图18），每旒串有九玉，红组缨，贯以金簪导，垂两玉瑱。衮服（图19）上有九章，玄衣画山、龙、华虫、火、宗彝五章，纁裳（图20）刺绣藻、粉米、黼、黻四章，图示中均有完整显现。内为白纱中单（图21），黼领。蔽膝（图22）同裳色，上绣火、山二章。戴方心曲领（图23），束革带和大带（图24），玉佩五彩绶（图25、图26），三百二十首。小绶三色，间施三玉环。穿白袜、赤舄（图27）。

　　卷三十九中还记载皇太子逢朔望朝、降诏、降香、进表、四夷

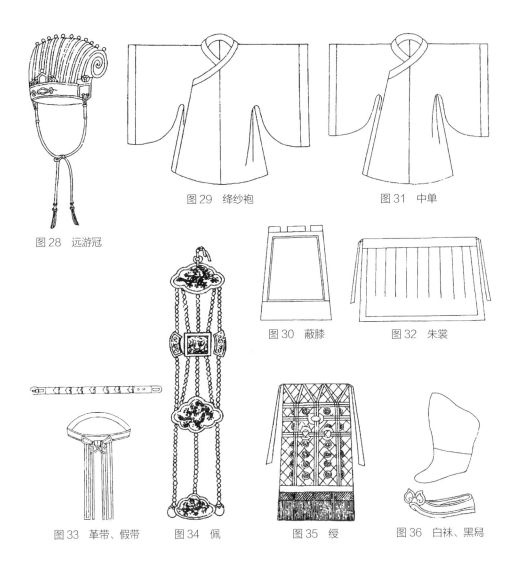

图 28 远游冠

图 29 绛纱袍

图 31 中单

图 30 蔽膝

图 32 朱裳

图 33 革带、假带   图 34 佩   图 35 绶   图 36 白袜、黑舄

朝贡、朝觐则服皮弁，但是卷四十中并没有绘出皇太子皮弁的形制，而是绘出远游冠及相关冠服（图 28—36）。据卷三十九所载，唐朝时皇太子六服中就有远游冠服，排序仅在冕服之后，说明其重要地位。书中记载，远游冠服是皇太子谒庙、还宫、元日朔日入朝、释奠、五日常朝、元日冬至受朝所穿的冠服。宋朝时，皇太子朝会也服远游冠服。笔者推测明朝初期曾延续此服制，后来改为皮弁，代替了远游冠服的地位。

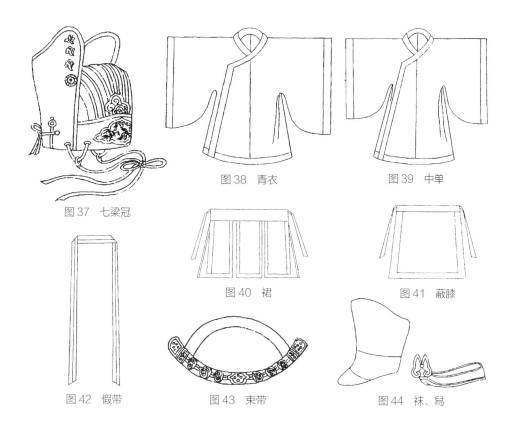

图37 七梁冠　　图38 青衣　　图39 中单

图40 裙　　图41 蔽膝

图42 假带　　图43 束带　　图44 袜、舃

（3）群臣冠服

　　卷四十共绘出群臣冠服图示二十五个，每幅图片配有冠服具体名称，分别为幞头、公服、带、笏、皂靴、七梁冠、笼巾、六梁、五梁、四梁、三梁、二梁、一梁、青衣、裙、蔽膝、中单、绶、方心曲领、假带、束带、袜、舃、乌纱帽、盘领衣。

　　据卷三十九记载明朝群臣服制，凡上位亲祀郊庙社稷，群臣分献陪祀时，均穿祭服。一品戴七梁冠（图37），上穿青衣（图38）、白纱中单（图39），都用皂领饰缘，下着赤罗裳（图40），也用皂缘，佩赤罗蔽膝（图41），大带（假带）用白、赤二色（图42），革带（束带）用玉钩䚢（图43），穿白袜、黑舃（图44），锦绶（图45）上用绿、黄、紫、赤四色丝织成云凤四色花样，青丝网小绶二，用玉

图45 绶

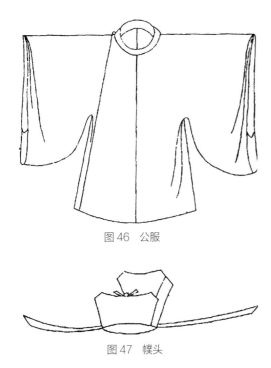

图 46　公服

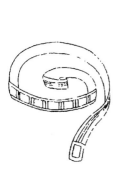

图 47　幞头

环二。二品戴六梁冠，三品戴五梁冠，四品戴四梁冠，五品戴三梁冠，六品、七品戴二梁冠，八品、九品戴一梁冠，革带材质、锦绶花样等依据官阶不同依次递减或不同。群臣贺正旦、冬至、圣节等国家大庆会时穿朝服，一品亦为七梁冠，依此类推。

群臣逢朔望朝见及拜诏、降香、侍班、有司拜表朝觐时需着公服。公服的样式在卷四十群臣冠服中排列在祭服之前，绘制为大袖圆领衫，配幞头、革带和靴（图 46—49），衫身面料图案应依据官阶不同而有变化，但在图示中并没有完全表现出这种特点。

此外，据卷三十九记载可知宋代时中书门下戴五梁冠加笼巾貂蝉（图 50），元代时群臣助祭时，三献官司徒大礼使需服笼巾貂蝉冠。卷四十中也将笼巾的图片放在七梁冠之前，说明明代时曾延续了宋元时期戴有梁冠加笼巾貂蝉的服制，只是后来废除了，因此在修订

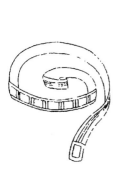

图 48　带

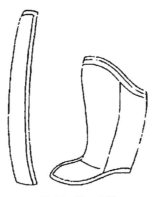

图 49　笏、皂靴

图 50　笼巾

过程中已经没有关于明代笼巾的文字记载，但是在图示中却留下了历史的痕迹。这说明《明集礼》在反复修改的过程中，对文字的修订更新较为及时，而图示部分有些沿用了最初的版本。

（4）内使

卷四十共绘出内使冠服图示四个，每幅图片配有冠服具体名称，分别为乌纱帽、胸背花盘领大袖衫、角束带、靴。

图51　乌纱帽

据卷三十九记载，唐代开元之后，内使（当时称"内官"）多衣朱紫，地位显赫，其常服为乌纱帽、盘领窄袖衫、束带、穿靴。至明代时，设置内使监，冠乌纱描金曲脚帽（图51），穿胸背花盘领窄（大）袖衫（图52），束角束带（图53），可见是沿袭了唐代内使的常服形制。

（5）侍仪舍人

卷四十共绘出侍仪舍人冠服图示两个，图片配有冠服具体名称，分别为展角幞巾、窄袖衫。

侍仪舍人是朝会之时执掌引导行礼的官员，自古已有。明代此职名称沿袭了元代的称呼，公服为展脚（角）幞头（图54）、窄袖

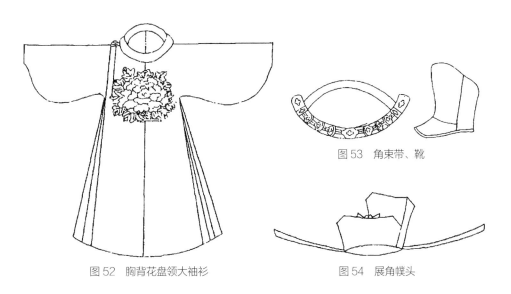

图52　胸背花盘领大袖衫

图53　角束带、靴

图54　展角幞头

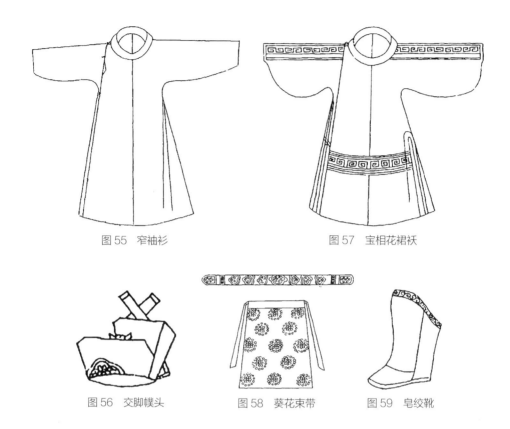

图 55　窄袖衫　　　　　　　　　　　图 57　宝相花裙袄

图 56　交脚幞头　　　　图 58　葵花束带　　　图 59　皂绞靴

紫衫（图 55）、涂金束带、皂纹靴，常服为乌纱唐帽、诸色盘领衫、乌角束带，衫不能用黄。

（6）校尉

卷四十共绘出校尉冠服图示四个，图片配有冠服具体名称，分别为交脚幞头、宝相花裙袄、葵花束带、皂靴。

据卷三十九记载，明代校尉冠服主要承袭了唐宋元代以来的传统，并无太大变化。其首服为镂金额交脚幞头（图 56），身穿诸色辟邪宝相花裙袄（图 57），束铜葵花带（图 58），穿皂绞靴（图 59）。校尉是在天子出入厅堂时负责保护的工作，因此实际的穿着以简洁贴身的功能性服装为主。

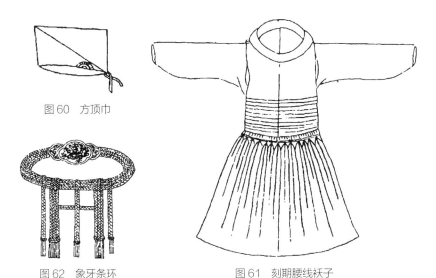

图60 方顶巾

图62 象牙条环

图61 刻期腰线袄子

（7）刻期

卷四十共绘出刻期冠服图示三个，图片配有冠服具体名称，分别为方顶巾、腰线袄子、象牙条环（宽条）。

刻期是自汉唐以来从禁卫中挑选的较为轻捷之士，明朝时刻期的冠服也继承了唐宋元代的传统。此时刻期戴方顶巾（图60），即"刻期冠"。身穿胸背鹰鹞花腰线袄子（图61），即后世所称辫线袍，另有诸色阔丝匾条大象牙雕花环（图62），足蹬行縢八带鞋。与前文校尉一样，刻期的服装以轻便为主，满足穿着者活动的需要。

（8）皇后

卷四十共绘出皇后冠服图示四个，图片配有冠服具体名称，分别为九龙四凤冠、束带、靴、袆衣。

卷三十九记载，明朝皇后首饰冠为圆匡，冒以翡翠，上面装饰着九龙四凤、大花树十二树，另有同等数量的小花，两博鬓，十二钿（图63）。袆衣以深青色为质

图63 九龙四凤冠

图64 袆衣

图65 束带、靴

（图64），素纱中单上绘有翠赤，质五色十二等。素纱中单，为黼领，朱罗縠縹襈裾，佩蔽膝，以緅为领缘，用翟为章三等，大带亦为青色，朱里纰其外，上以朱锦，下以绿锦，纽约用青组玉，束革带、青袜、青舄（图65）。朝会、受册、谒庙时穿以上服饰。燕居之服，则戴双凤翊龙冠，首饰为金、玉、珠宝、翡翠等，穿团衫，上绣金龙凤纹，带用金玉。

二、《大明会典》

《大明会典》中关于冠服的内容主要集中在卷六十《礼部十八·冠服一》和卷六十一《礼部十九·冠服二》。下面按照两卷冠服顺序和内容进行分析和研究。

卷六十《礼部十八·冠服一》中共有三十三个条目，其中皇帝冕服、皇后冠服和亲王冠服等三个条目有图示，其他皆为文字而无图。本卷卷首说明朝自上而下的冠服都是在前代的基础上进行修改和完善而形成的，在《大明集礼》和《诸司职掌》中俱有记载。

（1）皇帝冕服

皇帝冕服条目下共分为五类，分别为衮冕、皮弁服、常服、武弁服、燕弁冠服。

一为衮冕。衮冕是明朝皇帝祭祀天地、宗庙、社稷、先农及正旦、冬至、圣节以及册拜时穿着的服装，洪武十六年（1383）确定了基本规制，其后又修订过三次。冕前圆后方，玄表纁里，前后有十二串旒，每串旒上有十二个玉珠。红丝组为缨，靬纩充耳，玉簪导。玄衣黄裳，上有十二章，其中日、月、星辰、山、龙、华虫六章织于上衣，宗彝、藻、火、粉米、黼、黻六章绣于下裳。配红里的白罗大带、玉革带、玉佩、大绶、小绶，蔽膝上刺绣龙、火、山，白罗中单、黻领、青缘襈、黄袜、黄舄、金饰。

洪武二十六年（1393）进行了进一步规范和修改，冕綖板宽一尺二寸，长一尺四寸，冠上有覆，玄表朱里，前后各有十二旒，旒上有十二个五彩玉珠。玉簪导，朱缨。圭长一尺二寸。玄衣纁裳，十二章均为织造，内着素纱中单，红罗蔽膝上缘长一尺、下缘长二尺，上面有织造的火、龙、山三章。革带，佩玉长三尺三寸，大带素表朱里，两边用缘，上以朱锦，下以绿锦。大绶六彩，用黄、白、赤、玄、缥、绿织成，纯玄质，五百首，小绶三色，间织三玉环。朱袜、赤舄。

永乐三年（1405）再次进行修订，规定冕冠有十二旒，冠以皂纱制成，上面覆盖的綖内芯用桐板制成，外面为绮，玄表朱里。冕冠前圆后方，宽一尺二寸，长二尺四寸，前后各有十二旒。每旒各有十二根五彩缫，贯穿十二颗五彩玉珠，玉珠按照赤、白、青、黄、黑的色彩次序进行排列。以玉衡维冠，玉簪贯纽，纽与冠武和系缨处，皆装饰以金。綖的左右垂靬纩充耳，系以玄纮，承以白玉瑱、朱纮。玉圭长一尺二寸，剡其上、刻山四、盖周镇圭之制。以黄绮约其下，另外用袋韬之，装饰着金龙纹。衮服有十二章，玄衣上有八章，日、月、龙在肩，星辰、山在背，火、华虫、宗彝在袖，皆织成，本色领褾襈裾。纁裳上有四章，织藻、粉米、黼、黻各二个，前三幅、后四幅，

图66　冕冠

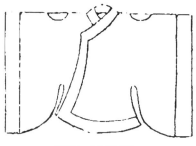

图67　冕衣图前

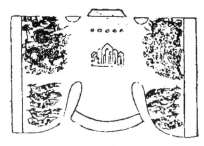

图68　冕衣图后

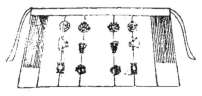

图69　下裳

前后不相属，共腰有襞积，本色綼裼。内有素纱中单，青领褾襈裾，领织黻文十三个。蔽膝的色彩与下裳相同，上有四章，织藻、粉米、黼、黻各二个，本色缘，有紃施于缝中，其上有玉钩二个。玉佩二个，各用玉珩一个、瑀一个、琚二个、冲牙一个、璜二个，瑀下有玉花，玉花下又垂二玉滴。瑑饰描金云龙纹，自珩而下系组五，贯以玉珠，行则冲牙二滴，与璜相触有声。其上有二个金钩，有二副小绶、六彩，分别为黄、白、赤、玄、缥、绿、纁质。大带素表朱里，在腰及垂皆有綼，上綼以朱，下綼以绿。纽约用素组，大绶六彩，分别为黄、白、赤、玄、缥、绿、纁质。小绶三色同大绶，间施三玉环，有织成的龙纹。袜、舄皆赤色。舄用黑绚纯，以黄饰舄首。

　　嘉靖八年（1529）又在前面的基础上对冕服进行进一步修改和规定，冕冠改为圆匡乌纱帽（图66），冠上有覆板，长二尺四寸、宽二尺二寸，玄表朱里、前圆后方，前后各有七彩玉珠十二旒，为黄、赤、青、白、黑、红、绿。玉珩玉簪导、朱缨，改黈纩充耳为青纩充耳，缀以二颗玉珠。上衣为玄色，织六章：日月在肩、直径五寸，星山在后，龙、华虫在两袖，袖长不掩裳之六章（图67、68）。下裳为黄色，共七幅，前面三幅、后面四幅，连属如帷（图69）。裳上绣六章，分作四行，火、宗彝、

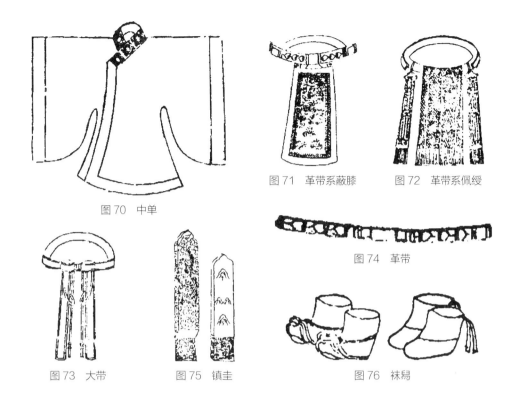

图70 中单

图71 革带系蔽膝　　图72 革带系佩绶

图74 革带

图73 大带　　图75 镇圭　　图76 袜舄

藻为二行，米、黼、黻为二行。内有素纱中单（图70），青缘领，织十二黻文。蔽膝系于革带（图71），色彩同下裳，用罗制成，上绣一龙纹，下绣三组火纹。佩绶亦系于革带（图72）。配素表朱里大带（图73），上缘以朱，下以绿，不用锦。束革带（图74），前用玉、其后无玉。圭（图75）用白玉制成，长尺二寸，剡其上，下以黄绮约之，上刻山形四，盛以黄绮囊，藉以黄锦。朱袜、赤舄，黄绦缘、玄缨结（图76）。图示附冕图、冕衣图（前图、后图）、下裳图、中单图、大带图、革带图、革带系蔽膝图、革带系佩绶图、镇圭图、袜舄图，是依据嘉靖八年（1529）对冕服的规定而绘制的。

　　二为皮弁服，是皇帝在朔望视朝、降诏、降香、进表、四夷朝贡朝觐时所穿的礼服。据《明集礼》记载，在嘉靖年间（1522—1566），皇帝祭祀太岁山川等神时也服用皮弁服。洪武二十六年（1393）规定皮弁用乌纱冒之，前后各有十二道缝，每道缝中缀十二颗五彩玉作为装饰，玉簪导、红组缨。服装为绛纱衣，蔽膝与

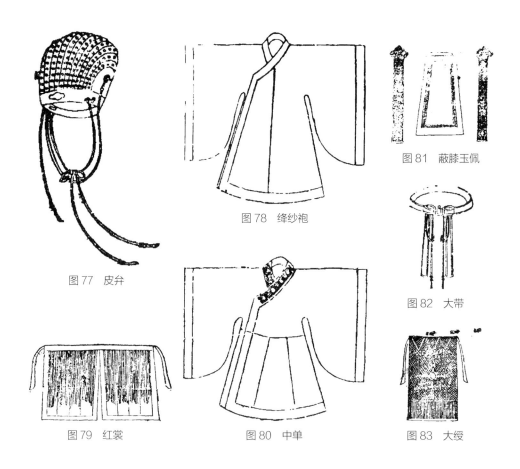

图77 皮弁

图78 绛纱袍

图79 红裳

图80 中单

图81 蔽膝玉佩

图82 大带

图83 大绶

图84 袜舄

衣服的颜色一样，佩戴白玉佩，束革带、玉钩䚢、绯白大带，穿白袜、黑舄。

永乐三年（1405）再次修订，规定皮弁用黑纱冒之（图77），前后各有十二道缝，每道缝中缀十二颗五彩玉作为装饰，缝及冠武并贯簪系缨处皆饰以金，插玉簪、朱纮缨，玉珠以赤、白、青、黄、黑的颜色次序排列。上衣为绛纱袍（图78），本色领襈襈裾。下为红裳（图79），与冕服内裳规制相同，但不织章纹。内穿素纱中单（图80），与深衣制度相同，红领襈襈裾，领织十三黻文。蔽膝随裳色（图81），有本色缘、有玉钩二。玉佩、大带（图82）、大绶（图83）、袜、舄（图84）与冕服相同。玉圭（图85）长如冕

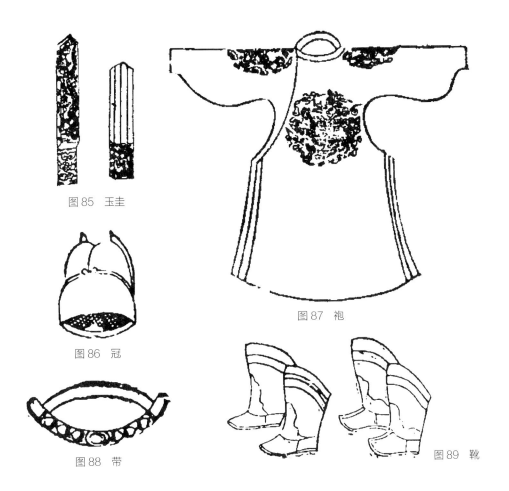

图85　玉圭

图86　冠

图87　袍

图88　带

图89　靴

服之圭，有脊和双植纹，剡其上，黄绮约其下，装饰有韬、金龙纹。

三为常服。洪武三年（1370）规定了常服的规制，为乌纱折角向上巾和盘领窄袖袍，束带，间用金玉琥珀透犀。永乐三年时又进行修改，规定冠以乌纱冒之、折角向上（图86），后来名为翼善冠，黄色盘领窄袖袍（图87），前后及两肩各金织一盘龙纹，束玉带（图88），穿皮靴（图89）。

四为武弁服。明朝初年皇帝行亲征遣将礼时服武弁，乘革辂，其形制不清楚，后来嘉靖初年规定了其详细的形制。嘉靖八年（1529）规定，弁为赤色（图90），上锐，上面有十二道缝，中间缀五彩玉，

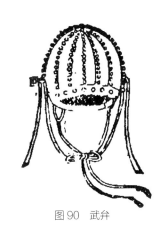

图90　武弁

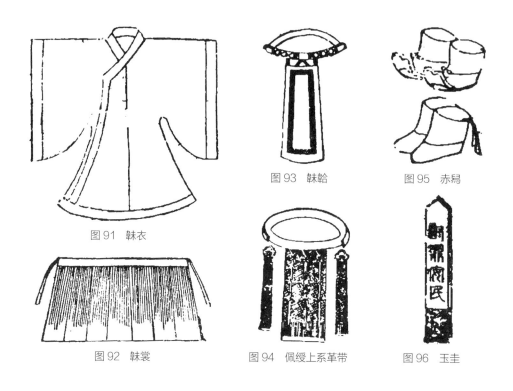

图91 韨衣

图92 韨裳

图93 韨韐

图95 赤舄

图94 佩绶上系革带

图96 玉圭

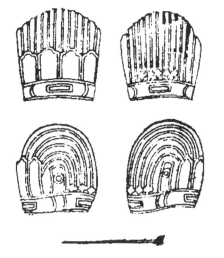

图97 燕弁冠

如星辰的样子。韨衣（图91）、韨裳（图92）、韨韐（图93）都为赤色，与常服的规制一样，佩、绶、革带也是如此。佩、绶及韨韐都系于革带之上（图94）。舄如下裳的颜色（图95）。玉圭比镇圭稍小一些（图96），剡上方下，上有篆文曰"讨罪安民"。

五为燕弁冠服。嘉靖七年（1528）规定了皇帝所服燕弁冠服的形制，冠匡像皮弁一样，用乌纱冒之，分十有二瓣，各用金线压住，前饰五彩玉云，后列四山，朱绦为组缨，插双玉簪（图97）。衣服与古代玄端的形制一样，衣身为玄色，边缘为青色，两肩绣日月，前面有一蟠圆龙纹，后面有二蟠方龙纹，边上有八十一条龙纹，领与两

图 98　玄端服图前图　　　　　　　图 99　玄端服图后图

图 100　深衣图前图　　　　　　　图 101　深衣图后图

图 102　素带　　　　　　　　　　图 103　玄履

袪共有龙纹五十九条（图 98、图 99）。衽同前后齐，共龙纹四十九条，衬为黄色，用深衣之制，袂圆袪方（图 100、图 101）。下齐负绳及踝十二幅。素带朱里（图 102），有绿缘边，腰围饰以九片玉龙。履为玄色，朱缘、红缨、黄结，袜为白色（图 103）。

图 105　袆衣

（2）皇后冠服

此条目下分为三类，分别为礼服、常服和册宝，其中礼服部分既有文字解释又有图示，其他两类仅以文字描述而无图。

皇后在受册、谒庙、朝会时需着礼服，洪武三年（1370）初定，

图 104　九龙四凤冠

图 106　束带

永乐三年（1405）又修订过一次。洪武三年规定冠为圆匡，用翡翠装饰，上面装饰九龙四凤、大花十二树、小花十二树，两博鬓十二钿。身着深青色袆衣(图 105)，画赤质翟纹五色十二等。内为素纱中单，黻领，朱罗縠褾襈裾，蔽膝色彩与衣服一样，以缎为领缘，用翟为章纹三等。大带的色彩与衣服一样，朱里纰其外，上用朱锦，下用绿锦，纽约用青组，搭配玉革带（图 106 ）、青袜、青舄，上有金饰。永乐三年又进行了修改，具体为九龙四凤冠以漆竹丝为圆框（图 104 ），冒以翡翠，上面装饰九条翠龙和四只金凤，正中一龙衔一颗大珠，上有翠盖，下垂珠结，余皆口衔珠滴。另外装饰珠翠云四十片、大珠花（牡丹花）十二树、小珠花十二树，三博鬓装饰

以金龙翠云，皆垂珠滴。翠口圈一副，上面装饰珠宝钿花十二、翠钿十二，托里金口圈一副，珠翠面花五事，珠排环一对，皂罗额子一，描金龙纹，用珠二十一颗。上衣为翟衣，深青为质，织翟文有十二等，间以小轮花。红领襈裾裾、织金云龙纹，纻丝纱罗随用。内为玉色纱中单，红领襈裾裾，领织黻文十三，或用线罗。蔽膝的色彩与衣服一样，织翟为章三等，间以四个小轮花，以绲为领缘，织金云龙纹，纻丝纱罗随用。玉縠圭长七寸，剡其上，瑑縠纹，黄绮约其下，别以黄袋韬之，饰金龙纹。玉革带、青绮韎，描金云龙纹，系十玉事件、四金事件。大带表里俱青红相半，其末纯红，下垂织金云龙纹，上以朱缘，下以绿缘，并青绮副带一。绶为五彩，分别为黄、赤、白、缥、绿、纁质，间施二玉环，皆织成。小绶三色，其余同大绶一样，玉佩两个，各用一玉珩、一瑀、二琚、一冲牙、二璜，瑀下有玉花，玉花下又垂二玉滴，瑑饰云龙纹、描金。自珩而下系五组，贯以玉珠，行则冲牙，二兰与二璜相触有声，上有金钩。有小绶五彩以副之，分别为黄、赤、白、缥、绿、纁质，织成。青袜舄，袜以青罗制成，舄用青绮，饰以描金云龙纹，皂线纯，每舄首加珠五颗。

（3）—（7）皇妃冠服、皇嫔冠服、内命妇冠服、皇太子冠服、皇太子妃冠服

此五种冠服均仅有文字解释而无图。

（8）亲王冠服

亲王冠服分为衮冕、皮弁服、常服、保和冠服、册宝等五部分内容，图示主要为保和冠服的内容，文字解释说亲王冠服中的保和冠服为嘉靖七年（1528）所定，冠制以燕弁为准，亲王用九襵，世子用八襵，郡王用七襵（图107至图109）。都不用簪与五玉，后山都用一扇，分画为四。郡王长子冠，如忠静之规制，五襵。服用青身青缘，前后各

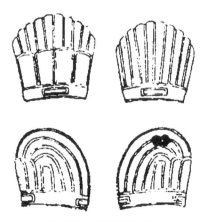

图107　保和冠图九襵

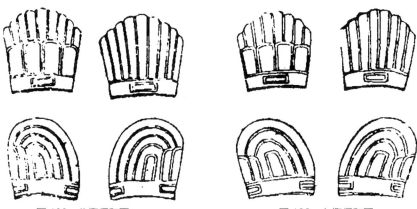

图 108　八梁保和冠　　　　　　　　　　　图 109　七梁保和冠

有一方龙补，身用素地，边用云，其补子郡王以上彩妆，郡王长子织金为之（图 110、图 111）。衬用深衣（图 112、图 113），玉色。带（图114）青表绿里，绿缘。履用皂，绿结、白袜（图 115）。

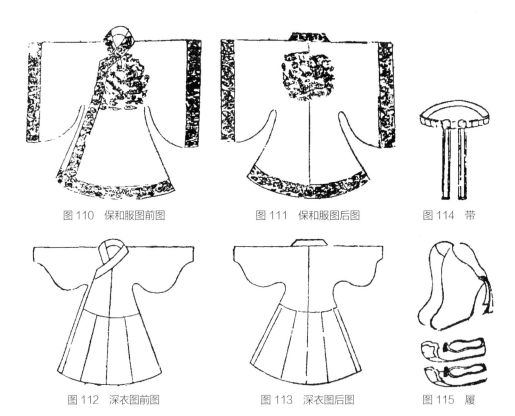

图 110　保和服图前图　　　　图 111　保和服图后图　　　图 114　带

图 112　深衣图前图　　　　　图 113　深衣图后图　　　　图 115　履

（9）至（33）分别为亲王妃冠服、公主冠服、世子冠服、世子妃冠服、郡王冠服、郡王妃冠服、长子冠服、郡主冠服、长子夫人冠服、镇国将军冠服、镇国将军夫人冠服、辅国将军冠服、辅国将军夫人冠服、奉国将军冠服、奉国将军淑人冠服、镇国中尉冠服、镇国中尉恭人冠服、辅国中尉冠服、辅国中尉宜人冠服、奉国中尉冠服、奉国中尉安人冠服、县主冠服、郡君冠服、县君冠服、乡君冠服，均仅有文字解释而无图。

卷六十一《礼部十九·冠服二》中共有十个条目，其中仅有文武官冠服这一个条目有图示，其他皆为文字而无图，主要记述了文武官员、仪宾、命妇以及进士、士庶、教坊司等人员所穿冠服，重点用图示表现了明朝文武官员冠服的形制，公服和常服中的补子图案。

图 116　梁冠

（1）文武官冠服

文武官冠服分为朝服、祭服、公服、常服、忠靖冠服等五大类。

一为朝服，是明朝文武官员在大祀庆成、正旦、冬至、圣节及颁降开读诏敕、进表、传制时所穿的。洪武二十六年（1393）规定，文武官朝服为梁冠（图116）、赤罗衣、白纱中单，都用青饰领缘，配青缘赤罗裳、赤罗蔽膝，大带用赤白二色绢，配革带、佩绶，穿白袜、黑履。一品至九品官员都以冠上梁数分等第。嘉靖八年（1529）进行修订，规定梁冠依照旧式，上衣（图117）用赤，罗青缘，长度过腰指寸七寸，不能遮掩下裳。内为白纱中单（图118），青缘。下裳七幅（图119），前三后四，

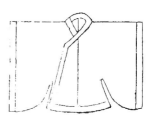

图 117　上衣

图 118　中单

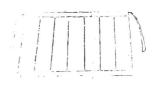

图 119　下裳

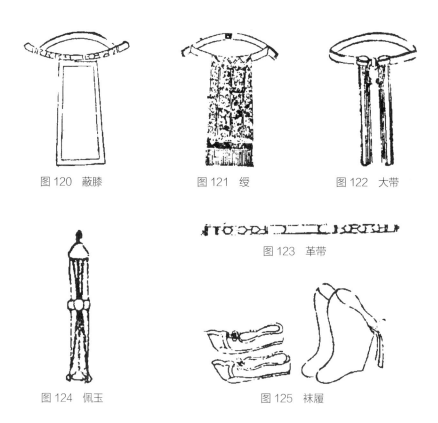

图 120 蔽膝　　　　　图 121 绶　　　　　图 122 大带

图 123 革带

图 124 佩玉　　　　　图 125 袜履

每幅三襞积，赤罗青缘，蔽膝（图 120）缀革带。绶，花样各照品级。革带之后佩绶（图 121），系而掩之，其环亦各照品级，用玉、犀、金、银、铜为之，不以织于绶。大带表里俱素（图 122），唯两耳及下垂缘以绿色，又用青组约之。革带（图 123）的质料依据官阶品位不同而有所区别，一品玉、二品犀、三品四品金、五品银钑花、六品七品银、八品九品乌角，俱照旧式。佩玉一如诗、传之制（图 124），去双滴及二珩，其三品以上用玉，四品以下用药玉，各照旧。袜履俱照旧式（图 125）。

二为祭服，是在皇帝亲祀郊庙社稷时，文武官员分献陪祀所服。洪武二十六年规定文武官员陪祭服一品至九品服青罗衣、白纱中单，皆用皂领缘，赤罗裳、皂缘，赤罗蔽膝，方心曲领，冠带、佩绶等第与朝服一致。规定品官家用祭服，三品以上不用方心曲领，四品以下不用佩绶，另外杂职祭服与九品官员相同。嘉靖八年又规定上

图126 麒麟

衣用青罗皂缘，长度与朝服相同，下裳用赤罗皂缘，形制与朝服相同。蔽膝、绶环、大带、革带、佩玉、袜履皆与朝服相同，只是去掉方心曲领。

三为公服，是明朝在京文武官员每日早晚朝奏事及侍班、谢恩、见辞时所服，在外文武官员每日清早、公座亦服之。洪武二十六年规定文武官公服用盘领右衽袍，或纻丝纱罗绢从宜制造，袖宽三尺。一品至四品绯袍，五品至七品青袍，八品九品绿袍，未入流杂职官袍笏带与八品以下同。公服花样为一品用大独科花、径五寸，二品小独科花、径三寸，三品散荅花无枝叶、径二寸，四品五品小杂花纹、径一寸五分，六品七品小杂花、径一寸，八品以下无纹。幞头用漆纱二等，展角各长一尺二寸。其杂职官员幞头用垂带。笏依朝服为之。腰带质料有所区别，一品用玉，或花或素，二品用犀，三品、四品用金荔枝，五品以下用乌角。鞓用青革，垂挞尾于下，靴用皂。凡公侯驸马伯公服，服色、花样、腰带与一品官员相同。

四为常服，洪武三年规定：凡文武官员常朝视事所服，以乌纱帽、团领衫、束带为公服。以革带材质区别品级：一品玉带，二品花犀带，三品金银花带，四品素金带，五品银银花带，六品、七品素银带，八品、九品乌角带。洪武二十六年详细规定了公侯驸马伯及文武官各品级所用补子的图案：公侯驸马伯用麒麟（图126）、白泽；文官一品二品仙鹤、锦鸡，三品四品孔雀、云雁，五品白鹇，六品七品鹭鸶、

图 127　白泽

图 128　仙鹤

图 129　锦鸡

图 130　孔雀

图 131　云雁

图 132　白鹇

图 133　鹭鸶

鸂鶒，八品九品黄鹂、鹌鹑、练鹊（图 127—137）；风宪官用獬豸（图138）；武官一品二品狮子，三品四品虎豹，五品熊罴，六品七品彪，八品九品犀牛、海马（图 139—144）。洪武二十三年又规定常服制度，官员人等衣服宽窄皆以身为度。文职官衣长自领至裔，离地一寸，袖长过手复回至肘，袖桩广一尺，袖口九寸，公侯驸马与文职官同。武职官衣长离地五寸，袖长过手七寸，袖桩广一尺，袖口仅出拳。凡束带,洪武二十四年(1391)规定公侯驸马伯与一品官员相同，杂职未入流官与八品九品官员相同。

图 134　鸂鶒

　　这套以服色、纹样代表官阶品位的系统传承自唐代，其以禽鸟代表文官、以走兽代表武官的基调对清代官服产生了直接的影响。

图 135　黄鹂

图 136　鹌鹑

图 137　练鹊

图 138　獬豸

图 139　狮子

图 140　虎豹

图 141　熊罴　　　　　　图 142　彪　　　　　　图 143　犀牛

图 144　海马

图 146　忠静服图用云前图

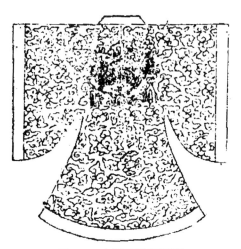

图 147　忠静服图用云后图

图 145　忠静冠

但是明代补子中的禽鸟大多以成对的完整形式出现，清代补子纹样则为单禽，且随着服装形制变为对襟，补子上的图案被一分为二，变成单独的两片，这是明清两代补子的主要区别。

五为忠静冠服。嘉靖七年规定忠静冠即古玄冠（图 145），冠框如制，以乌纱冒之，两山俱列于后，冠顶仍方，中微起三梁，各压以金线，边以金缘之。四品以下去金，边以浅色丝线缘之。忠静服即古玄端服（图 146、图 147），颜色改用深青，以纻丝纱罗制成。三品以上用云，四品以下用素（图 148、图 149），边缘以蓝青，前后饰以本等花样补子。深衣（图 150、图 151）用玉色，素带如古大夫之带制（图 152），青表、绿缘边并里。素履（图 153），色用青、绿绦结，白袜。凡王府将军中尉及左右长史审理、正副纪善教授等官，俱以品官之制服之，仪宾不得概服。在京七品以上官及八品以下翰林院、国子监、行人司官，在外方面官、各府堂官州县正官、儒学教官及武官都督以上，许服，其余不许。

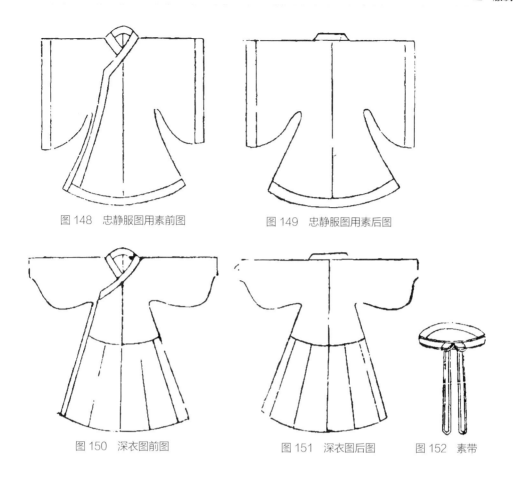

图 148　忠静服图用素前图　　　图 149　忠静服图用素后图

图 150　深衣图前图　　　图 151　深衣图后图　　图 152　素带

（2）-（10）仪宾冠服、命妇冠服、进士巾服、状元冠服、生员巾服、吏员巾服、士庶巾服、士庶妻冠服、教坊司冠巾服

此九种冠服与巾服均仅有文字解释而无图。

通过对《明集礼》与《大明会典》中服饰和线图较为集中的篇章分析，可以从明朝王权统治与政府管理的角度，窥见服饰与政体之间的关系。两部书的刊行都与元朝覆灭之后，明朝重新建立以汉族为主体、以儒学为主导的政权思想相关，与重新确立新的政治体制相关。

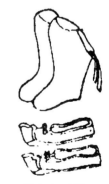

图 153　素履

很明显，明王朝是试图通过礼制（《明集礼》）和法典（《大明会典》）这两种柔性和硬性手段，由上至天子、下至士庶的服装分类和规定，进一步确立和加强中央集权统治。例如，天子冠服继续继承传统冕服，以象征皇权的正统性和延续性；其中也不乏新的形制，如天子冠服中的燕弁冠服、亲王冠服中的保和冠服、文武官冠服中的忠靖冠服等，则体现了当时服饰的变革与发展。

同时需要注意的是，明太祖建国后力主恢复唐制，消除元朝少数民族在服饰习俗方面的印迹。据《皇明通纪·皇明启运录卷之四》记载：

> 此卷纪我太祖初即帝位，南平闽、广，北定中原时事，止戊申一年。……

> 诏禁胡俗，悉复中国衣冠之旧。元世祖起自朔漠，以有天下，悉以胡俗变易中国之制，士庶咸辫发椎髻，深檐胡帽，衣服则为绔褶窄袖及辫线腰褶，妇女衣窄袖短衣，下服裙裳，无复中国衣冠之旧。甚者，易其姓氏为胡语。俗化既久，恬不知怪。上心久厌之，及克元都，乃诏衣冠悉复唐制，士民皆束发于顶，官则乌纱帽、圆领、束带、黑靴，士庶则服四带巾，杂色，盘领，衣不得用黄玄，其辫发、胡髻、胡服、胡语，一切禁止。于是，百有余年胡俗，悉复中国之旧。

但是，在《明集礼》中关于刻期冠服的图示却是腰线袄子，又称辫线袄、辫线腰褶、辫线细褶，这说明功能性服装可以超越民族和政策的隔阂，从而造成更加深远的历史影响。

参考文献：

[1] 陈建. 皇明通纪 [M]. 北京：中华书局，2008.

[2] 刘昫，等. 旧唐书 [M]. 北京：中华书局，1975.

[3] 欧阳修，宋祁. 新唐书 [M]. 北京：中华书局，1975.

[4] 宋濂，等. 元史 [M]. 北京：中华书局，2016.

[5] 翟善，徐宁. 金陵全书：乙编史料类 36：诸司职掌 [M]. 南京：南京出版社，2016.

[6] 张廷玉，等. 明史 [M]. 北京：中华书局，1974.

《三才图会》[明]

说人

《三才图会》的作者为明代文献学家和藏书家王圻、王思义父子。王圻，字公石，后改为元翰，号洪州，上海人，是明代嘉靖四十四年（1565）进士。据《明史》记载，王圻：

> 除清江知县，调万安。擢御史，忤时相，出为福建按察佥事，谪邛州判官。两知进贤、曹县，迁开州知州。历官陕西布政参议，乞养归，筑室淞江之滨，种梅万树，目曰梅花源。以著书为事，年逾耄耋，犹篝灯帐中，丙夜不辍。所撰《续文献通考》诸书行世。初，圻以奏议为赵贞吉所推。张居正与贞吉交恶，讽圻攻之，不应。高拱为圻座主，时方修隙徐阶，又以圻为私其乡人不助己，不能无恚，遂撼拾之。

可见王圻官途多舛，但他学识渊博，笔耕不辍，著述颇丰，除《三才图会》外，王圻还著有《续文献通考》《稗史汇编》《两浙盐志》《云间海防志》等书。

《三才图会》的《凡例》及《天文》《地理》《人物》三部为王圻编集，自《时令》之后著录为"王思义续集"。王思义，字允明，是接续王圻完成《三才图会》的重要人物。

《三才图会》的发凡起例均出自王圻，体现出他对于类书的偏好。根据《云间志略·王参知洪州公传》的记载可知，王圻自幼聪颖，喜好读书，思维灵敏，博学多才，而且对图像的重要作用有着非常清醒的认识。他在此书序言中写道：

尝读韩琴台书有云：图画所以成造化，助人伦，穷万
变，测幽微，盖甚哉！图之不可以已也，自虫鱼鸟兽之篆兴，
而图几绌；暨经生学士争衡于射策帖括之间，而图大绌。

他还说："余少年从事铅椠，即艳慕图史之学。"正因为王圻认
为图像有诸多文字所不可替代的作用，也认识到了图像不被重视而
所处的尴尬地位，所以他才有决心耗费巨大精力编纂此书。

说书

《三才图会》（图1）是明代一部百科全书性质的类书，成书于明
代万历三十七年（1609）左右，全书围绕着"三才"即天、地、人为
主要编纂逻辑而展开，体现了中国传统哲学的宇宙模式。《周易·系辞
下》曰："《易》之为书也，广大悉备：有天道焉，有人道焉，有地道焉。
兼三才而两之，故六；六者，非它也，三才之道也。"《说卦》中又说：
"是以立天之道曰阴与阳，立地之道曰柔与刚，立人之道曰仁与义。"

所以《三才图会》在篇章的布置和分配上都贯穿着中国传统文
化对于天、地、人三者关系的思考和认识，以图文并茂的方式展现
人对于天、地和自身的普遍认知，以详备的资料阐明人对于自然认
识和改造的积极意识，是明代一百三十余部类书中突出的杰作。

全书共一百零六卷，分为《天文》四卷、《地
理》十六卷、《人物》十四卷、《时令》四卷、《宫
室》四卷《器用》十二卷《身体》七卷《衣服》
三卷《人事》十卷、《仪制》八卷、《珍宝》二卷、
《文史》四卷、《鸟兽》六卷、《草木》十二卷。
全书突出以图像为主的特点，前言和目录大多
以文字呈现，主体部分为图片和适当的文字解
释，多采用左图右文或上图下文的形式。

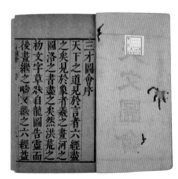

图1 《三才图会》

《衣服》三卷由王思义所撰，按照先君王后平民的社会阶层逻辑、夫尊妻卑的纲常逻辑、先礼后用的生活逻辑进行编辑。第一卷内容主要由冕服、冠帽、裁剪法、配饰四部分组成。冕服是祭祀时穿的礼服，可以分为祭祀天地和祭祀祖先两种主要场合；此外还有戎服和朝服。冠帽部分考据了前代之冠，按照从头到脚的穿戴顺序，从名称、起源、材质、形状、色彩、章纹、佩戴场合和等级差别等方面进行叙述。此卷还包括测量及裁剪方法，以及笄、佩、绶、带等配饰的图文解释。

第二卷内容着重介绍"国朝"即明朝的现行冠服制度，对于研究明代的服装种类、变化发展等具有重要的参考价值。此卷是以人物的身份来进行冠服分类和论述的，即按照皇帝、皇后、皇子、皇妃、诸王、诸臣、士庶的顺序，厘定冠服等级，详述其规格、材质、色彩和章纹。

第三卷可以看做是前两卷的延续和补充，主要内容为常服、首饰、冠服、丧服、农服、足衣、法服、戎服等。

说图

这一部分以本书中《衣服》三卷为小节划分，对于每一卷中所列衣服条目进行图文对应，详加解释，比较异同，进行分析。详细如下：

一、《衣服一卷》

此卷分为一百一十个条目，包含冕服（天子、上公、侯伯、子男、卿大夫、士）、后服、首服（冕、冠、巾、帽、盔）、衣、裳、虞书十二章服、配饰等内容。《衣服一卷》由王思义撰写。

（1）天子冕服

此卷开篇绘制并介绍了六种天子的冕服，所列内容与《周礼》记载大致相似。《周礼》曰：

图 2 大裘

图 3 衮冕

王之吉服，祀昊天上帝则服大裘而冕，祀五帝亦如之。享先王则衮冕。享先公、飨、射则鷩冕。祀四望、山、川则毳冕。祭社、稷、五祀则希冕。祭群小祀则玄冕。

文中所列衣服种类与《周礼》记载相同，主要是天子从事六种不同规模和内容的祭祀活动所穿衣服，不但加以配图，还对冠冕旒数、衣服的颜色、章纹数量加以解释。

第一种为"大裘"（图 2），图示曰："祭昊天上帝、祀五帝，服黑羔裘冕，无旒，玄衣纁裳。"《周礼正义·夏官·节服氏》载："郊祀裘冕，二人执戈，送逆尸从车。"注曰："裘，大裘也。"这种衣服是天子在祭祀天帝和五帝时穿着的，这种祭祀又称"郊祀"，举行祭祀仪式需按照季节而设置在不同的地点。南郊祭天，北郊祭地，春祭青帝，冬祭黑帝，夏祭赤帝和黄帝，秋祭白帝，表现了天子对至高无上的天和五方之神的崇敬。帝王在参与这种祭祀活动时，需要戴"黑羔裘冕"，即为黑色羊羔皮毛做成的冕冠。从图上看，天子手持玉圭，左手在上，右手在下。所戴冕冠的綖板为长方形，通体无纹，有缨系在颌下，前后无旒。所着衣裳颜色为上玄下纁，无章纹。

第二种为"衮冕"（图 3），图示曰："享先王衮，衣五章，裳四章，前后旒二十四，旒十二玉。""衮冕"又名卷龙衣，为天子祭祀祖先时穿着，因古代汉语中"卷"音通"衮"，并以服装上首章的形状而命名。图中冕冠形制构成包括綖板、玉笄、帽卷、武、缨、旒，武上有纹，所绘旒的数目进行了简化，仅绘出四旒，旒上贯玉以点代表，数目亦与文字不符，推测图片仅为示意而非真实的摹绘。按《通

图 4　鷩冕

图 5　毳冕

典》中关于嘉礼的记载可知，衮冕衣上五章为龙、山、华虫、火、宗彝，皆为绘，裳上四章为藻、粉米、黼、黻，皆为绣。从图上看，天子手持玉圭，右手在上，左手在下。衮冕包括有纹的蔽膝，与毳冕、希冕、玄冕一样。

第三种为鷩冕（图 4），图示曰："享先公、享、射鷩冕，衣三章，裳四章，前后十八旒。"

《文献通考》中解释："先公，谓后稷之后，大王之前，不窋至诸盩。"

传说中，后稷是周的始祖，不窋是他的儿子，诸盩是他的父亲，这里的"先公"指代的是周天子的历代先祖。"享"同"飨"，"享、射"是天子宴饮宾客并举行射箭之礼。所以"鷩冕"这种衣服为天子祭祀先公和宴饮宾客并举行射箭之礼时的穿着。"鷩"是一种雉的名字，即华虫（锦鸡），也指"禅衣"，即比"大裘"为次的礼服。"鷩冕"也是因为装饰衣服的首章为"华虫"而得其名。衣上三章为华虫、火、宗彝，皆为绘，裳上四章为藻、粉米、黼、黻，皆为绣。从图上看，天子手持玉圭，左手在上，右手在下。所戴冕冠前后各有四旒，数目仅为示意，武上有纹。鷩冕的蔽膝无纹，穿在裳外层之下。

第四种为毳冕（图 5），图示曰："祀四望山川毳冕，衣二章，裳三章，前后十四旒。"

图6　希冕　　　　　　　　图7　玄冕

　　这是天子向四方遥祭山川时穿着的冕服，并以宗彝作为服装首章。《尚书·益稷》孔疏："毳冕五章，以虎蜼为首，虎毛浅，蜼毛深，故以毳言之。""虎蜼"是有毳毛的老虎和长尾猴，因此"毳冕"又被称为"罽衣"。衣上绘三章为宗彝、藻、粉米，裳上绣二章为黼、黻，另戴有纹的蔽膝。从图上看，天子手持玉圭，右手在上，左手在下。所戴冕冠无旒，与文字不符，推测为图版刻印错误。

　　第五种为希冕（图6）。图示曰："祭社稷、五祀希冕，衣一章，裳二章，前后十旒。"

　　《周礼·大宗伯》中解释"五祀"为在四郊的五官之神，即句芒、蓐收、玄冥、祝融、后土。"希"又作"黹""绤"。大多数文献记载冕服上衣的章纹皆为绘制，下裳的章纹皆为刺绣。但是希冕上衣所施的粉米并非绘制，而是以刺绣的工艺制成，这是与其他冕服不同的地方。裳上二章为刺绣的黼、黻，另戴有纹的蔽膝。从图上看，天子双手平持玉圭，所戴冕冠四旒，数目仅为示意。

　　第六种为玄冕（图7），图示曰："祭群小祀玄冕，衣无章，裳一章，前后六旒。"

　　《周礼正义》中解释"群小祀"为"林泽、坟衍、四方百物之属"。

上衣没有章纹，故用其颜色"玄"来命名，下裳刺绣黻一种章纹，有蔽膝。从图上看，天子手持玉圭，右手在上，左手在下，所戴冕冠五旒，数目仅为示意，身后绘有明显下垂拖地的大带。

（2）天子礼服

文中介绍了除冕服之外的其他六种天子的服装，皆以首服的名称来指代。

第一种是韦弁（图8），这是天子在兵事时穿用的。兵事指的是祠兵命将之事，而非战事。图示说这种首服"以韎韦为之，又以为衣而表章"。据《通典·嘉礼》的解释，古代齐国称"蒨"为"韎韐"，故此命名。"蒨"即染料植物茜草，又被称作蒨草、茹藘、茅蒐，是中国古代传统的红色植物染料，可以将韦（皮革）或纺织品染成绛、赤等色，《论语正义·乡党》中解释此色为赤黄色。通过上海市纺织科学研究院对长沙马王堆一号汉墓出土纺织品的检测，可以得知当时使用茜草和铝媒剂染色。图示中的文字说明搭配韦弁所穿衣裳的色彩也同为绛色或赤色，这是因为古人认为兵事象火，所以衣裳和冠带都要是赤色的。从图上看，天子手持玉圭，右手在上，左手在下。头戴六分或八分的三角形连缀而成的圆锥形首服，每分三角形上有四个圆点，代表皮革的纹路或者装饰。所穿上衣下裳，无纹，有蔽膝。

图8　韦弁

第二种皮弁为天子的朝服（图9），是用鹿皮制成的。《仪礼·士冠礼》规定冠礼三加中的"再加皮弁"即为成年男子加皮弁，可见皮弁具有象征意味，象征入朝之贤，即望其拥有入朝治理之才。《周礼正义·司服》中解释皮弁之服为"十五升白布衣，积素以为裳"。"升"是古代布帛织造粗细的计量单

图9　皮弁

图 10　冠　　　　　　　图 11　玄端　　　　　　　图 12　爵弁

位，《广韵》说"布八十缕为一升"，依次计算，十五升为一千二百
缕，而在古代三十升布是最为精细的，所以十五升布属于中等精细
的麻布。"积素"是指腰中辟积，即以白缯制作褶裥。皮弁使用麻、
鹿皮等较为原始的原料是为了提醒帝王返古不忘本。从图上看，天
子手持玉圭，左手在上，右手在下；头戴皮弁与韦弁形制相同；所
穿上衣下裳，无纹，有蔽膝。

　　文中"冠"字条曰实为冠弁服的解释（图 10），图示曰："凡甸，
冠弁服，以玄冠幂首谓之冠。"意思是说凡是田猎时，都要穿着冠
弁服，以玄冠覆盖头部谓之冠。

　　《周礼正义·司服》说冠弁呈"委貌，其服缁布衣，亦积素以
为裳"，冠弁与前文的韦弁、皮弁都不同，是向后卷起的造型。冠
弁搭配的衣裳为黑色麻布制成的上衣和白缯制作的腰间有褶裥的下
裳。从图上看，天子手持玉圭，左手在上，右手在下。头戴冠弁向
后折卷，与湖北钟祥郢靖王墓所出土的皮弁形制相似。所穿上衣下
裳，无纹，有蔽膝。

　　玄端是古代天子在斋戒时所穿的吉礼用服，又被称为玄冠
（图 11）。玄为黑色，代表阴幽之义，所以不崇尚纹饰，符合斋戒时

图 13　燕服　　　　图 14　上公衮冕

的氛围。从图上看，天子
手持玉圭，左手在上，右
手在下。头戴玄冠与冕冠
相同，前后各有六旒。所
穿上衣下裳，无纹，有蔽膝。

文中提到的爵弁
（图 12）来自《礼记》的
记载，与前文《周礼》提
到的韦弁是相同的，但是
二者首服不同。对应图版
和图示，可以看到爵弁的
形制与冕冠类似，但是没有前后的旒。图中天子横握玉圭，所穿上
衣下裳，无纹，有蔽膝。

最后一种为天子燕服（图 13），即天子在闲居时所穿的服装，
也就是便服。天子的燕服与诸侯所穿的朝服形制相同。《礼书通故》
中说天子的燕服有两种："燕群臣用玄冠,燕同姓用皮弁。"从图上看，
天子手持玉圭，头戴玄冠，所穿上衣下裳，无纹，有蔽膝。

（3）大臣礼服

书中介绍了六种大臣所着礼服。

第一种是上公衮冕（图 14），图示曰："上公之服，自衮冕而下，
朝聘天子及助祭服之。"

上公指位在三公以上的公，自周代时设太师、太傅、太保为上
公，后历代传承并略有变化，又称"上公九命"，所以服装所涉及数
目都与九字相合。上公衮冕是上公在朝见天子或出资、陪位或献乐
佐天子祭祀时穿着的。《宋史》等古代文献中又称上公衮冕为"九章
之服"，可见这种衮冕上饰有九章，《周礼正义》解释："十二章九章
之服，通名衮"，九章分别为上衣五章，即龙、山、华虫、火、宗彝，
下裳四章，即藻、粉米、黼、黻。从图上看，上公手持桓珪，左手

图15 侯伯鷩冕

在上，右手在下，头戴冕冠，前五旒，后四旒。据《周礼正义》的记载"公衮冕九旒"，图中所绘应为示意。上衣下裳，可辨上衣章纹自上而下为山、龙、火、宗彝、华虫，下裳有黻纹，有蔽膝。

第二种为侯伯鷩冕（图15），图示曰："侯伯之服，自鷩冕而下，王之三公亦服之。"

因侯伯七命，所以服装所涉及数目都与七字相合，如衣裳饰七章，分别为上衣绘华虫、火、宗彝，下裳绣四章，为藻、粉米、黼、黻。在图中，可辨明上衣章纹，下裳章纹只露出黻纹。图中绘出下裳图案为龟背纹，这是一种以六角形为基本骨架、可连缀为四方连续的几何形纹样，因为形状似龟背的纹路而定名。《新唐书》记载唐太宗时曾规定绿色"龟甲双巨十花绫"为七品官员服色，敦煌藏经洞也出土了绿色龟背小花纹绫纺织品残片，可见这种纹样在服装上使用范围较广，并且预示着纹样造型自唐向宋发展的一种重要趋势，即从自然写实花卉向几何化的转变。从图上看，侯伯手持桓珪，左手在上，右手在下，头戴冕冠，前六旒，后五旒。据《周礼正义》的记载"鷩冕七旒"，图中所绘应为示意。上衣下裳，可辨上衣章纹自上而下为火、宗彝、华虫，下裳有黻纹，蔽膝无纹，在裳之下。此外，值得注意的是图中人物左袖下露出圆形的谷纹玉璧，即文献中所记载的"佩""佩玉"或"玉佩"。根据文献和出土实物可知先秦时期佩玉多由数种形状和名称不同的玉件组成，战国至秦之间佩玉的组合方式逐渐简化，至此书成书时已简化为一件玉器的形式。

第三种为子男毳冕（图16），图示曰："子男之服，自毳冕而下，王之孤卿亦服之。"

因子男五命，所以服装所涉及数目都与五字相合，如衣裳饰五章，分别为上衣绘三章，即宗彝、藻、粉米，下裳绣二章，即黼、黻。

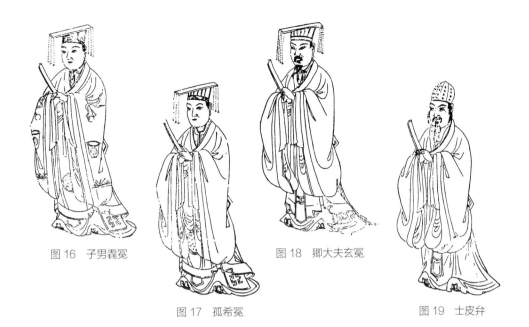

图16 子男毳冕

图17 孤希冕

图18 卿大夫玄冕

图19 士皮弁

从图上看，子男手持桓珪，左手在上，右手在下，头戴三旒冕冠。据《周礼正义》的记载"毳冕五旒"，图中所绘应为示意。上衣下裳，可辨上衣章纹自上而下为藻和宗彝，宗彝的表现不同于前面两图中虎和蜼的形象，而是用宗庙祭祀时所用的酒器替代，粉米就绘于代表宗彝的彝尊侧面，下裳有黼纹。蔽膝无纹，在裳之下，佩谷纹玉璧。

第四种为孤希冕（图17），图示曰："孤之服，自希冕而下，王之大夫诸侯之孤亦服之。"

孤希冕饰三章，上衣刺绣粉米，下裳刺绣黼、黻。从图上看，孤手持桓珪，左手在上，右手在下，头戴三旒冕冠，与文献记载相符。上衣下裳，可辨下裳有黻纹。蔽膝无纹，在裳之下，佩谷纹玉璧。

第五种为卿大夫玄冕（图18），图示曰："卿大夫，自玄冕而下，诸侯之卿大夫亦服之。"

玄冕一章，乃刺绣黻纹于下裳。冕冠一旒，因不足为饰，故与希冕同为三旒，图上所绘仅为示意。从图上看，卿大夫手持桓珪，左手在上，右手在下，头戴四旒冕冠。上衣下裳，可辨下裳有黻纹，有蔽膝。

第六种为士皮弁（图19），图示曰"士之服"。形制与天子皮弁相似。

图 20　袆衣

图 21　揄狄

（4）皇后礼服

书中介绍了六种皇后礼服。其内容和顺序与《礼书通故》"妇服表"中所列相似，后者在图表之前解释说：

> 凡衣皆袍制，素纱为里。凡副有衡，六衣皆有瑱，其纮瑱之差皆如男子。凡三狄配冕，展配爵弁，褖配冠弁。展衣以上皆丝，褖衣以布为之。

这里同样可以为图解做一补充。皇后礼服与天子冕服的最大区别在于前者外衣为上下连属的袍服，而后者为上下分属的衣裳，据《周礼正义》的解释，这是因为古代崇尚女子专一之德，所以六种礼服均为上下连属、色彩同一。其中，前三种为祭服，因为皇后不参与祭祀天地山川社稷等仪式，所以仅有三种祭服，祭服均采用翚、翟为饰，一是象征女子专一之德，二是象征女子有文采之华。

第一种为袆衣（图 20），是皇后跟从天子祭祀先王时所穿着的最高形制的礼服，图示曰："袆衣色玄，刻缯为翚，后从王祭先王之服。"

"玄"是赤黑色。"翚"指五彩的山雉，即锦鸡，出自《诗经·小雅·斯干》，郑玄笺注曰："五色皆备成章，曰翚。……翚者，鸟之奇异者也。"

《周礼正义·天官·内司服》中记载郑司农称"袆衣，画衣也"，《礼书通故》中说袆衣是"刻缯而画之"，可推测是用织造的方法在赤黑色底上织出翚纹之形，再用颜料绘制绚烂华丽的羽毛。从图上看，皇后头戴凤冠，内着立领中单，外套右衽大袍，袍身饰翚纹，有蔽膝，腰系大带。

第二种为揄狄（图 21），是皇后跟从天子祭祀先公时所穿着的礼服。"狄"即为"翟"，是一种长尾雉的名称，图示曰："揄狄色青，

图 22　阙狄　　　　　　　　图 23　鞠衣

刻缯为揄，后从王祭先公之服。"

《礼书通故》中说揄狄"刻缯而不画"，说明揄狄仅用织造的方法表现翟纹，而不加彩绘。从图上看，皇后头戴凤冠，内着立领中单，外套右衽大袍，袍身饰翟纹，造型与袆纹相似，有蔽膝，腰系大带。

第三种为阙狄（图 22），图示曰："阙狄色赤，刻缯为翟，后从王祭群小祀之服。"

《周礼正义·天官·内司服》中记载郑司农称："揄狄，阙狄，画羽饰者。"关于翟羽是用彩色颜料绘制到袍上还是用真的彩色翟羽装饰袍上，历来有不同的看法。《礼书通故》中又说阙翟是"刻缯而不画"，所以，关于阙狄纹饰的工艺从文献的记载来看不能十分确定。2013 年，苏州丝绸博物馆的钱小平根据台北故宫博物院藏《宋仁宗后坐像轴》复制的翟衣，是用宋锦的工艺制作出来的，可见是采纳了《礼书通故》的说法。从图上看，皇后头戴花冠，内着立领中单，外套右衽大袍，袍身饰翟纹，是有头冠、长颈、身长、尾长的雉类，且做出俯首、昂首、独立等不同的动作，有蔽膝，腰系大带。

第四种为鞠衣（图 23），图示曰："鞠衣色黄，后告桑之服。"

《周礼正义·天官·内司服》称"鞠衣"为"黄桑服"，"鞠"

图24 展衣

本是酒曲所生的霉菌，色淡黄，如尘，又像桑叶刚刚长出来的颜色，所以皇后在每年三月时穿着黄色的鞠衣从事告祭桑事的活动。从图上看，皇后头戴花冠，内着立领中单，外套右衽无纹大袍，有蔽膝，腰系大带。

第五种为展衣（图24），又名襢衣、锡衣，图示曰："展衣色白，后以礼见王及宾客之服。"

"襢"通"亶"，有诚然、信然之意。展衣的名字与《诗经·国风》中"瑳兮瑳兮，其之展也"一句有关，此句下释曰"展如之人兮，邦之媛也"，是形容君子的行为。所以皇后穿着白色的展衣见天子和宾客，符合礼法的要求。在台北故宫博物院藏的《宋宣祖后坐像轴》中，宋宣祖后穿着的就是白色的衣服，应该就是展衣。另外根据《礼书通故》标明展衣为"侈袂"，即袖子宽大之意，图中所绘衣袖的确非常宽大，符合古籍中对展衣袖子尺度的描述。从图上看，皇后头戴花冠，内着立领中单，外套右衽无纹大袍，有蔽膝，腰系大带。

第六种为褖衣（图25），又称缘衣、税衣，图示曰："褖衣色黑，后进御见王之服。"

这是皇后见天子时穿着的衣服，也是燕居之服，男子亦可以穿着。关于褖衣的形制和材料有诸多说法，大致为褖衣袍身为黑色，边缘为红色，表用布制作，里裹素纱。从图上看，皇后头戴花冠，内着立领中单，外套右衽无纹大袍，有蔽膝，腰系大带。

根据《周礼正义·天官·内司服》贾公彦的说法，鞠衣和褖衣为本，然后根据五行之色从下向上推衍和配置礼服的色彩：褖衣象水，色黑；水生于金，展衣象金，色白；金生于土，鞠衣象土，色黄；土生于火，阙狄象火，色赤；火生于木，揄狄象木，

图25 褖衣

图 26　毋追　　　　　图 27　章甫

色青；最高等级的袆衣色玄，是象征天的色彩。

（5）冠帽

文中介绍了古今五十种冠帽，这些冠帽的佩戴者涉及古代天子、庶民、僧、道、男、女，各等身份，下面一一列举。

毋追（图 26），又名母追、母追冠、毋追收、收，是夏朝之冠的名称。据《礼书》卷八的解释，毋追的样子像覆杯，即倒置的杯子。古代"母""牟"通用，"追"即"堆"。夏朝以十三月为正月，《白虎通疏证》曰："十三月之时，阳气收本，举生万物而达出之，故谓之收。"此时装饰为最大，故名"母追"。此外，"收"也有收敛头发的意思。图中显示毋追的造型类似后世的唐巾，即幞头，无脚，有两系带。图示解释说毋追是先用大漆反复涂刷麻布形成坚硬的半圆状壳，外面再缝以黑色的麻布，所以整体应该是黑色的，《礼记训纂》中称之为"纯黑而赤"，这与夏朝尚黑的传统也是相符的。

章甫（图 27），商代之冠的名称。图示说章甫与周朝的委貌和夏朝毋追形制相似，同样也用黑色的麻布制成，《礼记训纂》形容说章甫的颜色"黑而微白"。商朝以十二月为正月，此时装饰未达到极盛。"甫"为丈夫，所以戴章甫为表彰大丈夫。《论语·先进》有"端章甫"的说法，郑玄注解说是衣为玄端、冠为章甫之意，是诸侯上朝时所穿服装。章甫即玄冠，后又成为儒士常服之冠。《礼书》卷八中引庄子的话称孔子所戴章甫又名"枝木之冠"，又说："古者

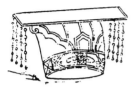

图 28 周冕

图 29 汉冕

丧冠厌而无邸，吉冠邸而不厌。章甫之邸枝木，犹皮弁之邸象骨。"意思是说古代丧冠为紧窄的压叠状而没有底，吉冠有底而没有压叠之形。章甫底部用枝木支撑，犹如皮弁是用象牙做底一样。图中所绘章甫为高耸的圆柱形，上大下小，有两系带。

周冕图（图 28），是周代的冕冠，用于祭祀。《论语·子罕》注曰："（麻）冕，缁布冠也。古者绩麻三十升布以为之。"可知，冕冠是由最为精细的麻布制成。《白虎通疏证·绋冕》中解释曰："麻冕者何？周宗庙之冠也。礼曰：'周冕而祭。'又曰：'殷冔、夏收而祭。'此三代宗庙之冠也。十一月之时，阳气俛仰黄泉之下，万物被施如冕，前俯而后仰，故谓之冕也。"殷冔、夏收、周冕都是用于祭祀场合的，周冕的形状因为前低后高，有俯仰之形，故名"冕"。其材质、构造均有劝导意义，以麻布制作是为了不忘女工织麻之本，因为皮革是没有礼仪制度之前的服装所用的材料，所以使用麻布代表着社会进入了知礼、识礼、守礼的阶段，不同于茹毛的原始状态了。图中显示冕由二大部分构成：冠身、綖板、垂旒。冠身类似皮弁，向后卷曲，底圈曰武，上有花纹，冠身中间竖有玉圭形的装饰，也有一说法是玉蝉，象征受禅于天。由于绘画透视的问题，图中的綖板似乎为横置在冠身之上，左右各有四旒，每旒上穿有六颗彩珠。

汉冕（图 29），沿用了周冕的基本样式，并用较为详尽的文字说明了汉代冕冠的制度。汉冕长尺六寸，广八寸，以今天的计量单位换算，长约 36.8 厘米，宽约 18.4 厘米。图示说汉冕的綖板为前圆后方，但是在图版中没有看出前后造型的区别，为规矩的长方形。图中冕旒的数量为前后各四，仅为示意表现，并不代表真实的规制。此外，图中汉冕还有用于固定冕冠的玉笄和用于系结的纮。值得注意的是，本图用线描与黑色色块表现，与前面仅用线描的周冕图形成鲜明的对比。

图30　委貌　　　　　图31　介帻冠　　　　　图32　缁撮　　　图33　麻冕

委貌（图30），是周代朝廷理政事、行道德的冠帽名称，又名四玄冠，是后世进贤冠的前身。按照《白虎通疏证·绋冕》的解释曰："所以谓之委貌何？周统十一月为正，万物始萌小，故为冠饰最小，故曰委貌。委貌者，言委曲有貌也。"委貌应该形制较小，但是图中的委貌大小与其他首服无异。据《礼书》卷八的解释，委貌冠上大下小，《礼记训纂》中形容委貌的色彩为"黑而赤，如爵头之色"，"爵"同"雀"，所以"爵头"代指像雀头一样的灰而微黑的颜色。图中显示委貌是后有一角翘起的圆柱形帽子，两侧有系带。

介帻冠（图31），是文官、执事者、乐工常戴的冠帽。《通典》中记载东晋时元帝郊祀天地、明堂、宗庙，用黑介帻，搭配通天冠、平冕使用，可知介帻本是一种束发巾，后来以藤、木、皮等硬质材料制成，使其外形固定美观，又被称为山子，外套以黑漆笼冠，成为介帻冠。传东晋顾恺之所绘《洛神赋图》中官员佩戴的均为此类介帻冠，又称笼冠。图中表现的介帻冠内是束发的硬质山子，外罩透明的漆纱外壳，有系带。

缁撮（图32），是形制较小的黑色麻布制成的冠帽，又称太古冠，是庶民常用的束发冠。《诗经》中《都人士》一诗写道"彼都人士，台笠缁撮"，形容青年书生头戴笠和冠的样子。《全元诗》中收录谢应芳《题渔人扳罾图》一诗也写道："渔郎曳罾坐树下，短衣缁撮赤髭须。"可见缁撮是古代男子常用的首服之一。

此处麻冕（图33）不同于前文，图示中说是以涂漆的麻布为外壳的冕冠，前宽四寸、高五寸，后宽四寸、高三寸。图中所示麻冕

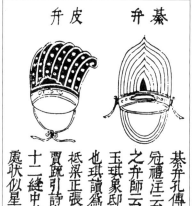

图34　皮弁、綦弁

与介帻冠类似，中间为笼发之山子，外罩半透明的漆壳，有系带。

綦弁和皮弁（图34），二者相似，根据图示说明可知，"琪"读为"綦"，是结的意思。这种冠帽用白鹿皮制成，梁之间的中隙处缝以十二行五彩玉珠，用象牙做底座。即《周礼》中所述："王之皮弁，会五采玉璂，象邸，玉笄。"图示描述与现存明代鲁荒王朱檀所用皮弁形制一致。图中綦弁为尖桃形，两侧玉笄垂缨，其意义不明。

爵弁（图35），是古代礼冠的一种，图示解释，古代关于冠的礼制，最初是加缁布冠，即麻布做的冠帽，质地朴素。之后加皮弁，是为了表示对三王之德的尊重。后来加爵弁，为了敬事神明，是极为尊崇的。图中爵弁的形制类似皮弁，只是没有彩玉装饰，有系带。

图35　爵弁

雀弁（图36），唐代经学家孔颖达称之为韦弁，郑玄解释说雀弁的形制与冕类似。它的颜色是赤黑色，因为像爵（通"雀"）头的颜色，所以得名。雀弁是用三十升麻布制成，顶部的綖板长尺六寸、宽八寸，前圆后方，前后均无旒且平。图中的雀弁形制类似前文所示周冕，但是既没有装饰纹样，也没有垂旒。两侧有朱纮，下有系带。

台笠（图37），"台"又称"夫须"，是一种多年生草本植物，即莎草、蓑衣草，是古代编织蓑笠的材料，可以用以防暑避雨。

皮冠（图38），是田猎之人所戴的冠帽。

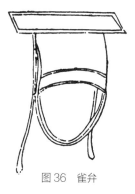

图36　雀弁

图 37 台笠

图 38 皮冠

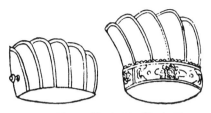

图 39 缁冠旧图、缁冠新图

相传尧帝时期设置了"虞人"的官位来掌管山泽、苑囿、田猎,《孟子·万章下》曰:"曰:'敢问招虞人何以?'曰:'以皮冠。'"所以,"虞人之皮冠"常用来比喻古者聘贤招士的行为。图中所绘皮冠为两侧有耳的圆帽。

　　缁冠旧图和缁冠新图(图39),这两幅图所绘均为缁冠,其样式的主要区别在于武的有无和受笄的位置。旧图中缁冠为五梁,冠底有武,上有雕刻,即条环,两侧有孔用以受笄。新图中缁冠为六梁,两侧受笄。图示中提到的《家礼》是南宋朱熹最有影响的礼学著作。文中解释缁冠是用纸糊成的,外涂黑漆,笄用白色的齿骨制成。新图是根据《家礼》中对于缁冠的外观描述而绘,对于旧图中一些不符合原书描述的地方进行了修正。

图 40 五积冠

　　五积冠(图40),又名缁布冠,是用乌纱涂漆后制成的。冠的形制是上下连接的,主体用缝叠法向左压摄五道而成,象征着儒家"五常",即仁、义、礼、智、信。戴的时候用簪横插固定。图中所绘五积冠的辟不止五道,可能暗示着在现实中五积冠的辟数比原本制度规定的"五"要多一些。

图 41 乌纱万幅巾

　　乌纱万幅巾(图41),幅巾又称巾帻,是指用整幅帛巾束首,《晋书》中说汉末时期王公名士多以戴幅巾为雅,至明代常以乌纱方幅制作成头巾。具体制法是将乌纱直缝至顶端向后折用来覆盖头冠,因为古代的头冠没有巾,而明代时头冠较小,所以需要加上幅巾进行覆

图 42　帷帽

图 43　面衣

图 44　幅巾

盖。图中所绘乌纱万幅巾为一直筒型头冠，有较为细密的襞积，冠顶向后折，后垂长巾。

帷帽（图 42），是古代女子出行用以障蔽风尘的帽子。《旧唐书·舆服志》中记载，武德、贞观年间依循北齐、隋代的旧制，宫中或王公贵族家的女子骑马时均戴羃䍥，将全身遮蔽起来，防止路人窥视。等到永徽年间之后，女子逐渐不戴羃䍥而戴帷帽，即图中这种下沿垂下帷幔遮蔽到颈部的帽子。后来到开元初年，宫中女子又开始流行戴胡帽，而帷帽便不再流行了。可是帷帽因为其实用性，一直到宋代还在沿用。新疆吐鲁番阿斯塔那墓出土的骑马女俑所戴的帷帽，便与书中图片所绘一致。

面衣（图 43），又称面帽，前后都用紫罗制成，用四条带子系垂于后背，是女子远行骑马所戴。《西京杂记》中曾记载汉代赵飞燕为皇后时，女弟昭阳殿遗书曰上襚三十五条，其中就有"金花紫罗面衣"，可见这种实用的面衣也可以用珍贵的面料和精致的工艺制作，成为一种奢侈的贡品。图中所绘面衣为一矩形面料，上沿缝以带子，面衣中央有镂空的部分，应该是佩戴时留给眼睛以视物。

幅巾（图 44），古代平民男子多服巾，而士多戴冠。至汉末时，幅巾逐渐成为士人风雅的代表，后来发展成为古代男子皆服的幞头。

网巾（图 45），明代初年创制的一种男子冠帽，用丝线结网以束头发，有"法束中原、四方平定"之意。《明史·舆服志》中记载洪

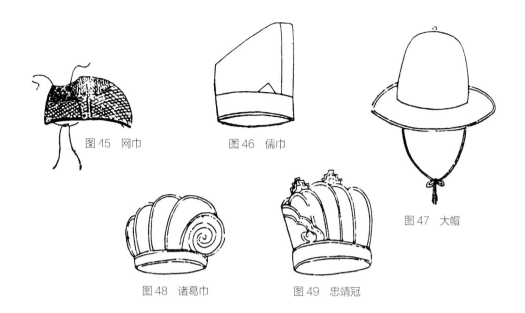

图 45 网巾　　　　图 46 儒巾

图 47 大帽

图 48 诸葛巾　　　　图 49 忠靖冠

武二十四年（1391），明太祖微行至神乐观，见到道士戴网巾，第二天便颁示十三布政使司，通令全国不分贵贱皆裹网巾，网巾便成为上至天子、下至百姓均戴的一种冠帽。

儒巾（图 46），明代士人常戴的一种冠帽，凡举人尚未中第者都戴这种帽子。

大帽（图 47），又名避荫帽，是明代初年皇帝见贡生在烈日下暴晒而特赐的一种凉帽。《明史·舆服志》中记载俾迎候者穿戴曳撒大帽、鸾带，受到给事中朱鸣阳的批评，他认为曳撒大帽是行役之人所用，而不应该在面见皇帝时穿戴，可见大帽是一种偏重实用性的帽子。

诸葛巾（图 48），又名纶巾，因为诸葛亮曾戴纶巾、执羽扇指挥军事，故名诸葛巾，明代时已少有人服用。图中所绘诸葛巾为一有立梁的冠帽，侧面竖梁卷曲呈涡形。

忠靖冠（图 49），是官员的冠服，梁的数目代表着品官的等级。两侧用金线弯曲成纹。嘉靖初年定服色，对忠靖冠的使用进行了限制。

治五巾（图 50），又名缁布冠，上有三梁，形制类似于古代的五积冠，为士人常戴的一种冠帽。

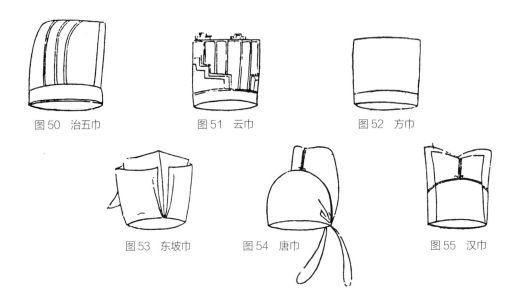

图 50　治五巾　　　　　　　图 51　云巾　　　　　　　图 52　方巾

图 53　东坡巾　　　　　图 54　唐巾　　　　　　图 55　汉巾

云巾（图 51），与忠靖冠类似，有梁，左右及后面用金线或者素线弯曲呈云纹，也是士人常戴的一种冠帽。

方巾（图 52），古代称为角巾，制式与云巾相似，但没有云纹。明代初年流行戴这种帽子，有四方平定的含义。

东坡巾（图 53），名称来源于北宋著名文学家苏东坡的名字。东坡巾的形制为内外两层，四壁竖起名曰"墙"，外层比内层少收束缝制，前后左右各有角相向，戴时角界在两眉之间。北宋画家李公麟的《西园雅集图》中所绘苏东坡画像，便戴着这种帽子，直到明代还在流行。

唐巾（图 54），形制类似古代的毋追，《三才图会》记载唐代帝王画像多戴唐巾，现今唐墓壁画中也常见戴唐巾的男子，可见这是当时自上而下皆可服用的男子常服，明代士人也延续了这种冠帽传统。后世通常称唐巾为幞头，由于两脚的变化又分为软脚幞头、硬脚幞头、展脚幞头、翘脚幞头等多种样式。

汉巾（图 55），王思义认为汉代衣服多遵从古制，但当时并没有这种样式的汉巾，所以推测这是明代一种新兴而假托汉名的冠帽样式。

四周巾（图 56），用宽二尺多的幅帛用来裹头，后幅垂在颈后。

图 56　四周巾　　　图 57　纯阳巾　　　图 58　老人巾　　　图 59　帽子

有黑色的和黄色的，一般燕居时佩戴，并不是正式的士人首服。

　　纯阳巾（图 57），又名乐天巾，分别因仙人吕纯阳和唐代诗人白乐天而得名。样式有些类似汉巾和唐巾，顶部有寸帛堆叠劈积成竹简的样子垂之于后，图中所绘巾后有两系带。

　　老人巾（图 58），稗官记载老人巾的来历是明代初年进上的各种巾帽样式，明太祖将手按压使之向后仰，说这样挺好，所以就依照这种样式制作了方顶前仰后俯的老人巾，通常是年长之人佩戴。

　　帽子（图 59），用六瓣丝帛缝制而成的半圆形冠帽，形制类似古代的皮弁，但是没有玉饰，为平民所戴。

　　将巾，以尺帛裹头，又缀片帛垂于后颈，又称为扎巾、结巾。《三才图会》中将巾和结巾合为一篇，从绘图来看将巾前后都垂片帛，结巾仅头后垂片帛，且有两系带。（图 60）

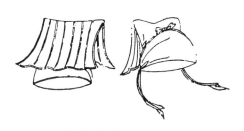

图 60　将巾、结巾

　　凤翅盔，盔属于胄，左右有珥，即插在帽子上的像翅膀一样的装饰，所以名曰"凤翅"。虾须盔和凤翅盔为一类，但具体含义不明了，王思义注解说在神图上有记录，推测为世俗工匠所做的装饰。（图 61）

　　金貂巾（图 62），形制像幞头，王思义认为古代侍中等贵近之臣所戴冠帽

图 61　凤翅盔、虾须盔

图 62　金貂巾

图 63　缠棕帽

图 64　束发冠

图 65　三山帽

图 66　毡笠

上需加貂蝉，即貂尾或蝉羽。而明代时的金貂巾特意缀上金耳而非貂蝉，怀疑是优伶戏人在傅粉时所服，并非古今共通的形制。图上显示金貂巾为硬质幞头样式，后有两耳，巾上装饰锁子纹样。

　　缠棕帽（图 63），是用藤条编织而成的像胄一样的帽子，为武士所戴。

　　束发冠（图 64），王思义说这是自古便有的形制，三王的画像上多戴此冠。它的样式来自束在发髻上的发罩，后来发展为用不同数目的梁来确定官员品级的高级冠带。目前出土过明代的金束发冠，此外据《元史》记载祭祀时乐工即服束发冠，《水浒传》《封神演义》等小说中也有相关的描述。

　　三山帽（图 65），又名二郎帽，王思义说这种帽子出自"闾巷"，即乡里民间，而不清楚真正的来源。从图片中看，这种帽子的样式类似于虾须盔，可能和戏曲人物的穿戴有关系。

　　毡笠（图 66），是用羊毛或者其他动物毛制成的有宽檐的帽子，属于胡服的范畴，胡人称之为"白题"。杜甫在《秦州杂诗二十首》中写有"马骄珠汗落，胡舞白题斜"，前一句描述西域良驹汗血宝马，后一句描述胡人跳舞的情景。而关于"白题"有不同的说法，其一认为"白题"是匈奴人的别称，"题"指"额头"，因为匈奴人有用白垩土涂额的习俗，故名；其二认为"白题"是毡笠，《杜臆》中记载《代醉编》云："李叔元在京，戎骑入城，有胡人风吹毡笠堕地。后骑云：'落下白题。'乃知是毡笠之名。"王思义赞同后一种说法。

　　鞑帽（图 67），亦来自胡人的穿戴，是用兽皮制成的，用兽尾镶沿或者装饰顶部。

图67　鞑帽

图68　雷巾

图69　道冠

图70　僧帽

雷巾（图68），形制类似于儒巾，但在脑后缀有片帛，此外垂有两条软带，是道士所戴的冠帽。

道冠（图69），与雷巾一样，亦为道士所戴冠帽，形制较小，戴于发髻之上用簪子贯穿而进行固定。

僧帽（图70），僧人所戴冠帽，王思义推测僧帽的内涵与僧衣相似，而实际上，王思义提到的僧伽梨，即大衣、重衣、杂碎衣、入王宫聚落衣、高胜衣，亦属袈裟的范畴，是比丘上街托钵或奉召入王宫时所穿。同时，僧伽梨是比丘三衣中最为厚重和庄重的，通常用来御寒及在重大礼仪场合穿着，多由九至二十五条布片缝制而成，又称九条衣。按照《四分律》卷四十记载，佛陀允许在边地修行的比丘在寒冷的冬季以毳或劫贝（棉类）裹头。从图上看，这里所绘的僧帽在明代时已经发展至更加接近仪式或戏曲使用感，而非从实际功能出发的样貌。

图71　芙蓉帽

芙蓉帽（图71），据王思义记载这是秃发者所戴的一种帽子，形似芙蓉，故名，也被称为"毗卢一盏灯"。从这个名称上看，应该也是一种僧帽。

吏巾（图72），形制类似老人巾，左右多了两翅，是明代官吏所戴的帽子。

图72　吏巾

皂隶巾（图73），是明代地位较为低贱的皂隶所戴的冠帽，据传本是元代卿大夫所戴，后来高祖皇帝定其为皂隶巾以示诎辱之意。样式前高后低，巾不覆额，所以又称无颜之冠。左右以黑色线结为流苏垂下或者插以鸟羽为饰。

图73　皂隶巾

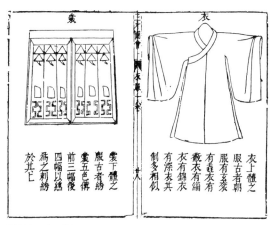

图74 衣、裳

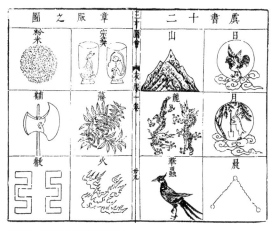

图75 虞书十二章服之图

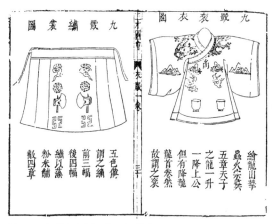

图76 九旒衮衣图、九旒绣裳图

（6）衣裳形制和章纹

这一部分图文说明衣裳的形制和章纹，特别是针对本卷中前述冕服进行了解释。

首先对于中国传统上衣下裳的基本服装形制进行阐释（图74），说明"衣"自古以来有玄衮、毳衣、黻衣、缁衣、锦衣、深衣等多种形制，但大都类似，图上所绘"衣"即为右衽宽袖长衣。"裳"是相对于"衣"而言的下体之服，古代有五色皆备的绣裳，前面三幅，后面四幅，为黑红色，上面装饰着刺绣的花纹。图上绘出"裳"的纹样为三角纹（疑为"火"）、黼、黻，但是这里绘出的章纹均是简单的示意。而下一部分内容便是虞书十二章服之图（图75），详细绘出了十二章纹的图像。接着，书中以九旒衮衣图和九旒绣裳图为例示意了章纹在衣裳上的运用部位（图76），上衣绘龙、山、华虫、火、宗彝五章，其中天子之龙为一升一降，不同于上公皆用降龙；下裳用刺绣的工艺表现藻、粉米、黼、黻四章。

除了衮服之外，王思义还列举了两种明代大夫的朝服（图

77），一种为狐裘，一种为羔裘。从图上看，二者形制相似，前者是用白色狐皮所制，配锦衣穿着，是大夫朝见天子所穿的衣服。羔裘是古代卿大夫上朝时所穿的官服，《诗经》中《国风·郑风·羔裘》曾以羔裘比喻臣子的品德，其中提到"羔裘如濡""羔裘豹饰""羔裘晏兮"，赞美羔裘柔软而有光泽，用豹皮装饰皮袄的袖口，鲜明夺目的样子。此外，这种美丽而高级的衣服的袖子较为宽大，而袖口较为瘦小。

搭配以上衣裳所穿的还有中单、蔽膝、芾韠、邪偪等（图78），王思义对每种服饰及类似服饰进行了解释和辨析。例如，祭服中所穿中单，常在领部用红色刺绣，用以表示赤心奉神。蔽膝由芾韠演化而来，由原本的皮革变为罗绢等丝织品，颜色为黑红色，上下有缘，上面绘有各式图案。邪偪又作邪幅，是用来缠裹足背至膝的布。

礼服用帷裳，又称为腰裙，上有襞积，没有襞积的不可称为帷裳（图79）。

王思义还用较大篇幅详细

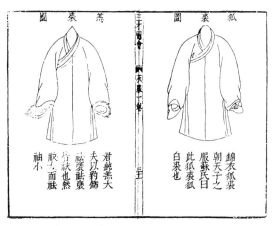

图77 狐裘图、羔裘图

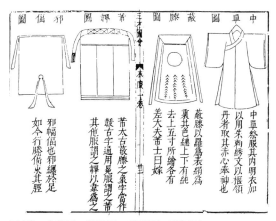

图78 中单图、蔽膝图、芾韠图、邪偪图

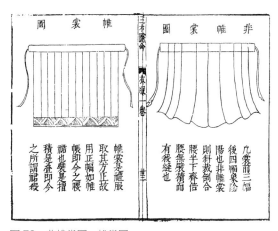

图79 非帷裳图、帷裳图

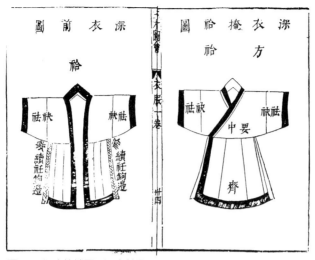

图 80　深衣掩袊图、深衣前图

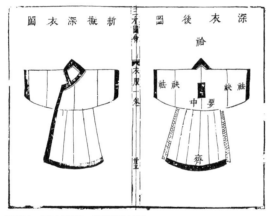

图 81　深衣后图、新拟深衣图

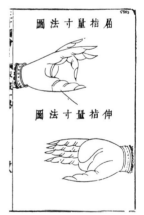

图 82　屈指量寸法图、伸
指量寸法图

描述了他对于深衣的考证，并基于考证绘出了深衣图（图 80、81）。

此外，书中还提供了明代用于裁剪的屈指量寸法图和伸指量寸法图（图 82），为现代考察明代裁剪制衣方法提供了重要参考。

（7）佩饰

本卷的第七部分介绍了冠服中常见的十二种佩饰图，下面分别介绍。

 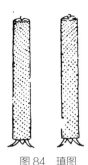 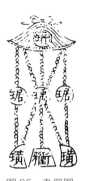 

图83 冠緌图　　　图84 瑱图　　　图85 杂佩图　　　图86 绥图

冠緌图（图83），绘出用以系冠的打结带子。它的用法是系在笄或簪上，下垂后系结。笄或簪的材质根据佩戴者的身份而不同，士戴骨质的，大夫戴象牙质地的。

瑱图（图84），绘出两根玉柱。这是冕冠上的部件，又名塞耳、充耳，寓意在于提醒佩戴者不可妄听。瑱的质地也跟佩戴者的身份相关，天子用玉，诸侯用石。悬挂瑱的绳子用彩线编织而成，天子用五色彩线，而臣子用三色。

杂佩图（图85），绘出一组佩玉，最上面为珩，下分五束串珠，两侧串珠中为琚，中间三根串珠用瑀系结，最下一列串珠以二、一、二的规律系结，垂下三块佩玉，从左至右为璜、冲牙、璜。

绥图（图86），绘出一组绥带。《尔雅·释器》曰："繸，绥也。"郭注："即佩玉之组，所以连系瑞玉者，因通谓之繸。"所以绥即系结佩玉的带子，根据佩戴者的身份，玉和绥的色彩均有不同的规定。

缡图（图87），《尔雅》记载："妇人之袆谓之缡缡緌也。"也有袆是帨巾的说法，是用于女子出嫁时的装饰。唐代诗人韩愈《寄崔二十六立之》中的诗句曰："长女当及事，谁助出帨缡。"从图中看，缡的上半部分为玉圭形，下半部分为垂缨。

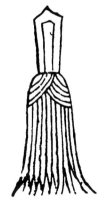

图87 缡图

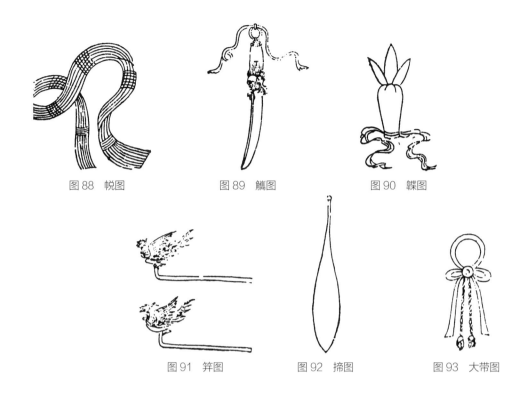

图 88　帨图　　　　　图 89　觽图　　　　　图 90　鞢图

图 91　笄图　　　　　图 92　揥图　　　　　图 93　大带图

帨图（图 88），是古代女子的拭手巾，图中的帨为一长条织物。

觽图（图 89），形状如锥角，用象牙或骨制成，前面的尖端用以解结。图中的觽形如匕首，后端有环，用以系带。

鞢图（图 90），绘出古代射箭时戴在手上的工具，后来演化为具有装饰性的扳指。

笄图（图 91），绘出古代女子和男子用来簪头发的工具，其质地因佩戴者的身份而不同，士用骨，大夫用象牙。为了装饰，女子的簪头往往雕琢出各种动物或植物的纹样，而有身份地位的女子的簪头常雕刻出凤纹。

揥图（图 92），绘出古代用来搔头的簪子，通常以象牙或骨制成，后来演化为篦。

大带图（图 93），绘出古代贵族礼服用带，又称为绅。大带通常用丝织品制成，天子大带用朱里，四边加以缘饰，里面另有用皮革制成的革带。图中的大带上为环形，系结后垂下，由长三尺的绅与宽三寸、长三尺的纽组成。

绦图（图94），绘出大带的一种演变形式，即以青丝编织为带，系结后缀一流苏垂下。

图94　绦图

二、《衣服二卷》

第二卷对明朝皇室及大臣的祭祀冠服进行图文解释，目录中称为"国朝冠服"，共分为御用冠服、皇后冠服、皇妃冠服、皇太子妃冠服、公主冠服、皇太子服、诸王冠服、群臣冠服、士庶冠服、校尉冠服、刻期冠服等十一个类型。第二卷的编辑形式不同于第一卷的一图一释，而是将相关冠服的图片列明，其后以大段文字进行集中说明。这样既说明了每种冠服的特点和规制，又避免了相似内容的重复，最后取得简明扼要的成书效果。下面按照书中顺序对每个类型的冠服进行介绍。

（1）御用冠服

这里的说明文字介绍了明代天子的三种主要冠服，分别为衮冕、皮弁和常服，配图以平面图的形式绘出了每种冠服的主要组成部分。

明代皇帝祭天不用大裘，而是穿衮冕。穿着衮冕的场合包括祭祀天地、宗庙、社稷、先农，以及正旦、冬至、圣节等重要节庆日，还包括朝会、册拜等。冕冠（图95）的冕板宽一尺二寸、长二尺四寸，冠上覆有玄表朱里的纺织品。冕冠前后各有十二旒，每旒上穿有十二个五彩玉珠，冠用玉簪固定，玉簪上绕有红缨垂下。

明朝天子的衮冕沿袭了中国古代皇

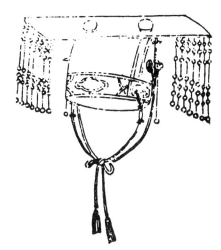

图95　冕

图 96 玄衣、纁裳、中单、蔽膝

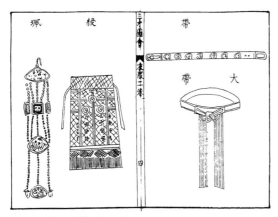

图 97 带、大带、绶、佩

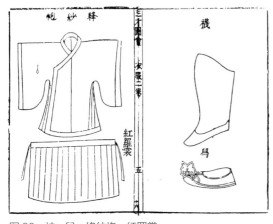

图 98 袜、舃、绛纱袍、红罗裳

帝衮冕的基本规制，为玄衣纁裳（图 96）。衮冕上衣有日、月、星辰、山、龙、华虫六章，下裳绣有宗彝、藻、火、粉米、黼、黻。中单用素纱制成，蔽膝用红色的罗制成。蔽膝上宽一尺、下宽二尺，长三尺，绣龙、火、山三章。腰间内束佩玉革带，外束素表朱里的大带。大带两边有缘，上缘为红色的织锦，下缘为绿色的织锦。大绶为黄、白、赤玄、缥、绿、纯玄六色，质五百首，小绶三色，绶上有三玉环（图 97）。配朱袜、赤舃（图 98）。

在朔望、视朝、降诏、降香、进表、四夷朝贡朝觐时，天子戴皮弁。皮弁为乌纱帽（图 99），前后各有十二道缝，每道缝中间缀十二个五彩玉珠装饰。帽子用玉簪固定，有红组缨。衣服为绛色的纱衣和蔽膝，佩白玉革带、玉钩䚢、绯白大带、白袜、黑舃。

常服为乌纱折上巾（图 100）、盘领窄袖袍、束带，革带上常用金、玉、琥珀、透犀装饰。

图 99　皮弁　　　　　　　图 100　乌纱折上巾

（2）皇后冠服

书中绘出皇后冠服的九龙四凤冠、束带和袆衣（图 101），说明文字对其形制、材质进行了详细描述。

在朝会、受册、谒庙时，明代皇后的冠服为以下的样式：首饰冠为圆框帽，用翡翠装饰着九龙、四凤、大花十二树、小花十二树、两博鬓、十二钿，身穿深青色袆衣，画五色翟赤，中单用十二等素纱制成，黼领，褾（袖端）和衣服边饰为朱色的罗和縠，蔽膝也为深青色，领缘为青赤色，衣裳以翟为章纹，三等大带亦为深青色，朱色为里，边缘上为朱锦，下为丝锦，纽约用青组，玉革带，穿青袜和用金装饰的青舄。

在燕居时，皇后戴双凤翊龙冠，首饰、钏镯以金、玉、珠宝、翡翠制成，团衫上以金线绣龙凤为饰，佩金玉革带。

（3）皇妃冠服

皇妃冠服部分无图，仅用文字进行说明。

皇妃冠服的基本形制与皇后类似，均沿袭了唐宋形制，但是装饰的数量递减。在受册、

图 101　九龙四凤冠、束带、袆衣

图 102　九旒冕、衮服、裳

图 103　中单、蔽膝、玉佩、绶

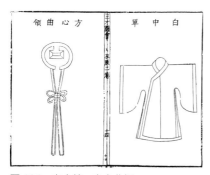

图 104　白中单、方心曲领

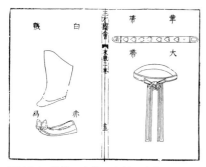

图 105　革带、大带、白袜、赤舃

助祭、朝会等大型礼仪场合，皇妃戴九翚四凤冠，大小花钗各九树，两博鬓，九钿；身穿青色翟衣，中单和衣服边缘同为青色，蔽膝上绣重雉为章纹。

皇妃常服为鸾凤冠，首饰、钏镯用金、玉、珠宝、翡翠制成，各色团衫以金线绣鸾凤为装饰，佩金、玉、犀所装饰的革带。

（4）皇太子妃冠服

皇太子妃冠服部分无图，仅用文字进行说明。其冠服与皇妃大致相同，仅礼服用犀冠，上面刻以花凤。

（5）公主冠服

公主冠服部分无图，仅用文字进行说明。其冠服与皇妃、皇太子妃大致相同，仅常服团衫上用金线刻花凤。

（6）皇太子冠服

这里主要介绍了皇太子冠服中的衮冕（图102—105）。皇太子冠冕的形制与天子类似，仅装饰之数由十二递减为九，五彩绶质三百二十首。另外，在皇太子冠服中绘出方心曲领，这是在宋代朝服上常见的以白罗制成的饰件，《明史·舆服志》中也提到皇帝的通天冠服及官员在祭祀时均服方心曲领，可见明代的冠服制度继承宋代的因素。

（7）诸王冠服

这里介绍了诸王冠服中的冠冕和皮弁，其形制与皇太子冠服类似。

（8）群臣冠服

本卷以较大篇幅的图片和文字介绍了群臣冠服，即明代大臣的祭服、朝服和公服。

祭服是群臣在陪祀时穿着的，一品官员戴七梁冠（图106），服青色白纱中单（图107），用黑色领缘，下裳为赤色罗，黑色边缘，蔽膝（图108）和大带用白、赤二色，革带用玉钩䚢，白袜、黑履。锦绶上用绿、黄、赤、紫四色织成云凤四色花样（图109），青丝网小绶二条，垂二玉环。二品官员戴六梁冠，蔽膝、大带、袜、履与前述相同，革带用犀钩䚢，锦绶同一品官员一样，小绶二条，垂二犀环。三品官员戴五梁冠，革带用金钩䚢，锦绶用绿、黄、赤、紫四色织成云鹤花样，青丝网小绶二条，垂二金环，其余略同。四品官员戴四梁冠，其余均同三品。五品官员戴三梁冠，革带用镀金钩䚢，锦绶用绿、黄、赤、紫四色织成盘雕花样，青丝网小绶二条，垂二银环。六品、七品官员戴二梁冠，革带用银钩䚢，锦绶用绿、黄、赤三色织成练鹊花样，其余同五品。八品、九品官员戴一梁冠，革带用铜钩䚢，锦绶用黄、绿二色织成鸂鶒花样，小绶垂铜

图106 七梁冠

图108 蔽膝

图107 中单

图109 绶

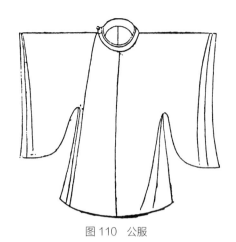

图 110 公服

环，其余同前。官员所持笏板，五品以上用象牙制成，九品以上用槐木制成。

当庆贺正旦、冬至、圣节等大型庆会时，群臣要穿朝服。一品官员戴七梁冠，穿赤色衣和赤罗裳，白纱中单，皂缘，佩赤罗蔽膝；大带用白赤二色，革带用玉钩𫚒，白瓦、黑履，锦绶上用绿、黄、赤、紫四色丝织成云凤四色花样，青丝网小绶二条，垂二玉环。二品官员戴六梁冠，衣裳、中单、蔽膝、大带、袜履同上，革带用犀钩𫚒，其锦绶、小绶同上，用犀环。三品官员戴五梁冠，其冠服不同之处是用金钩𫚒、金环，锦绶用绿、黄、赤、紫四色织成云鹤花样，青丝网小绶二条，垂二金环。四品官员戴四梁冠，其余同三品。五品官员戴三梁冠，革带用镀金钩𫚒，锦绶用绿、黄、赤、紫四色织成盘雕花样，青丝网小绶二条，垂二银环，其余同四品。六品、七品官员戴二梁冠，革带用银钩𫚒，锦绶用绿、黄、赤三色织成练鹊花样，其余同五品。八品、九品官员戴一梁冠，革带用铜钩𫚒，锦绶用黄、绿二色织成鸂鶒花样，小绶垂铜环，其余同前。官员所持笏板，五品以上用象牙制成，九品以上用槐木制成。

当朔望、朝见、拜诏、降香、侍班、有司、拜表、朝觐时，群臣穿公服（图110）。一品官员穿赤色大独科花，直径五寸，束玉带（图111）。二品官员穿赤色小独科花，直径三寸，束花犀带。三品官员

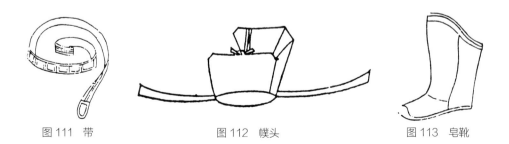

图 111 带　　　　　　　图 112 幞头　　　　　　　图 113 皂靴

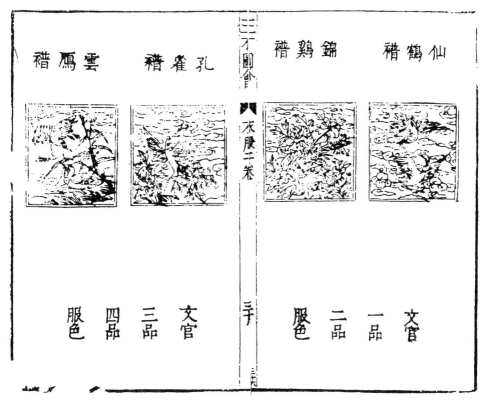

图114　文官服色（一至四品）

穿赤色散答花，直径二寸，束金带，镂葵花一，蝉八。四品、五品
官员穿赤色小杂花，直径一寸五分，束金带；四品镂葵花一，蝉六，
五品镂葵花一，蝉四。六品、七品官员穿赤小杂花，直径一寸；六
品官员束镀金带，镂葵花一，蝉三；七品官员束光素银带，镀金葵
花一，蝉二。八品、九品官员穿赤无花，通用光素银带。所持笏板，
五品以上用象牙制成，九品以上用槐木制成。幞头（图112）、靴（图
113）依循旧制。

　　明代群臣冠服胸背均缀以正方形补子，以补子上的图案来表明
大臣的文武区别和官阶，文官一品至七品的补子上分别为成对的仙
鹤、锦鸡、孔雀、云雁、白鹇、鹭鸶、𪁉𪄧，八九品文官及杂职补
子上装饰着成对的鹌鹑、练鹊和黄鹂（图114—116）。除此以外，

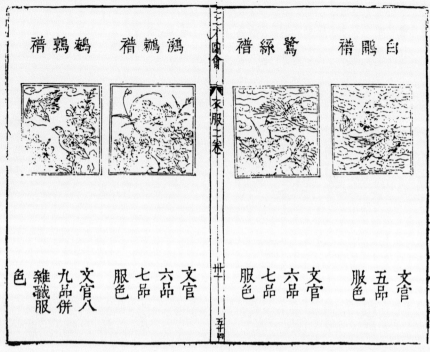

图115　文官服色（五至九品）

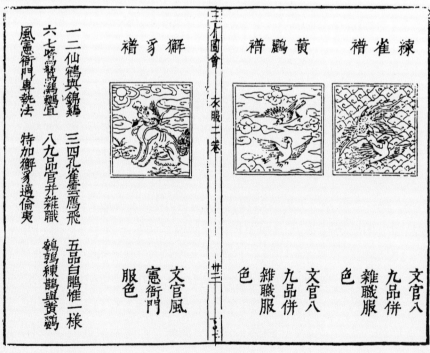

图116　文官服色（其余）

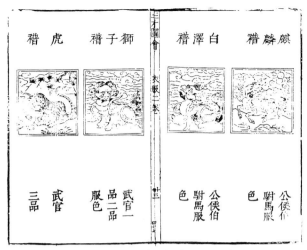

图 117　公侯伯驸马服色、武官服色（一至三品）

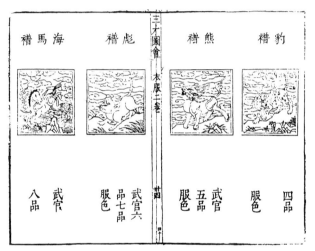

图 118　武官服色（四至八品）

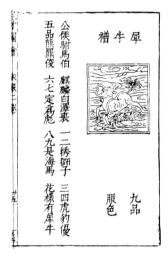

图 119　武官九品服色

　　专门负责执法的文官风宪衙门特用单体的独角獬豸补子，这是以能够辨别善恶忠奸的瑞兽象征执法的公正严格。公侯伯驸马补子饰麒麟和白泽，一品和二品武官的补子上为勇猛健壮的狮子，三品至五品的补子图案分别为虎、豹、熊，六品、七品用彪，八品、九品分别用海马和犀牛（图 117—119）。

　　虽然唐代便出现以纹样的主题、大小和质地来区分官阶的事例，

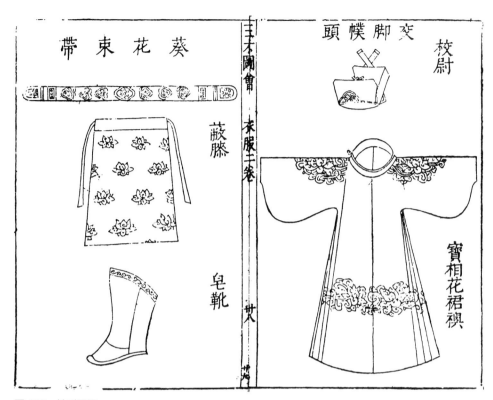

图 120 校尉冠服

但是真正的补子制度却是从明代开始。特别是补子上的图案已经完成由图像向符号的转变，以相对固定的隐喻和内涵来象征不同官阶大臣的品性，成为明清时期特有的图案类型。

（9）士庶冠服

明代士庶最初戴四角巾，后来改为四方平定巾，穿杂色盘领衣，不许用黄。皂隶戴圆顶巾，穿皂衣。乐艺冠青卍字顶巾，系红绿搭膊。明朝置内使监戴乌纱描金曲脚帽，穿盘领窄袖衫，角束带。明朝的侍仪舍人戴展脚幞头，穿窄袖紫衫，涂金束带，皂纹靴。常服为乌纱唐帽，诸色盘领衫不能用黄，束乌角束带。

（10）校尉冠服

明朝执仗之士通常戴镂金额交脚幞头，穿诸色辟邪宝相花裙袄，

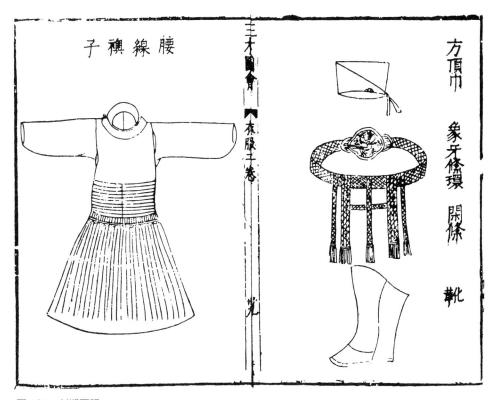

图 121　刻期冠服

铜葵花束带，皂绞靴（图 120 ）。

（11）刻期冠服

　　明代有一种刻期冠服为方顶巾，衣服为胸背鹰鹞花腰线袄子，诸色阔匾丝绦，配大象牙雕花环和行滕八带鞋（图 121 ）。

　　腰线袄子又称辫线袄子、辫线袍，原型产生于金代，至元代发展至鼎盛。从文献资料中可得知，元代的辫线袍最初是侍从和仪卫的服饰，至元代后期已不仅限于仪卫穿着，一些武官及"番邦"侍臣官吏也多穿着此服。虽然明代大举恢复唐制衣冠，辫线袄作为"胡俗"被明令禁止，但是侍仪舍人导礼仍大多依元制，其中校尉执仗的服装从辫线袄演化为腰线袄，可见辫线袍的形制对明代男子服制具有重要影响。

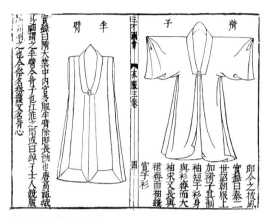

图 122　襕衫　　　　　图 123　褙子、半臂

三、《衣服三卷》

这一卷内容较为庞杂，主要是一般官员和平民服饰。此卷分为八个部分共三十九个条目，包括内外命妇冠服、丧服、僧道衣服、盔甲等内容。

第一部分，书中介绍了襕衫、褙子、半臂、衫、袄子等五种明代士人常穿的服装（图 122—124）。根据《新唐书·车服志》的记载，襕衫在唐代即已出现，为了追溯古代深衣的意涵，特意在其中加了横襕和宽裾，是士人特别是学子常穿的衣服。褙子是套在衫外的外衣，明代又称为披风，据说起源于秦代，开始的形制是袖子比

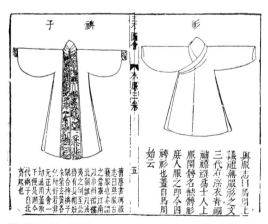

图 124　衫、袄子

衫短，而下摆与衫齐平，大袖。至宋代时又变长与裙齐平，而袖子宽于衫。半臂则起源于隋代大业年间，是当时内官常穿的长袖衣服，唐高祖时将袖子变短，改称为半臂，在明代时也称背子，江淮之间称为绰子，又叫搭护或背心。衫从唐代开始流行，是上下连属的右衽服装，下摆左右两侧开衩，明代

图 125 被、褥

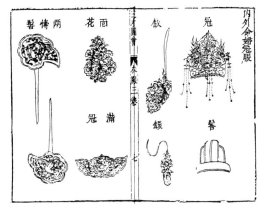

图 126 内外命妇冠服（冠、髻等）

时又称为四裤衫。至于袄子，《旧唐书·舆服志》说袄子是燕居之服，也就是古代的褒服，又可称为常服。袄子的起源时间约为北齐时期，是在巾褐裙襦的基础上掺杂了戎夷制度的体现。

第二部分介绍被、褥（图 125）。《诗经》中曾提到"抱衾与裯"，《论语》曰"必有寝衣，长一身有半"，这都是商周时期的情况。与被相对应出现的是褥，《黄帝内传》记载："王母为帝，列七宝登真之床，敷华茸净光之褥。"这就是床和褥的起源。图中被为矩形，上端有波状纹样的宽缘，主体为三块面料合拼，图案为四方连续式的团窠菊花纹。褥为钝角矩形，四周镶云气纹缘边，四角斜拼，中心为斜格万字（卍）几何纹。《西京杂记》中提到赵飞燕为皇后时，女弟昭阳殿遗书曰上襚三十五条，其中有鸳鸯被和鸳鸯襦。可见在汉代时，抱衾、裯、寝衣等名称变为了"被"。

第三部分为内外命妇冠服，包括冠、髻、钗、镊、面花、满冠、两博髻、钏、指环、霞帔（图 126、图 127）。王思义解释说女

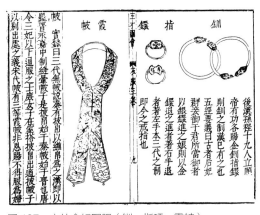

图 127 内外命妇冠服（钏、指环、霞帔）

子首饰在黄帝时无纹，后来的冠起源于汉宫掖承恩者被赐的碧或绯芙蓉冠子，至明代内外命妇之冠发展为凤冠。髻本为束发所自然形成的，后来为了发型的硬挺和多变而发展为假髻。钗是用来固定发髻的，传说女娲之女用荆杖和竹做成笄，尧之前用铜制成，至舜时又用象牙、玳瑁制作。东汉时郭宪写的《洞冥记》中提到一则神话故事，说汉武帝元鼎元年（前116）有神女给皇帝留下玉钗，从此后宫人才开始用玉制作钗。镮为耳环，王思义引用《瑞应图》中的传说记载西王母在黄帝时和舜时曾献白环，推测镮起源于此。实际上，受儒家与道家所倡导的身体全形观的影响，中原汉族的男子自先秦之后便不再佩戴耳饰，而汉族女性普遍佩戴耳饰则要从宋代开始。儒家经典《孝经》开篇即说："身体发肤，受之父母，不敢毁伤，孝之始也。"汉族将保持身体的完整和自然形态作为遵从孝道的评价标准之一。而到明代时，女子戴耳环已经成为较为常见的装饰行为。满冠又名面花满冠，面花即花子，是中国古代女子施于眉心和双颊的面部化妆术，有的是用彩色颜料涂绘，有的是用金箔、银箔、云母或纸剪出各种花样贴在脸上，而满冠就是把以花钿为代表的各种首饰满饰在冠上，故而得名。两博鬓就是明代的掩鬓。钏和指环自后汉时已有，指环即后来的戒指，《五经要义》记载古代后妃群妾以指环来代表是否怀孕，右手戴金环便代表已孕。霞帔可追溯至秦代，秦代出现了用缣帛制成的披帛，汉代改用罗，晋永嘉年间出现了晕帔子，后来唐代令三妃以下通服帔子。披帛是女子在室内搭用的，而帔子是女子外出使用的。宋代时的霞帔是妇女的命服，一般女子只能使用直帔。明代命妇霞帔褙均用深青尺，公侯及三品命妇霞帔用金线绣云霞翟纹，三、四品命妇霞帔用金绣云霞孔雀纹，五品绣云霞鸳鸯纹，六、七品绣云霞练鹊纹。

书中还介绍了内外命妇冠服、宫人冠服、士庶妻冠服在数量、质地、搭配等方面的规制。

第四部分是关于丧服的内容，包括斩衰、齐衰、大功、小功、

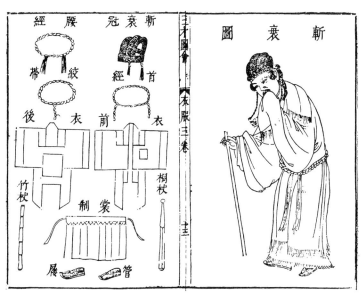

图128 斩衰图

缌麻等五服和其他。据《明史》记载,明太祖制定了关于五服的礼制:其一为斩衰,用最粗的生麻布制作,不缝下边;齐衰,以稍粗麻布制成,缝下边;大功,以粗熟布制成;小功,以稍粗熟布制成;缌麻,以稍细熟布制成。《三才图会》绘出每种丧服的组成、平面图和穿戴示例,并对每种丧服的材质要求、数量规格、穿戴方法、适用关系一一做出解释,下面按照文中顺序进行介绍和分析。

斩衰(图128),按照《文公家礼》的说法,"斩,不缉也"。斩衰的衣裳用极粗的生布制作,不缝布边,衣长过腰。《颜元集》中关于"丧礼"的释义更加详细,其中记载斩衰上边缝外向,背有负版,用布方尺八寸,缀于领下垂之前。前当心有衰,用布长六寸、广四寸,缀于左襟之前。左右有辟领,各用布方八寸,屈其梁头,相接为广四寸,缀于领下,在负版两旁,各距负版一寸。两腋下有衽,各用布三尺五寸,上下各留一尺正方。一尺之外,上于左边裁入六寸,下于右边裁入六寸,便于尽头相望斜裁,两方缀于衣两旁,向下垂落犹如燕尾。

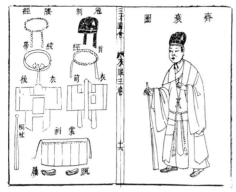

图 129　齐衰图

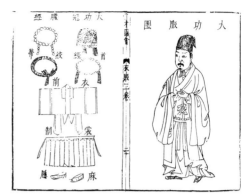

图 130　大功服图

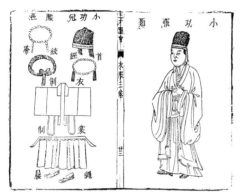

图 131　小功服图

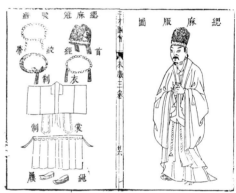

图 132　缌麻服图

下裳前面三幅，后面四幅，向内缝。前后不连，每幅作三辄。辄就是把两边折屈，相接而中空。斩衰冠比以上用布稍微细一些，以纸糊为材，广三寸，长足跨顶，为三辄。用一条麻绳从额头束至头顶之后再绕到耳朵处，结成武，即冠的下沿。多余的绳子垂下为缨在下颚处打结。同时要佩戴用麻制成的首经、腰经和绞带，持杖，穿着用菅草制成的屦。以上为男子的斩衰服，而女子均用极粗生布做成大袖孝衫、长裙、盖头，均不缝边，插竹钗，穿麻鞋。如果是妾为夫着斩衰，则以褶子代替大袖。凡是女子着斩衰服皆不持杖。

　　齐衰（图129），"齐"是缉的意思。齐衰是以次等粗生布制成，边缘缝起，其他部分与斩衰一样。齐衰冠用布制成下沿和缨，其他亦同于斩衰。齐衰以下的绞带用布制成，右端屈起尺余，削杖以桐

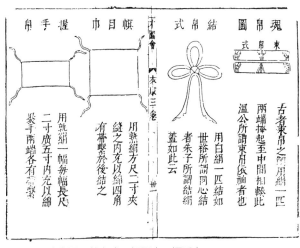

图 133　魂帛图、结帛式、幎目巾、握手帛

图 134　笠蓑

制成，上圆下方，屦用疏草制成。

大功（图130），指布的用功粗大，服制同齐衰，用的布料比齐衰稍微细熟一些，屦用布制成，其余同齐衰一样。

小功（图131），指布的用功细小，服制与大功相同，只是用布更加细一些。小功冠的辟积缝向左，屦用白布制成。

缌麻（图132），缌即丝，指的是细如丝的麻布。服制与小功一样，但是用极细的熟布制成。此外，书中还介绍了魂帛、结帛、幎目巾、握手帛的样式和用法（图133）。

第五部分为雨服和防晒服，主要介绍了笠蓑、覆壳和通簪（图134、图135）。笠是指用台皮制成的戴具，外壳用竹子编织，里面是篛箬，大小不一，但是顶都是隆起的圆形，搭配蓑使用，可遮雨蔽日。蓑为雨衣，《尔雅》说蓑衣是用莎

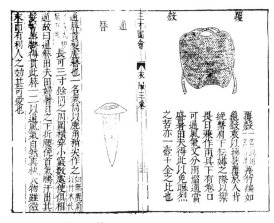

图 135　覆壳、通簪

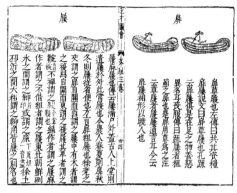

图136 屝、屦

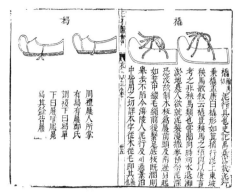

图137 橇、舄

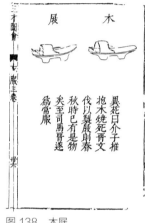

图138 木屐

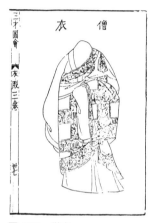

图139 僧衣

图140 道衣

草制成，所以用"莎"字的发音，《六韬·农器篇》说"蓑薛簦笠"，至明代时都称为蓑，是雨具中最为轻便的。覆壳是用篾竹编织而成的像龟壳一样的用具，使用时覆在人背上，可以在耕作时抵御日晒和雨淋。通簪是为了透气排汗而佩戴使用的一个小用品，又名气筒，用鹿角或竹木制成，长三寸，周围横穿小孔。农夫耕田时用通簪挽头发，可以达到通风透气的凉爽效果。

第六部分为鞋履，包括用草制成的屝、用麻制成的屦，以及用木制成的适于在泥中行走的橇、复底的舄、始于春秋时代的木屐等（图136—138）。

第七部分为僧道衣服（图139、图140）。明代关于僧服色彩有

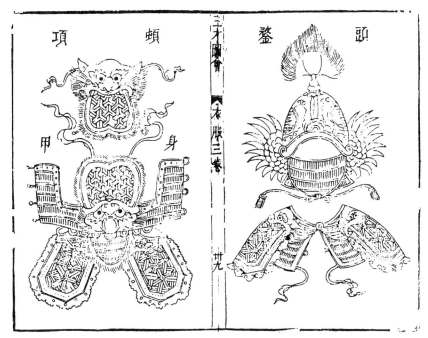

图141　头鍪、顿项、身甲

明确的规定，如禅僧穿茶褐常服、青条五色袈裟，讲僧穿五色常服、绿条浅红袈裟，教僧穿皂常服、黑条浅红袈裟，只有僧录司的僧人穿绿纹袈裟，饰以金，十分华丽。道衣为大袖，唐代李泌为道士赐紫，后来人们认为道服的常直领代表萧散之意。明代规定道士常服为青色，法服、朝服皆用赤色，道官也是如此，只有道录司官法服和朝服皆为绿纹、饰以金。

　　第八部分为盔甲，包括头鍪、顿项、身甲等（图141），书中还详细介绍了粤兵盔甲式（图142）。古代的盔甲有铁、皮、纸三种质地和等级，甲身上缀披膊，下属吊腿，头上戴兜鍪，贵重的顿项用铁质锁甲，次一等用锦绣缘缯。马装用皮或铁或银饰，次一等用朱漆二种。最后介绍了马甲的组成，包括面帘、搭后、鸡项、荡胸、

图142　粤兵盔甲式

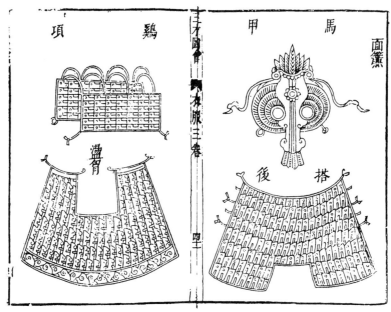

图143　面帘、搭后、鸡项、荡胸

马半面帘、马身甲等（图143、图144）。

如前所述，《三才图会》是一部百科全书性质的类书，三卷《衣服》也特别体现了此书体系庞大、覆盖全面的特点。例如，书中所涉及的服装种类十分全面，既包括历代冕服和冠帽的图解，也包括对明朝现行冠服制度的诠释；既包括首服、衣裳、足衣的具体形态，也包括笏、佩、绶、带等配饰的搭配规则；既包括服装名称和起源的追溯，也包括服装材质、色彩、章纹等方面的叙述；既包括皇帝、皇后、皇子、皇妃、诸王、诸臣等身份高贵人物所着礼服的整理，也包括士庶百姓的服装概述；既包括世俗人物的服装图示，也包括僧、道等宗教人士的服装描述……可以说，通过这三卷的梳理，我们基本了解了中国历朝历代特别是明代的整体服装面貌。尤其是

图144　马半面帘、马身甲

此书成书于版画发达兴盛的明代万历年间，因此刻工精良，线条讲究，十分有利于我们直观地了解衣服形制。此书利用图像为主、文字为辅的编纂模式，达到了作者在本书引言中所说的"图绘以勒之于先，论说以缀之于后，图与书相为印证"的目的，为中国服装历史研究及众多学科提供了翔实的资料。

参考文献：

[1] 陈立 . 白虎通疏证 [M]. 北京 : 中华书局，1994.

[2] 陈彭年 . 钜宋广韵 [M]. 上海 : 上海古籍出版社，2017.

[3] 杜佑 . 通典 [M]. 北京 : 中华书局，2016.

[4] 尔雅 [M]. 管锡华，译注 . 北京 : 中华书局，2014.

[5] 房玄龄 . 晋书 [M]. 北京 : 中华书局，1974.

[6] 黄以周 . 礼书通故 [M]. 北京 : 中华书局，2007.

[7] 礼记 [M]. 胡平生，张萌，译注 . 北京 : 中华书局，2017.

[8] 刘宝楠 . 论语正义 [M]. 北京 : 中华书局，1990.

[9] 刘歆，葛洪 . 西京杂记 [M]. 北京 : 中国书店出版社，2019.

[10] 刘昫，等 . 旧唐书 [M]. 北京 : 中华书局，1975.

[11] 马端临 . 文献通考 [M]. 北京 : 中华书局，2011.

[12] 孟子 [M]. 方勇，译注 . 北京 : 中华书局，2015.

[13] 欧阳修，宋祁 . 新唐书 [M]. 北京 : 中华书局，1975.

[14] 全唐诗 [M]. 上海 : 上海古籍出版社，1986.

[15] 杨镰 . 全元诗 [M]. 北京 : 中华书局，2013.

[16] 尚书 [M]. 王世舜，王翠叶，译注 . 北京 : 中华书局，2012.

[17] 诗经 [M]. 王秀梅，译注 . 北京 : 中华书局，2015.

[18] 宋濂，等 . 元史 [M]. 北京 : 中华书局，2016.

[19] 孙诒让 . 周礼正义 [M]. 北京 : 中华书局，1987.

[20] 脱脱 . 宋史 [M]. 北京 : 中华书局，1985.

[21] 颜元 . 颜元集 [M]. 北京 : 中华书局，1987.

[22] 仪礼 [M]. 彭林，译注 . 北京 : 中华书局，2012.

[23] 张廷玉，等 . 明史 [M]. 北京 : 中华书局，1974.

[24] 郑玄，孔颖达 . 礼记正义 [M]. 上海 : 上海古籍出版社，2008.

[25] 周礼 [M]. 徐正英，常佩雨，译注 . 北京 : 中华书局，2014.

[26] 周易 [M]. 杨天才，张善文，译注 . 北京 : 中华书局，2011.

[27] 朱彬 . 礼记训纂 [M]. 北京 : 中华书局，1996.

《周礼图说》[明]

说人

　　《周礼图说》的作者是明代学者王应电，字昭明，嘉靖时昆山人，是明代官员、学者魏校的弟子。魏校为明朝理学家胡居仁的私淑弟子，与李承勋、胡世宁、余祐善并称"南都四君子"。魏校本姓李，因居苏州蔀门之庄渠，故自号庄渠，字子才，著有《周礼沿革传》《周礼义疏》《郊祀论》《春秋经世》等，学术思想主"敬"。

　　老师的学术思想和研究爱好对王应电产生了深刻的影响，因而王应电十分爱好钻研《周礼》，认为《周礼》自宋以后，胡宏、季本各有著述指出《周礼》中的缺点和破绽，余寿翁、吴澄、何乔新、陈凤梧、舒芬也都各抒己见，对《周礼》进行更定。他深入研究《周礼》十数年，"先求圣人之心，溯斯礼之源；次考天象之文，原设官之意，推五官离合之故，见纲维统体之极，因显以探微，因细而绎大"，著成《周礼传诂》《周礼图说》等书，对《周礼》一书的结构体系、来龙去脉进行探讨，并通过以图证史的治学方法将书中有图无说的部分进行线描刻画，稽考传义。

　　王应电认为后代百世继周代治理天下，其制度渊源均来自《周礼》。嘉靖中，王应电流落到江西泰和，将其著作送请明代学者罗洪先指正，对方阅后十分佩服，翰林陈昌积也以尊师之礼对待王应电。待到胡松巡抚江西，王应电的著作才得以刊行于世。

　　除了研究《周礼》之外，王应电还精通文字学，订正了《说文解字》中的一些错误，著有《经传正讹》《同文备考》《书法指要》《六义音切贯珠图》等。

说书

《周礼图说》是王应电对根据《周礼》一书文本内容和诠释文意所绘之图的研究总结（图1）。王应电在此书开篇《周礼图说原叙》中说道：

> 古称左图右书，凡书所不能言者，非图无以彰其形；图所不能画者，亦非书无以尽其意，此古人所以不偏废也。旧尝有《周礼图》矣，如冕服则类为男女之形，而章服仍不明，井邑则类为大方隔，而沟洫仍不分，然则奚以图为哉？作者不自知其非，而观者亦莫诘其弊，皆不考经文之过也。予因于经旨中言所不能尽者，述之如左。理原于天文位象，道行于地里职方，统纪于六官分合，立极于都官朝堂，郊社宗庙以萃人心，间井伍两以固邦本，封土制禄以贵贵，建学立师以育才，命德有冕服车旗，讨罪有军旅田役，复系之以说，使治是经者一览而知夫言外之意。呜呼！昔人所载，予多不录也，今日所载，昔皆未有也。观者幸或补其未备云。

王应电认为古人称"左图右书"，便是指自古以图言书、图文并茂的编纂体例。王应电认为旧有《周礼图》书中冕冠、章服、井邑、沟洫之图所绘未尽文意，作者和读者都不能觉察和了解是因为对于原文的理解还不甚到位。而王应电基于对《周礼》多年的

图 1 《钦定四库全书·经部·周礼图说》封面

文本研究，重新编绘出相应图片，以补充文字不能直观表明的意思，为后世研究《周礼》的学者提供文图呼应的参考。王应电解释说，往昔学者之说多未收录于此书，而此书所阐发观点也多为过去没有的，希望能够借此补充过去《周礼》一书的研究空白。可见，王应电对于本书的立意和高度具有相当的自信心。

《周礼图说》共分上下两卷，上卷包括九州分星、八风、十二风、职方氏九州图、大明一统图、六官丛掌王躬后宫王朝士庶子、六官咸统百官府畿内外、六官分治乡遂都鄙侯国、六官总图、国郊乡遂野图、国中郊野辨、虞周九服合一图说、虞周邦畿合一、大宰九贡禹贡合一、匠人营国九州经纬图说、天子五门三朝图、五门三朝说、司士治朝、朝士外朝、王宫八次舍图、王宫八次舍说、后六宫图、后六宫说、女宫女奚女奴辨、明堂图、明堂说、明堂表、魏相明堂月令奏、明堂赋、命令复逆图、古今纳言说、王会同宫舍、观礼方明、天神地示人鬼祭祀图、郊社义、宗庙九献、九献笾豆、庙祧昭穆赐爵、冢人公墓、墓大夫族葬等四十项内容。

下卷包括井邑丘甸、通成终同、同封畿、侯封实封食禄考、比间族鄼州乡、伍两卒旅师军、字学六义贯珠图、乐舞图、乐器图、司市次叙陈肆、八节、九赋九职相胥、载师闾师、班禄图、班禄说、班禄定式、十二章服、射礼鹄正图、周大学辟雍图、大学说乡饮酒图、乡饮酒义、九仪命图、司服、内司服、冕旒命数、冕旒延纽纮统、章甫冠图说、弁图、缁撮图、端衰前后式、深衣式、玄端端衰深衣说、裼袭考、瑞玉图、瑞玉说、九命旗总图、九旗图、九旗说、车制、营军垒舍、逐禽左、合弓、八矢、校人、马政、秦汉内外朝、汉两府、汉南北军等四十八项内容。每一部分为先图后文，相互对应。

后世对此书的评价也基本符合作者王应电在《周礼图说原叙》中的预期。《四库全书总目提要》认为王应电关于《周礼》的三部代表著作《周礼传》《周礼图说》《周礼翼传》中多参臆说，不可尽从，但因为《周礼》《仪礼》到明代几乎成为绝学，王应电的著作可以代表明代礼学成就，因此收入《四库全书》。这也从侧面证明了王应电对《周礼》研究的一家之言在明代礼学成就中的地位。

说图

十二章纹之图在《周礼图说》一书的下卷，按一页两章排布，共为六页十二章。其后还有司服图、内司服图、冕旒命数图、冕旒延纽纮纽图、章甫冠图、弁图、缁撮图、端衰前后式、深衣式等内容与服饰相关，本章将对其分别阐释。

一、十二章服图

如前所述，《周礼图说》中的十二章纹内容在其书下卷，名为十二章服图，书中说其注解见《周礼·春官·内司服》。但查阅《周礼》原文，并没有明确提出十二章纹的概念以及内容，可见《周礼图说》中的组合概念和图示内容参考了《尚书》提出十二章纹学说之后的研究成果，并在原文基础上进行了相应的扩充。

笔者分析，十二章纹一定有一个缓慢积累、逐步形成的过程，日月星辰是人们仰望星空关注的天象，山火物兽是人们俯察大地体验的环境，自然收纳于章纹之中。而赋予人文内容的章纹则必定会集中散见于各处的纹饰之精华，例如《史记·鲁周公世家》中便有"成王长，能听政。于是周公乃还政于成王，成王临朝。周公之代成王治，南面倍依以朝诸侯"的记载。

《礼记集解》曰：

> 昔者周公朝诸侯于明堂之位，天子负斧依，南乡而立。
> 郑氏曰：周公摄王位，以明堂之礼仪朝诸侯也。天子，周公也。负之言背也。斧依，为斧文屏风于户牖之间，周公于前立焉。

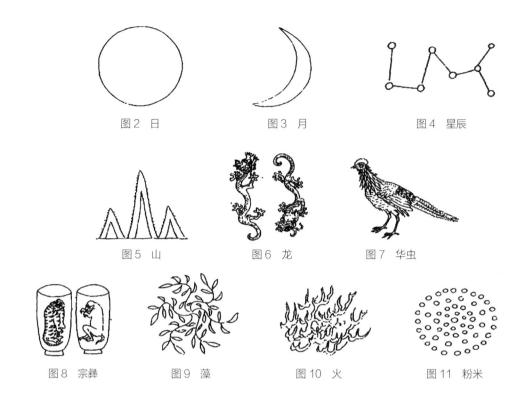

图2 日　　　　　　　图3 月　　　　　　　图4 星辰

图5 山　　　　　　　图6 龙　　　　　　　图7 华虫

图8 宗彝　　　　图9 藻　　　　图10 火　　　　图11 粉米

　　说明十二章纹有可能集中了各处已经应用的且服饰所需的纹饰，或者说十二章纹的纹饰也同样会应用于其他方面。

　　书中诸图均为十二章纹名称在上，图示居中，其中月、星辰、龙、黼四章在图示下方注有简单的说明。

　　第一组为日、月、星辰三章（图2—4），日为正圆形，月为弯钩，其下注曰："不当作圆满之形以混日。"可见此组图示以圆日、缺月来区别表现日月二章，以免混淆。星辰为八颗直线相连的圆点星辰，其下注曰"已上三章周画于太常"，太常本指周天子祭祀天神时所建的三辰旗，代表天道。《左传·桓公二年》记载："三辰旂旗，昭其明也。"所以，三辰旗是代表天的光明照临天下，画在旌旗上，以象征天之光明。从此处看，此三章可能脱胎于古代的旌旗图案，后来用于天子冕服，寄托着人类对于宇宙亘古不变之天象的崇拜之情，以及昭示天子拥有天授皇权的正统性。

图 12　黼

图 13　黻

第二组为山、龙二章（图 5、图 6），山为凸字形三角状，龙为一升一降两条翔龙，龙纹下注曰"周登龙于山"，可见从周代开始，山、龙二章便联系在一起，但十二章纹用于服饰是从《尚书》开始才有明确记载。

其后为华虫、宗彝、藻、火、粉米五章（图 7—11），华虫为雉，即羽毛华丽之鸟；宗彝为两杯形尊，左一画虎，右一画蜼（长尾猿）；藻为舒展卷曲之带叶水草；火为冉冉升腾之火焰；粉米为排布规律之圆点。

最后一组为黼、黻二章（图 12、图 13），黼纹为斧形，其下注曰"不施柄者神武不杀之意"；黻，为两个相背的弓字形。

《周礼·春官·司服》主要阐明司服这个官位的职责，即掌管王行吉礼或凶礼时应当穿的衣服，辨别这些衣服的名称、种类以及所适用的场合，文中并没有关于十二章服的具体说明。根据对古代文献的检索和研究，十二章纹的组合和具体名称是在《尚书》中首次提及，后一直沿用。这十二种代表宇宙运行、大地河川、人文精神的符号，是在先民漫长的与自然相处和斗争的过程中、在人类社会构架逐渐建立和完善的过程中形成的，如在新石器时代彩陶器皿和玉器上可见类似的个别符号。《周礼图说》中也提到"已上三章周画于太常"，即日、月、星辰三章曾用于周天子旗帜。可见这些符号在形成初期并不是仅限于用在天子冕服之上，而是用于代表天文或权力的一些器物中，后来才慢慢转嫁并凝练到服装中来。

二、司服图和内司服图

司服图和内司服图各为一表格（图 14、图 15），是按照《周礼》中王、诸侯、王朝

小国臣	次国臣	大国臣	王朝臣	诸侯		天子常服日月星辰衮衣
				上公三公 三公	九命	龙升降 衮衣 山
					八命	鷩衣
				侯伯	七命	火
				卿	六命	毳衣
		孤	子男 附庸君		五命	藻
		卿	大夫		四命	希衣
卿		大夫	上士		三命	希衣
卿			中士		再命	玄衣 玄
大夫			下士		一命	纯衣 素绣

图 14　司服图

图15　内司服图

九命章服	首服	王后典夫人服（名同等异）	诸侯夫人	王宫命妇	王朝命妇	大国命妇	次国命妇	小国命妇
九命	副（副以一翟贯于一摘王，首服止于一摘王）	袆衣	王袄夫人	三夫人				
八命		袆衣	侯伯夫人					
七命		揄狄	九嫔					
六命		揄狄						
五命	编	阙狄	子男夫人	王世妇	天大世妇元妻	大夫世妇	卿内子	
四命		鞠衣	鞠衣	女御	附庸夫人			
三命		展衣	展衣		中妻	卿内子	大夫世妇	卿内子
再命	次	缘衣　素沙	缘衣			大夫世妇		

臣、大国臣、次国臣、小国臣和九命章服、首服、王后、诸侯夫人、王宫命妇、王朝命妇、大国命妇、次国命妇、小国命妇等服装制度的相关记载整理总结而成的。

男子服装分为衮衣、鷩衣、毳衣、希衣、玄衣、纯衣等六大类。王之大常指古代天子祭天的旗帜，旗上画日月，以象征天。注曰"日月星贯九章"。九命是周代官爵的九个等级，等级不同，其服装也相应不同：九命服衮衣，饰二升龙纹；八命亦服衮衣，饰山纹；七命服鷩衣；六命亦服鷩衣，饰火纹；五命服毳衣；四命亦服毳衣，饰藻纹；三命服希衣；再命服玄衣；一命未赐服，衣玄端。可见，命数即爵位或官职的品级，与冠服品类及章纹数量有密切关系。

女子服装分为袆衣、揄狄、阙狄、鞠衣、展衣、缘衣等六大类和素沙，亦有九命等级的不同：九命、八命服袆衣；七命、六命服揄狄；五命服阙狄；四命服鞠衣；三命服展衣；再命服缘衣或素沙。不论九命章服如何区分变化，首服均为一副，类似于王之一冕对应五服。

三、弁图

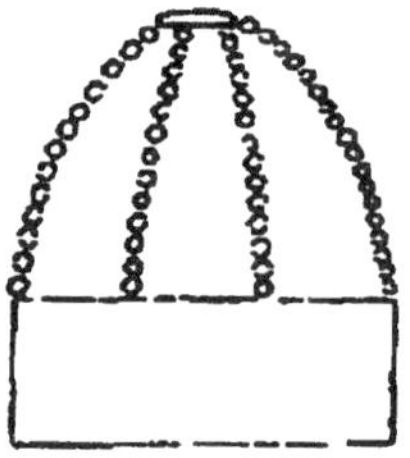

图16　弁图

弁为《周礼·春官·司服》中载王遇兵事时所服（图16），又名韦弁，王视朝时则着皮弁服，《周礼·夏官》中也有关于皮弁形制的记载。弁以皮革制成，为六瓣合缝而成，合缝处有十二粒五彩玉珠钉饰，以玉笄贯穿弁固定。诸侯之弁为三彩玉珠，子男以下用二彩玉珠。

四、冕旒命数图和冕旒延纽纮綖图

《周礼图说》中的冕旒命数图为一张表格（图17），列明了王、诸侯、王朝臣、大国臣、次国臣、小国臣所服衮冕、鷩冕、毳冕、希冕、玄冕的规制：王为五冕并十二旒；九命服衮冕九旒；八命服衮冕八旒，饰山纹；七命服鷩冕七旒；六命服鷩冕六旒，饰火纹；五命服毳冕五旒；四命服毳冕四旒，饰藻纹；三命服希冕二旒；再命服玄冕二旒；无命数者服爵弁、皮弁、缁布冠。

冕旒延纽纮綖图所示为五旒冕（图18），为子男所戴，图中标示出旒、延、纽、纮、綖、邃、笄、缨各部位名称，并注明冕板为前卑后高。释文说：

> 此图五旒，乃子男冕也。其冠武上覆及延、纽、纮、瑱、紘、缨、笄等之制上下通用，所不同者，天子缫十有二就，其余则依命数而为之，与夫玉之美恶、色之多寡以为等差也。

由此可知，天子及大臣所戴冕冠形制相同，所不同的地方在于天子冕冠的装饰均以十二为数，其他人的冕冠装饰之数则按命数不同而不同。另外，冕冠上所用玉珠的优良和色彩的多少也是区别冕冠等级的两个标志。

图 17　冕旒命数图

五、章甫冠图

《周礼图说》中有一幅章甫冠图（图19），作者王应电沿用和依照秦末汉初叔孙通所作《礼图》中所载章甫冠的制度，解释说章甫冠整体造型

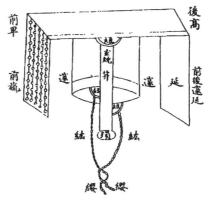

图 18　冕旒延纽纮綖图

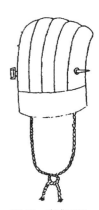

图 19　章甫冠图

图 20　缁布冠图

像覆杯，前面高广，后面尖锐，上面有三道辟积，武高四寸，象笲左右有缨，犹如明代的进贤冠。所谓进贤冠，即明代的朝冠，冠后有山，与章甫冠稍有不同，具有平正之美，在古代既用于吉礼也用于凶礼。

《礼记·玉藻》曰："朝玄端，夕深衣。"据记载，孔子少年时代居住于鲁地，穿逢掖之衣，即古代读书人所穿的一种袖子宽大的衣服；后来居于宋，着章甫冠。"端"即玄端，"儒行逢掖之衣"即深衣。《论语》中将"端"和"章甫"并称，是因为章甫本为玄端的冠服，也可以是深衣的冠服。这段话说明孔子的服装多是随环境风俗而变，而非刻意制定。此外，"逢掖之衣"与"章甫冠"在孔子所处时代已经是士的礼服，因此孔子用这样的冠服来表示和倡导"礼"，这种搭配后来逐渐成为了儒士的固定着装。王应电认为叔孙通为秦末汉初人，他对于礼制的看法具有一定的道理和出处。

六、缁布冠图

缁布冠（图 20）是太古时的首服之冠，因为能够覆盖发髻，所以名为"撮"。当时弁和冕冠都还没有出现，所以古代圣贤画像所绘多为此种样式的冠服。后来的冠服虽然更加美观，但是也不能忘却最开始的缁布冠形制。缁布冠与明代道家的冠帽相类似，因为道家创始人老子意欲恢复古代的礼制，所以道家的冠帽也遵从古代礼制而制作。

七、端衰和深衣

《周礼图说》中绘有三幅服装的平面图，分别为端衰前式（图 21）、端衰后式（图 22）、深衣式（图 23），另有一篇《玄端、端衰、深衣说》解释以上图示。

古文里有"玄端"的名称，但是不明其规制，又称"端衰"。按《仪

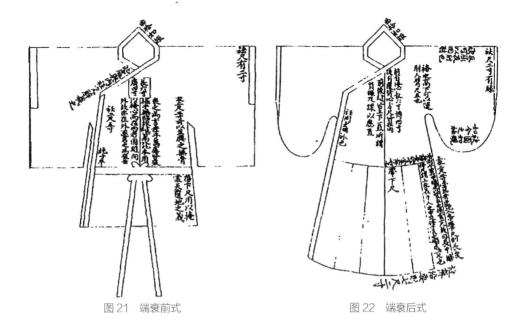

图21 端衰前式　　　　　　　图22 端衰后式

礼》所载，端衰为丧服上衣，通长三尺二寸。端衰正身长至腰间，长二尺二寸，衣带以下长一尺，覆盖下裳，寓意天覆地。袂连于衣身，袪口宽一尺二寸，衽长二尺五寸。也有将衽减去七寸的，缀于衣处或掖起，用小衣带系住，便于身体活动。"适"指辟领，是一件衣服中最为重要的地方，宽四寸，长八寸，较为坚厚，可以提挈，垂于颈项两旁各八寸，所以又称"左适"和"右适"。辟领正中反屈的地方，自然而然形成正方形，所以又称为"曲袷如矩"。端衰上有一部位名为"负"，是古人用来掩盖前心后背的结构，因为古人认为心是神明所在，所以需要遮掩。负方一尺，为长矩形，像心的形状。负其实在衣服之内，但因缝向外，所以显露出来。因为端衰是丧服，所以没有装饰，而且

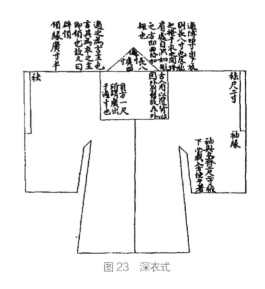

图23 深衣式

缝边在外，这是为了体现服丧之人无心穿衣打扮的哀伤心情。

深衣的形制是上衣下裳连通在一起，总长到脚踝，所以加一个"深"字。其形制与端衰类似，所不同的是缝其祛为圆袖，名为"袼"，其松紧达到肘部可自由活动的程度。下裳为十二幅，对应十二个月，上窄下宽。上衣长二尺二寸，到人体正中的腰部，以掩下裳，也可以作便服。深衣为白色，缘为黑色，从后面看上去，黑色的缘边形同燕尾。明代的服装皆为长衫的形制，只有朝祭之服是上下分属、色彩不同的。

综上所述，《周礼图说》是王应电基于对《周礼》文本的研究，考订和绘制出来的直观资料。王应电不仅基于原文进行剖析，而且对于历代研究《周礼》的著述也进行了相当深入的研究，例如十二章服图就是在文本研究的基础之上，参考后世学者研究成果发挥而成的内容。王应电在此书中不仅考证了文字所对应的图像，给出了较为明确的参考线稿，而且在图示后的注释中对一些历来的谬误进行了考证和纠正，提出了个人的观点，是今人研究《周礼》所载服饰制度和面貌兼顾文献和图像的双重资料。

参考文献：

[1] 礼记 [M]. 胡平生、张萌，译注. 北京：中华书局，2017.

[2] 尚书 [M]. 王世舜、王翠叶，译注. 北京：中华书局，2012.

[3] 司马迁. 史记 [M]. 北京：中华书局，2006.

[4] 孙希旦. 礼记集解 [M]. 北京：中华书局，1989.

[5] 仪礼 [M]. 彭林，译注. 北京：中华书局，2012.

[6] 周礼 [M]. 徐正英、常佩雨，译注. 北京：中华书局，2014.

[7] 左传 [M]. 郭丹，译注. 北京：中华书局，2016.

《大云山房十二章图说》
及《冕弁冠服图》[清]

说人

《大云山房十二章图说》的作者为清代文人恽敬。根据史书记载，恽敬（1757—1817），字子居，号简堂，江苏阳湖（今常州）人。从小跟随舅舅郑环学习，在学术上秉承自己的见解，持论好独出己见，长老皆惊异。

清乾隆四十八年（1783）考中举人，任咸安宫官学教习，后任浙江富阳、江西瑞金等县知县以及南昌同知、吴城同知，为官励精图治、方正清廉，曾有富豪向恽敬贿赂千金以求脱罪而被拒。恽敬后因奸民诬告他对衙役诈骗钱财失察而被劾，灰心罢官，专心治学。恽敬知识面极广，涉猎纵横、名、法、兵、农、阴阳等各个方面，著有《大云山房文稿》《大云山房十二章图说》等著作。

恽敬的代表著作《大云山房文稿》内容庞杂，包括命理、儒家、佛经、人物传记、首服、笔记、墓志铭、碑文、序言等等，《大云山房十二章图说》中的序言部分也被收录于文稿之中。可见作者知识涉猎甚广，这与他本人的学养和家学渊源是密切相关的。恽敬的先祖恽向是明末清初的山水画大家，族祖恽南田是武进画派创始人，家族内有良好的艺术传统和氛围。因此，恽敬具有鉴别古画的精湛目力，而且在篆刻和书法方面也颇有成就。这样的家庭出身、资历天赋和成长经历，都令恽敬在写作时具有得天独厚的优势，特别是对图像具有敏锐的观察力和理解力。可以推想的是，恽敬在创作《大云山房十二章图说》的过程中，也一定以他的艺术鉴赏能力对此书图片刻版的真实性和精美度提出了更高的要求，从客观上保证了此书所印图像的艺术水平。

在京师任教习时，恽敬便与同县的庄述祖、庄有可、张惠言，以及海盐陈石麟、桐城王灼以文会友，相交往来，商榷经义，更成为阳湖文派创始人之一。这些人中，张惠言对《仪礼》等古书的研究对恽敬影响很大，两人相交甚深。嘉庆元年（1796），张惠言曾应时任富阳县令的恽敬之邀，至浙江富阳县编修县志，可见关系亲厚。

张惠言（1761—1802），原名一鸣，字皋文，一作皋闻，号茗柯，江苏武进（今常州）人，是清代词人、散文家。他出身于世代业儒的贫寒家庭，四岁丧父，迫于家贫，年十四即为童子师。张惠言在《文稿自序》中说："少学为时文，穷日夜力，屏他务，为之十余年。"十七岁时，张惠言补武进县学附生，两年后试高等，又补廪膳生。乾隆四十八年，张惠言因受金杲赏识，被邀至安徽歙县金氏家族担任教习，有幸与金榜、王灼、邓石如等众多师友交游问学。乾隆五十一年（1786）考中举人，次年中正中榜先后就职咸阳宫和景山宫官学教习。嘉庆四年（1799）进士，充实录馆纂修官。嘉庆六年（1801）四月，散馆，奉旨以部属用，奏改翰林院编修。张惠言的成就主要集中在经学、礼学和文学上，据《清史稿》记载，张惠言"生平精思绝人，尝从歙金榜问故，其学要归六经，而尤深《易》《礼》"。

经学方面，他精研《周易》，与惠栋、焦循一同被后世称为"乾嘉易学三大家"，著有《周易虞氏义》九卷、《消息》二卷、《虞氏易礼》二卷、《虞氏易候》一卷、《虞氏易言》二卷等；礼学方面，著有《仪礼图》六卷、《读仪礼记》二卷、《仪礼词》一卷；文学方面，他是阳湖文派代表人物和常州词派创始人，辑录《词选》。张惠言去世后，恽敬说："古文自元、明以来渐失其传，吾向所以不多为者，有惠言在也。今惠言死，吾安敢不并力治之？"可见恽敬的痛心以及对张惠言研究的首肯。

因二人在礼学研究方面的密切关系，所以本文将二人代表著作

《大云山房十二章图说》和《冕弁冠服图》的服饰图解合为一篇。

▎说书

一、《大云山房十二章图说》

关于此书（图1）编纂和写作的目的及方法，作者恽敬在《大云山房十二章图说·序》中说得十分清楚：

> 古者十二章之制，始于轩辕，著于有虞，垂于夏殷，详于有周，盖二千有余年。东汉考古定制，历代损益，皆十二章，亦二千有余年，可谓备矣。中间秦王水德，上下皆服袀玄，西汉仍之。隔二百有余年，是以诸经师不亲睹其制，多推测摹拟之辞，然搜遗祛妄，各有师承，考古者必以为典要。至历代舆服志具载不经之制，而冕弁服，则兢兢然不忘乎古焉。其大臣议礼之说多可采者，是故言史不折以经不安，言经不推以史不尽也。敬自束发受书，颇窥各家礼图得失。今上采笺注，下揿史志，为十二章，分图若干，合图若干，历代图若干，附其说于后世之君子，其有以是正之，则幸矣。

在这段序文中，恽敬首先追溯了十二章的起源。他认为古代的十二章制度起源于轩辕时期，传播于有虞时期，垂范于夏殷时期，翔实和完善于周代，这段历史约有两千余年。虽然没有确

图1 《大云山房十二章图说》封面

切的证据证明在这一时期十二章纹已经确立并应用于服装，但是考虑到十二章系统的完备程度，可以肯定它必然经过了一个较为漫长的、基于前人经验和审美的形成阶段。至东汉时，官方又对十二章纹进行了明确的规定，虽然后来历朝历代有所变化，但均保持了十二章的形式，延续了两千余年，可以说十二章是一种相当完备的服饰制度。但是中间秦王崇尚水德，所以上下均服式样和颜色同一的裪元（又称裪玄，即全黑色的服装），西汉也延续了这个传统，这种情形大约持续了二百多年，打断了十二章制度的传承。所以，汉以后讲授儒家经书之人未必亲眼见到过十二章纹的实物，很多时候都是进行推测模拟的解释。如果细究起来，大多各有传承，所以历代舆服志与儒家经书的记述也不完全相符，但是冕弁服还是保留了古代的服制特色。此外，大臣们议论礼制的说法和记载多具有真实性，可以被采纳，也说明了儒家经典和史书之间相互补充和印证的密切关系。

作者恽敬对历朝历代各家所载礼图较为熟悉，所以采取儒家经书笺注和史书所记舆服志文献相互对应和补充的治学方法，将十二章以图片的形式表现出来，其后再加论述，以求将十二章的具体造型和历史发展的来龙去脉进行详尽的记述。全书分为两大部分，前一部分为图片，后一部分为两卷文字，对章纹造型和历史脉络进行整理和分析。

可惜的是，这部书的全貌已不可见，书后跋文曰：

> 阳湖恽子居先生据虞书十二章为十二分图，并为总图。
> 又据周至明史志为历代十二章图，图系以说，详行等之，
> 分订沿革之制。至周悉也。草稿藏觐元处，光绪乙亥理而
> 出之，黯昧蚀损，莫可究诘。仅存分图十二，又历代图三。
> 而按之后说均属参差，未敢臆定何代。仍附说二卷刊行。
> 实此丛残，不敢失坠。

根据跋言可知，这部书的草稿原收藏于清代学者、目录学家、藏书家姚觐元之手，待到光绪乙亥年（1875）将其整理出来时发现

书稿已经残损，仅存分图十二幅和历代图三幅，后面的解说也是参差不齐。为了此书不至于湮没，姚觐元将残存图片和文字整理刊行出来，成为今天我们见到的这个版本。

二、《冕弁冠服图》

《仪礼图》是张惠言礼学研究的代表作，其中一卷为《冕弁冠服图》（图2）。此书完成于张氏三十八岁（1798）时，刊行于嘉庆十年（1805）。阮元《仪礼图序》言：

> 惟《仪礼图》六卷，今年春始得于武进董君处，见其手录本。董君名士锡，编修之高弟子，即编修之女夫也。因属董君校写，刻之于板。……嘉庆十年五月二日扬州阮元序。

阮元从张惠言之弟子董士锡处得到手录本，再刊印此书。后又有《皇清经解续编》本、清同治九年（1870）湖北崇文书局本、《续修四库全书》本据嘉庆十年（1805）本影印等诸多版本。

《仪礼图》传承了"左图右书"式文献的体例，其对于《仪礼》的关注点和重点研究内容在序言中写得非常清楚：

> 宋杨复作《仪礼图》，虽礼文完具，而位地或淆。编修则以为治《仪礼》者当先明宫室，故兼采唐、宋、元及本朝诸儒之义，断以经注。首述宫室图，而后依图比事，按而读之，步武朗然。又详考吉、凶、冠服之制，为之图表。又以其论丧服，由至亲期断之说，为六服加降表，贯穿礼经，尤为明著。

从以上序言中可以看出，张惠言认为

图2 《冕弁冠服图》

研究《仪礼》首先应该明白宫室的构架和功能,因此他采纳并综合唐、宋、元、明等儒士的代表观点, 在《仪礼图》中首先列出《宫室图》,又详细考证了吉、凶等冠服及丧服的制度。《仪礼图》六卷具体包括: 卷一, 宫室、衣服; 卷二, 士冠礼、士昏礼、士相见礼; 卷三, 乡饮酒礼、乡射礼、燕礼、大射礼; 卷四, 聘礼、公食大夫礼、觐礼; 卷五, 丧服、士丧礼、既夕礼、士虞礼; 卷六, 特牲馈食礼、少牢馈食礼、有司彻。《冕弁冠服图》属于此书卷一, 具体包括冕、弁、爵弁、冠、衣、裳、深衣中衣、带、鞸韨、舄屦、偪等十一个条目, 除最后"偪"一条仅有文字解释而无图示外, 其他各条均详细注出分类、款式、尺寸、裁剪方式、局部名称等信息。

张惠言所著《仪礼图》充分吸收了历代礼学家的研究成果, 图示精细准确, 因此清后期学者皮锡瑞曾评价曰:

> 读仪礼有三法, 一曰分节, 二曰释例, 三曰绘图, 得此三法, 则不复苦其难, 分节可先观张尔岐吴延华之书, 释例凌廷堪最详, 绘图张惠言最密。

所言从这部《冕弁冠服图》中可见一斑。

说图

一、大云山房十二章图说

《大云山房十二章图说》书中前一部分共有图片十八幅, 前十二幅分别为单独的十二章纹, 后六幅为三身上衣下裳所饰十二章纹的平面示意图。以下结合《大云山房十二章图说》卷一的内容将其分为七个小节进行梳理。

1. 日、月、星三章

前三图为日(图3)、月(图4)、星(图5),均为圆形边缘的云纹,烘托圆日、弯月和北斗七星。古代称日、月、星为"三辰""辰"即

图3　日

图4　月

图5　星

是"时"的意思，日、月、星表示的都是与人关系紧密的时节，所以并称为"辰"。古代将一天分为十二个时辰，将日、月画于冕服之上衣亦有祭祀日月之意。十二章纹中的"星"为北斗星，中国自古以来就有星斗崇拜和星占之说，先民崇拜天象，以天象变化预测人事吉凶。恽敬认为北斗为星枢，所以要列入十二章纹，单独画出来；而太白（金星）、岁星（木星）、辰星（水星）、荧惑（火星）、镇星（土星）这五颗行星（五纬）就不再单独画出，而用日、月一起涵盖了，因为日、月与上述五星合称为七曜。此外，十二章纹中也没有画出三垣四兽。三垣指的是北天极周围的三个区域，即紫微垣、太微垣、天市垣；四兽即四像，指的是青龙、白虎、朱雀、玄武，这是中国古代天文学家为观测日、月、五行运行而划分星区的办法。三垣四兽的概念统摄于北斗七星这一章纹中，因为它们同为经星，即恒星。

在这里，日、月、星作为十二章纹的前三章出现，代表着古人对心目中最高地位的天的崇拜。这三章覆盖了自古形成并流传下来的天文观念，即表明了古人在天文科学方面的成就，也彰显了身着十二章纹的天子地位与君权神授的权威。

这三章以绘的办法装饰于上衣，所绘色彩依据四时而不同。因为天的概念极大而又没有具体的形态，所以需要有云霞衬托，云霞的颜色需要像冕旒上的旒玉色彩一样，按照一定的次序进行表现。

2. 山、龙二章

这二章代表的是山（图6）和水，《考工记》中说："山以章，水以龙。"注解说章同"獐"，代

图6　山

图 7 　龙

表着山中的动物，而龙是代表着水中的动物。所以画山时有时会画出獐或者草木的形态，书中的"山"纹便是树木葱茏掩映山体，像一幅山水画一般。除了代表山之本体，山纹也代表着大地之意，通常用象征土地之色的黄色来表示，这与用日月星来代表天的含义是一样的。

关于龙纹（图 7）用于十二章纹中的表现形式，恽敬综述了历史上各家之言，有的认为天子上衣画升龙，而诸侯之衣画降龙，有的认为天子所用龙纹为一升一降，而公侯之衣上仅有降龙；而《朱子诗传》所说又与前述不同，其中用旗上画升龙和降龙来解释衣上所画龙纹的姿态，与古制并不相符，因为《尔雅》中说"素升龙于縿"，即天子之旗只画升龙，所以旗上之龙纹与衣上之龙纹并不能混淆和等同。考证《礼记》，说十二章纹中的龙为卷曲之形，《说文》中亦形容为"蟠阿"，二者相符合。所以用于天子衣上的龙纹应为卷龙，既非升龙，也非降龙，更非交龙。因此，在恽敬看来，许多图像中所绘天子之衣领和禖处有升龙纹是错误的。

3. 华虫一章

关于华虫的概念，《孔传》解释说"华"像草虫"雉"，注释说因为"雉"为五色，像草叶的光华色彩。《周礼·司服》中就有"鷩冕"，"鷩"就是"雉"。当时"虫"是鸟兽之总括名称，所以用"虫"字指代"雉"。《周礼》规定天子享先公飨社时要穿鷩冕，注释说华虫就是"五色之虫"，在冕服上用绘制的方法体现，鸟、兽、蛇、鷩都画成雉，名为"华虫"。"华虫"名"鷩"是因为章纹所绘动物的头部像鷩，有两翼则为鸟，身体上有鳞片则为蛇。《考工记》中说："画繢之事鸟、兽、蛇。"注释说所谓"华虫"，因"虫"是有毛、鳞等花纹的动物。郑玄所注《周礼·司服》中说"画繢鸟、兽、蛇"为鷩冕，实际上画的是"雉"，后世便认为"华虫"代表的是"雉"，然而，作者恽敬认为"雉"其实是皇后服装中所用的章纹，袆衣、揄狄、阙狄都是以"雉"为装饰。为什么"雉"独独是皇后服装的章纹呢？《尚书·大传》中说"华虫"是黄色的"蜼"，首部似鷩所以称为鸟，有四足被称为兽，长身被称为蛇，所以"蜼"兼有鸟、兽、蛇三者的含义。注释也引用缋人所说，其头部像鷩而不是鷩雉，代表着鸟、兽、蛇的合义。"鷩"画以"雉"是因为头部像"鷩"，所以称为"鷩冕"而非"华冕"。鷩冕是因为章纹所绘头部

图 8　华虫

像"鷩"，写为"雉首"，也就是代表鸟、兽、蛇等类的总称"华虫"。后人以为"华虫"就是"雉"，其实并不准确。

文中，恽敬辨析了"鷩""雉""华虫""蜼"这几个词的含义和用法。总体来说，皇帝冕服中的"鷩冕"用"华虫"作为主要章纹，"华虫"指的是有光彩的鸟兽，而"雉"是皇后服装所用的章纹，这厘清了历来将"华虫"等同于"雉"的误判。在书中所绘华虫一章的图（图 8），为圆形构图，图中有类似云纹的单钩曲线，另有类似于鸟首以及双钩线组成的云文身躯，也就是文中说到的"蜼"，取意鸟、兽、蛇等动物的共同点进行表现，是一种广义的表现，而并不是狭义地特指某一种动物。

4. 宗彝一章

《孔传》认为宗彝指的是宗庙彝尊，通常也以山、龙、华虫为装饰图案，而不以日、月、星辰为装饰，因为代表天象的符号不适合用于器物之上。《周礼》中提到山罍、龙勺、鸡彝、鸟彝等，可见宗彝常用这些主题作为装饰，周彝不用这些题材是因为帝王喜好不同。但是，恽敬认为以上说法皆为牵强附会。

《周礼》记载祭祀山川需服毳冕，注释说上画虎、蜼，即所谓"宗彝"。注疏说宗彝并不是虫兽之名，只因上绘虎、蜼，所以又称"虎蜼"。因为虎毛浅、蜼毛深，所以"毳"即指代各种鸟兽皮毛。根据《王氏尚书》对《周礼·司尊彝》中各朝代彝器之名的分析，"虎蜼"为"虞彝"。

图 9　宗彝　　　　　　　图 10　藻　　　　　　　图 11　火

在作者恽敬看来，历代各家礼图中所画宗彝都是画出彝尊本体，然后在彝尊上画虎蜼。现在《周礼》注疏中说将"虎蜼"称为"宗彝"，是因为毳冕上画"虎蜼"。古代正名百物，虞言宗彝应画为虎彝、蜼彝，周言毳衣应画虎蜼，《尚书·大传》说宗彝是白色的，因为有虞氏五尊多为白色，《诗经》中说毳衣如菼、如璊，所以"虎蜼"是介于黑红色之间的章纹。

此书中的宗彝一章为圆形构图（图 9），左边画一蜼，盘坐搔首，右边画一只虎，俯冲仰视，一动一静，相得益彰。

5. 藻、火二章

《孔传》说"藻"是有纹样的水草，"火"即为"火"字，注疏说火用于章服时用刺绣的工艺体现。《考工记》说"火以圜"，说明"火"的造型是圆形的，也有火"如半环"的说法。恽敬认为古代的"水""火"皆为象形文字，"火"字就是类似于火本身的形象。许多典籍中记载说"圜"与"半环"都可以增减为"火"字。其实十二章纹都是由象形而来，而"火"这一章绣一"火"字，后世看不出来，这是因为后世字体由篆体改为隶书而失去了象形的本意。《周礼》提出"六书"，即汉字构成和使用方式的六种类型，包括象形、指事、会意、形声、转注、假借。在《说文解字·叙》中记载："象形者，画成其物，随体诘诎，日月是也。"所以，"火"字和"火"这一章都是模拟绘制象本身的形象而得来的。

本书中的"藻"一章便是卷曲盘绕的水草（图 10），"火"一章是呈合抱状的火焰之形（图 11），即前文所说的"圜"和"半环"形。

这二章放在一起，是一代表水、一代表火。

6. 粉米一章

《尚书·虞书·皋陶谟》中注释说："粉若粟冰、米若聚米"，注疏说："粉之在粟，其状如冰。"

图 12　粉米

《周礼·司服》中说祭祀社稷及五祀时着希冕，注释说"希"读为"绨"，或作"黹"字之误，皆为刺绣的意思，说明粉米一章用于服装时是用刺绣工艺表现的。注疏解释说衣为阳，故上衣的章应作画；裳为阴，故下裳的章应作绣。关于衣绘而裳绣的说法古已有之，"绘，阳事也，故在衣；绣，阴功也，故在裳"。出自宋人《释奠仪》的这句话，规范了十二章彰施所用的技法。不过，希冕所用三章中的粉米虽在上衣，但是也不能画，只能用刺绣工艺。

恽敬注释说《孔传》中十二章纹不计算宗彝，所以粉米分为二章，现在依据《周礼》注疏合为一章。书中粉米为两端呈尖状的米粒形（图 12），粉米一章绘为五圈粉米呈环状排列，首尾相接，中有一粒。

7. 黼黻二章

《孔传》记载说"黼"为斧形，"黻"为两弓相背，注疏说《考工记》曰白与黑称之为"黼"。《尔雅·释器》说"斧"谓之"黼"，孙炎说"黼"作斧形，其色彩半白半黑也像斧，因为斧刀为白色、斧身为黑色，后引申为天子具有非凡的决断之力。《考工记》说"黻"为两弓相背，是用黑色与青色的绣线刺绣而成的，这种造型被寓意为天子具有背恶向善的品德。

图 13　黼

书中"黼"纹为一左右对称的如意云头形斧纹（图 13），"黻"纹为两弓相背（图 14），并无颜色的区别。

本书在十二章后另附六幅历代冕服衣裳的平面

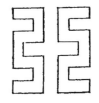

图 14　黻

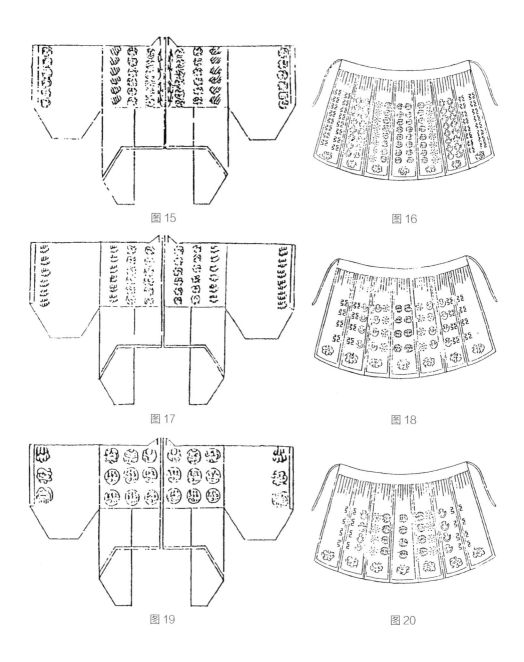

图15

图16

图17

图18

图19

图20

图（图15—20），按书后跋文的说明，此六幅图组合为三身历代图，展示了不同时代冕服制度中十二章的位置体现，但由于没有图示说明，故不能确知属于哪个朝代。

综上所述，恽敬在《大云山房十二章图说》卷二中对历代诸家学说关于十二章纹的定义和看法做了一一梳理。他举例说,从《虞书》开始,十二章纹的创作初衷和相应内容便被明确提出来,古人从观察天文、山川、人文等各个方面,早在舜之前就已经主动选择并逐渐形成了十二种代表宇宙运行规律和人性品德的统一的符号化表现,即十二章纹。这套系统的出现是跟随着上衣下裳的穿着规范的确定而确定的,并广泛应用于古代帝王和大臣用于祭祀的冕服中。依据层级地位,十二章纹的使用以数量为标准递增或递减,以五方正色系为中心的颜色数量也随之变化。因为,数理的概念在中国古代十分重要,十二被认为是"天之大数",所以天子所用器物以十二为尊。

其实,十二章纹的内容在历史上有不同的说法,围绕十二章纹的争论也十分复杂,如《孔传》中的十二章纹不包括宗彝,而将华和虫分作两章,粉与米也分为两章,成十三章纹之数。而《虞书》中所记帝舜的一段话常被看作是十二章起源的根据:

予欲观古人之象,日、月、星辰、山、龙、华虫,作会;宗彝、藻、火、粉米、黼、黻,缔绣,以五采彰施于五色,作服。

因为《虞书》是周代史官追记所载,而十二章中除宗彝外其他在夏代以前尚未出现,所以这种说法也不可完全取信。但是,十二章纹所包含的部分内容,确实在周代之前的石刻、玉器、岩画、陶器、青铜器上出现过类似的表现符号,虽然不明确是否也用于服饰,但这些符号应具有与祭祀、礼仪紧密相关的神圣含义。直到郑玄为《周礼》作注,后世才基本上按照郑玄注释的说法将其传承下来。十二章纹所用的工艺、在衣裳上装饰的位置、具体的形态也在历代有数次修改和重新解释,但基本保留了十二章纹的含义,并一直延续到清代的冕服系统中。

本书梳理了历代关于十二章纹的记载和图像,对一些记载矛盾之处进行分析和纠正,作者恽敬在综合各家学说和图片的基础上,提出个人观点,并在此基础上对十二章纹的造型进行了重新刻画,使现今研究十二章纹的来龙去脉和在清代的变化形式有了新的了解和认识。

二、《冕弁冠服图》

《冕弁冠服图》中有冕、弁、爵弁、冠、衣、裳、深衣中衣、带、韠袯、舄屦、偪共十一个条目，除了最后的"偪"仅有文字解说而无图外，其他条目均以"左图右书"的形式排列。文字说明为代表性礼学著作对此条目的解释和观点，用图片的形式详细绘出造型、组件、尺寸、材质等信息，在图片上再加以简短文字进行标注，清晰明了。下面按书中顺序进行解释。

1.冕

关于冕的尺寸、组件、材质、数目，《周礼》《礼记·玉藻》《左传》等历代典籍有不同的记载和说法。《后汉书·舆服志》记载永平二年（59）初，孝明皇帝下诏有司采纳《周官》《礼记》及《尚书·皋陶》篇乘舆制度从欧阳氏说，公卿以下从大小夏侯氏说。张惠言在书中详述其规定：

> 冕前圆后方，前垂四寸，后垂三寸，三公诸侯及卿大夫，皆有前无后。案《玉藻》：天子玉藻，十有二旒，前后邃延，则欧阳氏说所本也。《大戴礼·子张问入官》篇：古者，冕而前旒，所以蔽明也。《礼纬》：旒垂目，纩塞耳，王者示不听谗、不视非也，则大小夏侯氏说所本也。

张惠言主张大小夏侯氏对于古代冕旒规制的说法，所以图中绘出天子冕（图21）仅有前旒，而无后旒，并标注出："延长一尺六寸，前圆后方。""前低一寸二分"，后"广八寸"。"武之色无文，约以元缯为之。""十二旒，旒十二玉，长尺二寸，齐肩。"

另外绘出用以固定发冠的笄（图22），引《仪礼·丧服传》："吉笄尺二寸。"张惠言补充："鬠笄缫中以安发冠，笄亦当缫中。江云衡即笄。"

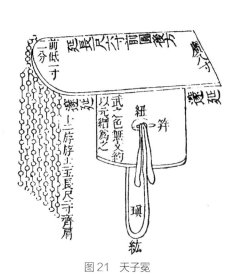

图21 天子冕

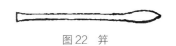

图22 笄

2. 弁

《周礼·弁师》记载："王之皮弁，会五采玉璂，象邸、玉笄。王之弁绖，弁而加环绖。诸侯及孤卿大夫之冕：韦弁、皮弁，弁绖各以其等为之。"天子弁上有十二道缝，缝中贯结十二颗五彩玉（图23）。玉的数量和颜色与品级相关，侯伯为七，子男为五（玉为三彩），孤为四，三命之卿为三（玉为二彩），一命之大夫及士无玉饰。弁有韦弁和皮弁之分，形制无异，只是前者用韎韦制成，后者用白鹿皮制成。

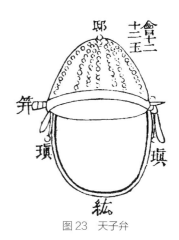

图23 天子弁

3. 爵弁

书中引《仪礼·士冠礼》注云："爵弁者，冕之次。其色赤而微黑，如爵头然，或谓之緅。其布三十升。""爵弁者，制如冕，黑色，但无缫耳。"

张惠言说天子爵弁、君大夫皮弁即为弁绖，爵弁不得有辟积。此外，弁又为冠的总称，元冠、元端，天子谓之冠弁。图中爵弁之延（纮）长一尺六寸、广八寸，前圆后方，平正端方（图24）。

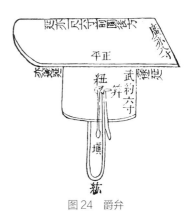

图24 爵弁

4. 冠

书中列出两种冠的种类：元冠和缁布冠。

书中引《诗》疏云："紂帛为元冠。"

图中元冠为衡缝，辟积较多，区别于古代的缩缝（图25）。元冠前后外露，并缝于武上。《乡党图考》云："吉冠梁亦二寸，武与冠不异色。"

据《礼记·玉藻》记载，古代的冠和武是分开的，天子燕居时才将冠和武合并起来，

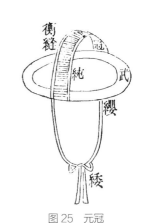

图25 元冠

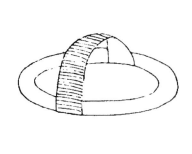

图26　缁布冠　　　　　　　　图27　缺项

以缨系结，饰以緌。自鲁桓公开始，元冠用紫緌。据《礼记·曲礼》记载，父母在世时，冠和衣不能用纯素。

《仪礼·士冠礼》曰："缁布冠缺项，青组缨属于缺。"

从图示和图注来看，缁布冠由两部分组成，其上为冠（图26），其下为缺（图27），又名頍项、缺项。缁布冠无笄，因此依靠缺项四角的缀和緄系结和固定其上的冠。缁布冠用缁布制成，整体形制与元冠相似，但尺寸较小，因此又名撮。

《戴东原集》记载说：

> 大白冠、缁布冠皆不蕤，
> 委武玄缟而后蕤。

古代的冠无武，缺项即是武的前身，后来天子冠因有冠卷而不必用缺项了。

5.衣

《仪礼·丧服记》曰：

> 衣带，下尺。衽，二尺有
> 五寸。袂，属幅。衣，二尺有
> 二寸。祛，尺二寸。

首先，张惠言以图文对照的形式解释了衣的裁衽尺寸和具体方法（图28）。取长三尺五寸、宽二尺二寸的布，上下

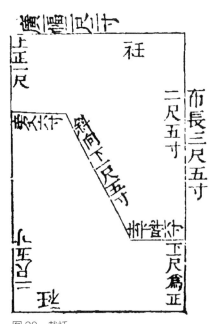

图28　裁衽

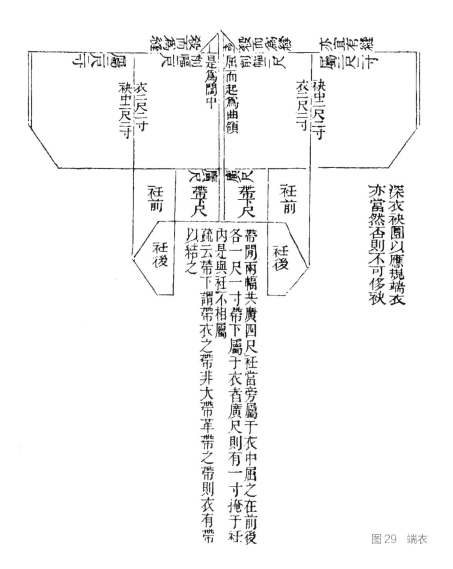

图29　端衣

各一尺处分别向内裁六寸，斜向裁开，这样便得到了两条各长二尺五寸的衽。衣袂连属，袂中长二尺二寸，衣自领至腰亦长二尺二寸。

　　而按照图29中裁衣的方法，用布一丈四寸，袖口宽一尺二寸，足以容纳人双手并在一起的肘部活动范围。衣长二尺二寸，前后用布共为五尺二寸，是因为古代的衣在肩部为拼缝，中间要留出八寸做出曲领的样子，领部左右各去八寸则为方形，衣身便为二尺二寸。这样造型端正方直的衣被称为端衣。

　　大夫以上所服衣为侈袂（图30），袂长三尺三寸，袖口宽一尺

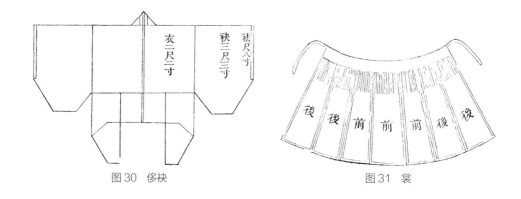

图30　侈袂　　　　　　　　图31　裳

八寸，《礼记·杂记》记载弁绖服之衰服和《仪礼·少牢》记载主妇绡衣均为侈袂，也就是袖部宽大。

6. 裳

《仪礼·丧服》注云："祭服、朝服，辟积无数。凡裳，前三幅，后四幅也。"疏云："凡服，唯深衣、长衣之等六幅，破为十二幅，狭头向上，不须辟积，其余要闲以外，皆辟积无数。"

裳（图31）的幅数以阴阳区分，前为阳，后为阴，所以为前三后四。但是深衣为上下连属，裳为十二幅，象征十二个月。《仪礼·士丧礼》曰："衣裳缘綼、緆。"意思是指裳上不同位置的装饰，装饰在幅为綼，在下为緆。裳的每幅都有装饰，就像衣的边缘皆有装饰一样。《大云山方十二章图说》历代图便示意了裳的每幅装饰章纹的效果。

7. 深衣和中衣

书中引《深衣目录》云：

> 深衣，连衣裳而纯之以采者，素纯曰长衣，有表则谓
> 之中衣。

大夫以上祭服的中衣为素，吉服的中衣用彩色缘边。《礼记·玉藻》疏云：

> 诸侯得绡黼为领，丹朱为缘，大夫、士不用绡黼、丹
> 朱，但用采纯而已。

张惠言认为江永所著《深衣考误》最为详细确切，所以本书中直接采用这本书的图注。首先记述深衣的裁剪方法，先裁衣身和袂（图

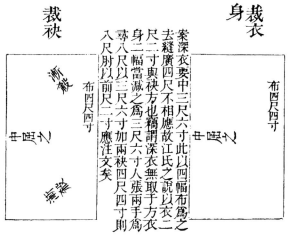

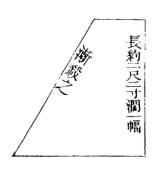

图 32　裁衣身和袂 图 33　裁前右外襟

32）。用布一幅，宽二尺二寸，长约四尺四寸，对中折叠，作为衣的左畔。前后两边和下边各去一寸留做缝，右畔也用这种方法制成。用一块同样大的布裁袂，袂的口部为祛，直径一尺二寸，总长为二尺四寸。

再用一幅长约二尺二寸、宽二尺二寸的布，斜向裁出前右外襟（图 33）。

另外一幅布正裁为两幅，皆宽一尺一寸，两边各去一寸为缝，每幅上下皆宽九寸，用布四幅裁为八幅，去边缝后上下皆宽七尺二寸，为裳的前襟和后裾（图 34）。

用布一幅斜裁为两幅，窄边为二寸，宽头为二尺，两边各去一寸为缝。用同样的方法再裁出两幅，为两旁之衽（图 35）。

裁出钩边（图 36），连缀于布后衽上，窄边缝在衣的右内衿，用来掩裳的里边。

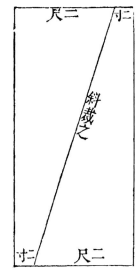

图 34　裁裳前襟和后裾 图 35　裁裳衽

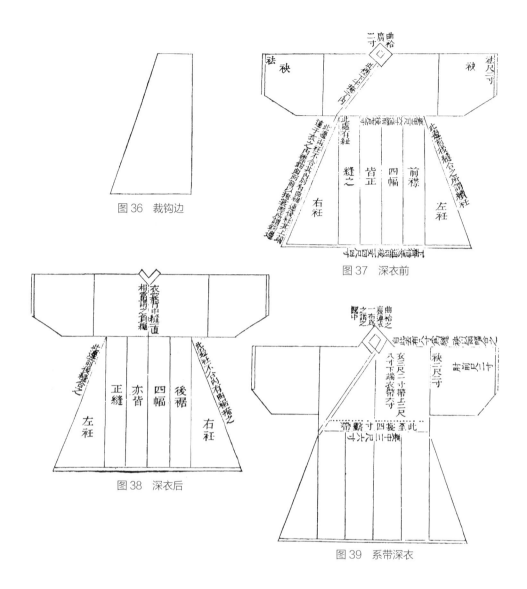

图36 裁钩边

图37 深衣前

图38 深衣后

图39 系带深衣

依据以上裁剪方法,缝出深衣(图37、图38)及系带深衣(图39)。

《礼记·士丧礼》还记载有一种褖衣,注释说为黑衣赤裳,褖即为缘,是一种袍子。穿这种褖衣则服元端,但这种元端连衣裳与妇人褖衣相同。

8. 带

《礼记·玉藻》曰:

天子素带,朱里,终辟。而素带,终辟。大夫素带,辟垂。士练带,率下辟。居士锦带。弟子缟带。并纽约用组,三

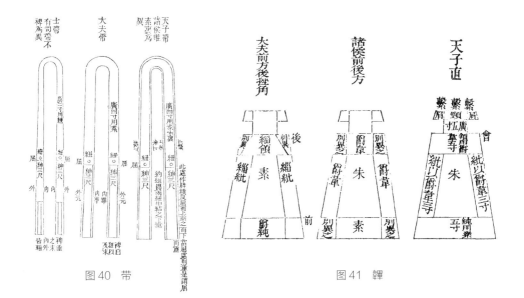

图40 带　　　　　　　　　图41 韠

寸长，齐于带。绅长，制士三尺，有司二尺有五寸。

这里列举了三种带的形式，包括天子带和诸侯带、大夫带、士带（图40）。天子带，宽四寸，用素，朱里，诸侯用素里。大夫带，宽四寸，用素，外元（玄）内华，华即为黄色。士带，宽二寸，用练，又称为缁带。士以下的带尾皆不合缕。

9. 韠韨

《礼记·玉藻》曰：

> 韠，君朱，大夫素，士爵韦。圜杀直，天子直，公侯前后方，大夫前方后挫角，士前后正。

元（玄）端服之韠，下宽二尺，上宽一尺，长三尺，颈五寸，肩革带宽二寸，佩系于革带上。韠用皮革制成，与裳的颜色一样。天子诸侯元（玄）端朱裳，大夫素裳，士服元（玄）裳、黄裳、杂裳。皮弁服佩素韠，圜杀直。

韠的形制，根据身份不同而有区别（图41）：天子韠，直四角，无圜杀；公侯韠，前后方形，杀四角，也就是上下各去五寸；大夫韠，前方后挫角，缘其上角。韠有四个镶边，上边为领，左右两边名纰，下边为纯，四边所用材料和颜色亦因人物身份不同而有区别。缝中

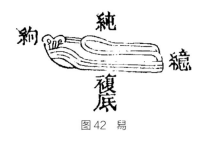

图42　舄

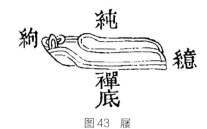

图43　屦

所用牙带为纠，是五彩的。

10. 舄屦

《仪礼·士冠礼》记曰：

> 屦，夏用葛，玄端黑屦，青绚、繶、纯，纯博寸。素积白屦，以魁柎之，缁绚、繶、纯，纯博寸。爵弁纁屦，黑绚、繶、纯，纯博寸。冬，皮屦可也。

屦与裳的颜色相同，按《周礼》的记载，古代有屦人掌管王与后的屦，包括赤舄、黑舄，赤繶、黄繶、青句素屦、葛屦，以及分辨外内命夫命妇的命屦、功屦、散屦。复底的为舄（图42），用缋画装饰；单底的为屦（图43），用刺绣装饰。天子诸侯遇吉事服舄，其余场合中，只有着冕衣和翟衣时服舄。士爵弁，纁屦，黑绚、繶、纯，遵从祭服之屦，用缋画装饰。如果不是因为吉事则着素屦，需要去掉装饰，又称为葛屦。明代有用皮革制成的散屦，又称去饰，也就是没有装饰的屦。此外，《礼记·玉藻》记载说童子不可穿带绚的屦。

11. 偪

偪，又称为邪幅，《礼笺》解释说即为当时的行滕，是一种从足部到膝部斜向束缠的足衣。书中引阎百诗《尚书》疏证曰：

> 诗之邪幅，臧哀伯所谓偪，人君之盛服也，非行滕者。

比康成杜预时，无复此制，故第曰若今行滕而已，至内则之，偪则常人之服也。

可见，偪原本为盛服，后来为普通人所使用。

张惠言所著《冕弁冠服图》是在宋代杨复《仪礼图》的基础上，既有因袭又有创新的礼经学研究著作，主要通过礼经文本考辨与礼图绘制结合的方式进行诠释。其突出特点是依据古今研治《仪礼》之特点进行内容编排，首列《宫室》《衣服》二图，以此二图为纲，引领全文，可见作者十分肯定服饰在古代礼仪文化中的重要地位。文中考证翔实，理论有理有据，大量引用《周礼》《礼记》《左传》等文献，参照郑玄注、贾疏、孔疏等内容，结合诸家礼学成果，特别是其师金榜《礼笺》之说，综合考证，最终立文撰图，在图片的细节和实用功能方面具有一定创新性。同时，此书中衣、裳等条目的解释与图示可与恽敬所著《大云山房十二章图说》相互补充，为礼图研究提供了学说对应和参照方便。

参考文献：

[1]　戴震 . 戴震文集 [M]. 北京 : 中华书局，1980.

[2]　尔雅 [M]. 管锡华，译 . 北京 : 中华书局，2014.

[3]　范晔 . 后汉书 [M]. 李贤等，注 . 北京 : 中华书局，1965.

[4]　尔雅 [M]. 郭璞，注 . 上海 : 上海古籍出版社，2015.

[5]　礼记 [M]. 胡平生，张萌，译注 . 北京 : 中华书局，2017.

[6]　尚书 [M]. 王世舜，王翠叶，译注 . 北京 : 中华书局，2012.

[7]　诗经 [M]. 王秀梅，译注 . 北京 : 中华书局，2015.

[8]　考工记译注 [M]. 闻人军，译注 . 上海 : 上海古籍出版社，2008.

[9]　仪礼 [M]. 彭林，译注 . 北京 : 中华书局，2012.

[10]　张惠言 . 茗柯文编（三编）: 文稿自序 [M]. 上海 : 上海古籍出版社，2015.

[11]　赵尔巽，等 . 清史稿 [M]. 北京 : 中华书局，1977.

[12]　周礼 [M]. 徐正英，常佩雨，译注 . 北京 : 中华书局，2014.

[13]　左传 [M]. 郭丹，译注 . 北京 : 中华书局，2016.

《皇朝礼器图式》[清]

说人

爱新觉罗·胤禄（1695—1767），号爱月主人，清朝宗室大臣，康熙皇帝第十六子，顺懿密妃王氏所出。雍正帝胤禛即位后，为避名讳，除雍正自己外，其他皇兄弟都避讳"胤"字而改为"允"字排行。因此胤禄又作"允禄"。

《清史稿·列传六》有其传：

允禄精数学，通乐律，承圣祖指授，与修数理精蕴。乾隆元年，命总理事务，兼掌工部，食亲王双俸。二年，叙总理劳，加封镇国公，允禄请以硕塞孙甯赫袭。寻坐事，夺爵，仍厚分与田宅，时论称之。四年，坐与允礽子弘晳往来诡秘，停双俸，罢都统。七年，命与三泰、张照管乐部。允禄等奏："藉田礼毕，筵宴当奏雨旸时若、五谷丰登、家给时足三章，本为蒋廷锡所撰，乐与礼不符，不能施于燕乐。请敕别撰。"又奏："中和韶乐，例用笙四、箫笛皆二，金、革二音独出众乐之上。请增笙为八，箫笛为四。"又奏："汉以来各史乐志，俱有镈钟、特磬。今得西江古镈钟，考定黄钟直度，上下损益，铸镈钟十二。窃以条理宜备始终，请仿周礼磬氏遗法，制特磬十二，与镈钟俱为特悬。乐阕击特磬，乃奏敔；大祭祀、大典礼皆依应月之律，设镈钟、特磬各一簴。"上悉从之。二十九年，允禄年七十，上赐诗褒之。三十二年，薨，年七十三，谥曰恪。

从"允禄请以硕塞孙甯赫袭。寻坐事，夺爵，仍厚分与田宅，时论称之"看，其人称得上厚道，且通乐律，懂礼法，因此被委以重任。《皇朝礼器图式》便是他与蒋溥等人奉敕编纂。

说书

《皇朝礼器图式》（图1—2）是一部册页式的图谱，并有多种版本，是清代祭祀器用、科学仪器、男女冠服、礼部乐器、卤簿武备的礼制用书。

每器皆列图于右，系说于左，共计一千三百幅图。主要参与绘制者有蒋溥、汪由敦、何国宗等礼部、兵部、工部官员二十七人。

其内容分六个部分：祭器部二卷，仪器部一卷，冠服部四卷，乐器部二卷，卤簿部三卷，武备部六卷。

冠服部共计四卷，卷四为《冠服一》，为皇帝、皇太子、皇子、宗室、王公、额驸冠服；卷五为《冠服二》，为民公、侯、伯、文武品官、进士生员、文武乐生冠服；卷六为《冠服三》，记录皇太后、皇后、皇贵妃以下至乡君冠服；卷七为《冠服四》，记载民公夫人以下冠服。所绘共计百余类人，上至天子，下达庶官，服饰类别有四十余种

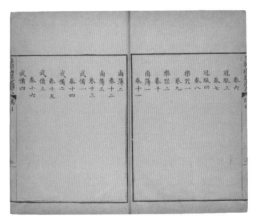

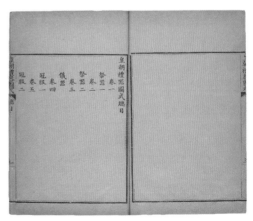

图1-2 《皇朝礼器图式》书影

之多，几乎涵盖了清代社会男女各色人等的服饰，其样式与色彩，代表着人的不同等级以及人们参与的不同场合。这不是单纯的衣着服饰，它所反映的还是社会关系、等级关系和社会地位，是清代社会礼仪系统在服饰上的集中体现。

为了更清晰、更方便读者了解，特别绘制表格如下：

表1　冠服一　皇帝冠服　皇太子、皇子、宗室王公额驸冠服

	冬朝冠	夏朝冠	端罩一、二	衮服	冬朝服一、二	夏朝服	朝珠	朝带一、二	冬吉服冠	夏吉服冠	龙袍	吉服带	冬常服冠	夏常服冠	常服褂	常服袍	雨冠一~六	雨衣一~十	雨裳一~二
皇帝	冬朝冠	夏朝冠	端罩一、二	衮服	冬朝服一、二	夏朝服	朝珠	朝带一、二	冬吉服冠	夏吉服冠	龙袍	吉服带	冬常服冠	夏常服冠	常服褂	常服袍	雨冠一~六	雨衣一~十	雨裳一~二
皇太子	冬朝冠	夏朝冠	端罩	龙褂皇子同	冬朝服一、二	夏朝服	朝珠	朝带	冬吉服冠皇子同	夏吉服冠皇子同	龙袍	吉服带							
皇子	冬朝冠亲王同，其冠制下达武一品皆如之	夏朝冠亲王同，其冠制下达庶官皆如之	端罩		冬朝服一、二	夏朝服	朝珠亲王、世子、郡王皆同	朝带亲王同其带色宗室皆如之				蟒袍制达宗室	吉服带亲王、世子、郡王皆同						
亲王			端罩下至贝子固伦额驸皆同	补服世子同	冬朝服一、二制同皇子冬朝服，世子、郡王皆同	夏朝服制同皇子夏朝服，世子、郡王皆同				夏吉服冠世子以下至贝勒皆同，其冠制下达庶官俱如之	蟒袍制同皇子蟒袍，世子、郡王皆同								
世子	冬朝冠	夏朝冠						朝带											
郡王	冬朝冠	夏朝冠		补服				朝带											
贝勒	冬朝冠	夏朝冠		补服	冬朝服一、二制如亲王，下至辅国公、和硕额驸皆同	夏朝服制如亲王，下至辅国公、和硕额驸皆同	朝珠下至辅国公、和硕额驸皆同	朝带			蟒袍下至辅国公、和硕额驸皆同	吉服带下至宗室将军皆同							
贝子	冬朝冠固伦额驸同	夏朝冠固伦额驸同		补服固伦额驸同			朝珠	朝带	冬吉服冠	夏吉服冠									

续表：

						朝带	冬吉服冠	夏吉服冠								
固伦额驸						朝带	冬吉服冠	夏吉服冠								
镇国公	冬朝冠和硕额驸同	夏朝冠和硕额驸同	端罩辅国公、和硕额驸皆同	补服辅国公、和硕额驸皆同			朝带辅国公同	冬吉服冠辅国公同	夏吉服冠辅国公同								
辅国公	冬朝冠	夏朝冠															
和硕额驸							朝带	冬吉服冠	夏吉服冠								

表 2　冠服二　民公侯伯、文武品官、进士生员、文武乐生冠服

	冬朝冠	夏朝冠	端罩	补服	冬朝服	夏朝服	朝珠	朝带	冬吉服冠	夏吉服冠	蟒袍	吉服带				
民公	冬朝冠	夏朝冠	端罩侯以下、文三品、武二品及县主额驸、辅国将军以上、京室翰詹科道等官应服端罩者皆同	补服侯伯皆同	冬朝服一、二侯以下、文二品、武二品以上有职掌大臣及县主额驸、辅国将军以上、一等侍卫皆同（二、侯以下、文武四品、县君额驸以上、宗室将军皆同）	夏朝服侯以下、文武四品、县君额驸以上、宗室将军皆同	朝珠侯以下、文五品以上、武四品以上及京堂翰詹科道侍卫、礼部、国子监、太常寺、光禄寺、鸿胪寺所属官应用朝珠者皆同	朝带下达庶官俱如之	冬吉服冠侯、伯、文武一品、镇国将军、郡主额驸、子皆同	夏吉服冠侯、伯、文武一品、镇国将军、郡主额驸、子皆同	蟒袍侯以下、文武三品、郡君额驸、奉国将军以上、一等侍卫皆同	吉服带下达庶官俱如之				
侯	冬朝冠	夏朝冠						朝带郡主额驸同								
伯	冬朝冠	夏朝冠						朝带								
文一品	冬朝冠武一品、镇国将军、郡主额驸、子皆同	夏朝冠武一品、镇国将军、郡主额驸、子皆同		补服				朝带武一品、子皆同								

393

续表：

品级	冬朝冠	夏朝冠	补服			朝带	冬吉服冠	夏吉服冠						
都御史			补服 副都御史、监察御史、按察使及各道皆同											
武一品			补服 镇国将军、郡主额驸、子皆同											
镇国将军						朝带								
文二品	冬朝冠 武二品、辅国将军、县主额驸、男皆同	夏朝冠 武二品、辅国将军、县主额驸、男皆同	补服			朝带 武二品、县主额驸、男皆同	冬吉服冠 武二品、辅国将军、县主额驸、男皆同	夏吉服冠 武一品、辅国将军、县主额驸、男皆同						
武二品			补服 辅国将军、县主额驸、男皆同											
辅国将军						朝带								
文三品	冬朝冠	夏朝冠 武三品、奉国将军、郡君额驸皆同	补服			朝带 武三品、郡君额驸、一等侍卫皆同	冬吉服冠 武三品、奉国将军、郡君额驸皆同	夏吉服冠 武三品、奉国将军、郡君额驸皆同						
武三品	冬朝冠 奉国将军、郡君额驸皆同，其冠制下达未入流皆如之		补服 奉国将军、郡君额驸、一等侍卫皆同											
奉国将军						朝带								
一等侍卫	冬朝冠	夏朝冠	端罩				冬吉服冠	夏吉服冠						

续表：

文四品	冬朝冠 武四品、奉恩将军、县君额驸皆同	夏朝冠 武四品、奉恩将军、县君额驸皆同		补服			朝带 武四品、二等侍卫皆同	冬吉服冠 武四品、奉恩将军、县君额驸皆同	夏吉服冠 武四品、奉恩将军、县君额驸皆同	蟒袍 武四五六品、文五六品、奉恩将军及县君额驸、二等侍卫以下皆同				
武四品				补服 奉恩将军、县君额驸、二等侍卫皆同										
奉恩将军							朝带							
县君额驸							朝带 乡君额驸同							
二等侍卫	冬朝冠	夏朝冠	端罩		朝服			冬吉服冠	夏吉服冠					
文五品	冬朝冠 武五品、乡君额驸皆同	夏朝冠 武五品、乡君额驸皆同		补服	朝服 乡君额驸、武五七品、文六品七品皆同		朝带 武五品、三等侍卫皆同	冬吉服冠 武五品、乡君额驸皆同	夏吉服冠 武五品、乡君额驸皆同					
武五品				补服 乡君额驸、三等侍卫皆同										
三等侍卫	冬朝冠	夏朝冠	端罩 蓝翎侍卫同		朝服 蓝翎侍卫同			冬吉服冠	夏吉服冠					
文六品	冬朝冠 武六品同	夏朝冠 武六品同		补服			朝带 武六品、蓝翎侍卫皆同	冬吉服冠 武六品同	夏吉服冠 武六品同					
武六品				补服 蓝翎侍卫同										
蓝翎侍卫	冬朝冠	夏朝冠						冬吉服冠	夏吉服冠					
文七品	冬朝冠 武七品同	夏朝冠 武七品同		补服			朝带 武七品同	冬吉服冠 武七品、进士皆同	夏吉服冠 武七品、进士皆同	蟒袍 武七八九品、文八九品、未入流皆同				

续表：

	冬朝冠	夏朝冠	补服	朝服		朝带	冬吉服冠	夏吉服冠
武七品			补服 武八品同					
文八品	冬朝冠 武八品同	夏朝冠 武八品同	补服	朝服 武八九品、文九品、未入流皆同		朝带 武八品同，举人、贡生、监生公服带亦同	冬吉服冠 武八品同	夏吉服冠 武八品同
文九品	冬朝冠 武九品、未入流皆同	夏朝冠 武九品、未入流皆同	补服 未入流同			朝带 武九品、未入流皆同、生员公服带亦同	冬吉服冠 武九品、未入流皆同	夏吉服冠 武九品、未入流皆同
武九品			补服					
进士	冬朝冠	夏朝冠						
举人	冬公服冠 贡生、监生皆同	夏公服冠 贡生、监生皆同	公服袍 贡生、监生皆同				冬吉服冠	夏吉服冠
贡生							冬吉服冠	夏吉服冠
监生							冬吉服冠 生员同	夏吉服冠 生员同
生员	冬公服冠	夏公服冠	公服袍					
祭祀文舞生	冬冠	夏冠	袍			带 武舞生、执事人、卤簿舆士、校尉皆同		
祭祀武舞生	冬冠	夏冠	袍					
祭祀执事人			袍一、二					
乐部乐生	冬冠	夏冠 卤簿舆士同	袍一、二 卤簿舆士、校尉皆同			带		
卤簿舆士	冬冠一、二		卤簿护军袍					
卤簿校尉	冬冠一、二	夏冠						

续表：

	冠	补服	袍	雨冠	雨衣	雨裳
从耕农官	冠顶同八品	补服	袍			
皇太子至宗室公				雨冠	雨衣一、二	雨裳
职官				雨冠一~三	雨衣一~四	雨裳一、二
军民				雨冠		

表3　冠服三　皇太后 皇后 皇贵妃以下至乡君冠服

	冬朝冠	夏朝冠	金约	耳饰	朝褂	冬朝袍	夏朝袍	领约	朝珠	彩帨	冬朝裙	夏朝裙	吉服冠	龙褂	龙袍
皇太后 皇后	冬朝冠	夏朝冠	金约	皇贵妃、贵妃、嫔妃皆同。其东珠，皇贵妃、贵妃以二等，妃以三等，嫔以四等，皇太子妃亦同，珠以二等	朝褂一~三 皇贵妃、皇太子妃皆同	冬朝袍一~三 皇贵妃同	夏朝袍一、二 皇贵妃同	领约	朝珠	彩帨 皇贵妃、皇太子妃皆同	冬朝裙 皇贵妃、贵妃、嫔妃皆同，皇太子妃亦同	夏朝裙 皇贵妃、贵妃、嫔妃皆同，皇太子妃亦同	吉服冠 皇贵妃、贵妃、嫔妃皆同，皇太子妃亦同	龙褂一、二 皇贵妃、贵妃、嫔妃皆同，皇太子妃亦同	龙袍一~三 皇贵妃同
皇贵妃	冬朝冠 皇太子妃同	夏朝冠 皇太子妃同	金约 贵妃、皇太子妃皆同					领约 皇太子妃同	朝珠 皇太子妃同						
贵妃	冬朝冠	夏朝冠			朝褂一~三 妃嫔皆同	冬朝袍一~三 妃同	夏朝袍一、二 妃同	领约 妃嫔皆同	朝珠 妃同	彩帨					龙袍 妃同
妃	冬朝冠	夏朝冠	金约							彩帨			吉服冠 嫔、皇太子妃皆同		
嫔	冬朝冠	夏朝冠	金约			冬朝袍一~三	夏朝袍一、二		朝珠	彩帨				龙褂	龙袍
皇太子妃						冬朝袍一~三	夏朝袍一、二								龙袍

续表：

品级	冬朝冠	夏朝冠	金约	耳饰	朝褂	冬朝袍	夏朝袍	领约	朝珠	彩帨	冬朝裙	夏朝裙	吉服冠	吉服褂	蟒袍
皇子福晋	亲王福晋、固伦公主皆同	亲王福晋、固伦公主皆同	亲王福晋、固伦公主皆同	下至辅国公夫人、乡君皆同	下至郡王福晋、县主皆同	下至郡王福晋、县主皆同	下至郡王福晋、县主皆同	下至郡王福晋、县主皆同	下至郡王福晋、县主皆同	下至郡王福晋、县主皆同	下至辅国公夫人、乡君皆同	下至辅国公夫人、乡君皆同	下至辅国公夫人、乡君皆同		下至郡王福晋、县主皆同
亲王福晋														吉服褂 世子福晋、固伦公主、和硕公主、郡主皆同	
世子福晋	冬朝冠 和硕公主同	夏朝冠 和硕公主同	金约												
郡王福晋	冬朝冠 郡主同	夏朝冠 郡主同	金约 郡主同											吉服褂 县主同	
贝勒夫人	冬朝冠 县主同	夏朝冠 县主同	金约 县主同		朝褂 下至辅国公夫人、乡君皆同	冬朝袍 下至辅国公夫人、乡君皆同	夏朝袍 下至辅国公夫人、乡君皆同	领约 下至辅国公夫人、乡君皆同	朝珠 下至辅国公夫人、乡君皆同	彩帨 下至辅国公夫人、乡君皆同				吉服褂 郡君同	蟒袍 下至辅国公夫人、乡君皆同
贝子夫人	冬朝冠 郡君同	夏朝冠 郡君同	金约 郡君同											吉服褂 县君同	
镇国公夫人	冬朝冠 县君同	夏朝冠 县君同	金约 县君同											吉服褂 辅国公夫人、乡君皆同	
辅国公夫人	冬朝冠 镇国公女乡君同	夏朝冠 镇国公女乡君同	金约 镇国公女乡君同												
辅国公女乡君	冬朝冠	夏朝冠	金约												

表4　冠服四　民公夫人以下冠服

	冬朝冠	夏朝冠	金约	耳饰	朝褂	冬朝袍	夏朝袍	领约	朝珠	彩帨	冬朝裙	夏朝裙	吉服冠	吉服褂	蟒袍
民公夫人	冬朝冠 下达命妇俱如之	夏朝冠 下达命妇俱如之	金约 下至七品命妇皆同	耳饰 下至七品命妇皆同	朝褂 下至七品命妇皆同	冬朝袍 下至三品命妇、奉国将军夫人皆同	夏朝袍 下至三品命妇、奉国将军夫人皆同	领约 下至七品命妇皆同	朝珠 下至五品命妇皆同	彩帨 下至七品命妇皆同	冬朝裙 下至三品命妇、奉国将军夫人皆同	夏朝裙 下至三品命妇、奉国将军夫人皆同	吉服冠 侯伯夫人、一品命妇、镇国将军夫人、子夫人皆同，其冠制下达命妇俱如之	吉服褂 下至七品命妇皆同	蟒袍 下至三品命妇、奉国将军夫人皆同
侯夫人	冬朝冠	夏朝冠													
伯夫人	冬朝冠	夏朝冠													
一品命妇	冬朝冠 镇国将军夫人、子夫人皆同	夏朝冠 镇国将军夫人、子夫人皆同													
二品命妇	冬朝冠 辅国将军夫人、男夫人皆同	夏朝冠 辅国将军夫人、男夫人皆同											吉服冠 辅国将军夫人、男夫人皆同		
三品命妇	冬朝冠 奉国将军夫人同	夏朝冠 奉国将军夫人同											吉服冠 奉国将军夫人同		
四品命妇	冬朝冠 奉恩将军夫人同	夏朝冠 奉恩将军夫人同				朝袍 下至七品命妇皆同					朝裙 下至七品命妇皆同		吉服冠 奉恩将军夫人同		蟒袍 奉恩将军夫人、五六品命妇皆同
五品命妇	冬朝冠	夏朝冠											吉服冠		
六品命妇	冬朝冠	夏朝冠											吉服冠		
七品命妇	冬朝冠	夏朝冠											吉服冠		蟒袍

说明（表1-4）：

1、细体字是原文对等级的描述。

2、下划线是名称出现变化的提示。

古礼实际上有自然礼仪、社会礼仪与政治等级礼仪三大系统，它们共同构筑了中国古代社会的基本运行模式。历代统治者无不重视礼制的修订，其目的在于"夫礼也者，所以定尊卑，明贵贱，辨等列，序少长，习威仪"，维护王朝统治和社会运行。

将《皇朝礼器图式》放在乾隆朝的大视野中，很容易看出这是乾隆皇帝打造"文治武功"光辉形象系统工程的一部分，"十全武功"是乾隆皇帝在军事上的牌位，而在礼制上乾隆皇帝所下的功夫更大。

一、《皇朝礼器图式》完成于乾隆二十四年（1759）。

二、清代五朝会典（康熙、雍正、乾隆、嘉庆、光绪），在乾隆时期会典乃国家大法，则例随时增损为由，将典与例分辑，每成会典一卷，即附则例一卷，开启了会典增加"则例"的先例。"因官分职，因职分事，因事分门，因门分条"，典为纲，例为目，按年月日编排，图附于各制之后。乾隆朝《清会典》，会典一百卷，则例一百八十卷，乾隆十二年（1747）开修，二十九年（1764）成书。

三、清乾隆十二年，武英殿刊印《三通》，并设立"续文献通考馆"（后改名"三通馆"），命张廷玉等为总裁，齐召南、嵇璜、刘墉、曹仁虎等为纂修，陆续编成"续三通"，即《续通典》《续通志》《续文献通考》。

《续通典》一百五十卷，成书于乾隆四十八年（1783）

《续通志》六百四十卷，成书于乾隆五十年（1785）

《续文献通考》二百五十卷，成书于乾隆四十九年（1784）

四、纂修《皇朝通典》《皇朝通志》《皇朝文献通考》，称为"清三通"

《皇朝通典》一百卷，成书于乾隆五十二年（1787）

《皇朝通志》一百二十六卷，乾隆五十一年至五十二年间（1786—1787）定稿

《皇朝文献通考》三百卷，成书于乾隆五十二年（1787）

以上六部书皆仿效"三通"体例而成。唐代杜佑的《通典》，

宋代郑樵的《通志》，宋元之际马端临的《文献通考》称为"三通"，《续通典》《续通志》《续文献通考》称为"续三通"，《皇朝通典》《皇朝通志》《皇朝文献通考》称为"清三通"，合称"九通"。

后来加上刘锦藻编的《清朝续文献通考》一起称为"十通"。"续三通"上接"三通"，记录止于明末。"清三通"上接"续三通"，叙事止于乾隆五十年。刘锦藻接续记录至清宣统三年（1911）。

五、由纪昀等 360 多位高官、学者编撰，3800 多人抄写，耗时十三年编成纂修"四库全书"。共有 3500 多册书，7.9 万卷，3.6 万册，约 8 亿字。乾隆三十八年（1773）开馆编修，乾隆四十七年（1782）完成初稿。

六、清乾隆朝官修《皇清职贡图》，乾隆十六年（1751）至二十二年（1757）完成七卷，乾隆二十八年（1763）续成一卷，合卷首共九卷。总共绘制三百种不同的民族与地区之人物图像，每一种图像皆描绘男、女二幅，共计约六百幅。

从以上统计可以看出乾隆皇帝为了所谓的"盛世"下的本钱有多大，恐怕历史上任何一个朝代都难以动用如此众多的人力来完成如此规模的"文化工程"。在乾隆皇帝好大喜功的同时，文字狱也达到顶峰。一方面推崇皇家文化，另一方面禁锢思想自由，为不久以后爆发的危机埋下了伏笔。

纵观乾隆时期众多的官修文献，《皇朝礼器图式》还是具有明显的独特性，尽管在五朝会典之《乾隆会典》以及《四库全书》中也有附图，但是作为皇家礼制的图谱《皇朝礼器图式》是仅有的。在清代礼书专著中，《皇朝礼器图式》也是比较重要的一部，被列为礼书中"专书之最著者"之一。《四库全书总目提要》评述该书：

> 所述则皆昭典章，事事得诸目验，故毫厘毕肖，分寸无讹，圣世鸿规粲然明备。

此书编纂有其产生的基础，古代《虞书》中记载有五礼、五器，《考工记》记载有广围尺度，汉代经学家郑康成绘有《礼器图式》，

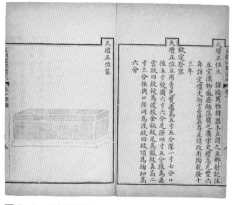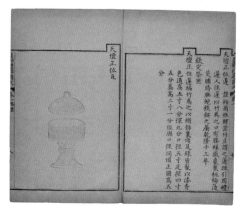

图 3-4　天坛正位豆

宋聂崇义著有《三礼图》，陈祥道有《礼书》等等。清代在综合了这些史籍的基础上，产生了汇辑清乾隆朝以前的各种礼器的《皇朝礼器图式》一书。此书对了解和研究清朝的典章制度具有重要意义，对于器物的使用场合、形制、花纹描绘得十分详尽。例如"豆"是一种古代祭祀时候用来盛肉或其他食品的器具，形状像高脚盘，《皇朝礼器图式》对豆在不同场合有数条不同的描述（图 3—4）：

　　天坛正位豆，谨按《尔雅·释器》木豆谓之豆，《乡射记》注：豆宜濡物，盛韲醢菹醢之属。《宋史·礼志》：元丰六年详定礼文所言"簠簋尊豆，请改用陶"。乾隆十三年钦定祭器。

　　天坛正位豆用青色瓷，通高五寸五分，深一寸七分，口径五寸，校围六寸六分，足径四寸五分。腹为垂云纹、回纹，校围波纹、金钣纹，足为黻纹，盖高二寸三分，径与口径同，为波纹、回纹，顶为绚纽，高六分。

而对地坛正位豆的描述是：

　　地坛正位豆用黄色瓷，形制、大小、花纹同天坛正位。

对朝日坛豆的描述是：

　　朝日坛豆用红色瓷，形制、大小、花纹同天坛正位。

对夕月坛正位豆的描述是：

夕月坛正位豆用月白色瓷，通高五寸，深一寸七分，口径四寸五分，校围二寸，足径四寸一分。盖高一寸八分，径与口径同，顶高六分。形制、花纹同天坛正位。

对天神坛豆的描述是：

天神坛豆用白色瓷，形制、大小、花纹同天坛正位。

对太庙正殿豆的描述是：

太庙正殿豆木质，髹以漆，涂金，三方饰以玉。通高五寸五分，深二寸，口径四寸九分，校围二寸，足径四寸七分，盖高二寸二分。径与口径同，顶高五分，花纹同天坛正位。

对文庙正位豆的描述是：

文庙正位豆范铜为之，通高五寸五分，深二寸，口径四寸九分，校围二寸，足径四寸七分，盖高二寸二分，径与口径同，顶高三分。形制、花纹同天坛正位。

通过书中对坛庙祭祀用豆的描述，我们会得到相对完整的信息。与天坛、地坛、朝日坛、夕月坛对应的祭祀的豆是青、黄、红、月白四种颜色，而夕月坛的豆稍微小于其他的豆。太庙的豆是木质的，文庙的豆是铜的，所有豆的花纹都与天坛正位豆相同。

《皇朝礼器图式》这种图谱式的记录方式为我们研究清代服饰提供了丰富的资料。

▎说图

《皇朝礼器图式》共十八卷，其中卷四至卷七为冠服部，卷十三武备部还有甲胄、行营。冠服的记载，服饰相关部分约占全部图式的四分之一。若想在一篇文章中厘清冠服部的全部问题显然是非常困难的，例如冠服部的排序就值得分析，其中涉及了宗室的辈

图5　苏格兰国家博物馆藏，清内府绘本《皇帝冬朝服》

分、官员的等级、不同系统官员的交叉、文武官的地位等等。因此本文中只谈一下与服饰有关并具有普遍意义的问题。

一、关于服色

从四库本《皇朝礼器图式》图中我们难以见到颜色，只能根据文字的描述来归纳清代对于颜色使用的各种规定。在文中我们可以看到对皇帝服饰的描述是："皇帝御冬朝服色用明黄""皇帝御夏朝服色用明黄""皇帝朝珠……绦皆明黄色""皇帝朝带色用明黄龙文""皇帝龙袍色用明黄""皇帝吉服带色用明黄"，包括皇帝的雨冠、雨衣和雨裳皆有明黄色的使用。再有使用明黄色服装的就是"皇太后、皇后冬朝袍色用明黄""皇太后、皇后夏朝袍色用明黄""皇太后、皇后龙袍色用明黄"。由于图式规定：皇太后、皇后冬夏朝袍"皇贵妃同"，所以可以断定服色可以使用明黄色的只有皇帝、太后、皇后和皇贵妃。

图6　四库本《皇朝礼器图式》中贝勒冬朝服图

　　除此以外能用明黄色作为装饰的有两种情况，其一是"皇太子朝珠……绦皆明黄色""皇太子朝带色用明黄""皇太子吉服带色用明黄"，以及皇太子妃以上的一些绦带等饰物。其二就是"乐部乐生冬冠""卤簿舆士冬冠""卤簿校尉冬冠"冠顶铜座上"植明黄翎"。

　　但皇帝的服色不限于明黄，"皇帝衮服色用石青"，而且皇帝御冬朝服"南郊祈谷用蓝""朝日用红"，皇帝御夏朝服"雩祭用蓝，夕月用月白""皇帝常服褂色用石青""皇帝常服袍色及花文随所御"，因此皇帝的服色有了一个以明黄为基调、色彩多样的服饰体系。皇帝以下的服色规定也非常具体，杏黄色为皇太子专有，"皇太子冬朝服色用杏黄""皇太子夏朝服色用杏黄""皇太子龙袍色用杏黄"；皇子只能用金黄色，"皇子冬朝服色用金黄""皇子夏朝服色用金黄"，而且自皇子以下只能穿蟒袍，"皇子蟒袍色用金黄"。亲王及以下官员大多是青、蓝色为主，文中记述为"亲王补服色用石青""亲王冬朝服蓝及石青，诸色随所用""郡王补服色用石青""贝勒冬朝服色不得用金黄，余随所用"（图6）。

图 7　贝子冬吉服冠上的孔雀翎　　　　　图 8　皇帝夏朝冠上的金佛

二、关于冠饰

历朝历代都重视冠饰，因为帽饰具有较为明显的识别特征。清代的冠饰识别从帽顶的层数和所装饰的珠宝就可以看出其等级。皇帝、皇太子以至辅国公冠顶为三层或二层，例如"皇帝冬朝冠……上缀朱纬，顶三层""皇太子冬朝冠……上缀朱纬，顶金龙三层""世子冬朝冠顶金龙二层""辅国公冬朝冠顶金龙二层"；自民公以下均为一层，"民公冬朝冠，顶镂花金座，中饰东珠四，上衔红宝石"。当然这只是以朝服冠为例，吉服冠相对简单，但是可依据宝石而判定尊卑。清代从皇帝到庶官冠饰上的宝石有大珍珠、大东珠、东珠、红宝石、小红宝石、蓝宝石、小蓝宝石、珊瑚、绿松石、青金石、水晶、砗磲等。孔雀翎也是清代独特的帽饰之一，"贝子冬朝冠，谨按本朝定制，贝子冬朝冠顶金龙二层，饰东珠六，上衔红宝石，戴三眼孔雀翎"（图 7）。从贝子以下开始使用孔雀翎作为身份等级的标志物，而且冬夏朝服、吉服冠皆用。文中记载固伦额驸、镇国公、辅国公、和硕额驸、一等侍卫、二等侍卫都佩戴孔雀翎，并以眼数区分等级。

有一个不可忽视的细节就是关于"金佛""舍林"与"金花"的说法，《皇朝礼器图式》冠服部分经常出现这样的描述："皇帝夏

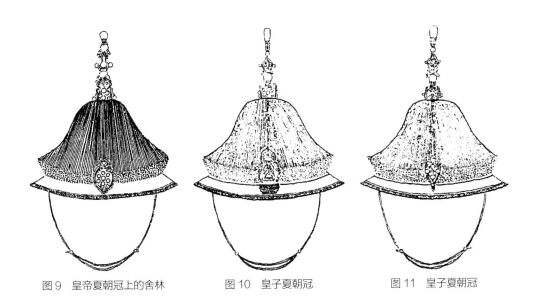

图 9　皇帝夏朝冠上的舍林　　　　图 10　皇子夏朝冠　　　　图 11　皇子夏朝冠

朝冠……前缀金佛,饰东珠十五,后缀舍林,饰东珠七,顶如冬朝冠。"
(图 8—9)"皇子夏朝冠……前缀舍林，饰东珠五，后缀金花，饰东
珠四，顶如冬朝冠。"（图 10—11)

　　从图 8 中可以明确看出皇帝夏朝冠前面所缀的金佛，在图 9 中
的相同位置装饰的应是舍林。若放大来看图 10，似乎这舍林之中也
饰有佛的轮廓。"舍林"是满语词的汉语音译，是满族人一种用于
保护前额的传统冠帽饰品。在清高宗敕撰《御制增订清文鉴》中，
"šerin"被解释为"主子们凉帽前钉着的金佛"。或许这个描述并不十
分准确，否则皇帝夏朝冠中应该描述为"前后缀金佛"，而不是特意
指出"前缀金佛""后缀舍林"。台北故宫博物院收藏有夏朝冠上缀饰
的舍林。需要注意的是金佛、舍林、金花的帽饰只应用于夏朝冠，而
在冬朝冠上是没有的，并且只有皇帝、皇太子和亲王的夏朝冠才是"前
缀金佛""后缀舍林"的，其他宗室王公包括世子、郡王、贝勒、贝子、
镇国公、辅国公、固伦额驸、和硕额驸等都是前缀舍林后缀金花。"舍
林"是一种表示身份尊贵的象征，所以民公以下也没有舍林。

　　故宫博物院房宏俊先生在《从清代十二章纹样的出现看一幅"康
熙"朝服像的断代》一文中指出：

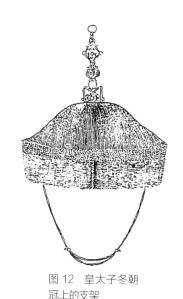

图 12　皇太子冬朝冠上的支架

"梁"为钉缀在清帝朝冠顶座左右两旁，由红色丝线缠绕而成的"n"形装饰。熟悉清代冠服制度的人都知道，"梁"的装饰始于雍正朝，康熙时期还未出现。这种装饰始于清雍正晚期，雍正早期尚无梁。

从图 12 中我们看到朝冠顶座的"梁"十分清晰。不过为了与其他朝代的冠梁相区别，我们称其为"支架"。根据图来分析，这个装饰物很有可能也具有支撑冠顶的作用。

三、关于纹饰

对于从草原深处来到中原的马背民族而言，不受到中原文化的浸润是不可能的，而且诸如福、寿等文化价值和生活理念本来就是各民族相通的。这种传统福寿理念与清代冠服结合以后，具有中原文化特质的图案便被应用于朝服。

皇太后、皇后朝褂一　谨按本朝定制，皇太后、皇后朝褂色用石青，片金缘，绣文，前后立龙各二，下通襞积，四层相间，上为正龙各四，下为万福万寿，领后垂明黄绦，其饰珠宝惟宜。皇贵妃、皇太子妃皆同。

皇太后、皇后龙袍一　谨按本朝定制，皇太后皇后龙袍色用明黄，领袖俱石青，绣文，金龙九，间以五色云，福寿文采惟宜。

最能说明问题的是十二章纹在清代朝服上的出现。十二章纹在汉地具有悠久的历史和丰富的文化内涵，早在先秦就有关于十二章纹的记载，最晚不过东汉，章服制度开始确立。东汉永平二年（59），孝明皇帝诏有司博采《周官》《礼记》《尚书》等史籍，制定了详细的祭祀服饰及朝服制度，从此确定了汉代的服制。《后汉书·舆服志》载：

天子、三公、九卿、特进侯、侍祠侯，祀天地明堂，皆冠旒冕，衣裳玄上纁下。乘舆备文，日月星辰十二章，三公、诸侯用山龙九章，九卿以下用华虫七章，皆备五采。

十二章纹作为服饰制度对各朝影响至深，清代统治者对中原的文化也是采取逐步认同、接纳和欣赏的态度。尽管清代废除了传统的衮冕制度，但是十二章纹却并没有绝迹。在清初的冠服制度中并没有发现十二章纹的运用，目前已知发现最早的清代章服是清雍正朝清世宗穿过的一件包含十二章中七章的龙袍。故宫博物院房宏俊在《清代朝服十二章纹样出现的时间》一文中写道：

这件雍正明黄色缎彩绣云龙狐皮龙袍，圆领，大襟右衽，马蹄袖，裾四开。袍内镶白狐皮里，袖口镶紫貂皮边，缀银鎏金錾花扣四。领口处系一黄纸签墨书"世（宗）"。袍身长143厘米，两袖通长194厘米，袖口宽17.50厘米，下摆宽13.2厘米，左右开裾长23厘米，前后开裾长40厘米。袍面大多采取单线条二至三间晕色的装饰方法，运用辑线绣技法，在明黄色缎地上彩绣云龙及海水江崖纹样。设色协调，花纹突出，钉绣十分工整，为辑线绣工艺的大件代表作品。

尤其令人关注的是，我们在这件具有雍正晚期风格的世宗御用皮龙袍上，发现了十二章中的七章纹样，两肩邻领口处各饰左日章右月章，肩下两侧前后各饰黼章一，腋下两侧前后各饰黻章一，领口前后饰各五联星辰章一，下摆两侧前后各饰作分离状宗彝章一，在宗彝章里侧两端前后各饰华虫章一。袍上的黄条、装饰风格及五联星辰章都表现出雍正朝的典型特征。

这本问世于乾隆朝的《皇朝礼器图式》明确了章纹的使用：

皇帝衮服 谨按本朝定制，皇帝衮服色用石青，绣五爪正面金龙，四围两肩前后各一，其章左日右月，前后万寿篆文，间以五色云。

皇帝冬朝服一　谨按本朝定制，十一月朔至上元，皇帝御冬朝服色用明黄，惟南郊祈谷用蓝，披领及裳俱表以紫貂，袖端薰貂，绣文，两肩前后正龙各一，襞积行龙六。列十二章俱在衣，间以五色云。

皇帝冬朝服二　谨按本朝定制，九月十五日或二十五日，皇帝御冬朝服色用明黄，惟朝日用红，披领及袖俱石青，片金加海龙缘，绣文，两肩前后正龙各一，要帷行龙五，衽正龙一，襞积前后团龙各九，裳正龙二，行龙四，披领行龙二，袖端正龙各一。列十二章日、月、星辰、山、龙、华虫、黼、黻在衣，宗彝、藻、火、粉米在裳。间以五色云，下幅八宝平水。

皇帝龙袍　谨按本朝定制，皇帝龙袍色用明黄，领袖俱石青，片金缘，绣文，金龙九。列十二章，间以五色云。

在乾隆《皇朝礼器图式》中，有三种装饰章纹的龙袍，第一种饰有六章，包括日、月、黼、黻、宗彝、华虫章纹；第二种饰有七章，在第一种六章之外增加了星辰章；第三种是十二章齐备，最终以各自独立的单章形式出现（图13）。

尽管清代最终采用了章服的形式，但是由于清代的服饰体系自成一家，有别于传统的服饰制度，因此可以说清代对十二章纹注入了自己的理解，进行了新的诠释。例如"黼黻"自古就使用在下裳，不像清代"列十二章俱在衣"，或者"列十二章日、月、星辰、山、龙、华虫、黼、黻在衣，宗彝、藻、火、粉米在裳"。

《隋书·礼仪志》载：

梁制……其衣，皂上绛下，前三幅，后四幅。衣画而裳绣。衣则日、月、星辰、山、龙、华虫、火、宗彝，画以为缋。裳则藻、粉米、黼、黻以为绣。

后周设司服之官，掌皇帝十二服。……十有二章，日、

图13　皇帝冬朝服

月、星辰、山、龙、华虫六章在衣，火、宗彝、藻、粉米、黼、黻六章在裳，凡十二等。

《新唐书·车服志》载：

袞冕者……十二章：日、月、星辰、山、龙、华虫、火、宗彝八章在衣；藻、粉米、黼、黻四章在裳。衣画，裳绣，以象天地之色也。

《宋史·舆服志》载：

袞冕之制。宋初因五代之旧，天子之服有袞冕……袞服青色，日、月、星、山、龙、雉、虎蜼七章。红裙，藻、火、粉米、黼、黻五章。

《元史·舆服志》载：

冕服……裳，制以绯罗，其状如裙，饰以文绣，凡一十六行，每行藻二、粉米一、黼二、黻二。

《明史·舆服志》载：

（洪武）十六年定袞冕之制……袞，玄衣黄裳，十二章，日、月、星辰、山、龙、华虫六章织于衣，宗彝、藻、火、粉米、黼、黻六章绣于裳。

纵观历朝历代，都是将黼、黻之章用于裳，唯独清代独出心裁。冕服是上衣下裳制，而清代废除了冕服制度，可是却保留十二章纹，如果在袍服之上运用十二章纹，自然需要一种全新的认识，因此清代的袍服制以及对于黼黻的认识与理解程度是其章纹运用不同于前

图 14　皇帝冬朝服（清内府绘本）

代的主要原因。自明代开始，十二章纹的使用逐渐由上衣下裳制向上下连体的袍服制转移，清代则完全转移到龙袍之上。虽然十三陵定陵出土的袍式衮服，黼黻也是绣绘在团龙两侧，可是不会如同清代的朝服那样把黼黻纹样提到腰部以上。

清代章服制度实际上已经有些名存实亡了，除了天子，其他皇亲及文武百官一律没有十二章的纹饰，因此章服也就失去了等级标识的作用，取而代之的是补服。值得注意的是另外一种现象，就是清代女装上出现了十二章纹的图案。

故宫严勇先生在对一件清代明黄色芝麻纱绣彩云金龙纹女龙袍拍品（图15）的考析中曾介绍道：

此袍形制为圆领、右衽大襟、左右开裾、有中接袖、马蹄袖端的直身式袍。袍身以明黄色芝麻纱为面料，接袖和中接袖以石青色芝麻纱为面料，用五色丝线和金银线刺绣彩云金龙、海水江崖和十二章等主体纹样，间饰红蝠衔万字寿桃纹、八宝纹以及长圆寿字纹等。袍身列十二章，饰金龙纹九条，其中两肩前后正龙各1，前后下摆行龙各2，里襟行龙1。另在领边饰正龙2、行龙3，左右中接袖饰行龙各2，左右马蹄袖端饰正龙各1。领袖边及大襟边均以石青色勾莲纹织金缎镶滚，缀铜鎏金錾花扣五枚。全身除马蹄袖端至接袖处有月白色芝麻纱里衬外，其他部位均无里衬，为单袍。

…………

考察此袍的时代，其主体纹样包括龙纹、云纹和寿字纹，以及所用丝的色彩等元素，都具有清代光绪时期的典型特征。此袍的形制为左右开裾，镶有中接袖等，明确为清代女性所用。

此袍最引人注目之处当是此为女袍而饰十二章。在清代严格的服饰典制规定中，普天之下所有人等，唯有皇帝一人的服装上可使用十二章，以此寓意皇帝权力的至高无上和道德的至善至美。如《清会典图》记载皇帝的礼服（即朝服）和吉服（即龙袍）可饰十二章。

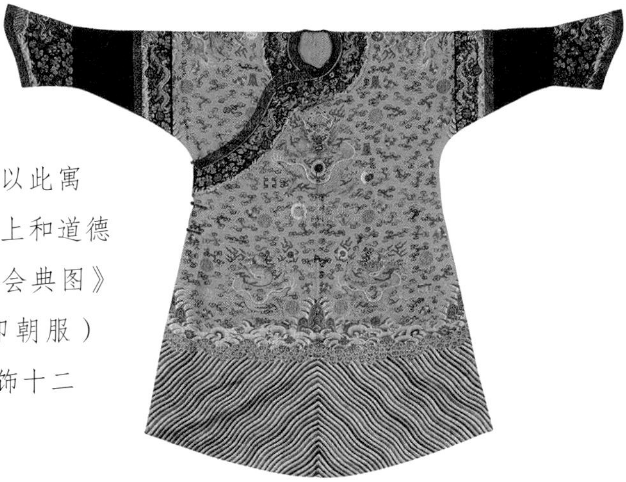

…………

但较为有意思的是，

图15　清代明黄色芝麻纱绣彩云金龙纹女龙袍

故宫博物院所藏清宫后妃的礼服和吉服实物中，也有极少数的饰有十二章、六章或五章等，其年代从乾隆至清末都存在，如早期的乾隆朝香色缂丝彩云金龙夹龙袍，即列十二章，其年代有明确的黄条记录："乾隆四十年闰十月初五日收香色缂丝夹袍一件"。清晚期的同治和光绪时期的相对较多一些。

为何实物所见清代后妃服装饰十二章的情况与典制规定有不一致之处？个中原因有待更深入的研究和探讨。但十二章为权势至高无上之象征，这一点不容置疑。

由此我们可以看出，清代十二章很有可能作为皇帝专有的装饰图案而存在，其作为权力的至高无上的象征表现为只有皇帝可以使用，同时也只有皇帝可以处置和赏赐，否则无法解释后妃服装饰有十二章的情况。经过考证推断，上面这件女龙袍"系慈禧太后所穿用"，由此说明在清代，当权力超越法力的时候，任何僭越服制的行为都不足为奇。

四、关于形制

马蹄袖是清代服饰的典型特征，可是并非所有服饰都有马蹄袖。从《皇朝礼器图式》来看，皇帝的衮服、常服褂，皇太子的龙褂，亲王、君王、贝勒等的补服都不是马蹄袖。我们见到的马蹄袖是穿在补褂里面朝袍的袖端。我们注意到祭祀执事人的袍服也不是马蹄袖，是由于祭祀执事人的身份不高呢，还是需要将祭祀参与者与供职者区分开来呢？这些细节有待于我们深入探究。

乾隆时期自皇子以下均服蟒袍；自亲王起始服补服，直至未入流职官。自贝子起始戴孔雀花翎；自民公起朝冠顶始单层；自举人起始服公服袍，贡生监生皆同。

亲王、郡王、贝勒、贝子所用的补子均为圆补，镇国公及以下均为方形。清代的王公贵族包括亲王、郡王、贝勒、贝子、镇国公、辅国公和民公、侯、伯、子、男、镇国将军、辅国将军、奉国将军、奉恩将军，以及固伦额驸、郡主额驸等。这些人虽然不在文、武官员之列，但又拥有高于品官的爵位，享受着朝廷给予的俸禄和待遇。通常情况下，文武官员的补子都是方形的。为了显示身份高贵，王公贵族们有所不同，他们是圆形和方形并用，上面的图案也不是一般的"禽兽"，而是龙或蟒。

方补是明清两代官阶等级划分的标识，可是明清各具特点。其服制分列其下：

明代——乌纱帽，大襟官服。补子尺寸较大（40公分），文官图案取双（比翼双飞），武官取单。底子素色多、无边饰。

清代——顶戴花翎，对襟官服。补子尺寸较小（30公分），文官图案皆单（形单影只），武官略同。底子彩色多，饰花边。

但是也有例外，我就曾看到过清乾隆时期的双鹤补子。

总之，《皇朝礼器图式》图文并茂地记载了乾隆朝的典章制度，是一部了解和研究清代服饰制度的重要古代文献。

参考文献：

[1] 爱新觉罗·弘历.御制增订清文鉴 [M].长春：吉林出版集团股份有限公司，2005.

[2] 房宏俊.清代皇帝朝服章纹专题（上）清代朝服十二章纹样出现的时间 [J].紫禁城，2009（02）：86—97.

[3] 范晔.后汉书 [M].杭州：浙江古籍出版社，2000.

[4] 欧阳修，宋祁.新唐书：车服志 [M].北京：中华书局，1975.

[5] 宋濂.元史 [M].北京：中华书局，1976.

[6] 脱脱.宋史：舆服五 [M].北京：中华书局，1977.

[7] 魏徵.隋书：礼仪志 [M].北京：中华书局，1973.

[8] 赵尔巽.清史稿：列传六 [M].北京：中华书局，1977.

[9] 严勇.明黄色芝麻纱绣彩云金龙纹女龙袍考析 [EB/OL].
    https://m-auction.artron.net/search_auction.php?action=detail&artcode=art0076833254.

[10] 张廷玉.明史 [M].北京：中华书局，1974.